August Fick

Vergleichendes Wörterbuch der indogermanischen Sprachen

August Fick

Vergleichendes Wörterbuch der indogermanischen Sprachen

ISBN/EAN: 9783743627307

Hergestellt in Europa, USA, Kanada, Australien, Japan

Cover: Foto ©Andreas Hilbeck / pixelio.de

Weitere Bücher finden Sie auf **www.hansebooks.com**

Vergleichendes

Wörterbuch

der

Indogermanischen Sprachen

von

August Fick.

Vierte Auflage

bearbeitet von

Adalb. Bezzenberger, Aug. Fick und Whitley Stokes.

Zweiter Theil.

Wortschatz der Keltischen Spracheinheit

von

Whitley Stokes und **Adalbert Bezzenberger.**

Göttingen,

Vandenhoeck & Ruprecht's Verlag.

1894.

Urkeltischer Sprachschatz

von

Whitley Stokes.

Übersetzt, überarbeitet und herausgegeben

von

Adalbert Bezzenberger.

Göttingen,
Vandenhoeck & Ruprecht's Verlag.
1894.

Vorbemerkung.

In diesem Bande sind Grundformen, welche durch die keltischen Sprachen nicht belegt werden, aber trotzdem als urkeltisch angesetzt werden müssen oder dürfen, mit einem Stern (*) bezeichnet. Grundformen dagegen, welche zwar auch nur vorausgesetzt sind, aber dem Urkeltischen nicht mehr zugeschrieben werden können, sind besternt und zugleich eingeklammert (s. z. B. *aiv S. 3). — Fehlt * vor einer Grundform, so ergibt sie sich aus den unter ihr angeführten Wörtern als urkeltisch.

Auf den ersten Bogen ist diese Unterscheidung zuweilen vernachlässigt, wofür der Herausgeber um Entschuldigung bittet. In manchen Fällen kann man übrigens schwanken, ob eine Grundform als urkeltisch oder vorkeltisch, als erschlossen oder überliefert zu betrachten sei.

Ein Kreuz (+) dient dazu, Wörter, welche dem hibernischen Ast der keltischen Sprachen angehören, von solchen des gallobritischen Astes zu trennen. — (B.) bezeichnet Zusätze des Herausgebers.

Die angewandten Abkürzungen sind, sofern dieselben nicht an und für sich klar sind, im folgenden aufgezählt und erläutert.

Adamn. Col.: Adamnan's Life of Columba, ed. Reeves, Dublin 1857.
ALC.: Annals of Loch Cé, ed. Hennessy, London 1871.
Ann. Bret.: Annales de Bretagne.
Asc. Gl. oder Ascoli Gl. pal. hib.: Ascoli Glossarium palaeo-hibernicum.
AU.: Annals of Ulster, ed. Hennessy, Dublin 1887.
Amra Chol.: Amra Choluim chille, ed. Crowe, Dublin 1871 (nach LU. und LB.) und in „Goidelica", London 1872, S. 156—173 (nach LH.).
BB.: Book of Ballymote, Facsimile, Dublin 1887.
Bezz. Beitr.: Bezzenbergers Beiträge zur Kunde der idg. Sprachen.
Bk. Arm. oder Lib. Arm.: Book of Armagh, Handschrift der Bibliothek des Trinity College in Dublin; Ff. 1—24 gedruckt in Trip. Life.

Bk. Fen.: Book of Fenagh, ed. Hennessy, Dublin 1875.

Bk. Rights: Book of Rights, ed. O'Donovan, Dublin 1847.

Broc. h.: Broccán's hymne gedruckt in „Goidelica" 137.

Buh.: Buhez Santes Nonn, 1. Aufl. Paris 1837, 2. Aufl. Rc. VIII, 230, 405.

B. Ventry: The Battle of Ventry, ed Kuno Meyer, Oxford 1885.

C.L.: Cartulaire de l'abbaye de Landévennec, ed. A. de la Borderie, Rennes 1888.

Cogad Goedel: The War of the Gaedhil with the Gaill, ed. Todd, London 1867.

Colm. h.: Colmán's hymne, gedruckt in „Goidelica" 121.

Corm.: Cormac's Glossar, nach LB. gedruckt in „Three Irish Glossaries", London 1862.

Corm. Tr.: O'Donovan's Uebersetzung von Cormacs Glossar, Calcutta 1868.

Cr.: The Creation of the World, a Cornish Mystery, Berlin 1863.

D.: Passio Domini. The Ancient Cornish Drama, ed. Norris, Oxford 1869.

Davies: Antiquae Linguae Britannicae . . . Dictionarium, Londini 1632.

Derbshiur: metr. Glossar, gedruckt in Bezz. Beitr. XIX, 22—31.

Dúil Laithne, Glossar, gedruckt in „Goidelica" 72—83.

Edin. XXXVIII: Handschrift der Advocates' Library in Edinburgh.

Eg. 88.
Eg. 90.   } Egerton-Handschriften im British Museum.
Eg. 1782.

Esser: Esser, Beiträge zur gallokeltischen Namenkunde, Malmedy 1884.

Ff.: Forus Focal, metr. Glossar, gedruckt in Bezz Beitr. XIX, 8—22.

Fél.: Félire Oengusso, Dublin 1880.

Fiacc. h.: Fiacc's hymne, gedruckt in „Goidelica" 126.

Fis maic Congl.: The Vision of Mac Conglinne, ed. Kuno Meyer, London 1892.

FM.: Annals of the Four Masters, ed. O'Donovan, Dublin 1848, 1851.

GC. oder GC²: Zeuss-Ebel's Grammatica celtica. 2. Aufl., Berlin 1871.

Gild.: Lorica von Gildas, gedruckt in „Irish Glosses", Dublin 1860, S. 133 ff.

Glück K.N.: Glück, die bei C. J. Caesar vorkommenden keltischen Namen, München 1857.

Goidel.: Goidelica, London 1872.

H. 2. 15
H. 2. 16
H. 3. 3   } Handschriften der Bibliothek des Trinity College in Dublin.
H. 3. 18
H. 4. 22

Harl. 432
Harl. 2719 } Harleysche Handschriften im British Museum.
Harl. 5280

Hübner: Inscriptiones Britanniae christianae, ed. E. Hübner, Berlin 1876.

Indog. Forsch.: Brugmann u. Streitberg's Indogermanische Forschungen.

Ir. Gl.: Irish Glosses, Dublin 1860.

Joyce: Joyce's Irish Names of Places, 3d ed., Dublin 1871.

Juv.: der Cambridger Codex des Juvencus, KBeitr. IV, 385—421.

KZ.: Kuhns Zeitschrift f. vergl. Sprachf.

KBeitr.: Kuhn u. Schleicher's Beiträge z. vergl. Sprachf.

Laud 610: Handschrift der Bodleiana, beschrieben von Todd Proceedings
    of the R. Ir. Academy II, 336 ff. und von O'Donovan Bk. Rights
    S. XXVIII ff.

Laws: Ancient Laws of Ireland, Band I—IV, Dublin 1865—1879.

LB.: Leabhar Breac, Facsimile, Dublin 1876.

LH.: Liber Hymnorum, eine Handschrift der Bibliothek des Trinity
    College in Dublin, deren irische Bestandtheile in den „Goidelica"
    gedruckt sind.

Lh. oder Lhuyd AB.: Lhuyd's Archaeologia Britannica, Oxford 1707.

Lib. Land.: Liber Landavensis, 1. Aufl. Llandovery 1840; 2. Aufl.
    Oxford 1893.

Lism.: Book of Lismore, Handschrift im Besitze des Herzogs von
    Devonshire, beschrieben in Lism. Lives, d. i. „Lives of Saints
    from the Book of Lismore", Oxford 1890.

LL.: Lebar Laignech oder Book of Leinster, Facsimile, Dublin 1880.

L. Lec. Voc.: Vocabular im Book of Lecan (Handschrift der Bibliothek
    der R. I. Academy in Dublin) Fo. 155ᵃ—167ᵃ.

LU.: Lebar na hUidre, Facsimile, Dublin 1870.

Mart. Don.: The Martyrology of Donegal, Dublin 1864.

Mart. Gorm.: Das Martyrologium von Marianus Gorman in einer Hand-
    schrift der Bibliothèque Royale in Brüssel, XVII, Nos. 5100—5104.

MC.: die altcymr. Glossen zu Martianus Capella, KBeitr. VII, 385.

Mer. oder B.M.: Beunans Meriasek, a Cornish Drama, London 1872.

Misc. Celt. Soc.: Miscellany of the Celtic Society, Dublin 1849.

Ml.: Codex Mediolanensis, herausgegeben von Ascoli in „Il Codice Ir-
    landese dell' Ambrosiana", Turin 1878.

MR.: The Battle of Magh Rath, ed. O'Donovan, Dublin 1842.

O.: Origo Mundi, Ancient Cornish Drama, ed. Norris, Oxford 1869.

O'Br.: O'Brien's Irish-English Dictionary, 1. Aufl. Paris 1768, 2. Aufl.
    Dublin 1832.

O'Cl.: O'Clery's Glossar, herausgegeben von A. W. K. Miller Rc. IV,
    349 ff., V, 1 ff.

O'Curry M.C.: O'Curry, Manners and Customs of the Ancient Irish,
    Dublin 1873.

O'Dav.: O'Davoren's Glossar, nach Eg. 88 veröffentlicht in „Three Irish
    Glossaries" S. 47 ff.

O'Don. Gr.: O'Donovan's Grammar of the Irish language, Dublin 1845.

O'Don. Supp.: O'Donovan's Supplement zu O'Reilly's Irish-English Dictio-
    nary, Dublin 1864.

O'Flah.: O'Flaherty's Glossary, jetzt in der Bodleiana, bezeichnet Ms.
    Ir. e. 1.

O'Moll.: O'Molloy's Grammatica latino-hibernica, Romae 1677.

O'Mulc: O'Mulconry's Glossar, H. 2. 16 Col. 18—122.

O'R.: O'Reilly's Irish English Dictionary, 1. Aufl. Dublin 1821; 2. Aufl. Dublin 1864.

Patr. h: Patrick's hymnus gedruckt in Goidelica 148.

Philarg: Altir. Glossen zu Philargyrus, KZ. XXXIII, 63—67.

Pugho: Pugho's Welsh Dictionary, Denbigh 1832.

Rawl. B. 502: Handschrift des 12. Jahrhunderts in der Bodleiana, beschrieben von Macray Catalogus Codd. Mss. Bodl. V. Fasc. 1. Col. 719—723.

Rawl. B. 512: Handschrift der Bodleiana, beschrieben in Trip. Life S. XIV f.

RB. Mab.: Mabinogion from the Red Book of Hergest, Oxford 1887.

Rc.: Revue celtique, Paris 1870 ff.

Rhys E.B.: Rhys' Early Britain, London 1882.

Rhys H.L.: Rhys' Hibbert Lectures, London 1888.

Rhys Lect.: Rhys' Lectures on Welsh Philology, London 1879.

Salt. R. oder SR.: Saltair na Rann, Oxford 1883.

Sg.: Die Sanct-Galler Glossen zu Priscian, herausgegeben von Ascoli Il Codice Irlandese u. s. w.

Spurrell: Spurrell's Dictionary of the Welsh Language, Carmarthen 1858.

Stowe XIX: Handschrift in der Bibliothek der Royal Irish Academy.

Three Fragm.: Annals of Ireland. Three Fragments ed. O'Donovan, Dublin 1860.

Thurneysen KR.: Thurneysen's Kelto-romanisches, Halle 1884.

Togail Troi*: The Destruction of Troy, aus H. 2. 17 gedruckt in Irische Texte, 2. Serie, 1. Heft, Leipzig 1884.

trec.: trécorois.

Trip. Life oder Trp.: The Tripartite Life of Patrick, Rolls series, London 1887.

Wb.: Die Würzburger Glossen zu den Paulinischen Briefen, abgedruckt in „The Old-Irish Glosses at Würzburg and Carlsruhe", Hertford 1887.

Windisch Wört.: Windischs Wörterbuch, Leipzig 1880.

IV.

Wortschatz

der

keltischen Spracheinheit.

A, Â.

â, Vokativpartikel.

ir. â, a. + cymr. corn. bret. a.
gr. ὤ. — lat. ô.
Da â (wie w. ha in ha-wraig „hem mulier!" Davies) proklitisch, die
folgende Silbe aber betont war, so wurden ihm folgende Consonanten
im Irischen ursprünglich entweder verdoppelt oder sie blieben unaspiriert. So: a mmo Chomdiu LU. 7ª, a mmo sruith Trip. Life 244,
á fir Wb. 10ª, a fiada Colm. h. 39, 41, á fírianu Wb. 25ᵈ, a cach duini
Wb. 1ᶜ. Aber in a chossa Wb. 12ª, a thusu Sg. 204ᵇ haben wir den
Anfang des heutigen Gebrauches.

aidu-s Feuer s. u. *id brennen.

aili- Wange? Braue?

ir. áil (gl. bucca), Dat. Pl. óilib (gl. bucis). + cymr. ail, ael „supercilium,
ora". abret. guor-ail (gl. supercilium).
lett. pïre Stirn lässt sich wegen seines r kaum vergleichen.

(*aiv- = idg. âyú Leben.)

aivestu-s Alter, Zeitalter.

ir. áes, Gen. áisso M. + cymr. ois, oes F. corn. huis (gl. seculum)
Vgl. skr. âyus- Leben. — gr. αἰών, αἰές. — lat. aevum. — got. aivs.

kóm-aivestu-s s. u. kom.

aivito- Alter, Zeitalter.

acymr. oet; ncymr. oed M. mbret. oet, oat, ouat; nbr. oad „age,
la durée de la vie".
Vgl. lat. pälign. aetat- = ai(vi)tat-.

aivo-s ein.

altir. ai, ae: 'ai' a hæn, Egerton 90, fol. 17ª 1 „ae adiectivis prono-

1 *

minalibus (cach). cech nach (na) aeque adiunctum ac oin unus" Ascoli Lex. pal. bib. XVII.

altpers. aiva, zend. aêva ein. — kypr. οἶϝος, hom. οἶος allein, hom. οἰέτης aus *οἰϝοϝετης eines Alters.

á⟨p⟩o, a⟨p⟩ó ab, Präposition und Präfix.

ir. ar-a-biu, ar-a-chelaim, ar-a-chrinim, ar-a-chuilim, ar-a-foclur, ar-a-fóimim (vgl. gr. παρ-απ-όλλυμι), ass-a-fiud, ass-a-gninim, ass-a-gussim (vgl. gr. ἐξ-απο-βαίϝω), cit-a-biu, iarm-a-faigim, t-a-bur. + cymr. corn. bret. a-, Verbalpräfix (G. C. 420, 423; auch in cymr. a-ddef „fateri", a-ddysg Belehrung, afar = á⟨p⟩o-maro- Besorgniss s. u. maro-), cymr. o. Die a-Form setze ich gleich skr. ápa, gr. ἄπο. lat. ab, ap-(erio), got. af, nhd. ab; dagegen cymr. o = gr. ἀπό, lat. po-(situs, vgl. po-lio, porcet = po-arcet), as. fa-n. — Für sich betrachtet liesse sich a auch zu skr. ahd. á stellen, oder zu lit. pa, slav. po, die als Verbalpräfix u. a. Perfektbedeutung geben.

á⟨p⟩o-gno-s Abkömmling, Kind s. u. genô.

a⟨p⟩o-⟨p⟩rektâ „curia, sermo" s. u. *⟨p⟩erk, ⟨p⟩rek.

a⟨p⟩óna- von, aus, Präfix.

cymr. ona- in onadunt „ex eis" = as. fan (ahd. fon, fona) von. Dagegen beruht corn. bret. ana- in corn. anoðo „ab eo", aneði „ab ea", aneðe „ex eis", bret. anezaff „de eo", anezy „de ea", aneze „eorum" und ir. an- in anair von Osten, anall von jenseits, aniar von Westen, anís von unten, anuas von oben, auf á⟨p⟩ona und gehört wahrscheinlich nahe zu zend. apana entfernt.

augâ Höhle, Grab.

ir. uag F.

got. augô, ahd. ouga, as. éage Auge, an. auga Auge, Morastloch, kvernar-auga Loch im Mühlstein. hafs-auga die Tiefe des Meeres, mnd. ôge 1. Auge, 2. das runde Loch, in welches der Schneider die Tuchstücke wirft. Dazu lat. Aufeius, Aufidius, Aufellius, Aufillius? Wegen der Ideenverbindung vgl. ir. dero 1. Auge, 2. Höhle und hebr. עֹין 1. Auge, 2. Quelle.

aunio-s grün.

ir. úaine grün.

Vgl. ags. van „lividus, pallidus", engl. wan bleich, blass. Unsicher.

ausos Ohr.

ir. au, ó Ohr, Gen. aue (neut. s-Stamm).

gr. οὖς. — lat. auris. — got. ausô. — lit. ausìs F.; ksl. ucho, Gen. ušese N.

Hierher vielleicht die gall. Su-ausia „schön-ohrig" Steiner 1831.

aqâ Wasser.

gall. *apa, woher die deutschen Suffixe -ep und -aff in Fluss- und
Ortsnamen wie Erlaff (ahd. Eril-affa), Aschaff (ahd. Asc-affa), Honaff,
Lennep. In den neuceltischen Sprachen ist dies Wort nicht vertreten,
ausser vielleicht in ir. oiche .i. uisge.
lat. aqua. — got. ahva, ahd. aha.

aqitâ Gesicht s. u. *oq sehen.

*ak, *ok scharf sein.

akau(no-n), aku(lenâ).

gall. acaunum (gl. saxum), acauno-marga Pliu. H. N. XVII, 7.
acorn. ocoluin (gl. cos), cem-ecid (gl. lapidaria). mcymr. agalen;
ncymr. ogalen, hogalen, hogal, hogi „acuere". bret. hygoulen
„pierre à aiguiser".
Vgl. asl. osŭ-tŭ „genus spinae", osla „cos" sowie skr. áçna Stein,
áçman Felsstück, gr. ἀκόνη, ὄκμων, lit. aszmû' Schneide, lett. ass
scharf, spitzig.

*âko-s etwa „herbe", „piquant" s. eks-âko-s.

Vgl. lat. acere sauer sein, aoêtum Essig, acerbus herb, acidus sauer.

akto- Stachel, aktînâ Stechginster.

ir. aittenn Stechginster (tt aus cht, wie in otrach für ochtrach). +
cymr. aeth, aith M., eithinen „genesta spinosa", Ginster, eithinog
voll Ginster, eithiw (Grundform aktivo-) voll Stacheln. corn.
eythinen (gl. ramnus). abret. ethin (gl. rusco).
lit. ákstinas Stachel; asl. ostInŭ Stachel. Vgl. zend. aku Spitze.

akro-s, akero-s, âkro-s scharf, hoch.

gall. AXPOTALVS Schuermans Sigles Figulins p. 61, citirt von
Ernault Sainte Barbe S. 199.
ir. ér .i. uasal, acher scharf, rauh. + abret. ar-ocrion (gl. atrocia).
skr. açrá Ecke. — gr. ἄκρος, ἄκρον. — lat. âcer; osk. akrid. — asl.
ostrŭ scharf; lit. asztrùs dass.

akvillo-s (akvîlo-s?) Bohrer.

cymr. ebill „terebrum, cestrum, verticulus", Pl. ebillion telyn
„collabi, verticuli". corn. epill hoern (gl. clavus). bret. ebil
„cheville", ebil an lagat „la maille qui est en l'oeil".
Vgl. lat. aculeus, ags. avel, engl. awl.
Als urkeltisch nicht ganz sicher. Das neuir. aigilin „Stift", citirt
von Loth (Vocab. vieux-breton s. v. epill), ist entlehnt aus franz.
aiguille.

okitâ Egge.

cymr. ocet, oged F. Egge. corn. ocet. bret. oguet „herse“.
ahd. egidâ, nhd. egge. — lit. ekēti eggen, ekēczos Egge, lett.
ezeschi dass. Vgl. gr. ὀξίνη, lat. occa.

okro- Schärfe, Rand, Schnitt, Ecke.

ir. ochar, Gen. ochair, Ecke, Rand (Ailill ochair ága), ochar-immel
LL. 262ᵇ uferzackig. + cymr. ochr, ochyr M. „margo“.
Vgl. lat. ocris, Ocriculum, gr. ὄκρις Spitze.
Die grundsprachlichen Wurzeln aç und ak sind im Keltischen
nicht auseinanderzuhalten.

âku-s schnell.

altcymr. di-auc „segnem“ eigentl. „unschnell“; ncymr. di-og. corn.
di-oc (gl. piger), mar thyek Mer. 3360. bret. di-ec „paresseux“, dieguy
„pigritia“.
skr. âçú. — gr. ὠκύς. — lat. ôc-ior. S. u. dê.

⟨p⟩aksajo-s Schuh.

ir. assa (gl. soccus), o assaib (gl. sandalis), nu-t-asigthe du gall-asu
(gl. calcia te gallicas tuas).
gr. πάξ· ὑπόδημα εὐυπόδητον Hesych.
Lat. baxea ist entlehnt von einem gr. *παξεια, einer Nebenform von
πάξ. Zu πήγνυμι?

aksi-s, aksilâ.

ir. ais Karren, Wagen O'R. unbelegt. + cymr. echel F. Achse. bret.
ahel „essieu“.
skr. ákṣa. — gr. ἄξων, ἄμ-αξα. — lat. axis, âla. — ahd. ahsa Achse,
an. öxl Achsel. — asl. osĭ; lit. aszis Achse.

1. *ag sagen.

ir. ai, ae Sage, aid .i. iarraid LL. Voc. 416.
gr. ἠμί (?), ἠχ-ανεν· εἶπεν Hesych (?). — lat. aio, axare „nominare“.
Der Guttural der Wurzel erscheint vielleicht in ir. aidacht, audacht,
edocht „legatum“, Vermächtniss = *ati-ak-to-; dasselbe begriffliche
Verhältniss würde engl. be-quest : got. qviþan zeigen.

2. ag treiben, Präs. agô, t-Prät. akto.

ir. aig in adaig = lat. agit, atom-aig „adigit me“, agat clesamnaig
„agant joculatores“, t-Prät. do-sn-acht .i. ros-immaig, Pl. 3 ad-achtatar. +
cymr. corn. bret. a = agit; cymr. af „ibo“, deuaf „veniam“; t-Prät.
aeth „ivit“, doeth „venit“.
skr. ájâmi treibe. — gr. ἄγω. — lat. ago. — an. aka fahren.
Zu derselben Wurzel gehört möglicherweise gall. agio- „Treiber“(?) in
Agio-mârus, Com-agius Rc. III, 154, 164.

embi-agô, embi-akto-s s. u. embi.

kóm-akto- s. u. kom.

agio- Wettlauf.

ir. aige, a aighe .i. a graifne ech Corm. Tr. S. 115.
skr. ajya das Eilen, enthalten in pṛtanâjya, pṛtanâjia.

agos- Bock.

ir. ag .i. bó, Gen. Sg. und Nom. u. Acc. Pl. aige, neut. Stamm auf s,
ag allaid „cervus". + cymr. ewig (aus *agiko-) „cerva", eu-lon
„stercus caprinum". corn. euhic (gl. cerva), loch euhic (gl. hinnulus).
Vgl. skr. ajá-s Bock. — lit. ožý-s Geissbock.

âgu- Kampf.

ir. ág, Gen. ága.
Vgl. skr. âji-s Wettkampf. — gr. ἀγών. — lat. agonalia, agonum.
Vielleicht hierher gall. Ago-máros.

agro-n, agrâ.

gall. Ver-agri, Sy-agrius (i. e. Su-agrios) und vielleicht Agron, ein
König von Illyrien.
ir. ár Blutbad N., Gen. áir, Acc. Pl. ára. + cymr. aer F. „praelium",
aer-, haer in vielen Eigennamen. acorn. bair (gl. clades). Pl. abret.
airou (gl. strages).
ved. (ghâsé)ajra zum verzehren treibend; zend. azra Jagd. — gr.
ἄγρα Jagd, Ἀγρο-λέων, Μελέ-αγρος.

agro-magos Schlachtfeld.

ir. ármag. + cymr. aerfa. abret. arima [leg. airma] (gl. agone),
Pl. airmaou (gl. machide).

3. ag fürchten, Präs. âgô-r ich fürchte.

ir. ágor „timeo", aichthi „timendus".
skr. aghá schlimm, Gefahr, aghâyáti bedrohen. — got. ôg bin erschreckt,
ôgjan erschrecken, agis Furcht.
ir. omun Furcht u. s. w. ist hiervon zu trennen; s. u. obno-s.

aginâ Topf, Pfanne.

ir. aigen „patena, patella".
Vgl. skr. aga Wasserkrug. — gr. ἄγγος.

agilêtâ Herd, agno-s feurig, hell, agniâ Helle.

ir. án: cosin tsaigit úin „cum sagitta ignea", áne thened „splendor
ignis". + cymr. aelwyd „focus, titionarium". corn. oilet. bret. oaled
„foyer".
Vgl. skr. ag-ní Feuer. — lat. ig-nis-. — lit. ugnì-s Feuer; asl. ognĭ dass.
Etwas zweifelhaft. Ir. án und áne könnten anlautendes p verloren

haben und mit got. fôn, preuss. panno verwant sein, oder án, íne (aus
atno-, atniá) könnten mit skr. atná Sonne zusammengehören. Auch
kommt ⟨p⟩ongo- Herd s. u. in Betracht.

agli- Schimpf.

ir. áil Schimpf.
got. agls unschicklich, schimpflich. Dazu skr. aghá schlimm?

ataká (atâkâ?) Hauch.

ir. athach F. Hauch, Wind.
skr. âtmán. — gr. *ἀτ-μός.* — ags. æðm, nhd. atem.

⟨p⟩atano- Schwinge s. u. ⟨p⟩etô ich fliege.

⟨p⟩atemá Faden s. u. *⟨p⟩ete.

⟨p⟩atêr Vater.

ir. athair — skr. pitá, gr. *πατήρ,* lat. pater, got. fadar; Gen. athar —
πατρός.
Hierher der ir. Mannsname Athirne — Paternius (Rc. VIII, 143). In den
britischen Sprachen ist atêr von tato-s verdrängt.

1. ati- darüber, Präfix.

gall. ate- in Ate-bodus, Ate-gnata, Ate-pilos Rc. I, 472, At-esui, At-
eula, Centullus Ate-ponis GC. 866.
ir. áith-, and-, ed-, id-, vortonig ad- (at-) in at-balim, ad-cuaidim (áith-b
wird ep- wie in épert; áith-c und áith-g werden éc). + cymr. ad-,
altbret. Ate-cotti.
Skr. áti über — hinaus. — lat. at- in atavus. Oder = zend. paiti,
gr. *ποτί?* (B.)

ati-gnâto-s.

gall. Ategnatos, F. Ategnata.
bret. haznat „connu, évident, manifeste''.

2. ati- „re-'', wieder-.

ir. áith-, áid-, vortonig ad-. Wenn dies Präfix accentuiert ist und ge-
folgt von c oder g, so bleibt der Dental, so: táid-chrice „redemptio'',
áith-gne „recognitio'', áth-gabail Vergeltung. + cymr. at-, et- (jetzt
ed-), ad- in atep (= at-hep) „responsum'', at-neuedu „renovare'', et-
binam (gl. lanio), et-met (gl. retonde), ad-waeney „cognoscebat'', ad-alw
widerrufen. corn. as-won, at-(t)al „talionem''. bret. at-coezaff „reci-
dere'', aznauout „cognoscere'', at-tal (gl. vicarium).
Zu slav. otū weg, wieder, zurück, lit. at-, ata- zurück, wieder (B.).

at-eksregô s. eks-regô.

ati-korô ich gebe wieder.

ir. athchuirim bringe zurück. + cymr. adgori zurückgeben.
bret. d-as-kori „rendre, redonner, restituer, rejeter''.

ati-gabagli- Wiedervergeltung, „saisie mobilière".

ir. athgabáil. + cymr. adafael, attafael „pignoratio, districtio, pignus". abret. adgabael (gl. occupanda, Rc. VII, 239).

ati-⟨p⟩reko-, ati-⟨p⟩rekiâ Reue, Busze.

ir. aithrech reuig, aithrige Reue, Busse. + corn. eddrek. bret. azrec „componction, contrition".
Vgl. lat. de-precari abbitten, um Verzeihung bitten. (B.) — Got. idreiga „μετάνοια" ist wegen an. iðra reuen fernzuhalten (B.).

ati-lengmen Rücksprung.

ir. athleim. + cymr. adlam „resilire, resultare".

ati-sqâ Antwort.

ir. aithesc. + cymr. attep (= at-hep) „respondere".
Vgl. lit. at-sakýti antworten.

to-atiqrenô s. tó-.

âti-s, âtino- (aus apati-, apatino) Brennofen.

ir. áith, Gen. átho. + cymr. odyn F. „fornax".
Vgl. gr. Ιπνός Ofen, ὀπτάνιον Brat-, Backofen. — got. auhns, ags. ofen Ofen. — apr. umpnis Backofen, umnode Backhaus.
Oder ist zend. âtnr Feuer zu vergleichen? (B.)
Vielleicht ist wurzelhaft verwandt: ir. indeonaim ich brate (aus *ande-o⟨p⟩nô?).

attio-s Pflegevater, Erzieher.

ir. aite Pflegevater, Erzieher.
skr. attâ Mutter. — gr. ἄττα. — got. atta Vater. — ksl. otĭcĭ Vater. Gall. Atta, At(t)ullos Rc. IX, 29 mag verwant sein.

⟨p⟩atnâ Trinkgefäss s. u. *⟨p⟩ete.

ad-, Präfix.

gall. Ad-iatunnus, Ad-ianto, Ad-iantuunena, Ad-bogius, Ad-gennius, Ad-lêdus beim Ledus-flusse, Ad-namatius, Ad-magetobriga, At-vocisus u. s. w. Glück KN. 39. Rc. III, 151, VIII, 380.
ir. ad- in ad-cíu, ad-cobraim, ad-gládur, ad-midiur, ad-rímiu, ad-sligim. + cymr. add-iad, add-iant. altbrit. Ad-minius.
lat. ad, ar-. — got. at.
ir. ád-r wird ár, ád-c und ád-g ácc, ád-m ámm und ád-s ás. — Wenn cymr. ad vortonig ist und vor einem Vocal steht, ist es nicht zu unterscheiden von ad aus ati. Wie accentuiertes ádc zu ach wird (z. B. in achbludd, achreth, achrettawr, achwyn), so wird ádg zu ág (wie in agarw), ádb zu ap (wie in aperth) und ádm zu am (wie in amser).

Eine Nebenform *adi scheint in cymr. add-ail, add-fain, add-fwyn,
add-oer, add-fed = abret. admet (gl. passae), mbret. azff, corn. arvez
enthalten zu sein.

ad-kasti-s grosser Hass, abscheulich.

ir. accais Fluch. + cymr. achas verhasst.

ad-trebâ, ad-trebâô.

Gall. Atrebates „possessores" (vgl. u. skôto-s).
ir. atreba „possidet, habitat". + cymr. athref F. „mansio,
possessio".

ad-trougo-s sehr elend.

ir. attruag. + cymr. athru.

ad-balô s. u. balô.

ad-messerâ Zeit.

ir. aimser F. + cymr. amser Ascoli Gl. XLI. corn. anser
(gl. tempus). Aus ad-menserâ. S. mens-.
Wegen cymr. am aus adm s. das Lehnwort amws Zuchthengst
aus admissarius.

ad-rên-, ad-ren Niere.

ir. áru (gen. áran). = cymr. aren „ren".
Vgl. lat. rien, pl. rênes.

ad-rîmâ Zahl, ad-rîmiô ich zähle.

ir. áram F. Zahl, ad-rimiu „numero". + cymr. eirif „numerus",
aneirif „innumerus".

ad-rosto- Wohnung.

S. u. rosto-.

⟨p⟩adâô etwa „festige" s. u. *⟨p⟩ed fassen.

*⟨p⟩adasto- s. u. *⟨p⟩ed fassen.

⟨p⟩advo-s schnell s. u. ⟨p⟩ed gehen.

*ab fliessen.

abonâ, abannâ Fluss.

gall. brit. Abona.
ir. abann Fluss. + cymr. afon F. corn. auon (gl. flumen, l. fluvius).
bret. auon, auonn. bret. aven in Pont-aven.

abu- Fluss.

ir. aub LL. 13ᵇ. 7, oub, ob, gen. aba, abae.
skr. á-m-bu Wasser? Dazu auch lat. amnis?

aballo- Apfel-, Obstbaum, aballôn- Obstgarten.

gall. Aballo (jetzt Avallon) „la pommeraie?".

ir. aball, uball Apfel F. + **cymr. aballen** jetzt **afallen** F. **corn. auallen** (gl. malus). **bret. auallen.**

ahd. apful, afful Apfel, **affoltra** = **ags. apuldr** der Apfelbaum. — **lit. obelis** F. „malus"; **as. ablanī, jablanī** dass. — Zu **lat. abies?**

Cormac (s. v. aball) erklärt das Wort, wie üblich, als „malum Abellanum"; die Campanische Stadt Abella sei durch ihre Äpfel berühmt gewesen.

abrant- Augenbraue.

ir. abra, N. Pl. **abrait** LU. 55b, 96a in einer Zusammensetzung **abrat ruad, abrachtaib** (gl. palpebris). + **corn. abrans. bret. abrant** F. „sourcil", **abrantec** „superciliosus".

Zum Vergleich bieten sich zunächst **lat. frons frontis,** maced. *ἀφροῦτες*. Der Anlaut von **abrant** könnte das Präfix á(p)o (s. o.) sein. Das **cymr. amrant** (= am+grant, Davies) „palpebra superior, cilium, gena" scheint von **abrant** zu trennen zu sein, und in **corn. abrans, bret. abrant** steht br vielleicht für mr.

Vgl. u. bravo-, bruat-.

1. an, erstarrter Akkusativ des Pronomen 3. Pers.

ir. an in **d-an-donid** (consolamini eum), **r-an-anacht** (iuvit eum), **ar-angairet** (id vetant), **imm-an-imcab** (devita eum), **r-a-cloi-sum** (subegit eum). Steht wohl für an-n, an-an = **lit. anạ́, sl. onü,** vgl. **skr. anáyâ, lat. ille, ollus** (B.). Auch das ir. Pronominalinfix n gehört gewiss hierher.

anda da, dort.
′ **ir. and.**

Vgl. **lit. àndai** neulich; **asl. jạdu** „unde". Auch *ἄνδα· αὖτη. Κύπριοι* Hesych(?) (B.).

2. an-, Negativpräfix.

altbrit. an- in *Ἀν-δραστη* („invicta"?).

ir. an-, in-. + **cymr. corn. bret. an-.**

skr. a-, an-. — **gr. ἀ-, ἀν-.** — **lat. in-, umbr. osk. an-.** — **germ. un-.** Glück findet dies Präfix in **gall. An-calites, An-darta, An-valonnacos** und auch in dem Ortsnamen **An-dautonium.**

Vor Wörtern, welche (wie **gäl. ires** aus [p]ari-sesta, vgl. **amires** Unglaube, **amiressach** ungläubig) ursprünglich mit p anfingen, lautete dies Präfix schon urkeltisch am, daher:

ir. am- (am-aires). + **cymr. af-. corn. af-. bret. am-** (in **amdere** „désagréable").

In **cymr. af-rifed** „innumerus" etc. hat am seine Grenze überschritten.

Vgl. 1. ana-.

an-qlanato-.

ir. écland M. der Geächtete, wörtl. der aus dem Clan ausgestossene?. + cymr. amblann kindlos.

an-kaini-s „indecens".

ir. écain. + cymr. annghaen.

an-komakto-s, unvermögend.

ir écmacht „impotens". + cymr. annghyfoeth unbemittelt.

an-krabudo-s an-krabijo-s Gottlosigkeit.

ir. *écrabud, wovon écraibdech „impius". + cymr. annghrefydd.

an-gabagli-.

cymr. an-ngbaffael(iad) Nichterlangung. abret. *angabael, latinisiert angabalum in dem Ausdruck „sine angabalo" Ro. VII, 240.

an-tovilongo-s unwürdig.

ir. étualang. + cymr. annheilwng.

an-trougokaro-s unbarmherzig.

ir. étrócar. + cymr. annbrugar.

an-dvanio-s Nicht-mensch.

ir. *induine, neuir. anduine Bösewicht. + cymr. *annyn, annynog unmännlich.

am-labro-s stumm.

ir. amlabar „mutus". + cymr. aflafar. corn. aflauar (gl. infans, gl. mutus).

am-lesso- Nachtheil, Schaden.

ir. amless. + cymr. afles „incommodum".

3. an, Intensivpräfix, s. u. 3. ana.

*⟨p⟩an nähren.

⟨p⟩ani- Brot.

ir. ain-chis Brotkorb (cis = κίστη, cista).
lat. pâni-s, pĕnus. Vgl. das folgende.

⟨P⟩Anôn-.

ir. Anu, Gen. Anann „mater deorum hibernensium robu maith didiu ros-biatbad na dee" (bene nutriebat deos) Corm.
gr. dial. πανία Fülle(?). — lat. pânis, penus, penátes. — lit. penù, penĕti nähren, mästen.

1. *ana (*ane) athmen.

anatê Seele.

cymr. eneid, altbrit. Anatemôros „gross-seelig“, Gen. Sg. fili Lovernii Anatemori, Llanfaglen.

Vgl. an. andi Geist. önd Seele, ahd. anado Groll und das folgende.

anatlâ Athem.

ir. anál Athem. + cymr. anadl F. bret. alazn, aber vann. henale, hanal, Rc. VIII, 34 aus *anele.

Vgl. skr. anila Wind. — lat. âlum, an(h)êlare (woher ital. alerare). — asl. vonja Duft. — got. anan hauchen.

animon- Seele.

ir. anim F., Gen. anman. + corn. enef (gl. anima), mbret. eneff, Pl. anaffon, jetzt anaoun.

gr. ἄνεμος Wind. — lat. animus, anima.

2. ana- (auch anas?), negatives Präfix.

altir. an- in an-christ Wb. 26a aber auch an-fiss, an-foirbthe, an-firen, an-cretem, an-cride mit bemerkenswertem Fehlen der (durch umgebende Vocale bewirkten) Aspiration. + cymr. an- in an-wir (= an'+guir), an-fodh (= an+bodd). corn. an- in an-vabat, an-voth, aber auch ohne Aspiration: an-credwar, an-ores, an-kevys. bret. an-couffans, en-cres, an-lan (= an+glan), an-fyn (= an-myn). Auch ohne Aspiration: cymr. an-rhith, an-lles.

gr. ἄνευ, ἄνις (falls nicht zu skr. sani-tús, sanu-tár gehörig). — ahd. ânu ohne. — Oder zu ahd. fona von (vgl. o. a⟨p⟩óna), alb. pa? (B.) Die obigen Formen ohne Aspiration weisen auf eine mit s endigende Grundform.

anas-kr̥djo-n Unrecht, Beleidigung.

ir. ancride N. „injuria“ Wb. 9c. + corn. ancres. bret. encres „chagrin, inquiétude, outrage“ (Rc. VI, 390).

3. ana-, Intensivpräfix.

mir. an- in an(s)ruth Name der zweiten Dichterreihe, an-bbal .i. rombôr O'Cl.; neuir. ain-teas „nimius calor“, an-fhear grosser Mann, an-mbôr sehr gross O'Don. Gr. 271.

gr. ἀνά auf, ἀνα-κρίνω. — got. ana auf, über.

Eine kürzere Nebenform dieses Präfixes, an- (vgl. gricoh. ἀν-, umbr. antentu, lat. anhelare, germ. an-) erscheint in:

an-menjâ Geduld.

ir. ainmne. + cymr. amynedd „patientia“ (aus anm°, nicht anam°, wie das harte m zeigt).

gr. ἀνα-μένω (ἀμμένω Soph. Trach. 527) abwarten, ertragen.

Vgl. unten *men bleiben, warten (B.).

⟨p⟩anâ Sumpf.

gall. anam (= paludem) Endlicher's GL
got. fanja- Koth, ags. fenn, fen, an. fen Sumpf. — apreuss. pannean
Moosbruch.

anami Fehler.

ir. anim? + acymr. ir anamou (gl. mendae); neucymr. anaf. bret. anaff
„défaut, tache“.
gr. ὄνο-μαι, ὀνοστός, ὀνοτός.

dê-anami s. u. dê.

anâjô ich bleibe, s. u. *men bleiben, warten.

â⟨p⟩naj-o-s Reichthum.

ir. anae Trp. 188, 17: ana .i. sonas uo saidhbrios O'Cl., N. Pl. ánai,
Gen. ane-n Wb. 29c, Acc. anu Wb. 16c. 2, Dat. anib Wb. 16c. 22. 27b.
Auch in dem Compositum ane-dênmid „opifex“. + cymr. an F., Pl.
anau Stoff, Element.
skr. apnas Besitz, Habe, Reichthum. — lat. ops, Osci aus Opsci.

⟨p⟩anavo- Harmonie.

gall. Anavo Frauenname.
cymr. anau „harmonia, poesis“, Anau, Anauoc Anaugen. abret. Anau.
Häufig in Eigennamen. z. B. Anau-bod, Anau-car, Doith-anau, Glois-anau.
Vgl. skr. pan bewundern, preisen, panú (panū) Bewunderung, Lob (B.).

aneqo- Gesicht s. u. *oq sehen.

angô, Aor. Sg. 3 angs (aus angst).

ir. *ar-ê-cm-angim, Aor. Sg. 3 ar-r-écaim (KZ. XXX, 129—131), do-é-
cm-aingim „accido“, tecmang „eventus“, Aor. Sg. 3 do-r-écaim es faud
statt, trat ein, for-é-cm-aingim, mir. Aor. Sg. 3 bar-r-écaim befand
sich, traf, imm-é-cm-aingim „accido“, Aor. Sg. 3 imreaccaibh (leg.
immrécaim) doibh .i. tarla dóibh O'Cl.
gr. ἄγχω. — lat. ango. — got. aggvus, nhd. enge.
Die ursprüngliche Bedeutung des altkelt. angô war zweifellos „ich
drücke zusammen“, eine abgeleitete „ich nahe“; vgl. ἄγχι, ἄγχοῦ und
lz. prós = lat. pressus.
Die Wurzel ist unnasaliert in ved. áhema, zend. nyâzayen, nyâzata
und in kelt. okto-s, oktiû (s. u.). Ihre keltischen Sprösslinge weisen
auf den Ablaut o : o : a (B.).

*ango-s eng.

cmr. cang (aus *echang, Grundform eks-ango-s) weit, reichlich.
ἄγχω ὄυι, ἄγχοῦ, ἄγχύ-τερος.

kom-ango-s s. u. kom.

angu- Schlange (eigentlich „constrictor").

ir. esc-ung Aal (wörtlich Wasserschlange). + cymr. llys-ŵ-en,
Plur. llys-ŵod.
lat. anguis, anguilla. — ahd. unc Schlange. — lit. angis Natter;
russ. užŭ dass.

engos- (neut. s-Stamm?) Enge.

ir. Dat. Sg. as cach ing.
ved. áṁhas Bedrängniss, Enge; zend. äzaṅh Enge, Angst. — lat.
angor, angus-tus.

okto-s eng.

gall. Octo-durus „arx in angustia sita" Glück KN. 133.
Eine Ableitung von okto-s ist ir. ochte „angustia" Gl. 68 (Grundform oktiä).

ongu- „angor".

ir. ong Corm. Tr. 128 Trübsal, cum-ung enge.
ved. aṁhú Drangsal. — got. agg-v-us eng. — asl. ązŭkŭ eng.

ántano- Stirn.

ir. étan Stirn.
skr. ánti gegenüber. — gr. ἀντί. — lat. ante, antiae „capilli demissi in
frontem". — ahd. endi Stirn = an. enni.

ande-, ando- gegen, Präfix.

gall. Ande-brogius, Ande-cumborius, Ande-dûnis, Ande-genus Rc. VIII,
380, Ande-ritum u. s. w., Ando-combogios, altbritt. Anda-gelli.
ir. índ-, vor inficiertem s int-, vortonig in- in in-sámlur. + br. ent-.
got. as. und, ahd. unt-az bis zu. bis an (?).

ande-bnis Amboss.

ir. indeóin Amboss. + corn. ennian dass. br. anneffn dass.
S. u. benô schlage. Zur Bildung vgl. ἀντίτυπος. cymr. eingion
ist dunkel.

anderâ junges Weib.

ir. ainder junges Weib. + cymr. anner Färse; acymr. Dimin. enderic
(gl. vitulus). br. ounner, onner annoer F. Färse, onneric.
Vgl. gr. ἀνθηρός blühend? ἀθαρής· ἄφθορος ἐπὶ γυναικός (Hesych)?

ando-s (ondo-s?) blind.

gall. anda- (ando-, ondo-?) im latein. Lehnwort andabata Gladiator mit
einem Helm ohne Augenöffnung. Zweifelhaft.
sskr. andhá blind. — gr. ἐπ-, κατ-, παρ-ενήνοθε? — lat. umbra?
Vgl. batto-.

ânniâ (aus akniâ) Ring, After.

ir. ánne (gl. anellus), Dimin. von *án — anus. ainne (leg. áinne), Gen. Pl. fuath na n-ainne erordai SR. 5432 — 1. Reg. VI. 17.
skr. (â-, sam-)akna gebogen. — lat. ânus (für acnus) Ring, Afterring, ânulus. Vgl. begrifflich δακτύλος und unten ɼbrâ.

ansi- Zügel.

ir. ési, Dat. Pl. ésibh Four Masters, 1600, S. 2168, Acc. éssi LU. 79a, eese LU. 68a.
Vgl. lat. ansa Griff, Handhabe. — isl. æs Loch im Rande. — lit. ąsà, lett. ûsa Henkel, Schleife. Hierher auch skr. amsadhrî Geräth zum Kochen?

am- s. 2. an-.

am⟨p⟩éllâ, ein Pflanzenname.

gall. amella (gl. binensug), angebl. die purpurne italienische Sternblume. gr. ἐμπίς. — lat. apis. — ahd. imhi Biene. Oder zu gr. μέλι? (Fick).

ambi-s, ambo- Strom.

gall. ambe (gl. rivo), inter ambes (gl. inter rivos) Endlichers Glossar, altbrit. Amboglanna „Ufer des Stromes‟.
skr. ámbu Wasser. Vgl. o. abu-.

ambri-s Fluszname.

gall. Ambris.
cymr. Ambyr, Amir, Amyr Lib. Landav. 165, 191, 216.
gr. ὄμβρος, lat. imber?

ammanti-s Amme, altes Weib.

ir. ammait.
lat. amita. — an. amma, ahd. ammâ Grossmutter.
Die gallischen Frauennamen Ammaca, Ammaia, Ammava, Ammilla, Ammia Rc. III, 155 scheinen hierher zu gehören.

âmmén (aus *ap-men) Hand.

ir. ám N. Ml. 36c 11, Gen. ind aim Ml. 33d 20 (leg. aimme), Dat. in am (gl. in manu), ammaim Ml. 36d 19.
skr. (âp). ved. Pf. âpa erreichen, erlangen. — lat. apere, aptus, apisci. Ein ir. ám — lat. agmen existirt nicht.

*ar, vgl. gr. ἄρτος Brot.

Zu erschliessen aus ir. arán Brot und ir. arbe Korn, Getreide N. (Stamm arvên-), Gen. Sg. arbe, Dat. arbaim, mir. N. und Acc. Pl. arbanna. Vgl. arinkâ.

⟨p⟩ar suchen.

ir. i-arraim ich suche, vgl. e⟨p⟩i.
gr. πεῖρα Versuch, πειράω, ἐπιπείρει· μοιχεύεται, ἢ μοιχεύει Hesych. —
lat. ex-perior.

⟨p⟩arjâ Wachsamkeit, ⟨p⟩arjâno-s Wächter.

altbrit. ariano-s: „Areanos genus hominum a veteribus institutum
. . . a stationibus suis removit . . . . Id enim illis erat officium, ut
ultro citroque per longa spatia discurrentes, vicinarum gentium
strepitus nostris ducibus intimarent" Ammianus Marcellinus, ed.
Erfurdt, lib. 28, c. 3.
ir. aire „vigilia, vigilantia", airim „vigilo".

ara pflügen, Präs. arjô.

ir. airim (gl. aro) Corm. B. s. v. ar. + cymr. arddu, ardd-wr Pflüger.
got. arjan ackern, pflügen. — lit. ariù pflüge; asl. orją dass. Vgl. das
folgende und ervo-, ervâ.

*arâ Ackerland (in arâ-qendos, -qendis).

lett. ara, are Ackerland (B.).

arâ-qendo-s, arâ-qendi-s ein Ackermaass.

gall. arapennis: „arepennem (leg. ara-?) semijugerum vocant
Galli" Colum. V, 1, „Hunc Betici arapennem dicunt, ab arando
scilicet" Isid. Or. 368, 1.
ir. airchenn, ein Landmaass enthaltend sechs forrach's O'Don.
Supp. Laws II, 12, IV, 96.
franz. arpent, altspan. arapendo weisen auf ein altkelt. araqendis.

arâtro- Pflug.

ir. arathar. + cymr. aradr, corn. aradar (gl. aratrum), bret. arazr.
gr. ἄροτρον. — lat. arâtrum (mit Angleichung an arâre). — an.
arðr Pflug.
cymr. *aretic, jetzt aredig Pflügen kommt von derselben Wurzel.

aro- Ackerbau, Feldbau.

ir. ar Corm., Acc. cen ar ibid. s. v. conair. + cymr. âr „arvum".

⟨p⟩ara vor, ⟨p⟩arei- bei, vor, Ost-, Zusammensetzungen mit ⟨p⟩arei- und ⟨p⟩areitero-s Osten s. u. *⟨p⟩er.

arât- „auriga" s. u. *era, râ.

arinkâ, eine Getreideart.

gall. arinca „frumenti genus gallicum" Plin. HN. XVIII, 8, s. 19 cc. 7,
s. 10 und XXII, c. 25.

griech. ἄρακος Hülsenfrucht, die unter den Linsen als Unkraut wächst. ἄρακοι· ὄσπριόν τι. τὸ δὲ αὐτὸ καὶ Λάθυρον (Hesych) (B.). Zu *ar?

*⟨p⟩arostât vorher s. u. *⟨p⟩er.

arqeto- Schooss.

cymr. arffed M. „gremium". aus *arpet.

Zu lat. arcus, Gen. arqui Lucr. VI, 526. got. arhvazna „Pfeil", wie nhd. Schooss zu schiessen, mhd. gêre Rockschooss zu gêr Wurfspeer.

arkô wehre, halte vor.

ir. du-ess-urc „defendo", du-imm-urc „arto", ad-arc Horn.

gr. ἀρχέω. — lat. arceo.

⟨p⟩arkô frage s. u. *⟨p⟩erk. ⟨p⟩rek.

⟨p⟩arkunio-n Berg.

gall. arkunia N. Pl. : Ἀρκύνια ὄρη ap. Aristot. Orcynia apud scriptores graecos teste Caesare G.C.³ 46.

got. fairguni Berg.

(*arg glänzen.)

argento-, arganto- glänzend weiss, n. Silber.

gall. argento- in Argento-magus, Argento-ratum und, mit c für g arcantodan(os) Rc. IX. 29. abrit. (piktisch) Argento-coxos Dio Cassius 176. 16. ir. airget, argat Silber, Airget-már. + cymr. ariant, Argantbad, Argan-hell. corn. argant (in Argant-eilin, Argant-moet), argans. bret. archant, Argant-hael, -lon, -louuen, -monoc: Guenn-argant, etc. ved. rajatá silberfarbig; zend. erezata Silber. — lat. argentum: osk. arageto-. Betreffs des Suffixes vgl. Carbento, Carbanto.

argio-s weisslich, licht.

gall. Argio-talos „au front blanc" Rc. III, 157.

Vgl. gr. ἀργός, ἀργής, Ἀργι-όπη, Ἀργεῖος. — lat. argûtus, arguo?

⟨p⟩argo-, ⟨p⟩ergo- Tropfen, Schnee.

ir. arg .i. banne, ro-arg. + cymr. eira M. Schnee. acorn. irch (gl. nix); ncorn. er. bret. erc'h.

Zu skr. Parjánya Regenwolke, Regengott? lat. spargo sprengen, spritzen?

argo-s Held, argendi Heldin.

ir. arg, argeind, Corm.

gr. ἀρχός.

In argeind (= airginn O'Dav. 48) scheint -eind, -inn = ahd. -enza.

1. arto-s Stein.

gall. Artos Rc IX. 29, Ἀρτο-βρίγα und vermutlich auch, als Derivative, Ἀρταυνον, Artemia („usque ad petram, quae Artemia dicitur" Acta SS. Jul. 1, 58), Artona (Glück KN. 126).

ir. art Stein, Demin. artéine, Corm. Vielleicht auch in den Namen
Art, Art-gal, Art-bran; doch s. 2. arto-s.
Zu skr. párvata Berg, Fels; zend. paurvata Berg? (B.)

2. arto-s Bär.

ir. art. + cymr. arth, Arth-bodu.
Das Verhältniss zu skr. ṛkṣa, gr. ἄρχτος, lat. ursus ist lautlich unklar.
Vgl. die ir. Mannesnamen Art, Art-gal, Art-bran unter 1. arto-s.

ardi-s Endpunkt.

ir. aird Punkt, Endpunkt.
gr. ἄρδις Pfeilspitze.

ardvo-s hoch.

gall. arduo-, Arduenna.
ir. árd hoch, gross.
skr. ûrdhvá aufrecht, oben befindlich(?); zend. eredhwa erhaben. —
gr. ὀρϑός grad, aufrecht(?). — lat. arduo-s.

arbîno- Rübe.

cymr. erfin, Sg. erfinen „napus". bret. iruinenn „navet", Pl. iruin, jetzt
irvin.
gr. ῥαφάνη

arno-s Strom.

gall. Arnos (Arnus Liv. u. Plin.), Flussname, jetzt Arno.
skr. árṇa Fluth, Strom.

⟨p⟩arjâ Wachsamkeit, ⟨p⟩arjâno-s Wächter s. o. ⟨p⟩ar.

arjak-s Herr.

ir. aire (gl. primas), Gen. airech; ruire (= ro-aire), Gen. ruirech (k-stämme).
skr. árya Herr, Gebieter, ârya Arier, âryaka ehrwürdiger Mann.

arjanio- Schlehe.

ir. airne. + cymr. eiryn-en „prunum". bret. irinenn „prunelle".
Vgl. skr. araṇi reibholz, „premna spinosa".

Arjamon-.

ir. Airem, Gen. Airemon, Eremon, einer der sagenhaften Stammväter
des irischen Volkes.
skr. Aryamán, Name eines Gottes.
Gall. Ario-manus (C.I.L. III, 4594) und Aramo mögen verwandt sein.

arvo-s schnell.

gall. Arva, Flussname, jetzt Erve.
zend. aurva schnell. — ags. earu rasch.
Zweifelhaft, da die Bedeutung von Arva nur zu vermuten ist.

lat. altus hoch, altum Höhe. Dazu zend. ereta hoch, erhaben,
skr. aṭṭa 1. laut, 2. Pavillon auf dem Söller eines Hauses? und
ir. alt, ailt Haus, toingthi fo ailt neimhe schwör bei dem Himmels-
gewölbe, ailtire Baumeister, cymr. aillt „verna" aus *altjo-s.

alke-s Elch, Elen.
gall. alces Caes. BG. 6, 27. Plin. 8, 15, 16, § 39.
ags. eolh, eng. elk, ahd. elaho Elentier.

⟨p⟩altani- Schermesser.
ir. altain. + cymr. ellyn. acorn. elinn (gl. nouacula). abret. altin (gl.
ferula); mbret. autenn jetzt aóten „rasoir, couteau".
skr. paṭ spalten, zerreissen, páṭu scharf = gr. πλατύς salzig. — ahd.
spaltan spalten. — asl. ras-platiti entzwei schneiden (B.).

⟨p⟩alto-s Fuge, Gelenk s. u. *⟨p⟩el falten, fügen.

altravon- Pflegevater.
cymr. alltraw „patrinus". corn. altrou (gl. victricus). bret. autrou „dominus", eltroguen „noverca", ytron „dame"; nbret. aotrouniez „seigneurie".
Vgl. o. alô und u. avontêr? oder altr- = lat. alter? vgl. alter parens
u. dgl.; oder ist altravon- eine Bildung wie kanavon-? (B.).

*alb- weisslich.

Albeis die Alpen.
gall. Ἄλπεις, Alpes aus Ἄλβεις, Albes, mit durch das l veranlasster
Verschiebung von p, ist richtig erklärt von Festus: „Alpes a can-
dore nivium dicti sunt, qui perpetuis fere nivibus albescunt".
ir. sliab n-Elpa.

Albion- „Weissland", Britannia, Albiones die Bewohner Britanniens.
insula Albionum, Avienus, Or. Mar. 112.
Im Gallischen scheinen 2 Stämme vorhanden gewesen zu sein,
alban- und albin, woher die doppelten Namenformen Albanius —
Albinius und Albaniani — Albiniani (jetzt Halphen) am linken
Rheinufer. Ausserdem kommt ein Stamm albio vor in Strabo's
Stadtname Ἄλβιον Ἰντεμέλιον
ir. Alba, gen. Alban „Schottland", aber in dofaid tar Elpa huile,
Fiacc's hymn. 9, scheint Elpa Britannia zu bedeuten.
gr. ἀλφός weisser Fleck, ἀλφούς· λευκούς Hesych. — lat. albus;
umbr. alfu; sabin. alpus. — Im Slavischen und Germanischen
scheint der Name des Schwanes (asl. lebedĭ, ags. ylfet, ahd. albiz)
vergleichbar.

albjo- Welt.

gall. Albio-rix „Weltkönig“ — Bitu-rix.
cymr. elfydd Welt, Weltall (Rhys HL. 42).

aljo-s, allo-s anderer.

gall. allo- in Allo-broges, Ἀλλότριγες aus Alloto-riges (Rc. VI, 484).
altbrit. allo-, ollo- in „Matribus Ollo-totis sive transmarinis“ Inschrift
von Binchester (allo-touto-s = cymr. alltud).
ir. aile. + cymr. aill.   bret. eil „secundus“. — cymr. all, allfro, all-tud.
bret. all.
armen. ail. — gr. ἄλλος, kypr. αῖλος. — lat. alius; umbr. arsir. — got.
aljis, ags. elles anders (engl. else).
Vgl. das Compositum ir. aili-thir Ausland (rothaich in-ailithir Trip. Life
174, l. 14) mit as. eli-lendi Fremde, Auslaud.

alaljo-s andrer.

ir. alaile, durch Dissimilation araile. + cymr. arall.
Zur Bildung vgl. gr. ἀλλήλων.

ava weg, ab, Präposition.

ir. ó, ua „a, ab“, hua-béla (gl. hiulcus), ua-d-: úad-fialichthi „velo exuti“,
úad-air-berthach „abusivus“.
skr. áva ab, herab. — lat. au- in au-fero. — ksl. u- weg, ab = preuss. au-.
Als Verbalpräfix scheint diese Präposition in den keltischen Sprachen
nicht vorzukommen.

avelo-, avero- Hauch, Wind.

ir. ahél, aial — aér, aiar. + cymr. awel „aura, flatus, ventus“, enawel
M. Orkan. corn. auhel (gl. aura), ananhel (gl. procella). bret. auel.
gr. ἄελλα (äol. αὔελλα), αὔ-ρα, ἀήρ. — lat. aura.

⟨p⟩avio-s Enkel.

ogm. Gen. Sg. avi (in Maqi Decceddas avi Toranias). ir. haue, aue, Gen.
haui, N. Pl. haui, Dat. auib, Acc. auu-, Comp. iarm-ui (gl. abnepotes),
ind-ui „pronepotes“
gr. παῖς, παῖς.

avo- Pronomen der 3. Person, Gen. Sg. M. avî, Fem. avês, Dat. Sg. avû, Gen. Pl. avon.

ir. dau, dó „ei“, occo „apud eum“, Gen. Pl. oc-aó n-airfitiud LU. 56ᵇ,
imm-ua n-eclis Arm. 18a. 2. + cymr. ei „ejus“, eu „eorum, earum“, iw ben
seinem Haupt, iw phen ibrem Haupt, ren ry-w goreu der Herr, welcher
ibn machte. Rc ˙ VI, 51.
zend. apers. ava jener. — aslav. ovŭ „hic“.
Das ir. Pronomen der 3. Person ón „id, τοῦτο“ weist auf urkelt. au-no-.

avô ich schütze.

ir. con-ói „servat", t-Prät. Sg. 3 con-r-oeth, Pl. 3 con-r-oethatar, for-com-ai „servat".

skr. ávati gern haben, begünstigen, schützen; zend. av schützen. S. das folgende.

avi hold, freundlich.

gall. Avi-(cantus).

ir. eo- in Eo-aed, Eo-gan. + cymr. Eui-laun, Eu-tigirn, Eu-tut u. s. w. abret. eu in Eu-cant, Eu-hocar, Eu-sorgit u. s. w.

ved. ávi zugetan, günstig. — gr. *ἐνηής* wohlwollend, *ἐύ-ς* gut (?), *Εὔ-ανδρος Εὔ-δημος, Εὔ-κλῆς.* — lat. aveo. — got. avi(liud) „*χάρις, εὐχαριστία*", ahd. Avo, Avilant, Avileib.

avillo-s angenehm, wünschenswerth, avili- Verlangen.

cymr. ewyll M., ewyllys M. „voluntas". corn. awell, awel Verlangen. bret. eoull „volonté"; nbret. ioul, abret. aiul (gl. ultro). Vgl. lat. avere, av-idus.

avontèr Onkel.

cymr. ewythr. corn. euitor. bret. eontr. Vgl. lat. avunculus u. o. altravon-.

avo-s, avâ, avaro-s Fluss.

gall. *Ἄυος,* Avara, Flussn. (jetzt Evre). bret. Ava, Flussn., De Courson I, 406, XXVI. skr. aváni Strom, Fluss. Pughes cymr. awon F. (welches Glück vergleicht) scheint gemacht zu sein.

âs Mund.

ir. á, a fir há „o dens", wörtlich „o vir oris!" Trip. Life S. 140, l. 11, vgl. feir-chinn (vir capitis) .i. fiacail „dens", Duil Laithne 10. skr. âs Mund, Angesicht; zend. âonh Mund. — lat. ôs, ôris.

âsâ (âso-?) Sitz, Kutsche.

ir. á Corm., Dat. Pl. aaib (gl. axibus) Ml. 96c 12. skr. su-âsa-sthá auf gutem Sitz sitzend. Bezüglich der Verbindung der Ideen „Sitz" und „Wagen" vgl. frz. chaire = chaise.

asku-, askurno- Bein.

cymr. asgwrn M., Pl. esgyrn. corn. ascorn (gl. oss). bret. askourn, Pl. eskern. zend. açcu Schienbein. — armen. oskr (r-Stamm) Knochen. — gr. *ὀσφύς* Hüfte, Schenkelknochen (?).

assâ, assanjâ Balken, Rippe.

ir. asna Rippe, collektiv asnach (gl. costas). + cymr. asen, eisen F.,
Pl. ais, asennau 1. „costa", 2. „asserculus, assiculus, assula". corn.
asen (gl. costa), Pl. asow.
Vgl. lat. asserculus, assiculus, assula oder got. ans Balken.

assêli- Glied.

ir. asil. — corn. esel (gl. membrum), Pl. esely, esyly, ysyly. bret.
pl. izili.

assino-s Esel.

ir. assan. + cymr. asyn M., asen F. corn. asen. bret. azen.
Entlehnt aus lat. asinus. Das ags. assa = eng. ass scheint aus dem
Cymr. oder Ir. entlehnt zu sein.

azdo- „tumor, tuber".

ir. att (gl. tuber).
Zu armen. ost, got. asts, ahd. ast Ast, Zweig? Eher vermutlich zu
ags. ôst das Rauhe an einer Sache, Knorren am Baume, mnd. ôst
Knorren, Stelle wo ein Ast vom Stamme ausgegangen ist (B.).

E, È.

e⟨p⟩ero-s, Acc. Sg. Neut. **e⟨p⟩eron,** der hintere, spätere.

ir. iar- (aus êr-, aer-), iar-n Praep., iarom darauf Adv., íarm-, worauf
die vortonige Form ir. iarmi- beruht.
ved. ápara, aparám Adv. später, künftig, áparena nach, hinter, westlich
von; zend. apara. — got. afar hinter, nach.
Die irischen Adverbia an-íar „von Westen", s-iar „westlich" gehören
hierher, ebenso die Composita íar-thúaid „nordwestlich", iar-thúaiscerd-
dach (gl. etesiarum). Vgl. das begrifflich entgegengesetzte areitero-s.

1 ei (jei?), Pronomen relativum suffixum.

ir. -i in int-i „is qui", ind-i „ea quae", an-í „id quod".
Das í dieser Formen vergleicht Zimmer (KZ. 30, 455) mit got. ei, sa-ei,
so-ei, þat-ei. Ebel betrachtete es als den Locativ des Pronomens ê
(GC2. 351).

2. ei, Interjektion.

ir. he, he (gl. euge).
Vgl. skr. ai, Interj. der Anrede und der Erinnerung. — mhd. nhd. ei,
Interj. der Ueberraschung.

e⟨p⟩i, Präposition, Präfix.

ir. -i in den tonlosen zusammengesetzten Präpositionen iarm-i, imm-i, rem-i, sechm-i, tarm-i, trem-i und, als erstes Element, vermutlich auch in den Verben ir. í-adaim ich schliesse, i-arraim ich suche.

skr. ápi- bei, in u. s. w. — gr. *ἐπί*. — got. if-tuma der nächste, folgende, ib-dalja Abhang. Vgl. lat. op-erio, osk. op, lit. api-, ap- um-, be-.

eig klagen, schreien.

ir. égim (Grundform eigiô) ich schreie, égem (aus eigimâ) Schrei, ar-égi „queritur", con-échta „congemiscit".

lat. aeger, aegrimonia. — lett. igt verdriesslich sein, klagen (B.).

eimi (gehe), bin.

ir. etha „itum est", aith-et „evadunt", aith-ed „evasio". + cymr. wyf, wy-t, yw, Pl. ym, ywch, ynt. corn. off, os, yu, Pl. on, ough, yns. bret. ouff, out, eu, Pl. omp, ouch, int.

skr. émi. — gr. *εἶμι*. — lat. eo. — lit. eimì.

itâô ich gehe.

ir. ethaim ich gehe, etta man ging, ethamain, ad-ethaim ich gehe heran, ich nehme, ad-rem-ethaim ich gehe vor, do-ethaim ich gehe hinzu.

gr. *ἰτη-τέον, ἰτη-τικός*. — lat. itare.

ei-s er, ido-n es.

ir. é, ed, edn-on-oen ebendasselbe.

skr. ay-ám, id-ám. — alat. eis = is, id. — got. is, ita, nhd. er, es. Vgl. sê.

ido hier, nun.

cymr. ydd „antiquis yd" (Davies), Verbalpräfix. corn. yʒ-, yth-. bret. ez-.

skr. ihá hier, hierher, nun = zend. idha, apers. idâ hier.

eisarno-, eiserno- Eisen.

gall. Isarno-dori „ferrei ostii", Iserninus, ein Begleiter S. Patricks. ir. iarn, iern in iern-guala „eiserner Kessel". + cymr. hearn, haiarn. corn. hoern. abret. hoiarn, (Cat)-ihernus, Plebs Hoiernin; mbret. houarn. Als erstes (und vortoniges?) Glied von Eigennamen finden wir sowohl im Cornischen wie im Bretonischen Iarn. So corn. Iarn-wallon — bret. Iarn-uuallon, Iarn-guallon und bret. Iarn-bidoe, -bud, -cant, -car, -con, -ganoe, Hiarn-gen etc. In Cat-ihernus (Rc. VI, 410) haben wir h für s.

got. eisarn, ahd. isarn, altn. isarn, járn sind aus dem Keltischen (járn aus dem Irischen) entlehnt.

⟨p⟩eisko-s Fisch.

ir. æsc, iasc M., Gen. Sg. éisc.

lat. piscis. — got. fisks, ahd. fisc. Vgl. skr. picchala, picchila schleimig, schlüpfrig.

Die britannischen Wörter wie cymr. pysg, corn. pisc sind entlehnt.

⟨p⟩eku Vieh.

ir. eoch- in dem Namen Eochaid = ⟨p⟩eku⟨p⟩ati?

skr. paçú. — lat. pecu, pecus, pecunia, peculium. — got. faihu, ags. feoh, ahd. fihu, fēhu, nhd. Vieh.

Wenn die obige Erklärung von Eochaid zutrifft, so kann es dem skr. paçupáti, einem Beinamen Çivas, gleichgestellt werden.

ekvo-s Pferd.

gall. epo-s in Epo-manduo-durum, Epo-redia, Epo-redo-rix, Epo-sognatus etc. Glück KN. 42, Epona „mulionum dea" Schol. ad Juv. VIII, 157; das pp in Eppu (CIL. III. 8790), Eppius, Eppillus, Epponina weist wohl nicht auf eine Nebenform *eppo-s, sondern haftet an diesen „Kurznamen" (vgl. nhd. Otto, gr. Ʌιxxώ u. s. w.).

ir. ech. + cymr. corn. ep in ebol „pullus equinus" = bret. ebeul aus urkelt. ekvâlo-s.

skr. áçva-s. — gr. ῑππος, ἵxxος. — lat. equo-s. — got. aihva- in aihvatundi Dornstrauch, altsächs. ehu-. — lit. aszva Stute.

eks, Präposition und Präfix.

gall. ex- in Excingus, Ex-cingillus, Ex-cingomarus.

ir. éss-, vor dem Accent ass- wie in as-biur, as-lenaimm, as-orgím, as-renim; aus ex-ro- (s. u. ⟨p⟩ro) entstand ir. ér- in érchian, érchosmil u. s. w., aus ex-á⟨p⟩o- ir. assa- (s. o. á⟨p⟩o). + cymr. eh-.

gr. ἐξ. — lat. ex. — lit. isz; ksl. izŭ. Möglicherweise verwandt mit lat. egere, an. ekla Mangel, ahd. ekoródo (B.).

eks-âko-s abgeschmackt, fade, moderig.

gall. exacon, Nom. Sg. Neutr., Plinius XXV, 31: „Quidam caules concisos madefaciunt diebus XVIII atque ita exprimunt. Hoc centaurium nostri fel terrae vocant ... Galli exacon".

br. eaug, eog „roui, mûr, amolli, attendri".

S. *âko-s unter *ak, *ok scharf sein.

eks-obno-s furchtlos.

gall. Exobnus.

ir. es-omun. + cymr. ehofyn „intrepidus".

eks-karaont Unfreund.

ir. es-cara „inimicus". + cymr. es-gar Feind, es-garant Gegner.

corn. es-kar, Pl. yskerens. eskerans.

eks-regô steige hinauf.

ir. éirgim. + cymr. cir[e]ant „ascendent" Rc. VI, 27.

lat. érigo.

at⟨i-⟩eksregô wieder.

ir. aitherriuch wieder. + br. adarre „de nouveau".

eks-skarto Werg.

ir. escart (gl. περίψημα, gl. stuppa). + cymr. ysgarth. abret.
iscartholion (gl. stuppa).

ekstero ausser, eksterno äusserlich.

ir. echtar, echtrann. + cymr. eithyr, eithr „extra, praeter, sed,
excepto".
lat. extra, externus, extraneus, aus dem ir. echtrann vielleicht
entlehnt ist. S. ekstamo-.

ekstamo-.

acymr. eitham; ncymr. eithaf.
lat. extimus.
Die angesetzten Grundformen ekstero-, eksterno-, ekstamo- sind
unsicher; man kann statt derselben auch ektero-, ekterno-, ektamo-
(vgl. gr. έx, lat. ec-) ansetzen.

egi- Made.

cymr. eu-od „lumbrici lati in hepate ovium", eu-on Pferdewürmer.
gr. ίχις.

(*⟨p⟩ete ausbreiten.)

⟨p⟩étemâ, ⟨p⟩atemâ 1. „filum", 2. der ausge-
streckte Arm.

ʁael. aitheamh F. Faden. + acymr. etem „filum", Plur. adaued
GC. 84; ncymr. edau F., adefyn, edefyn ein einzelner Faden.
ags. fädm das Maass, welches man umfassen kann, ahd. fadam
„filum, cubitus" (= gr. ποταμός Fluss [= Wasserfaden?] ? Fick).
Zu gr. πετάννυμι, lat. pateo.

⟨p⟩atnâ Trinkgefäss.

ir. án, Pl. ána Corm.
gr. πατάνη. — lat. patina Schüssel, vgl. patera Schale (B.). Oder
aus ⟨p⟩ânâ zu √pô?

⟨p⟩etô ich fliege.

acymr. hedant „volant" = πέτονται.
skr. pátati fliegt. — gr. πέτομαι. Vgl. das folgende.

⟨p⟩atano- Schwinge, ⟨p⟩atanâko-s geflügelt.

cymr. atan „penna", adnog „pennatus." bret. atanoc, Pl. atanocion
(gl. aligeris).
Vgl. lat. penna, alt pesna, petnâ.

⟨p⟩etno-s, ⟨p⟩eteno-s Vogel.

ir. én, gen. eoin. + acymr. etn (in der Zusammensetzung etn-
coilbaam gl. auspicio), Pl. ætinet. corn. bethen (gl. avis l. volatile),
Pl. ethyn. bret. ezn „oisean".
kel. pùta Vogel; lett. putns dass.
cymr. adain „ala, radius rotae, pinna piscis" beruht auf einem
Oxytonon *petnió-s.

⟨p⟩etro-n Vogel.

cymr. eterinn, Plur. atar „volucres" Z. 828.
skr. páttra-m Flügel. — gr. πτερόν. — ahd. fëdara Feder.
atar beruht auf oxytoniertem *petrá = πτερά.
Andere Derivate von ⟨p⟩etô fliege sind ir. áith (gl. pinna), deáith
(gl. bipennis) (urkelt. áti-s), ette, eite, ite Schwinge (urkelt. etitio-),
eitech Gefieder, etid Vogel und das ἀπ. λεγ. ethra Vögel, Lism.
Lives. l. 2227.

1. ⟨p⟩ed gehen.

cymr. eddwyd „idem quod aethost", „ivisti" (Davies).
skr. pad hingehen zu, anu-pad nachgehen, â-pad nahen, pâd Fuss. —
gr. πούς. — lat. pes, acu-pedius. — germ. fôtuz Fuss, an. feta
schreiten. — lit. pédà Fusstapfe, Spur. Vgl. das folgende.

⟨p⟩endô ich gehe.

air. t-air-innud „dejectio", to-iniud „transitio, descensus", fu-in
„mors", fu-ined „occasus"; mir. tairnim ich lasse nieder, no[t]-
tairind beuge dich LL. 365 marg.
Hierher auch ir. éis Spur (Grundform pend-ti-).
an. fantr Landstreicher, mndd. fant Kriegsschaar, mhd. vanz
Schalk (B.).
ital. andare gehen, an welches man zunächst denken wird,
beruht nach Diez auf aditare.

⟨p⟩advo-s schnell.

gall. Flussn. Adva (Adua Tac., Addua Plin., Ἀδούας Strabo, jetzt
Adda). Vielleicht auch Aduatuci.
Im a stimmt hierzu das Hesychische ⟨p⟩άδες· πόδες, ohne welches
man diese ganze Wortsippe wohl mit skr. ádhvan, zend. adhwan
Weg vergleichen würde.

⟨p⟩odio Reise.

ir. uide Reise.
lat. tri-pudium(?) mit o-Ablaut.
Auch lat. vadum, alban. udё Weg bieten sich zum Vergleich.
odio- (odiâ?) in altir. tre-ode (gl. tricuspis) Sg. 67ᵇ wörtl. „drei-
füssig" gehört vielleicht auch hierher.

2. *⟨p⟩ed fassen.

⟨p⟩edenno-, ⟨p⟩edjevo- Epheu.

ir. eidenn. + cymr. eiddew M. „hedera“. corn. idhio. bret.
ilyeauen „lierre“ (il- aus ir-, iz?).

Vgl. gr. πέδη Fussfessel. — lat. pedica Schlinge, Fessel, com-ped-
Fussschelle. — an. fétill Band, ags. fetel Fessel, Kette, feteras, as.
feterôs Fesseln, ahd. fezzil, nhd. Fessel, ahd. vazzôn fassen. —
lit. pêdà Garbe.

Vgl. begriffl. gr. κισσός, lat. hedera: gr. χανδάνω, lat. prae-hendo.

⟨p⟩adâô etwa „festige“.

ir. í-adaim ich schliesse, vgl. o. e⟨p⟩i.
ahd. vazzôn fassen, zusammennehmen.

*⟨p⟩adasto- in kóm-⟨p⟩adasto- s. u. kom.

edô, edô-r ich esse.

ir. s-Fut. Sg. 3 cini estar „etsi non edit“, esse „esus“, Perf. redupl. ad-uaid
= *ad-ôde. + cymr. esu, ysu (aus *ed-tu) „vorare“; acymr. esicc (in
leu-esicc „vermoulu“); ncymr. ysig. mbret. isiguet „fatigué“.

skr. ádmi. — gr. ἔδω. — lat. edo. — got. ita. — asl. jamĭ; lit. ĕdmi.
Von derselben Wurzel ir. essor, essair (aus *esterâ, *edterâ) Essen.

eb, Präfix(?), s. o. ebalô unter alô.

en in, Präposition, Präfix.

gall. em-brekton, esseda = en-seda und In-dutus, In-duta, In-subres,
Ἰν-σουβροι, in welchen das i wohl auf latein. Einfluss beruht.
ir. i-n (vgl. u. ení). + acymr. e-n (nac en bid), in. corn. en in enederen
(gl. exstum). abret. en arima [leg. airma] (gl. in agone).
gr. ἐν. — alat. en, lat. in; umbr. en. — got. in. — apr. en, lit. į.

én-ótoro- Eingeweide.

mir. inathar (aus *enûtar), neuir. ionathar Mart. Don. 158. +
corn. enedéren (gl. exstum).

Vgl. ahd. in-âdiri Eingeweide, gr. ἦτρον Bauch.
Der lautliche Unterschied zwischen -ótoro und ahd. âdara, gr.
ἦτρον erklärt sich aus der vorauszusetzenden Betonung énótoro-,
vgl. gr. φρήν: εὐφρων (B.).
Das i von inathar aus *enûtar ist durch das folgende û (aus ô)
veranlasst (vgl. beru, ⟨p⟩elu, gelu, genu, medu, smeru), das zweite
e von enederen Folge der Unbetontheit der mittleren Silbe.

en-sedo-n Kriegswagen, en-sedârio-s der Fechter im Wagen.

gall. „esseda autem vehiculi vel currus genus, quo soliti sunt
pugnare Galli“ Philargyrius ad Verg. Georg. III. 204. Tarv-

essedum Ochsenkarre? Tab. Peut. „equitatu et essedariis, quo plerumque genere in proeliis uti consuerunt (Barbari)" Caes. Bell. gall. IV, 24.

Vgl. gr. ἐν-έδρα. ἐνέδρος, lat. insideo, sab. nov-ensides, an. iseta Darinnensitzen und rücksichtlich der Bedeutung s. o. âsâ.

em-brekto-n eingetunkter Bissen.

ἐντριτον [intritum]· τὸ διονίου [l. δι᾽ οἴνου] ἐμβρωμα ὅ [l. οἷ] Γαλάται ἐμβρεκτόν φασι Hesych.

lit. į-mèrktas eingeweicht.

ení, in Präposition, Präfix.

ir. in-, aspiriert und beruht also auf einer vocalisch auslautenden Form. + cymr. yn in yn-fyd, yn-gan etc.

gr. ἐνί: ἐν = kelt. ⟨p⟩eri : ⟨p⟩er, lett. pi : pa u. a.

Auf urkelt. Oxytonierung weist ir. nighean (inghean), alt ingen, inschriftl. inigina Tochter, Mädchen, s. eni-genâ.

eni-qenni- Gehirn.

ir. incbinn. + mcymr. emennyd (cerebrum); ncymr. ymenydd. corn. impinion. bret. empenn M.

Zur Bildung vgl. ἐγ-κεφαλίς das kleine Gehirn, ἐγ-κέφαλος Gehirn.

eni-genâ Tochter, Mädchen s. u. genô „nascor".

eni-bero-s Mündung.

ir. inber M. + cymr. ynfer „inlatio, i. e. influxus, ostium". S. berô trage.

en-ter zwischen, auch Intensivpräfix.

gall. inter ambes.

ir. eter, etar, iter zwischen, eter-cían weit entfernt, etir-décai (gl. introspicit), ettor-sondi (gl. baritona). + acymr. ithr in der Verbindung ithr ir diu ail. corn. ynter, yntre, entredes (= entre+tes) gl. cauma (i. e. καῦμα). bret. entre.

skr. antár, antari-ksha Luftraum. — lat. in-ter; osk. Entra; osk. umbr. anter. — asl. ạtrĭ drinnen.

ir. etir Adv., bedeutet durchaus, „omnino" und sieht wie ein Locativ aus (vgl. ení).

Das -e in corn. yntr-e, bret. entr-e ist unklar; vielleicht entspricht es dem -â in lat. intr-â. Auch ist unklar die Aspiration in ir. etar-thothaim „interitus", etar-fuillechta „interlitus".

entereto- Eingeweide.

acymr. permed-interedou (gl. ilia).

Weiterbildung von ved. ántrá Eingeweide, gr. ἔντερον.

endo in, Präposition, Präfix.

ir. ind.

gr. *ἐνδο-θεν* von innen, *ἔνδον* drinnen. — lat. endo, indu.

eneqo-, aneqo- Gesicht, Ehre s. u. *oq sehen.

enk, nak erreichen, erlangen, bringen.

enkô erreiche, erlange, Perf. ananka.

ir. air-icim finde, air-r-ic betrifft, con-icim ich kann, cum-cu : con-ic er kann, do-icim, -ticim komme, Praet. do-ánac, -tánac, ro-iccu „assequor". con-r-icc „attingit", imm-e-air-ic „convenit", fo-n-air-nicc „quia invênit", do-fu-ir-cifea „inveniet".
skr. ânámça hat erlangt = gr. ἤνεγκε. Vgl. gr. δι-ηνεκής, ποδ-ηνεκής, ἐν-ήνοχα.
Componiert mit di: cymr. di-engu, bret. di-anc ouz „échapper de".

ónko, onkástn.

ir. uc, oc, Präp. „juxta, prope, apud": ocus, acus „vicinus", com-ocus „affinis": ac, acus, ocus, ocuis und. + cymr. wng, wngc „prope", ac, a und, agos „propinquus, iuxta, prope, fere". corn. hag, ha und ogos. bret. hag, ha und, hogos „presque, à peu près".
Davies vergleicht ἀγχί, ἐγγύς, allein die hier angenommene Erklärung von oc, ocus u. s. w., welche von Windisch aufge-stellt ist (K. Z. XXI, 415), ist viel befriedigender. Hinsichtlich des Verlustes von n in tonloser Sylbe in den britischen Spra-chen vgl. bret. avius, ijenuz aus lat. invidiósus, ingeniósus.
Das seltene ir. ac und findet sich in den Bodleian Annals of Inisfallen fo. 35ᵇ 2, etc.

nakô erreiche, erlange, treffe auf, t-Praet. nakto.

ir. do-ind-naich „distribuit", do-ind-nacht „tribuit", do-é-com-nacht „communicavit". Hierher auch ir. aingim ich schütze (aus a-nak), aingid „protegit", non-n-anich „protegit nos", aingid, anacht „protexit" (vgl. begrifflich gr. νέομαι: ahd. nara Rettung).
skr. náçati erreichen, erlangen, treffen. — lit. nesżù, asl. nesą trage.
Nicht ganz sicher, da auch naqô angesetzt und dies mit lit. pra-nókti einholen, lett. nákt kommen verglichen werden kann (B.).

nankô ich bringe.

ir. at-chóm-naic „accidit", coim-nucuir „potuit", cóim-nactar „potuerunt", ad-nacim „deduco, condo, sepelio", ad-nacul sepul-crum", tid-nacul Verwendung, for-com-nacair „factum est", forcom-nactar, do·coem-nacair, -tec-com-nocuir „accidit", do-ind-nagar (gl. tribuitur).

skr. naṁçi hat erreicht. — lat. nanc-iscor, nanc-tus.

enkato- Haken.

ir. écath.

skr. aúká Haken. — gr. ὄγχος, ὄγχινος, ἄγχιστρον. — lat. uncus, uncâtus. — ags. angil, ahd. angul, nhd. Angel.

cymr. hig, higell, corn. hyc (gl. hamus), bret. iguenn „hameçon" sind entlehnt aus einem German. *hêga, auf welches ahd. hâgo hinweist.

enku-s, enkabi-, enkevo- Tod.

ir. éc M., Gen. éca Tod, écaib dass. + cymr. angeu „mors". corn. ancou (gl. mors). bret. ancou M.

skr. naç umkommen; zend. naçu Leiche. — gr. νέχυς.

Zu dem Suffix in écaib vgl. alaib.

Ein anderes irisches Wort für „Tod" ess (.i. éc .i. bás), für *ness — lat. noxa, ist wohl verwandt.

enknâ Nothwendigkeit, Zwang.

ir. écen F. + cymr. angen Nothwendigkeit.

gr. ἀν-άγχη Zwang. Hierzu auch lat. necesse?

engos Enge s. o. angô.

enguînâ Nagel.

air. ingen (gl. ungula), Dat. ingin, N. Pl. ingnea. Im Mittel- und Neu-irischen geht dies Wort nach der n-Declination, Nom. Sg. inga. + cymr. eguin, ewin F. corn. euuin (gl. vnguis). bret. iuin „ongle". Vgl. skr. nakhá. — gr. ὄνυξ, Gen. ὄνυχος. — lat. unguis. — got. nagljan nageln. — lit. nágas Nagel; asl. noga Fuss.

*⟨p⟩en kleiden.

ir. étim (aus entiô) ich kleide, étiud (aus entitu-) Kleidung, éitach, étach (aus entiâko-n) Kleid, anart (aus anartâ) leinenes Gewand, inar (aus enuarâ) Tunika.

Vgl. gr. πῆνος Einschlagfaden. — lat. pannus Kleid, pallium. — got. fana Stück Zeug, ags. fana Fahne. — lit. pinù flechte, pinklas Geflecht; asl. opona „aulaeum", ponjava leinenes Tuch.

⟨p⟩êntotât- Durst.

ir. ítu, Gen. ítad Durst, Dürre (jetzt iota), itadach durstig.

Vgl. gr. πεῖνα Hunger, ἠπανία Mangel. — lat. pênûria. (Ablaut ê : e : ə).

⟨p⟩entô erreiche, erlange.

ir. étaim, étadaim, -t·éit „venit", to-éit „aditus", do-th-éit "procedit"

do-th-u-it „cadit" (= to-to-fo-t-etit), con-é-tet „concordat". for-th-éit
„adiuvat", fris-t-áit „adversatur", imm-th-etim, remi-t-ét „praecedit".
gr. πίτνω, Aor. 2 ἔπιτνον, πιτνέω falle. — got. finþan finden.

endi- Ende, Spitze.

ir. ind Ende, Spitze, Haupt, rind (= ro+ind) „cacumen, cuspis". +
acymr. hin (mit inorganischem h) in or cled hin (gl. limite leuo).
got. andeis aus *andhjo-? Ein „altir. ét (aus anto-?) Ende, Spitze"
(Kluge s. v. Ende) existiert nicht.

endiljâ Nutzen, Vortheil, Gewinn.

ir. indile Zunahme, Vieh. + cymr. ennill, jetzt ynnill „lucrum, quaestus, emolumentum". abret. endlim (gl. foenus).
-diljâ (aus -dhêljâ) zu lat. fêlix, fênus, fêcundus? (B.)

endsô unter, endslo-s der untere (später indsô, indslo-s).

ir. iss, is „infra", isel niedrig, „inferus". í .i. isel. + cymr. is, Compar.
isel, Superl. isaf. corn. yssel, ysel, Superl. ysella. bret. isel „bas",
Compar. iseloch, Superl. isela.
skr. adhás unten, unter, vgl. lat. infra, got. undar.
Griech. εἴσω steht für ἐντjω und liegt also nicht nur begrifflich, sondern auch lautlich fern. Ascoli (Gloss. pal.-hib. LXXXVII) vergleicht
gr. εἰς, das aber auf ἐνς beruht, und dessen s im Irischen doch wohl
verloren sein würde, vgl. mí „Monat" = mens.
Ir. ichtar „inferior pars", statt *istar, ist Analogiebildung; vgl. úachtar
„superior pars".

envo-, anǝmén, anven Name.

ir. ainm N., Nom. Pl. anmann. + acymr. anu M., Pl. enuein; neukymr.
enw, Pl. enwau. corn. hanow, Pl. henwyn, hynwyn. mbret. hanu; nbret.
hano, hanv. Vielleicht ist das neucymr. enw, Pl. enwau eine ganz
moderne Formation.
skr. nãman. — arm. anun, anvan. — gr. ὄνομα. — alb. emɛn. — lat.
nomen. — got. namô. — apr. emmens, emnes; ksl. imę (= ǝ-mę).

kom-envo-, kóm-anǝmen s. kóm.

emo- jener.

acymr. em; ncymr. ef, efe „ille ipse, iste". corn. ef, e. bret. efi.
skr. áma dieser.

emô fassen, t-Prät. emto.

ir. air-ema „suscipiat", airitiu „acceptio", air-fo-emim „sumo", ar-ro-ét
„quod suscepit", cóima = lat. coemat Sg. 204 a.
lat. emo. — lit. imù; asl. imą fasse.
Vielleicht ist gall. emarcus (-cos?), Bezeichnung einer Weinart, hierher
zu ziehen.

emben- (mben-?) Butter.

ir. imb, Gen. imme, Dat. co n-imim, Laws II. p. 254, l. 3. + cymr.
ymenyn. corn. amenen, l. emenin (gl. butirum). bret. amann, amanen.
skr. áñjas, añjí-s Salbe, Schmuck. — lat. unguen, umbr. umen. —
ahd. ancho, nhd. anke. — apr. anctan.
Die Endung e von ir. imme und anderen ir. Genitiven dieser Art scheint
aus der s-Declination eingedrungen zu sein.

embi (ambi?), Präposition und Präfix.

gall. ambi in Ambi-âni, Ambi-barii, Ambi-gatus, Ἀμβί-δρανοι, Ambi-
vareti u. s. w.
ir. imb, imm- (betonte Präfixform), imme- (unbetonte Präfixform). +
cymr. am-, em-, ym-. corn. am-, em-, ym-, om-. bret. am-, em-, em-em.
gr. ἀμφί. — lat. amb-itus u. a. — ags. ymb, eng. um- in Fuller's um-
stroke „circum-ference". Dagegen sind ahd. umbi, ags. ymbe wohl =
umb + bi.

embi-akto-s herumgesandter Bote, Diener.

gall. ambactos : „ambactus apud Ennium lingua gallica servus
appellatur" Festus.
cymr. amaeth „servus arans".
Eine participiale Bildung zu embi-agô = ir. imm-agim.
Vgl. lat. ambâges. Aus ambactos stammt vermuthlich auch
mlat. ambactia, ambactiata Auftrag, ital. ambasciata, fr. am-
bassade, und got. andbahts (für ambahts), ahd. ambaht u. s. w.

embi-teikto- Umhergehen, Wandern.

ir. imthecht „ambulatio, circuitus, vitae habitus". + cymr.
cyd-imdaith „consuetudo, familiaritas".
Vgl. mhd. umbestic berumführender Pfad (B.).

embi-togo-, embi-togiâ(-aiâ?).

ir. imthuge Bedeckung, Bekleidung Wb. 6ᵇ, 3 = imthuga SR.
7274. + cymr. amdo M. „amiculum, involucrum".
Vgl ahd. umbi dechan umdecken (B.).

embi-noqtos ganz nackt.

ir. imnocht. + cymr. amnoeth „ἀμφίγυμνος" (Davies).

embi-râdo- Gedanke, embi-râdiô ich denke.

ir. immrádim ich überlege. + acymr. amraud (gl. mens).
Vgl. norweg. umraad Bedenkung, Frist, umraada seg sich bedenken (B.).

embiâ Umzäunung, Gehege.

ir. imbe, Dat. Pl. imbib Ml. 110ᵇ 2.

Vgl. gr. *ἀμφίον* Umwurf (B.).

Zweifelhaft. Das ir. imbe ist vielleicht = imb-fe, und gehört zur Wurzel vi, woher (nach Strachan) altir. imm-a-fethe „quod saepiri consuerat".

embilión-, embilenko- Nabel.

ir. imbliu, Gen. imblenn; imlec, imlecán.

skr. -nábha, nábhi Nabel, nábhila Nabelvertiefung. — gr. *ὀμφαλός*. — lat. umbilicus. — ahd. nabolo, ags. nafela, eng. navel. — lett. naba Nabel.

(*⟨p⟩er hinüberbringen, vorwärts bringen, übertreffen.)

Vgl. skr. píparti hinüber-, vorwärts bringen, übertreffen, gr. *πόρος* Durchgang, Furth, germ. faran fahren.

Im Keltischen nur in alten Ableitungen erhalten.

⟨p⟩ara vor „ante".

ir. ar vor. + cymr. bret. ar- „ad".

skr. purá früher, zuvor. — gr. *παρά*. — got. faúra, fra-. Vgl. ⟨p⟩er-, das sicherlich nahe verwant ist.

Ir. ar ist tonlos. Seine Vertretung unter dem Accent s. u. arei, seine Verbindung mit a = á⟨p⟩o s. unter diesem.

Cymr. arn- in arn-af auf mir, arn-om auf uns scheint von ⟨p⟩ara abgeleitet zu sein, wie lat. superne von super u. a.

⟨p⟩arei bei, vor, Ost-.

gall. arê- in *Ἀρη-κομίσκους* (Strabo), *Ἀρη-γενούα* (Ptol.), Arê-morica („Sunt et Arêmorici qui laudent ostrea ponti" Auson. Ep. IX, 35). Aber in *Ἀρι-λάπη*, *Ἀρε-λάτε*, vielleicht auch in Are-magios Rc. IX, 29 haben wir arĕ = *παρά*.

ir. áir-, áur-, ér-, er-thuaiscertach (gl. euroaquilo), ír-: vortonig ar- in ar-bágim, ar-bíur, ar-célim, ar-céssim, ar-é´gim, ar-gárim, ar-lê´gaim, ar-iccim, ar-síssiur. + cymr. er-. bret. er.

gr. *παραί*, *πάροι-θε*, *παροίτερος*. — lat. prae. — lit. prē; slav. pri.

⟨p⟩arei-qennîko-s Oberst, vorzüglich, Oberhaupt.

ir. airchinnech „princeps". + cymr. arbennig „capitalis, principalis, princeps". ncorn. arbednek vorzüglich (Lhuyd A.B. p. 224, l. 32).

⟨p⟩arei-koru- Wurf.

ir. erchor, irchor, urchor, Gen. erchora. + cymr. ergyr-waew ein fliegender Speer. abret. ercor (gl. ictum).

⟨p⟩arei-denajo- Zeichen.

ir. airdena LL. 244ᵃ.
Vgl. got. faura-tani Wunderzeichen.

⟨p⟩arei-derki-s sichtbar, klar, deutlich, augenscheinlich.

ir. airdirc, irdirc, aurdraic u. s. w. + abret. erderh (gl. evidentis).

⟨p⟩arei-berô s. berô.

⟨p⟩arei-naskô binde vor.

ir. ar-nascim verlobe.
Hierauf bezieht Thurneysen KR. 36 frz. h-arneschier, h-urnasquier, h-arnacher.

⟨p⟩arei-mailo-s „praecalvus".

ir. urmael. + cymr. arfoel „calvaster, praecalvus, raripilis".

⟨p⟩arei-mori, ⟨p⟩arei-morikâ Küstenland, Bretagne.

gall. Arêmoricae Auson., s. Orosius VI, 11, 19.
Caesar's Armoricae civitates, wenn correct, weist auf ein altkelt. armori.
cymr. ar-for-dir „terra maritima", dinasoedd arfordir „civitates maritimae". mbret. Armory, armor „terre après la mer" Cath.; nbret. arvor.
Arei-mori oder Ar-mori ist eine Bildung wie gr. πάρ-αλος. Vgl. poln. po-morze Küstenland, Pommern. Mir. armhoric, arboric ist ein Lehnwort aus dem Lateinischen.

⟨p⟩arei-linqiô ich leihe.

ir. airlicim ich leihe, airlicud. + mbret. erlecquez „mutuum".
S. linqiô. Die Erhaltung des Guttural in bret. erlecquez ist bemerkenswerth. Kann es aus dem Irischen entlehnt sein?

⟨p⟩arei-vidion- Zeichen.

ir. airde N. + cymr. arwydd M. abret. aroued-ma (gl. signaculum); mbret. argoez.
Vgl. lat. prae-video, asl. pri-vidĕti „spectare" und got. fairveitl Schauspiel.

⟨p⟩arei-sestâ Glaube.

ir. hiress, iress F. Glaube, am-aires Unglaube.

⟨p⟩arei-sosto- Hintertheil des Schiffes.

ir. eross „puppis“. + corn. airos (gl. puppis). bret. aros.
Vgl. ags. steór-setl (gl. puppis).

⟨p⟩areitero-s Osten.

ir. airther Osten, Airtherach Österling.
gr. παροίτερος (πρότερος).

(*⟨p⟩aros vor.)

*⟨p⟩arostât vorher.

ir. arsaid, arsid „vetus‘‘, Grundform ⟨p⟩arostâti-s.
skr. purástât vorn, vorher, zuerst.
Vgl. skr. puro-gavá Vortreter, Führer : gr. πρέσ-βυ-ς alt (B.).

⟨p⟩er-, Intensivpräfix.

gall. er- in Er-minio-, Ἑρμινίον ὄρος Dio Cassius.
cymr. er- in er-chynu „aufheben“.
lat. per, per-. — got. fair-. — lit. per, per-. Vgl. ⟨p⟩ara.
Ehemalige bestimmtere und ausgedehntere Verwendung dieser Partikel ergiebt sich aus dem folgenden.

⟨p⟩eri- Intensivpräfix.

ir. er, in er-chosmil „persimilis“. + mcymr. er- in er-drym
„valde compactus“ (trym) und er-grynu „concuti‘‘ (crynu).
skr. pári. — gr. περί. — as. ahd. firi-.

(*⟨p⟩ero-s ferner, der vordere, der höchste.)

ir. eross [1]) Höhe (Grundform ⟨p⟩erostu-).
skr. pára weiterhin-, ferner gelegen, -stehend entfernter,
jenseitig, der bessere, höchste, Adv. parás darüber hinaus,
jenseits. Vergl. purástât vorn, weiterhin.

⟨p⟩ereio-s jenseitig.

ir. ire, ireiu „ulterior“. + acymr. ir „ό, ή, τὸ“, jetzt yr,
bestimmter Artikel.
Vgl. arm. heri fern, gr. πέρα, περαῖος, πέρᾱν, lit. pér-kelti
auf das jenseitige Ufer heben.
⟨p⟩ereio-s : περαῖος ⹀ ⟨p⟩arei (s. d.) : παραί.

⟨p⟩eruti im vorigen Jahre.

ir. inn-uraid.

---

[1]) Dat. sg. crus in Crist il-lius. Crist is-sius, Crist in-erus (Christus
in Breite, Chr. in Länge, Chr. in Höhe) Patrick's hymnus ⹀ Ephes.
III, 18: „ut possitis comprehendere . . . quae sit latitudo et longitudo
et sublimitas‘‘.

skr. parut. — arm. hɛru. — dor. πέριτι, πέρισι. — an. fjörð, mhd. vert.

*⟨p⟩ers vorher, früh.

Vergl. čech. přes über und hinsichtlich der Bildung gr. ἄψ, εἰς, lat. ex, sus u. s. w. (B.).

⟨p⟩ersâko- Frühling.

ir. errach, Gen. erraig.

Vgl. nhd. Früh-ling, dän. For-aar.

⟨p⟩rak, Präp. und Präfix „coram, prae, ante".

cymr. rac, racdam (gl. sibi), rac-tal „frontale", rac-ynys „insula praejacens". corn. rag-leueris „antedictus". abret. rac-loriou (gl. proscenia).

skr. pråk vorn, voran, vor (?). — umbr. praco „προβολή". Vgl. gr. πρόκα sofort, asl. prêkŭ „contrarius" (B.).

⟨p⟩ro- 1. Verbalpartikel, 2. Intensivpartikel.

gall. Ro-smerta, Ro-danos, Ro-touta (Rc. III, 166). abritt. Rottali (leg. Ro-tali?).

ir. ro, ru. + cymr. Ri-uel-car, Rhy-deyrn. abret. ro-, ru- in ro-gulipias (gl. olivavit), ro-luncas (gl. guturicauit), Ro-hoiarn, Ro-mael, Ru-manton.

skr. pra vor. — gr. πρό, πρό-κακος sehr schlimm. — lat. prŏ; umbr. pru, pro; osk. sab. pru. — got. fra- ver-. — lit. pra- vorbei-, durch-, ver-; sl. pro.

Die Verbindungen eks-ro-, de-ro- s. u. eks, de di.

⟨p⟩r̥tu- Übergang.

gall. Augusto-ritum, Ritu-magus.

cymr. rhŷd. corn. rid (gl. uadum). abret. rit (gl. vadum).

av. pɛṣu Furth, peretu Brücke. — lat. portus. — ahd. furt, ags. ford Furth. An. fjörðr weist auf pertu-.

In cymr. rodwydd = abret. rodoed steckt ein anderes und möglicherweise verwantes urkelt. Wort für „Furth", nämlich råtejo-.

⟨p⟩r̥mo- vor, Präfix.

ir. rem- in rem-caissiu, rem-deicsiu „providentia", rem-dedôlte „antelucanus", rem-eperthe „antedictus".

got. fruma, ags. forma der erste, an. frum-burðr der Erstgeborne. — lit. pìrmas erster, pirm vor, pirmà vorher, pirmai früher (B.).

*era, râ rudern.

arât- Diener, Fuhrmann.

ir. ara, Gen. Sg. arad, Acc. araid-n, ban-ara Dienerin.
skr. aritä Ruderer. — gr. *ἐρέτης* Ruderer, *ὑπ-ηρέτης* Diener, Aufwärter.

râô befahre (das Meer), Perf. rerâ.

ir. im-rat „proficiscuntur", im-rera „profectus est", im-ram Seereise.
lat. ra-ti-s, rēmus etc. — ar. róa, mhd. rüejen rudern. Vgl. lit.
irti rudern und das vorhergehende.

râmo-. râmiâ Ruder.

ir. ráme Ruder. + ncymr. rhaw „rutrum, ligo, palus". ncorn.
rêv Ruder. bret. reuff 1. Steuerruder. 2. „pala", Pl. roiau
(gl. suffosoria).

rêmo- Ruder.

cymr. rhwyf M. „remus". corn. ruif (gl. remus). mbr. roeuff.
Alte Entlehnung aus dem Lateinischen.

⟨p⟩eratu- Furcht, ⟨p⟩erko-s furchtbar.

ir. erud Furcht. + cymr. erch „horrendus", erchyll „horribilis".
lat. periculum. — ags. fær, eng. fear, ndd. verfâra erschrecken, nhd.
Ge-fahr, dial. erfêrt bestürzt, an. ferligr ungeheuer, ferlikan Ungeheuer.
Der ir. Mannsname Erc und die altbritischen Namen Ercagnos =
Erchan (Vennisetli fili Ercagni), Ercili, Ercilinci (Hübner 10) mögen mit
den obigen Worten verwandt sein.

ero-s, eruro-s Aar.

ir. ilar (durch Dissimilation aus *irur, *erur). + cymr. eryr M. corn.
bret. er.
got. ara, ahd. aro. Vgl. gr. ὄρνις, ags. earn, ahd. arn, lit. erélis, lett.
érglis, asl. orĭlŭ.
eruro-s ist redupliciert, wie andere keltische Vogelnamen (s. gegdâ,
geguran).

*⟨p⟩erk, *⟨p⟩rek fragen.

⟨p⟩arkô frage.

ir. arco ich erflehe, Corm., imm-chom-arc Frage, imm-chom-arcim
ich frage. Perf. arcair. + cymr. erchim fragen, archaf ich frage.
corn. arghaf. bret. archas „il commanda" Rc. VIII. 504.
umbr. perpurkurent „inrogaverint"; osk. kú]m-parakineis „consilii".
Vgl. ahd. as. fergôn fordern, bitten. — lit. persżù, pìrszti werben (B.).

ati-⟨p⟩reko-, ati-⟨p⟩rekiâ s. 2. ati-.

a⟨p⟩o-⟨p⟩rektâ 1. „curia", 2. „sermo".

ir. airecht F. Versammlung. + cymr. areith, jetzt araith F.
„sermo".
Vgl. begrifflich mhd. vráge Versammlung zur Berathung.

erko- (erkâ?) Himmel.

ir. erc Himmel Corm.
Vgl. armen. erkin, Gen. erkni Himmel. Hierzu skr. arká Blitz, Sonne
und lat. (morbus) arquatus?
Vielleicht ist erqo- anzusetzen.

⟨p⟩erko-s gesprenkelt (?).

ir. erc .i. dearg .i. breac no ní breac O'Cl. + cymr. erch „color idem
qui cethin" (Davies). i. e. „color fuscus, infuscus, aquilus. subaquilus".
skr. pŕçni gesprenkelt. — gr. περκνός schwarzblau, πέρκη Barsch. —
ahd. forahana Forelle.

⟨p⟩ertu-s, ⟨p⟩ertulo- Missgebären.

cymr. erthyl „any animal born before its time" (Rhŷs), Frühgeburt,
erthylu fehlgebären.
Vgl. lat. partus, parturio und asl. zaprŭtŭkŭ Windei, čech. spratek
unzeitiges Kalb, klr. vyportok Frühgeburt (B.).

erbiô lasse.

ir. nom·erpimm (gl. confido) verlasse mich, nu-n-dn-erpai (gl. confidenti;
wörtlich „qui se committit").
mhd. erbe hinterlasse als Erbschaft, vererbe.

orbio-s, orbo-s Erbe.

gall. Orbius, *Orbinios, wovon Orbiniacus (Rc. VIII, 127).
ir. orbe Erbe. com-arbe Erbe, Nachfolger. + acymr. Urb-gen =
bret. Urien.
armen. orb Waise. — gr. ὀρφο- in ὀρφο-βόται· ἐπίτροποι ὀρφανῶν,
ὀρφανός verwaist. — lat. orbus. — got. arbja M. der Erbe.

orbio-n „hereditas".

ir. orpe N. (für orbe).
got. arbi N. das Erbe.

erbo-s, erbi-s.

altir. heirp (gl. dama, gl. capra), mittel- und neuir. earb, earboc, f-erbog
(gl. capreola).
gr. ἔριφος Bock.

ersâ Schwanz.

ir. err F. Schwanz, Gen. erre.
gr. ὄρρος Steiss, οὐρί Schwanz (?). — ahd. ars, engl. arse.

erset- Held, tapfer.

ir. eirr (gl. curruum princeps), Gen. erred.
skr. ṛṣa-bhá Stier; zend. arṣan Mann. — gr. ἔρσην, ἄρσην, ἄρρην männlich.

ervo-, ervâ Acker.

cymr. erw F. „acra, jugerum“. Pl. erwi u. erwydd. corn. erw (gl. ager), gunithiat ereu (gl. agricola). altbret. eru in eru-blobion (gl. proletarios) Bezz. Beitr. XVII, 139, 141; mbret. eru „lira“; nbret. ero M. „sillon“, Pl. irvi.
armen. erkir, Gen. erkri Erde, Land. — gr. ἔρα-ζε, ἔρας · γῆς Hesych. — lat. arvum, arva (?). — ahd. ero Erde, an. jöru-vellir.
Vgl. ara pflügen.

*⟨p⟩el falten fügen.

⟨p⟩alto-s Fuge, Gelenk.

ir. alt M.
skr. puṭa Falte. — an. faldr Falto, Knoten, got. ain-falþs einfältig, mhd. valde F. Falte. Windung, Winkel (B.).

*⟨p⟩lâô falte, füge.

ad-com-la „adjungit“, ad-com-latar „adjun-guntur“.
Vgl. lat. sim-plu-s u. s. w.; umbr. du-plo-. — got. tvei-fl(a)-s, ahd. zwifal zweifelhaft, Zweifeln, zwifalôn zweifeln (B.).

(*⟨p⟩el, *⟨p⟩lê, *⟨p⟩lâ füllen.)

⟨p⟩elu- viel, vielfältig.

ir. il, Pl. ili viel, ilar, hilar „multitudo“, ilde, ildatu „pluralitas“.
+ elu- hat sich erhalten in den cymr. Namen El-gain, El-fyw, El-gistil, El-gnou, El-guoret. Vergl. corn. Ill-cum.
got. ahd. as. filu, ags. feola, altn. fjöl-. Ved. purú, pulu-, gr. πολύς zeigen verschiedene Ablautsstufen.

⟨p⟩lêiôs (⟨p⟩leis?), Comparativ von ⟨p⟩elu-.

ir. lía mehr. + acymr. liaus, jetzt lhaws „multitudo“, llawer grosse Menge, grosse Zahl. bret. lies „beaucoup, souvent“, a-lies. zend. frâyáo mehr. — gr. πλέων, πλείων. — alat. pleores. Vgl. an. fleiri.

⟨p⟩lênô ich fülle.

ir. línaim ich fülle. Hierher auch línmaire „plenitudo“.

gr. πλημ-μυρίς Fluth, πλημ-μῦρός voll. — lat. ex-plênunt. Vgl.
skr. prá-ṇa voll = lat. plê-nus, gr. ἐ-πλησα.

⟨p⟩lêro-s voll.

cymr. llwyr „totus, omnia, universus‟.
gr. πληρο- voll, πληρό-ω fülle, πλήρης voll.

⟨p⟩lâno-s voll.

ir. lán voll. + acymr. laun (in bodlaun). corn. leun, luen, len.
bret. leun „plein‟.
Vgl. skr. pûrṇá-s voll.

⟨p⟩lânjâ Vollheít.

ir. láine. + cymr. -llonedd in cyfreith-lonedd, gwyth-lonedd,
seroh-lonedd u. s. w.

(*ela,) lâ in Bewegung setzen, treiben.

elinti-s, elanî Reh.

ir. elit Reh. + cymr. elaiu „cerva‟.
skr. eṇa, F. eṇi die schwarze Antilope (?). — arm. eⅬn, Gen. eⅬin.
— gr. ἐλλός Hirschkalb, ἔλαφος (Gf. *eln-bho-s) Hirsch, maced. ἄλίη·
κάπρος. — asl. jelení; lit. élnis Hirsch, Elch.
ir. elit beruht auf elinti aus elṇti, gebildet wie skr. yuvatí von
yúvan; cymr. elain dagegen geht auf elⁿnî zurück, gebildet wie gr.
τέκταινα (B.).

lâô ich sende, werfe, treibe.

ir. laaim werfe, lege, setze, schicke.
gr. ἐλάω, ἐλαίνω in Bewegung setzen, treiben. — lat. alacer.

elaio, elérko-s Schwan.

ir. ela. + cymr. alarch M. „olor, cygnus‟, Pl. eleirch. corn. elerhc
(gl. olor l. cignus).
In cymr. alarch ist vortoniges e a geworden. Zu gr. ἐλέα ein Sumpf-
vogel, lat. olor (aus *odôr?)? Oder zu πέλεια, πελειάς, lat. palumba,
apreuss. poalis Taube?

elko-s, olko-s schlecht.

ir. elc, olc schlecht.
Vgl. ahd. ilki Hunger, lit. álkti, asl. alkati hungern und begriflich
got. búhrus, nhd. Hunger, gr. κακιϑής „λιμηρός, ἄτροφος‟: gr. κακύς
schlecht, lit. kenkti „schaden‟ (B.).

⟨p⟩elniô verdiene, ⟨p⟩elnitu- Verdienst.

ir. at-ró-illi „meret‟, ár-illiud „meritum‟.
skr. paṇa-s wette, versprochener Lohn. — lit. pelnaú verdiene, pèlnas
Verdienst; asl. plènŭ „praeda‟.

elnô, elnâô gehe, komme.

ir. ad-ella „transit", di-ella „deviat", diall „deviatio", do-m-ar-aill „mihi vĕnit", do-da-aid-lea „visitat eam", fo-n-ind-lea „ut evagetur", sechm-alla „omittit", sechm-o-ella „deficit", do-e-cm-ella „colligit".

Zu derselben Wurzel gehören das ir. Nomen imb-el „ora, limes" („quasi circuitus" Ascoli) und die brittischen Verba cymr. elwyfi „iero" G.C.² 599, d-elwyfi „veniero", corn. yllyf „eam", ellen „abirem", bret. me a i-el „ibo".

gr. ἀλάομαι, ἐλθεῖν. — lat. amb-ulare, umbr. amb-oltu (? nach Bugge zu gr. ἄγγελος).

Vermutlich gehört hierher fr. aller, afr. aler (aber aller bereits Pass. de J. C. 114) Diez.

elvo-s, elvio-s, Elvion-.

gall. Elvetios (Rc. VIII, 133), Elvo-rix = H-elvo-rix (Rc. 167, 298), Elvio, Elvius (Rc. III, 167).

cymr. elw „lucrum, quaestus", bod ar elw un „possideri".

Zweifelhaft.

⟨p⟩els vergraben.

ir. *elligiud, eillgheadh Begräbniss O'Cl., Nomen verbale zu *elligim vergrabe, begrabe.

umbr. pelsatu „θαπτέτω", pelsans „sepeliundus".

(*⟨p⟩es zeugen.)

⟨p⟩eslo- Brut.

corn. ebal „pecus, jumentum", bret. (trécorois) éal „poulain" weisen auf ein altkelt. ⟨p⟩esalos (Rc. VI, 485), worin a Schwâ ist.

gr. πῶλος Fohlen (junges Thier). — ahd. fasal, ags. fäsl „foetus, proles, soboles".

ir. ál und cymr. ael 1. ein Wurf (junge Thiere), Brut, 2. (in Stammbäumen) Sohn oder Tochter weisen auf ein altkelt. ⟨p⟩aglo-, mit lat. pro-pâgo verwandt.

êsâk-s, esâks Lachs.

ir. éo, Gen. iach. + cymr. ehawc, eog M. corn. ehoc (gl. isicius l. salmo). bret. eok.

lat. esox (entlehnt? in diesem Falle könnte man lat. aci-penser berücksichtigen).

Baskisch izokin (Rc. V, 274) „saumon" wird aus einem kelt. Dialekt entlehnt sein.

esu-s, êsu-s.

gall. Esu-s, Esu-genus, Esu-nertus, Esu-geno-nertus.

Wenn ĕsus, zu zend. ahu = lat. erus, esa? wenn ésus zu got. ansi-, ags. ôs, an. áss und damit zu abd. unnan?

⟨p⟩esti- Fall.

ir. ess Wasserfall.

skr. á-patti Unfall. — lat. pestis Untergang, Pest, vergl. pessum und slav. na-pastī „casus" (B.).

es-mi bin.

ir. iss, is (proklitisch), acymr. iss, is = gr. *ἐστί* („die betonte Form würde *eis lauten" Brugm. Grundriss I, 56). Pl. 3. ir. it (aspirierend) aus *senti.

Für die anderen Personen braucht das Altirische Formen, welche mit a beginnen.

Sg. 1. amm   Pl. 1. ammi
2. ai, a-t   2. at-ib, ad-ib.

Dieselben scheinen mit dem Präfix a (s. á⟨p⟩o) zusammengesetzt zu sein; ebenso corn. us, bret. eux. — Auf dem Particip beruht vielleicht ir. sét (aus *sento-, *senti-) „Werthgegenstand" = skr. sant, satí „seiend, wirklich, wahrhaft, gut", an. sannr, ags. sôd, engl. sooth; doch ist auch skr. sátí Gewinnung, Erwerb, Besitz (aus sṇti, zu sanômi, gr. *ἀνύω?*) zu berücksichtigen.

esjo, esjâs, esan- Pronomen.

ir. ái, áe tonlos ń, a „suum", „sui", „suos", áib „suis", a-n (proklitisch) ihr (Plur.).

skr. asyá, asyás (Gen. Sg. von ayám), âsâm Gen. Pl. Fem.

In raceu (Rc. IX, 362) steht eu für geu : rac-geu „contre la falsité".

êsron (aus ṇsro-n) unser.

ir. ar-n unser (proklitisch).

got. unsar, nhd. unser.

I, Î.

i⟨p⟩âno-s gerecht, billig.

ir. (fir-)ián gerecht. + cymr. iawn „rectus, justus, aequus". bret. eeun „droit, juste, equitable".

got. ibns eben, ibna gleich, as. eban, ags. efn, an. jafn, ahd. eban, Grundform epnós.

Möglicherweise ist auch homer. *ἐπητής, ἐπητύς* zu vergleichen (B.).

itâô ich gehe s. eimi.

⟨p⟩itô ich esse.

ir. ithim „edo", ithemar „edax".

Vgl. asl. pitati nähren, pitomŭ zahm und das folgende.

⟨p⟩itu-, ⟨p⟩îttu- Korn, Getreide.

ir. ith, Gen. etho. + cymr. yd „frumentum, seges", ith in gwenith (= vind-ïttu) „triticum, far, ador". corn. yd (gl. seges). bret. id, ed, eth „blé", iz in guiniz „froment".

skr. pitu Nahrung, Essen; zend. pitu Speise. — lit. pëtu-s Mittag, Mittagsmahl.

⟨p⟩itu-landâ Tenne.

ir. ithlann (ithlu?). + acymr. itlann (gl. area).

⟨p⟩iturnaio-, ⟨p⟩itavi-.

ir. itharnae Binsenlicht. + corn. itheu (gl. ticio). br. eteo „tison". skr. pitu-dàru, Name eines harzigen Baumes. — gr. πίτυς Fichte. Betreff des Suffixes in itharnae vgl. eorna (jevarnaio-).

⟨P⟩Iverjôn-, ⟨P⟩Īverjôn-, ⟨P⟩Iverjo- Irland.

ir. Hériu, Ériu, Gen. Hérenn, Érenn Irland. + cymr. Ywerddon, Iwerddon. mbret. Yuerdon.

skr. pïvarî, Fem. von pïvan fett, pivará feist, fett. — gr. Πι(ϝ)ερία, Landschaftsname.

Ptolemaeus' Ἰουερνία (woher das Adj. Ἰουερνικός), der Geschlechtsname Ἰουερνοι und der Stadtname Ἰουερνίς sind andern Ursprungs. Das „Evernili patria" in Adamnán's Vita Columbae und das mittelcymr. Ewyrdonic „irisch" weisen auf Ever- = skr. ávara als Anfangsglied dieser Namen. Ebenso cymr. ywerydd in dem Ausdruck mor Ywerydd (gewöhnlich geschrieben mor y werydd) „See von Irland", aus welchem sich zugleich ein urkelt. Iverjó- (Lotb) oder Everjó- ergibt.

(*id brennen.)

ind anzünden.

cymr. ennyn, ynnyn „incendere".

skr. indh anzünden, indhana das Anzünden, Brennstoff. Vgl. das folgende.

aidu-s Feuer.

gall. Aedui.

ir. aed Feuer, Aed (Gen. Aedo), Aedán. + cymr. aidd Eifer, Hitze, Aedd, Aeddan. bret. oaz „jalousie".

ved. édha Brennholz, aidhā Flamme. — gr. αἶθος Brand, Feuer. — lat. nedes, aestus. — ahd. eit „rogus, ignis", ags. ád dass.

ido hier, nun s. ei-s.

ido-n es s. ei-s.

⟨p⟩idón, Gen. ⟨p⟩idenos Geburtschmerz.

ir. idu, Gen. idan, N. Pl. idain Geburtswehen, Schmerz.
got. fitan gebären.

⟨p⟩ibô ich trinke s. ⟨p⟩ô.

inissî Insel.

ir. inis F., Gen. -se, Dat. Acc. -si „daneben nach der i-Declin. Gen. Sg.
inseo, Dat. Acc. inis" (Thurneysen). + cymr. ynys F., Plur. ynysoedd.
corn. enys. bret. enesenn, Plur. inisi.
Vielleicht ist die altkelt. form eni-sti ἡ ἐν (τῇ θαλάττῃ) ἱστῶσα
(Strachan).

imbeto- Fülle, Menge.

ir. imbed (gl. copia, gl. multitudo). + acymr. immet.
imbeto- — pᴜgu-eto-? vgl. gr. παχύς, lat. pinguis? (B.).

îlio-, îllio-.

gall. Iliatus, Amb-iliati. Illio-marus, Amb-illius.
cymr. ilio gähren, iliad Gährung.
skr. íḍā Labung, Wohlbehagen, Lebenskraft. — gr. Ἴλια· μόρια γυναικεῖα,
Ἴλιον· τὸ τῆς γυναικὸς ἐφήβαιον δηλοῖ. καὶ κόσμον γυναικεῖον παρὰ Κώοις
Hesych. — lat. ilia die Weichen. — afries. ili Schwiele, ags. ile Fuss-
sohle, an. il dass., schwäb. illen Beule. Grundbedeutung der Wurzel
ist „schwellen" (B.).

ivo- Eibe.

ir. eo Eibe. + cymr. yw M. corn. hiuin (gl. taxus). bret. ivin m. ag.
ivinenn „if".
ahd. iwa, ags. iv, an. ýr Eibe. — apr. inwis (oder iuwis?), lit. jēvà
Faulbaum; asl. iva Weide.
Die Geschichte dieses Namens ist dunkel.

O, Ô.

*⟨p⟩o, *⟨p⟩ô trinken.

ir. ól, Gen..óil Trunk, Trinken. Vielleicht auch gall. anax („patenam
et urceum, qui anax dicitur" Greg. Tur. mir. 2, 8) und ir. án F.
„Trinkgeschirr" = skr. pâna-m; s. ⟨p⟩atnâ unter *⟨p⟩ete ausbreiten.
skr. pâ trinken. — äol. πώ-νω trinke. — iat. pôto, pótus. — apr. poút
trinken.
Möglicherweise ist ir. ól aus ⟨p⟩ᴏ-tlo- und πό-τος, πό-μα, πό-σις zu
vergleichen. Hierher vielleicht auch ir. for-óil „abundantia", de-r-óil
„penuria". t-óle „exundantia" und t-úlam „Flut".

⟨p⟩ibô ich trinke.

ir. ibim ich trinke. + acymr. iben „bibimus" Juv. p. 49. corn. evaf „bibo". bret. euaff „boire".
ved. píbâmi. — lat. hibo.

⟨p⟩oiko-s Feind : ⟨p⟩oikit- Gast.

ir. oech Corm. : oegi, Gen. oeged Gast.
ahd. gi-fêh, ags. fâh feindlich, gefá Feind, engl. foe, ahd. fêhida — ags.
fæhð Feindschaft, Fehde. — lit. piktas böse, pýkti böse werden, peíkti tadeln.
Begrifflich vgl. lat. hostis : got. gasts.

oito- Eid.

ir. oeth Eid. + acymr. ut in anutonau (gl. perjuria).
got. aiþs, an. eiðr, ags âð, engl. oath, ahd. eid.

oibelos, oibellos Feuer, Funke.

ir. óibel, óibell Funke, Hitze, Feuer, Dat. óibill, Acc. óibell, Pl. óible,
s-Stamm. + cymr. ufel, uwel „ignis" („videtur proprie significare scintillam. igniculum, rogum" Davies), Ufel-wyn.

oino-s, oinâ, oino-n ein.

ir. óin. + cymr. un. corn. un, onon, onan. bret. un, ung, unan.
gr. οἴνη die Eins. — alat. oinos, später únus. — got. ains ein. — lit. vénas.
Corn. un, bret. un, ung werden durchweg als unbestimmte Artikel gebraucht.

Oino-gustu-s, Mannsname.

ir. Óingus, Gen. Óingusso. + cymr. Ungust. corn. Ungust.

oinotât- Einheit.

ir. óentu „unitas". + acymr. untaut.
lat. únitas, -tâtis.

oinotamo-s ehelos. oinotamiâ Ehelosigkeit.

ir. ointam Junggeselle, oentuime Ehelosigkeit. + bret. eintaff (jetzt intañv) „veuf", eyntauev „veuve".
Superlativ wie kunotamos, s. kuno-s.

oinâko- Einheit.

ir. óinach Versammlung, Markt.
lit. vēnókas, Adj., einer Art.

ouktero-s oberer, oukso- oben, über, oukselo-s hoch, erhaben s. 2. *veg.

oukto-Kälte.

ir. úacht, ócht Kälte.

lett. auksts kalt, lit. áuszti kalt, kühl werden (B.).

⟨p⟩ougo-s „integer“.

ir. óg, úag unversehrt, heil, óge (Grundform ougiâ) „integritas, virginitas“.

čech. pouhý lauter, bloss, pur, einfach (B.).

outato-n „singularitas“, outaniâ, outolakto- s. *⟨p⟩u, *⟨p⟩ou.

⟨p⟩oumâ, ⟨p⟩oumat- Höhle.

ir. úam, Gen. úama und úamad.

gr. πῶμα aus *πωυμα Deckel? (B.). Oder vgl. εὐ-νή (Strachan)?

(*oq sehen.)

    aqitâ Gesicht.

ir. aged F. Gesicht.

skr. akṣa-m Auge. — gr. ὄψις. — lat. oc-ulus. — lit. aki-s Auge. Ablaut o — a, wie in σοφός, σαφής.

    eneqo-, aneqo- Gesicht, Ehre („Ansehen“).

ir. enech Gesicht, Gen. enig (aes enig ehrenwerte Leute LU. 49a), air-enach, clár-ainech. + cymr. enep, gwyneb (= guo-enep) Antlitz. corn. eneb (gl. pagina). bret. enep „visage“, enebenn; enep-uuert, enep-guerth Ehrenpreis = cymr. gwyneb-werth ist das ir. lóg enig oder enech-lann.

skr. ánika Angesicht; zend. ainika dass. vgl. âka. — griech. ἐνώπια (τά) Antlitz (?).

acymr. einepp, jetzt wyneb M. — *einiqo- ist dunkel. Zusammenhang mit an athmen ist wenig wahrscheinlich.

    oqulo-s Auge.

ir. ugail Augen LU. 50 marg. sup.

gr. ὄμ-μα Auge, ὀπή Oeffnung, Loch. - lat. oc-ulus. — ksl. oko Auge, okno „fenestra“, serb. okno Fensterscheibe, Schacht; lit. akis Auge, akas Wuhne, akýtas löcherig, lett. aka (gegrabner) Brunnen, akate Wassergrube.

Hierzu auch ir. ocha .i. oceail, Achselgrube (Grundform oqaio-).

okitâ Egge s. *ak, *ok scharf sein.

oktô acht.

ir. ocht-n. + cymr. wyth (aus *okti). bret. eiz.

skr. aṣṭâ, aṣṭau. — gr. ὀκτώ. — lat. octo. — goth. ahtau. — lit. asztûni.

Der Nasal hinter ir. ocht (ocht n-epscoip, ocht ngemma, ocht ndruid, ocht mbiastai) ist durch die Analogie von sechtn (7) und nói-n (9) hervorgerufen.

okto-s eng s. ungô.

okro-, okoro- Schärfe, Rand, Schnitt, Ecke s. *ak, *ok scharf sein.

⟨p⟩oklo- Verbindung.

ir. ól in tin-ól sammeln und den Verbalformen do-in-ólaim ich versammele, do-in-ola (gl. adplicat), ara tinola (ut colligat) (Grundform -⟨p⟩oklājó).
Vgl. skr. pâça Strick, Schlinge, lat. paciscor, ahd. fuogan passend verbinden, ags. gefègan fügen, got. fagrs passend, geeignet.
Ir. úain Leihen (aus ⟨p⟩okni?) scheint wurzelverwandt; vgl. oni-.

Ogambio-s.

gall. Ὄγμιος (nach Lucian Beiname des Heracles), Ogmi-rectherius Esser 8.
ir. Ogma mac Elathan „filius scientiae".
Cymr. ofydd Philosoph, welches mit Ὄγμιος verglichen ist, scheint lediglich eine neue Entlehnung aus lat. Ovidius zu sein. — Man hat Ὄγμιος und Ogma verbunden mit gr. ὄγμος, skr. ájma Lauf, Zug, Bahn; da aber ir. ogham, der Name eines alten irischen Alphabets, möglicherweise mit jenen Namen zusammenhängt, und sein hartes m auf urkelt. mb weist, so hilft dieser Vergleich nicht weiter, und Bedeutung und Schreibung dieser kelt. Wörter bleibt nach wie vor dunkel.

ogos-, (ugos-?) Ei.

ir. og, Gen. uige, N. Pl. uige, s-Stamm. + cymr. wy „et Demet. wi 'ovum'", Pl. wyau. corn. uy, oy, Pl. oyow. bret. u, vi.
Die Herkunft des Wortes ist dunkel. Mit ᾠόν, ôvum, ags. äg, an. egg, nhd. Ei (Grundform ájas), asl. jaje Ei kann es nicht verglichen werden.

ogno-s Lamm.

ir. úan „agnus", uainín (gl. agnellus). + cymr. oen (Pl. wyn). corn. oin (gl. agnus). bret. oan „agneau".
gr. ἀμνός. — lat. agnus. — asl. j-agnę Lamm.

⟨p⟩otikó-s, ⟨p⟩otikkó-s Aufseher, Vice-Herr.

ir. aithech tige Hausmeister. + bret. ozech „homme l. vir", Pl. ezech „garçons, gens".
gr. (δεσ-)ποτικός den Herrn betreffend.

-ôtoro- Eingeweide s. unter en in.

⟨p⟩odio- Reise s. ⟨p⟩ed gehen.

odbo-s Bolzen, Knoten, Auswuchs.

ir. odb (gl. obex), Ms. lat. (Bibl. nat.) 11, 411, fo. 125ᵇ, Acc. Pl. udbu Knoten. + cymr. oddf M. „tuberculum, struma, gibbus, bruscum“.
odbo-s aus oďgo-s, ofgo-s (vgl. meďgâ)? verwandt mit gr. ὄσχη Zweig, Hodensack? lat. ŏbex?
Oder aus odgo-, vgl. lit. û'dega Schwanz. lett. ŏdega Mähne, Schweif? (B.)

odro-s dunkelgrau.

ir. odar dunkelgrau.
Mit lat. umbra aus *o-n-frä,, *o-n-dh-rä zu lat. âter, umbr. adro „atra“, osk. Aadiriis „Atrius“?
Oder aus jodro-s, vgl. lit. jûdas schwarz? (B.)

obno-s Furcht.

gall. Ex-obnos, Ex-omnos furchtlos.
ir. omun Furcht. + cymr. ofn M. „metus, timor, formido, terror“.
corn. own. bret. aoun.
Vgl. got. bi-abrjan sich entsetzen, staunen. Hierzu auch gr. ἄφνω plötzlich? (B.), aslav. abije sofort, ir. oponn plötzlich (aus obh-nó . .), tap, top plötzlich (aus to-abhnó-, to-obhnó-)

eks-obno-s furchtlos s. eks.

oni- Anleihe, Darlehen.

ir. oin .i. iasacht O'Cl., Gen. ona An-, Darlehen.
Vielleicht zu gr. ὀνίνημι, ὀνή-σω, allein die Bildung ist dunkel.
Auch das synonyme uain (oc uain „in commodando“ Wb. 31ᶜ) ist unklar.

ónko, onkástu s. enk, nak erreichen, erlangen, bringen.

onko- (oder okko- aus oknó-?) Stöhnen, Ächzen.

cymr. ŏch M. „gemitus“.
gr. ὀγχάομαι brülle. — lat. unco. — asl. jęčati „gemere“.

⟨p⟩onkô ich fange, ergreife.

ir. do-uccim, -tuccim „intelligo“, neuir. tuigim.
got. fâhan, ags. fôn. nhd. fangen.
Aus neuir. tuigim stammt das twig verstehen der engl. Gaunersprache.

ongo- Stöhnen, Aechzen.

ir. ong Stöhnen, Seufzer, Wehklage.
ags. ge-ong „gemitus“, nhd. anken.

⟨p⟩ongo- Herd.

ir. ong [i.] teallach Derbćiur 36.
Vergl. skr. pājas Helle, Schimmer, ahd. funcho, mhd. vanke, vunke
Funken (B.) und obeu agilêtâ.

ongu- „angor“ s. angô.

onnâ, onnestu- Esche.

altir. huinnius (gl. fraxinus), mir. uinsenn, neuir. f-uindseog (gl. fraxinus).
+ cymr. onnen F., prenn onn, onwyd. corn. onnen. bret. ounnen.
lat. ornus (für *osinos?). — lit. ū'sis Esche; russ. jasenĭ dass.

⟨p⟩omonaio- Eiche.

ir. omne, omna, 1. Eiche, 2. grosser Baum.
lat. pômus, pômum, Pômôna. Ablaut ŏ, ū.

omo-s roh.

ir. om; manx aw. + cymr. of roh.
skr. âmá-s roh, ungekocht. — gr. ὠμός dass.

orəgiâ Hode, Testikel.

ir. uirghe „membrum virile“, Testikel.
zend erezi Hode. — armen. ordz Mann, männl. Tier. — gr. ὄρχις Hode,
ἔνορχος, ὄρχιλος. — lit. èrżilas Hengst.

oro- Ufer, Rand.

ir. or M. (oder N.?), Dat. ur. + cymr. gor-or, Pl. gor-orau „ora superior,
confinium, regio superna“.
Das gleichbedeutende ags. ora wird entlehnt sein. Zusammenhang mit
ags. ôfer, nhd. Ufer, gr. ἤπειρος ist nicht wahrscheinlich (B.).

ôro- (ôrâ?) Gebet.

ir. ór firindi do cantain do cethri drudib fair „a prayer of truth to be
said over him by four wizards“ LU. 46b 21.
armen. aɫačem bitte, flehe (s jedoch o. âliô). — gr. ἀρά Gebet, Flehen,
ἀράομαι beten, flehen. — lat. ôro, osk. orust „oraverit“. Zweifelhaft.
Vielleicht ist ir. ór aus dem lat. Imperativ ôrs entlehnt.

⟨p⟩orko-s Schwein, Ferkel.

ir. orc „porcus“, oircnin (gl. porcellus).
lat. porcus. — ahd. farah Ferkel, ags. fearh, engl. farrow. — lit. pàrszas
männliches (verschnittenes) Schwein; asl. prasę Ferkel.

orgô „occîdo“, t-Prät. orkto.

ir. orgaim ich schlage, tödte, verwüste, orcas „qui occidit“, ro-ort
„delevit“, as-oirc „caedit“, as-com-ort „cecidi“, fris-orgat „nocent“,
fris-com-urt „offendi“, do-imm-urc „ango“, dan-imm-art „coercuit eum“,

4*

timm-orte „compressus“, dob-im-chom·artt „vos compulit“.   +   abret.
orgiat (gl. caesar i. e. qui caedit, interfector).

zend. areza Schlacht? (B.) oder zu gr. ἐρέχϑω zerreisse, werfe?
Ableitungeu hiervon sind gall. Orgeto-(rix) und ir. orgun F. „occisio“
(Grundform orgnu-), ess-orgun Schlagen, friss-orgun „offensio“, timm-
orgun Zwingen, túargun Zerquetschung.

ordo-s (urdo-s?) Hammer.

ir. ordd (gl. malleus), N. Pl. uird LL. 225ᵇ, Dat. ortaib LU. 25ᵇ 27.
+ cymr. g-ordd. acorn. ord (gl. malleus). bret. orz „mail, marteau“;
abret. (H)ird-an, (H)ird-hoiarn (Rc. VI, 390).

orbio-s, orbo-s der Erbe, orbio-n Erbschaft s. erbiô lasse.

ornos Morden, Zerstörung.

ir. orn .i. orgain no marbbadh, Zerstörung, Tödtung O'Cl., born (.i. orn)
orcain Corm. s. v. ceithern, ornd .i. creach no orguin Corm. 33
Vgl. skr. ar(moti) verletzen, gr. ἀρημένος gequält, Ἄρης, ahd. ernust
Ernst, ags. eornost Zweikampf.
Cymr. ornest „duellum, monomachia“ scheint aus dem Ags. entlehnt zu
sein. Wenn echt, ist es Weiterbildung eines s-Stamms ornes.
Declination und Genus von ir. orn sind unsicher.

olen-, olêno- Ellenbogen.

ir. uile, Gen. uilenn Ellenbogen. + cymr. corn. elin M. bret. ilin,
elin, Pl. elinou.
gr. ὠλήν, ὠλένη Ellenbogen. — lat. ulna. — got. aleina, ags. eln, engl.
ell, ahd. elina, nhd. Elle. Der Zusammenhang mit skr. aratní mag
dahin gestellt sein.

olko-s schlecht s. elko-s.

⟨p⟩olgo- Spur, Folge.

cymr. ol „vestigium“, ol „post, retro, pone, pars posterior“, oliaid
„postremi, novissimi“, olaf „postremus, novissimus“. corn. ol, Pl. olow.
abret. ol, Pl. olguo; nbret. heul „suivre“.
ahd. folgén, an. fylgja, ags. folgian, engl. follow folgen.

oljo-s all.

ir. uile all, ganz.
osk. allo (famelo) das ganze (Vermögen). — got. alls all, ganz, jeder.
cymr. oll (besser holl), das meist hierher gezogen wird, s. u. sollo-s.

⟨p⟩ollo-s gross.

gall. Ollo-gnatus, Rc. VIII, 182, Ollo-vico Caes. VII, 31, Olloudius C.I.L.
VII, 73.

ir. oll .i. mór, gross, Comparat. huilliu, ollam, Gen. ollaman, der Titel
für den höchsten Rang auf irgend einem Wissensgebiete.
lat. pollere stark sein, vermögen.
Dazu vermuthlich nicht sowohl gr. πολλός als πέλωρ, πελώριος (B).

⟨p⟩ôlven die Asche.

cymr. alw „favilla", Pl. ulwyn, n-Stamm.
lat. pollen Staubmehl aus *polven (wie sollus aus *solvo-s), pulvis
altlat. polvis.
In ⟨p⟩ôlven hat die Gruppe lv Dehnung des vorhergehenden Vocals
bewirkt. Daher cymr. u, wie in urdd, aus *ôrdo-, lat. órdo.

⟨p⟩oveno- Schaum.

ir. úan, úanbach Schaum. + cymr. ewyn M. „spuma", ewynnu „spumare".
abret. euonoo (gl. spumaticus).
Vgl. lit. putà, lett. putas Schaum (B.).

ovi-s Schaf.

ir. oi, oe Schaf.
skr. ávi-s Schaf. — gr. ὄι-ς. — lat. ovi-s. — got. avi-str Schafstall,
mhd. ow, an. ær, ags. eówu, engl. ewe. — lit. avis; asl. ovica Schaf.

U, Ů.

(*⟨p⟩u, *⟨p⟩ou) (Basis und Bedeutung zweifelhaft).

⟨p⟩uero-s.

cymr. wyr „nepos, neptis".
lat. puer.

outato-n „singularitas".

ir. óthad, uathad N. Einzahl, geringe Zahl, Seltenheit.
Eher zu lat. pau-cus, got. faus wenig, ags. feá, als zu got. auþs
öde, wüst, einsam, auþida Wüste.

outaniâ, outolakto-.

ir. uaithne „puerperium". + acymr. utolaidou (gl. natales).
Wohl nicht zu an. auðinn bestimmt, gewährt, vergönnt, as. ôdan
bescheert, sondern zu skr. putrá Kind, Sohn, póta Junges eines
Thieres, lit. paútas Ei (B.).

ui-s Gesang, Loblied, Gen. uitos.

altir. *ui, mir. ái .i. airchetul, Gen. uath, Acc. uith, s. Thurneysen
Irische Texte, 3. Serie, 1. Heft, S. 127.

Vgl. ved. u rufen, verkünden, aviam uktam (Hemachandra's Deçikosha), aviyena ânataṁ (Nasik-inschr.) „ordered by word" (Bühler), gr. ὕ-μνος Gesang, Lied.

Mit air. ui = mir. ái, neuir. aoi, vgl. drui, jetzt draoi, lui mir. lái, sui jetzt saoi.

u⟨p⟩oino-s auf dem Rücken liegend, rückwärts gestreckt.

ir. fóen, mir. fáen.

Vgl. lat. s-upinus und gr. ὕπτιος zurückgelehnt.

fáen LU. 76ᵇ 16, faen LU. 38ᵃ 33, 89ᵃ 19, LB. 214ᵇ 36.

Mit láma fóena LU. 17ᵃ 37 vgl. ὑπτίας χεῖρας (ἀνατείνειν), manus (ferre) supinas.

uk seufzen.

ir. uch 1. Interjection, wehe! 2. Seufzen, uchtat sie seufzen.

got. aúhjôn lärmen, auhjôdus Lärm, Getümmel, an. ugla, ahd. ûwila, engl. owl Eule. — lett. auka Sturmwind; serb. ukati, učati „hu" rufen, uka Geschrei (B.).

*⟨p⟩uktâ Fichte.

ir. ochtach Fichte, Föhre (Grundform puktâko-).

Vgl. ahd. fiuhta Fichte und gr. πεύκη, lit. puszis dass.

uksen- Stier, ugros kalt s. 1. *veg netzen.

⟨p⟩ugos, ⟨p⟩ubos Schwertspitze.

ir. *og, Dat. Pl. ar uigib faebraib LL. 266ᵃ 15, ubh .i. dias cloidhimh O'Cl.

Vgl. lat. pu-n-go, pupugi, pugio Dolch. Zweifelhaft.

⟨p⟩utu- Euter.

ir. uth.

lit. suputimas Geschwulst, putlùs sich blähend, geschwollen (B.).

⟨p⟩utro-s.

ir. othar ein Kranker, othar-lige 1. Krankenbett, 2. Begräbnissplatz.

lat. puter.

utso- Wasser s. *vêd feucht sein.

ud, od aus, Präfix.

ir. ud-, od- in uccu (aus *ud-gus) „optio" und in Compositis, welche mit air-, aith-, cum-, di-, fo-, ind- und to- beginnen G.C. 885. + cymr. opor (aus od-ber) Rc. VI, 45, jetzt aber „ostium fluvii". abret. ut-gurth-coneti[c] (gl. obnixus .i. perdurans).

skr. ud auf, aus. — gr. ὕσ-τερος aus υδ-τερο- letzter. — got. ût, ahd. ûz aus.

⟨p⟩uptu- Brust.

ir. ucht Brust, Busen.

Vgl. lett. pups Weiberbrust, lit. pápas Brustwarze (B.).

⟨p⟩ûnâkâ, ⟨p⟩ûnâtu-s Reinigung.

ir. únach, únad Reinigung.

Vgl. skr. punāti reinigen, pûna „vinashṭa", lat. púrus.

umájo- Erz, Kupfer.

ir. umae, Gen. umai, umi. crêd-umae Bronze. + acymr. emid (gl. aere), Pl. emedou; ncymr. efydd „aes" (e für u, weil dies vortonig war). Das Ende des Wortes gemahnt an idg. áyos Metall (B.).

ûrâ (ugrâ?) Erde, Thon.

ir. úr f., Gen. úire Erde, Thon.

an. aurr feuchter Thon, Lehm, Boden, ags. eár „humus". Oder zu gr. ὑγρός?

ûro-s grün.

ir. úr „viridis", húrda „viridarium", hurdae „viridia", úrdatu „virore"; n-uraigedar „cui virere". + cymr. ir „viridis, floridus, novus, recens, succulentus", irder „viror, viriditas".

got. aurti-gards Kraut(garten), aurtja Gärtner.

⟨p⟩ulu- Haar, Bart.

ir. ul Bart in ul-fota langbärtig.

*uluko- Bart.

ir. ulcha Bart (Grundform ulukaio-), ulchach bärtig (Grundform uluqâqos), am-ulchach bartlos (am-u° aus an-pu°).

skr. pulaka s. u.

ulâto-s haarig, bärtig.

gall. Ulatti in Tri-ulatti Μακροπωγωνες.

ir. Ulaid Männer von Ulster.

skr. pula, pulaka Sträuben der Härchen am Körper, pulastí schlichtes Haupthaar tragend. — lat. pilus Haar (?).

Die Verbindung von Ulaid und ulcha rief die Sage hervor, dass die Ulaid in der Schlacht von Oenach Macha einen grauen Bart trugen: Ulchái liatha leo i cath Oenaig Macha .i. oland liath rocenglad dia smechaib (graue Wolle war geknüpft an ihre Kinne) Laud 610, fo. 106ᵇ. 4.

*ulkâ, Ulkâ-gnos.

ir. Olcán. + abrit. Ulcagnus, Ulcagni (Hübner 92, 14).

Rbŷs findet *ulkâ auch in den cymrischen Ortsnamen Llech-ylched und Amm-wlch.

skr. ulkā Feuerbrand, Meteor, várcas Glanz. — kret. *Fελχάνος*. — lat. Vulcanus.

R.

⟨p⟩r̥ketti- „pruna".

ir. richis Kohle. + cymr. rhysyn, rhysod, Sg. rhysodyn. corn. regihten (gl. pruna). bret. reguez.

lett. pirksti, pirkstes glühende Asche, vgl. lit. pirksznys dass. (B.).

⟨p⟩r̥ko-s, ⟨p⟩r̥kko- Furche.

ir. rech in etrech (= etar-rech), N. Pl. etrige (neut. s-Stamm?). + cymr. rhŷch M. „sulous, fossatum". abret. rec (gl. sulco); mbret. reguenn an bleu „discrimen".

arm. herk frisch geackertes Brachland. — lat. porca Ackerbeet, porculetum. — ahd. furuh, nhd. Furche.

⟨p⟩r̥tu- Übergang s. *⟨p⟩er hinüberbringen.

r̥brâ „anus".

cymr. rhefr F. „anus, longanum, colon, intestinum rectum, intestinum longum". mbret. reffr; nbret. reor „derrière".

lat. orbis.

⟨p⟩r̥nô ich verkaufe.

ir. renim „do", rói-r „dedit", rir „vendidit", as-renat „reddunt", as-ririu „impendam", as-rirther „reddetur", riat „*πρίανται*".

gr. *πέρνημι* verkaufe.

⟨p⟩r̥mo- vor s. *⟨p⟩er hinüberbringen. vorwärts bringen.

L.

⟨p⟩l̥kkâ, vorkelt. ⟨p⟩l̥knấ flacher Stein.

ir. lecc F. die englische Fliese. + cymr. llêch F. „lapis, scandula, tabula saxra".

Vgl. gr. *πλάξ* Fläche, *πλάκινος* brettern, lat. planca, lett. plakt flach werden.

⟨p⟩ltto- Mehlsuppe.

ir. littiu Gen. litten (urkelt. ḷttiôn). + cymr. llith M.
Vgl. gr. πόλτος Brei, lat. puls, polenta.

ḷmo-s Ulme.

ir. lem, Gen. lim Ulme.
lat. ulmus. — an. ûlmr, ags. ahd. elm Ulme.

Q.

qâqe, qan- s. qo-, qa-, qe-.

*qat (Getreide) schwingen.

ir. cáith (gl. acus, gl. furfur), Grundform qâti-.
lat. quătere (= gr. πάσσω bestreue?) (B.).

qalô grabe, Perf. qeqala.

ir. cechlatar „foderunt“, ro-chloth „fundata est“, to-chlaim ich grabe.
+ cymr. palu „fodere“, pâl „ligo“ = corn. pal Spaten, palas graben.
russ. kolótI stechen, spalten, hacken, poln. kłŏć dass.? (B.).
Lat. pâla Grabscheit, wenn hierher gehörig, stammt wohl aus einem
andern Dialekte, als gerade dem römischen (Windisch, KBeitr. VIII, 39).

qaltri-, qeltri- Pfahl, Stange, Spiess.

ir. celtair Speer, Lanze. + cymr. paladr „hastile, truncus arboris“.
Vgl. gr. παλτόν Wurfspiess, παλτά· ἀκόντια, λόγχαι Hesych? lit.
kŭ'las Pfahl; asl. kolŭ dass.

qasto- Husten.

ir. cas-achtach, casad. + cymr. pâs M., peswch M. bret. pas „toux“.
skr. kặsate hustet. — lit. kósiu huste, kŭsulýs = ksl. kašĭlĭ Husten. —
ahd. huosto, ags. hvôsta Husten.

qasso- Flechte, Windung.

ir. cass Geflecht in den Compositis cas-chairchech mit gewelltem
Schwanz, cass-mongach mit gelockter Mähne; casta (gl. crispus), cassal
(gl. paenula, lacerna) (vgl. ahd. giwant Wendung, Windung).
lat. quâlus (für quaslus), quâlum geflochtener Korb, quasillus Woll-
körbchen, quasillaria Spinnerin. — asl. košĭ Korb. Auch gr. κόσκινον
Binsensieb? lit. kasà Haarflechte? (B.).

qe, qei, qetito- s. qo-, qa-, qe-.

(*qei scheinen, wahrnehmen.)

*qeitô verstehe.

qeislâ Verstehen.

ir. cíall F., Gen. céille Verstand, Sinn. + cymr. pwyll „sensus, discretio, prudentia". corn. pull in gor-bulloc (gl. insanus) = cymr. gor-phwyllog. bret. poell „intelligence", poellat „intention, pensée", di-boell „démence".

ved. cétati, Pf. cikéta bemerken, verstehen, Pt. cittá, céttar Aufmerker. — gr. ἐ-πίσταμαι (aus *πιτ-ταμαι) verstehen.

kon-qeislâ Besinnung, Berathung s. ko-.

*qinômi büsse.

ir. cin M. Schuld, Gen. cinad, Dat. Pl. cintaib (Grundform qinat-) und cáin (gl. emenda i. e. damni reparatio), cáin midlaig LU. 75ᵇ 6 (Grundform qoini-).

skr. cáyate sich rächen; zend. kaëna Strafe. — gr. τί-ρω, τί-νυ-μαι büssen, büssen lassen, τί-σι-ς Busse, Rache, ποινή Strafe. — preuss. er-kīnint befreien. Vgl. begriffl. lat. animadvertere alqud (B.).

(*qeq stark sein.)

qeqto Kraft.

ir. cecht Kraft, Corm. s. v. Dian-cecht.
skr. çákti Kraft, Vermögen.

qeqro-s stark.

ncymr. pybyr [acymr. *pepr] „strenuus, robustus, fortis".
skr. çakrá stark.
qeqro-s aus idg. *çeqro-s, wie urkelt. qenqe fünf (acymr. pimp) aus idg. penqe und urkelt. qeq kochen aus idg. peq.

qeq, qoq kochen.

cymr. popuryes „pistrix", poeth heiss = coctus, πεπτός. corn. peber „pistor", pop-ti (MS. popei; ti = τέγος) „pistrinum". bret. pibi „cuire", Part. pobet, pober „boulanger", poaz „cuit", poaza „cuire".

lat. coquo, ital. popina. Zu Grunde liegt peqô, vgl. skr. pacâmi koche, backe. — gr. πέπων reif, πεπτός gekocht (vgl. πεπτά · ἑπτά Hes.), πέσσω koche. — asl. pekę backe, brate; lit. kepù dass.

Ir. cuicenn, cucann (cocan, cucan [gl. penus] G. C. 69) ist Lehnwort (lat. cucina); die Verdopplung des n ist nach langem, betontem Vocal regelrecht.

qetveres vier. ·

gall. Petor-ritum vierrädriger Wagen.

ir. cethir. + cymr. petᵹuar, pedwar.   corn. peswar.   bret. pevar.
skr. catvāras.   —   gr. πέτταρες, πέσσυρες, πίσυρες, τέτταρες, τέσσαρες,
τέτορες. — lat. quattnor; osk. petora; umbr. petur. — got. fidvór. —
lit. keturì.
Das indeklinable ir. cethre vier scheint = asl. četyrije vier. Oder ist es
ein altes Adverb und = ved. catúḥ viermal, zend. cathrus dass., lat.
quater? Πετουαρία Ptol. ist eine altbritann. Ableitung.

qetosres vier F.

ir. cetheoir („verdankt wohl das zweite e den Einfluss von teoir 8“
Bugge BBeitr. XIV, 76).
skr. cátasras; zend. cataûrô.

*qed, *qend teilen.

qetti- Stück.

ir. cuit, Gen. cota Theil, Portion. + cymr. peth „res, aliquid, pars“.
corn. peth.   bret. pez „pièce“.
Fr. pièce beruht gleich ital. pezza unmittelbar auf dem spätlatein.
petía. Gaelisch pet (Gen. pette, Goidelica p. 108, l. 26) Stück Land,
das häufig in der topographischen Nomenclatur Schottlands vorkommt, und pit (in terc-fit, leth-fit) Stück Speise sind aus einem
britannischen Dialekt entlehnt.
qetti- aus vorkelt. qední?

qendo-s, qendi-s s. arâ-qendo-s, -qendis.

Zu lit. kedėti bersten, sl. čęsti Teil? (B.)

qenqe fünf.

gall. pempe in πεμπέ-δουλα „πεντάφυλλον, quinquefolium“.
ir. cóic (aus *conce). + cymr. pimp, pump.   corn. pymp.   bret. pemp.
skr. páñca. — gr. πέντε, πεμπ-ώβολον. — lat. quinque; umbr. pump-;
osk. pom-tis „quinquiens“. — got. fimf. — lit. penkì (asl. pętI aus
*penktI).
Grundform ist penqe, vgl. qeqro-s und qeq, qoq.

qenqeto-s der fünfte.

ir. cóiced, cúiced. + cymr. pimphet.   corn. pympes.   bret. pempet.
ved. pañcathá-s. Vgl. gr. πέμπτος, lat. quinctus, got. fimfta-, lit.
pénktas.

qenno-s Haupt.

gall. Πεννο-ουινδος, Pennausius, (Alpes) Penninae.
ir. cenn „Haupt“, cinnim „finio“, cinniuth „definitio“, air-chinn „principium“, air-chinnech „princeps“, for-cenn „finis“, imm-chenda „anceps“,
Cenn-findán. + cymr. penn, ar-bennic, gor-phen.   corn. pen, gor-fen =

bret. gour-ffen. Vgl. acorn. gubennid (gl. cervical) = cymr. gobennydd
Kopfkissen (Grundform vo-qennjó-).
Vielleicht hilft ir. cond, conn .i. cenn O'Dav. 68, conn gacha fine Haupt
jeder Familie, Nom. Pl. ouind, die Herkunft dieses Wortes erklären.

di-qennô enthaupte s. de, di.

ver-qenno-s Ende.

ir. forcenn Ende. + cymr. gorphenn „consummatio, finis".
corn. gorfen. mbret. gourffenn.

qennotamo-s, qennotamîko-s.

cymr. pendefig „primas, nobilis, princeps", pendefigaeth „primatus,
principatus". corn. pendeuig. bret. pinuizic, pinvidik „riche",
Pl. pinuidien.
qennotamo-s ist Superlativ von qenno-s, vgl. skr. mâtṛtama,
nṛtama, marúttama.

*qenni- s. eni-qenni-.

*qennîko-s s. ⟨p⟩arei-qennîko-s.

1. *qer machen.

qariô mache.

cymr. par „fac", peri „facere". corn. pery „facies".
skr. karóti tun, kṛtá gemacht. — gr. κραίνω bewirken, vollenden.
— lat. cerus Schöpfer, creare. — lit. kuriù baue.
Die schwache Wurzelform qṛ erscheint in cymr. prydu „poetam
agere", prydydd „poeta".

qrutu-s Gestalt.

ir. cruth M. Gestalt, Gen. crotha. + cymr. prŷd M. „forma,
species, vultus".

su-qrutu-s s. su-.

2. *qer zahlen, kaufen.

qero- Kauf.

ir. taid-chur (tu-aith-c.) „redemptio". + cymr. go-br, gwobr, gobrwy
„merces, praemium, pretium". corn. go-ber „merces" = bret.
go-pr, go-br, bret. go-pra „conducere" = cymr. gobrwyo „remune-
rare, praemiare".
S. das folgende.

qrnêmi kaufe, Perf. qeqra.

ir. crenim „emo", ciuir „êmit" Brocc. h. 22, ar-ro-chér „redemi",

du-air-chér „consecutus sum". + cymr. prynu „emere, redimere";
acymr. prinit „emptus". corn. prene, perna „emere", prinid „emptus".
bret. prenaff „acheter".

Wahrscheinlich identisch mit skr. krīṇāmi kaufe und dann auch
mit gr. πρίασθαι kaufen, aruss. krīnuti kaufen, alit. krieno „pretium pro sponsis" verwant. Indessen macht das lautliche Verhältniss Schwierigkeit. Das offenbar zu qrnêmi gehörige ir. críthid
„emax" steht vielleicht für qrētati-s, vgl. skr. krā-payati, Causale
von kri (B.).

to-ati-qrnêmi s. tó-.

qerqâ Huhn.

ir. cerc F., cercdae (gl. gallinaceus).
gr. κέρκος· ἀλεκτρυών Hes. — preuss. kerko Taucher. Vgl. lat. quer-
quedula Kriechente, skr. kṛka-vāku Hahn.
Richtiger wird wohl kerqâ oder qerkâ angesetzt und angenommen,
dass im Griech. und Lateinischen verschiedene Assimilation der Guttu-
rale stattgefunden hat (B.).

qerjo- Kessel.

ir. coire (gl. caldarium). + cymr. pair „lebes, cacabus, ahenum".
corn. pèr.
ved. carú Kessel, Topf, káraka Krug. — gr. κέρνο-ν Opferschüssel. —
an. hverr Kessel, ags. hwer gl. lebes. — russ. čara Schaale.
Aus coire entstand durch Entlehnung engl. corry Höhle, Kessel an
einem Berge; ebenso vielleicht aus der gallischen Form von pair ·prov.
pairol, sp. perol Pfanne (anders Diez 476).
Ein eng verwantes Grundwort ergibt sich aus ir. cern .i. mías (cerníne
Schüssel) = gr. κέρνον, falls dasselbe nicht als kerno- anzusetzen ist.

qeltri- Pfahl, Stange, Spiess s. qalô.

*qinômi büsse s. qei scheinen, wahrnehmen.

qo-, qa-, qe-, interrogativer Pronominalstamm.

ir. co-te, ca-te „quid est (sit?)?" G.C. 356, co forcongar forsna bechaib?
„how are the bees made liable?" Laws II, 120, l. 23, ca-n „unde?",
coi-ch „cuius", coich-et na heich-se a gilli wem gehören diese Pferde,
Knabe? LU. 104ᵇ. + cymr. pa, py. corn. py, pe. bret. pe „quia".
skr. ka-s. — gr. πό-θι, πό-θεν, πό-τε, ion. κό-τερος. — osk. pod =
lat. quod; umbr. po-i „qui". — got. hva-s. — lit. kàs; asl. kŭto. Vgl.
das folgende.

qan- wann.

ir. can .i. tan no úair O'Cl. + cymr. pan wann. bret. pan „quand".
got. hvan wann. Vgl. lat. quando.

1. qe, relativ und indefinit machende Partikel.

ir. cá-ch „quivis‘‘, oech dass. + cymr. pau-p. corn. pu-p, pe-p.
bret. pe-p „chaque‘‘.

ved. kaç-ca wer irgend. — gr. τε in ὅς τε, ἵνθα τε u. s. w. —
lat. que in quis-que, uter-que; osk. ne-p . . . . nep (neque . . .
neque); umbr. putres-pe = lat. utriusque. — got. -uh, -h in hvaz-uh,
hvô-h, hva-h jeder, jede, jedes.
Die Herkunft dieser Partikel ergibt sich aus den altind. Verbindungen yas kaçca, yas kaçcid. Sie scheint der reine Pronominalstamm selbst zu sein (B.).
Vgl. das folgende.

qâqe jeder s. im vorstehenden.

2. qe und.

ir. -ch in na-ch.

ved. ca. — gr. τε. — lat. -que und (atque, denique, itaque); osk.
nei-p = lat. neque. — got. -uh, -h, nih = neque.
Die Grundbedeutung scheint „wie‘‘ gewesen zu sein, vgl. got. hvê,
dessen enklitische Kurzform qe sein wird (B.).

1. qei wer? was?

ir. cé, cia wer? was? + cymr. pui, pwy. corn. pyu. bret. piu.
lat. qui, alt quei, cujus (aus queius).
qei beruht auf qe-jo, vgl. gr. τέῳ, τέων (qe- = zend. ca(hyâ), asl.
če-mĭ u. a.) (B.).

2. qei wohin.

ir. cía : nocon fess cia deochatar man wusste nicht, wohin sie
gingen LL. 290ᵃ, 27.
dor. πεῖ wohin.

qetito- wie viel.

bret. pet guez (quotiens), pet dez (quot dies?)
Unmittelbar entspricht lat. *cottus in cotti-die. = *queti-tus, vgl.
zend. caiti wieviel (aus *keti). Lat. quotus, gr. πόστος, skr. katithá
beruhen auf kotitho (B.).

qondô ich gehe.

ir. ad-cuad „tractavi‘‘, do-chuad „veni‘‘, du-coistis „venirent‘‘.
skr. códate eilen, sich regen. — gr. σπεύδειν sich sputen. — ags. sceótan,
engl. shoot, ahd. sciozan, nhd. schiessen.

qonto, qonton-, qontonio-.

Gall. ponto: „pontones, quod est genus navium Gallicarum‘‘ Caesar

B. Civ. III, 29, „pontonium navigium fluminale tardum et grave quod nonnisi remigio progredi potest" Isidor. Orig. XIX, 1.
gr. κοιτός Ruderstange, κοντωτά mit Ruderstangen fortgeschobene Schiffe? (B.).
Engl. franz. pontoon, ponton, engl. punt sind aus dem Keltischen entlehnt.

qos Präp. „usque ad".

ir. cu in cucéle, cucci, cuccu. + cymr. (pw), bw in hwy gilydd.
asl. kŭ zu (Rc. VI, 59). Dazu lat. usque = *quos-que? (B.).

qṛt-.

cymr. pryder „cura, sollicitudo". corn. priderus (gl. sollicitus). bret. pritiri (gl. jactura), preteram (gl. perpendo).
Vgl. lett. zerét meinen, vermuten, hoffen, ap-zerét bedenken, erwägen, betrachten; serb. korota Trauer (B.).

qṛmi- Wurm.

ir. cruim Wurm. + cymr. pryf. corn. pryf (gl. vermis). bret. pieff.
skr. kṛmi-s, krími-s Wurm, Made. — lit. kirmis Wurm, lett. zérms (e!) dass.

qreid- Lehm, Thon, Erde.

ir. cré, Gen. criad Lehm, Thon, Erde + cymr. pridd „argilla, terra".
corn. pry. bret. pry „argile".
Das Verhältniss zu lat. créta Kreide ist nicht ausgemacht.

qrenno-n Baum.

ir. crann N. Baum. + cymr. prenn „arbor, lignum". corn. pren (gl. lignum). bret. prenn „du bois".
Wohl nicht zu lat. quernus (aus *quercnus?) eichen gehörig, sondern zu gr. κράνον Hartriegel, lat. cornus Cornelkirsche, lit. kéras hoher, alter, verwitterter Baumstumpf, Staude, kirna Strauchband, apr. kirno Strauch, ker-berse „Wirsenholz", lett. zers Strauch, knorrige Baumwurzel. russ. čerenokŭ Pfropfreis (B.).

Qritoniâ, qritaniko-s.

ir. Cruithne, Cruithen, Cruithnech. + cymr. Prydain Πρεττανία, Πρεττανική.
Hieraus erklärt sich das „Chortonicum" der Glosse: Gallia uualcho lant. Chortonicum auh uualcho lant.
Gleicher Herkunft ist ir. cruithneobht Getreide.

qrutu-s s. 1. *qer machen.

qlanatâ Nachkommenschaft.

ir. cland F., Gen. clainde Nachkommenschaft, Geschlecht, Clan. + cymr. plant „liberi, filii, parvuli".

Vgl. skr. kúla Geschlecht, gr. *τέλος* Schaar, asl. čeljadĭ Familie, lit. kiltis — lett. zilts Geschlecht, Stamm.
Ir. cland „planta", clante „plantarium", com-chlante „consitus, conseminatus", cymr. plann „plantatio", plannu „plantare", acymr. planthonnor (gl. fodientur) gehören nicht hierher, sondern sind aus lat. planta planto entlehnt.

an-qlanato- s. 2. an-.

K.

(*kâ geniessen.)
ir. caithim ich verzehre. Sg. 3 -caithi „edit" (Grundform katiô).
skr. çiçáti mitteilou, bewirten, â-çâ geniessen lassen, ni-çâ (Speise) vorsetzen. Unsicher. (B.).

ka⟨p⟩ero-s Bock.
cymr. caer in caer-iwrch Rehbock (Rc. II, 337, III, 89 und Guest's Mabinogion 1, p. 31, ll. 15, 17).
gr. *κάπρος* Eber (vgl. *κάπρα · αἴξ. Τυρρηνοί* Hes.). — lat. caper. — an. hafr, ags. häfer Bock.

ka⟨p⟩erak-s Schaf.
ir. caera, Gen. caerach Schaf.
Vgl. den gall. Volksnamen Caeracates. Das cymr. cor-lan „caula" lässt sich nicht hierherziehen.

(*kai, *kî leuchten.)

kaini-s schön, freundlich.
ir. cáin schön, freundlich, nir. caoin. + acymr. cein; ncymr. cain „candidus, pulcher". bret. quen „brillant"?, quenet „charmes, beauté".
gr. *καίνυσθαι* sich auszeichnen, geschmückt sein. — asl. sinąti erglänzen, sinĭ „lividus" (B.). alb. si Auge, Stamm sin.

an-kaini-s „indecens" s. 2. an-.

kîro-s rein, schier.
ir. cír in cír-dub rein schwarz, cír-chorcra rein purpurn.
Vgl. ags. hár grau, an. hárr „hoary", asl. sěrü blaugrau und gr. *Κίρις · λύχνος, Λάκωνες* Hesych, skr. kiráṇa Lichtstrahl, kirîkâ sprühend, kirîṭa Diadem (B.). Oder got. skeirs?
ir. cáir (jetzt caoir) „flamma, pruna" scheint nicht weit abzuliegen.

kaio-n Heim, Haus.

gall. *caion = vulgärlat. cayum „domus".

ir. cae .i. tech Haus, cerdd-chae (gl. officina).

ved. kṣáya Wohnung. — asl. po-koj Ruhe, russ. poln. pokój Ruhe.
Friede, Zimmer.

Vgl. skr. kṣi weilen, lat. quies, got. haims, lit. këmas u. s. w.

kaiko-s einäugig.

ir. caech, coech einäugig. + cymr. coeg „vacuus, deficiens", coeg-ddall
„monophthalmus". corn. cuic (gl. luscus vel mono[ph]thalmus).
lat. caecus blind. — got. haihs einäugig.

kainis schön, freundlich s. *kai, *kî leuchten.

kairâ Beere.

ir. cáer F. Beere. + cymr. cair M., Pl. ceirion.

Ir. caerthann Vogelbeerbaum, Eberesche erinnert an apreuss. karige dass.

ka⟨p⟩ô erlangen.

cymr. cael „adipisci, invenire, reperire, potiri" (Grundform kapelo-),
câf, cawn, cês.

gr. κώπη Griff. — lat. capio, au-cupor fange Vögel; umbr. kapiđe
„capide"; osk. καπιδιτωμ. — got. haban haben, halten. — asl. čepī
Kette; lett. kept haften.

kapto-s gefangen.

gall. (Mani-)captos Liv. XXIV, 42, Ernault s. v. quaez.

ir. cacht Dienerin. + cymr. caeth „captivus, mancipium, servus,
et adjective angustus, arctus". corn. caid (in caid prinid gl.
empti[ci]us), caites (gl. ancilla l. abra l. serua). mbret. quaez „captif".
lat. captus, captivus Kriegsgefangener. — as. haft gefangen, gebunden, an. haptr, hapta Leibeigener, -eigene, ahd. mhd. haft
„captivus".

Als Grundform lässt sich auch qaktos denken, vgl. lett. kazét
greifen, preuss. kackint dass., lit. sukàkti erreichen (B.).
Gleicher Herkunft ist ir. cacht Fasten, vgl. begrifflich deutsch
Fasten : fest.

kaptâô ich nehme gefangen.

ir. cachtaim ich nehme gefangen.

lat. captare zu fangen suchen. — as. haftôn haften.

kaullio- Pfahl.

ir. cuaille Pfahl, Gen. in chualli LL. 125 a, 10.

gr. καυλός Stengel, Schaft. — lat. caulis Stengel. — lit. káulas Knochen,
lett. kauls Knochen, Stengel.

kakko- Koth.

ir. cacc, caccaim Koth. + cymr. cach M. „fimus“. corn. caugh. bret. cauch „merda“.

skr. çáka Mist, çákṛt, Gen. çaknás dass. — gr. κάκκη menschl. Koth. — lat. cacare. — lit. szìkti „cacare“.

Ir. cechair .i. lathach O'Cl. (urkelt. kekari- Unflath, Koth) ist wohl hierzu zu stellen.

kakko- aus vorkelt. kaknó-?

kâkniô ich schmähe, schelte.

ir. cáinim ich schmähe, schelte, cáinte Pasquillant.

skr. kákhati lachen. — gr. καχάζω laut lachen, καχνάζει · καχχάζει Hesych, κηκάζω schmähen, κηκασμός Schmähung, Schimpf, κηκαθεῖ (leg. κηκάζει?) · λοιδορεῖ Hesych. — lat. cachinnâre laut lachen. — ahd. huohôn verspotten, höhnen.

kakljo-s Diener, Knecht.

ir. céle Diener, céle Dé „servus Dei“ (woher engl. Culdee), sóir-chele (gl. libertus), célsine Dienst u. s. w.

lat. cacula (aus *cacla) Soldatendiener.

kagi- Zaun, Hecke.

acymr. Pl. caiou (gl. munimenta); cymr. cae „saepes, clausum“, caead „opertorium clausus, opertus“, caeor „caula“. bret. quae „haye d'espine s·ps“.

an. hagi Weideplatz, ags. haga Zaun, hege Hecke, ahd. hac Hag, hegga Hecke.

*kat kämpfen,

katâkos kriegerisch.

abrit. Catacus Hübner 35.

ir. catbach. + abret. Catoc, Cadeuc.

Vgl. skr. çátáyati abhauen, gr. κεντέω stechen(?), κότος Groll, lett. situ schlage und das folgende (B.).

katarno-.

cymr. cadarn „fortis, robustus, potens“. bret. cadarn „brave“. Klingt an skr. çátru Nebenbuhler, Feind und nhd. Hader an.

*kati s. su-kati-s „εὔμαχος“.

katu- Kampf, katuâko-s.

gall. abrit. catu in Catu-manus, Catu-riges, Catu-slôgi, Catu-tigernos, Catu-vellauni u. s. w.

ir. cath, Gen. catha Kampf; catbach. + acymr. cat in cat-hilou

(gl. semen bellicosum, anglice „caltrops"); cymr. câd, Cadoc, Cadfan.
acorn. cat in Cat-gustel, Cat-uutic; mcorn. cas. abret. catoc, Catman.
ags. heaðo-, ahd. hadu- Kampf, an. Höðr, Name eines Gottes.
gr. σατινα Kampfwagen stammt aus Vorderasien (G. Meyer).
Eine Ableitung von katu- ist auch der msc. â-Stamm Catussa
Orelli No. 4803.

katu-rîgio-s, -rîgiâ.

gall. Caturigia (Rc. VIII, 382).
ir. Cothraige Name für den heiligen Patrick.

katu-valo-s.

ir. Cathal. + acymr. Catgual.

katu-viro-s.

ir. cathíer, cather. + corn. cadwur (gl. miles 1. adletha).

katu-slougo-s.

gall. Catuslogi.
ir. cathéluag, Gen. Pl. i cath Cnucha na cathslog (Rc. V, 198).

kato-s weise.

ir. cath weise.
skr. çitá scharf (Partic. von çâ schärfen). — lat. catus scharfsinnig.

kattâ, katto-s Katze.

gall. Cattos, N. Pl. Catti Rc. IX, 30.
ir. cat M., Gen. cait Katze. + cymr. cath F. corn. kat (gl. cattus 1.
murilegus). bret. caz.
lat. catta „αιλουρος", catulus.
Gleich nhd. Katze, lit. katě u. s. w. entlehnt.

*kad sich auszeichnen.

kadro-s „decorus".

gall. Belatu-cadrus (-cardus), Beiname des Mars.
cymr. cadr „fortis, robustus". abret. cadr (gl. decoreo); mbret.
cazr, jetzt kaer.
Vgl. skr. çad sich auszeichnen, hervortun, die Oberhand behalten.
— gr. ἐκέκαστο zeichnete sich aus, κι-καδ-μένος.
Neben kadro-s scheint gleichbedeutend kadvo-s gebraucht zu sein,
vgl. ir. cadbb .i. cáin H. 3, 18, f. 634 col. 2.

Kassi-s, Kasso-s, Kassio-s, Namenwort.

gall. -casses, Dis Cassibus (Brambach 1898, 1779, 1823), Cassi in
Bodio-casses, Tri-casses (= Τρι-κασσιοι Ptol.), Οὐαδι-κασσιοι, Vidu-

casses, Velio-cassi = Velio-caði, Cassi-mara (C.I.L. V 6118), *Bodio-cassinus (jetzt Bessin), *Velio-cassinus (jetzt Vexin).
Vgl. gr. *Κασσιόπη, Κάσσανδρος, Ἰοκάστη, Κάσιος, Κάστωρ* u. aa.

kâdos.

cymr. cawdd M. „offensa, ira, indignatio“, coddi „offendere, irritare, ad iram provocare“. corn. cueth. bret. cuez „chagrin, regret“, keuzeudik „contrit“.
gr. *κῆδος*, dor. *κᾶδος*, Kummer, Trauer, *κήδειν* betrüben, Schaden zufügen. — osk. cadeis; lat. calamitas (alt cadamitas). — got. hatis Hass, Zorn. Vgl. auch zend. çâdra Leid, Wehe (B.).

kassi- Hass.

ir. cais Hass. + cymr. câs M. „odium, livor“, at-cas. bret. cas, az-gas. kassi- aus kad(e)si-, Bildung wie lit. debesis? oder ist als Grundform kasti- anzusetzen?

ad-kassi-(-kasti-?) grosser Hass, abscheulich s. ad-.

kaptâô ich nehme gefangen, kapto-s gefangen s. ka⟨p⟩ô erlangen.

kabágli fassen, erreichen.

cymr. caffael „adipisci, invenire, reperire, potiri“. corn. cavel. bret. caffout „trouver“.
osk. kahad „appetit“ (Bücheler); lat. in-cohare, cohum „lorum“. Unsicher (B.).
Das ff des cymr. caffael, wie das ff des cymr. ceffyl s. unten, scheint durch Accentuation des folgenden Vocals hervorgerufen zu sein.
Zu derselben Wurzel gehören cymr. cafad, corn. cafat (gl. vas).

kaballo-s Gaul.

gall. caballos, als Eigenname (Caballos) (Rc. IX, 29) gebraucht.
ir. capall, capull LU. 29 b. + bret. caval.
Entlehnt aus dem Lateinischen (caballus), in welches selbst das Wort aus dem Griechischen (*καβάλλης · ἐργάτης ἵππος* Hes.) eindrang.
Der Vocalismus des cymr. ceffyl M. ist dunkel.

kanavon- „catulus“ s. kuô Hund.

kanênâ (oder ähnlich) Zwiebel.

ir. cainnenn Zwiebeln, Lauch, Gen. cainde (O'Don. Supp.). + cymr. cenin, Sg. ceninen F. acorn. kennin (gl. cipus, leg. caepa). bret. kignenn (quinghenn, Cath.).
Vermutlich ist inlautendes p eingebüsst und gr. *κάπια · τὰ σκόροδα Κερινῖται* Hesych zu vergleichen.

kanð ich singe, Perf. kekana, t-Prät. kanto.

ir. canim ich singe, Perf. Sg. 3 cachain (für cechain), LU. 47 a. 2. Präs.
cachnaith SR. 2694, do-cechnad LU. 133ª, ro-cachnad LB. 133 b, 31,
t-Prät. Sg. 3 ro-chét LU. 40 b, 8; componiert u. a.: fo-a-canim (gl.
succino), for-chanim „doceo", Perf. for-roi-chan „institui", t-air-chanim
„praedico", Perf. tair-chechuin „praedixit". + cymr. canu „canere",
t-Prät. Sg. 1 ceint, ceintum, 2 ceintost, 3 cant „cecinit" (Rc. VI, 25),
gor-chan „incantatio", d-ar-o-ganu „praesagire, divinare, vaticinari",
d-at-kanu „recitare".
lat. cano, cecini; umbr. aðkani kanetu „accinium canito", procanurent
„praecinuerint". — got. hana Hahn.

kentlo-n Gesang.

ir. cétal, cétol N. Gesang. + cymr. cathl, cethl-edd „cantus,
carmen, canticum, harmonia", cethlydd „cantor". bret. quentel
„leçon".

kâno-, konnallo- Rohr, Ähre.

altir. connall (gl. stipulam); nir. coinnlín (gl. stipula), connlach (gl.
arista). + cymr. cawn Riede, Stengel.
gr. κάννα Rohr. — lat. canna, canalis.
Alte Entlehnungen.

kankâ, kankî Ast.

ir. géc F. „ramus" + cymr. cainge F. „ramus".
skr. çaṅkú M. Pfahl, Pflock. — ksl. sąkŭ M. Zweig.
Als Urform ist wohl çamȧk- o. ä. anzusetzen, s. gr. κάμαξ Pfahl, Stange (B.).
Wegen des g von ir. géc vgl. kolno-s einäugig. Vgl. kenktu- Pflug.

*kans, *kas sprechen, rühmen.

kan⟨s⟩ti Gespräch.

ir. caint, woher engl. cant Gaunersprache.
skr. çastí Lob (von çaṁs feierlich sprechen, rühmen, sagen = zend.
çaṅh sprechen, nennen, befehlen), zend. çaçti Wort. Vorschrift.
Vgl. lat. censeo, censor, osk. censazet „censebunt" u. s. w.

kastu-, enthalten in:

seno-kastu- „historia".

ir. senchas. + acymr. hencass, Pl. hencassou (gl. monimenta)

*kam sich mühen, sorgen.

kamavo- Kummer.

ir. cuma Kummer. + corn. cavow. bret. caffou „douleur, chagrin".

Vgl. skr. çam sich mühen, eifrig sein, arbeiten, çámi Bemühung,
Fleiss, gr. κάμνω sich anstrengen, κάματος Mühe, Drangsal, lat.
camillus, -a s. u.

kamulâ Dienerin.

ir. cumal Sklavin.

lat. camilla, camillus: „Romani pueros et puellas nobiles et investes
camillos et camillas appellant, flaminicarum et flaminum praemi-
nistros" Macr. S. 3, 8, 7.

Hieraus ergibt sich die Grundbedeutung von Kamulo-s (s. u.), dessen
Femininum kamulâ ist.

Der Uebergang von a in u ist vor p, b und m im Irischen regelmässig.

Kamulo-s, Name des Kriegsgottes.

gall. Camulo-s, Camulo-duno- (Rc. IX, 30). abrit. Camelo-rigi,
Hübner 95.

ir. Cumal, Name des Vaters des Heros Find.

S. d. vorstehende.

kamisjâ Hemd.

gall. camisia, woher das vulgärlat. camisia „tunica interior".

Vgl. skr. çâmulyà wollenes Hemd, ahd. hemidi, nhd. Hemd.

Ir. caimmse und bret. camps „aube de prêtre" sind aus gallo-lat.
camisia, cymr. hefis ist aus einem german. *hamiþja, *hamîtjo- entlehnt.
Der Schlussteil von kamisiâ erinnert an das s des galat. τρι-μαρκισια
und an an. hams Schlangenbalg.

kambo-s krumm, kambito-s Felge s. *kemb- winden.

kar⟨p⟩jo-s, kar⟨p⟩imon- Schuhmacher.

ir. cairem. + cymr. crydd für *cerýdd. corn. chereor. bret. kere,
Pl. kereon : kereour.

gr. κρηπίς, κρηπίδος F. Schuh. — lat. carpisculum. — lit. kùrpė Schuh.

karo-s lieb.

bret. quer „cher".

lat. cârus. — got. hôrs Hurer. — lett. kârs lecker, lüstern. Vgl. skr.
kâyamâna begehrend, liebend.

trougo-karos s. trougo-s.

su-karos gütig, freundlich s. su-.

karaô ich liebe.

gall. Carantus.

ir. caraim ich liebe. + cymr. caraf „amo", caru „amare". bret.
quaret „aimer, vouloir".

karaont- liebend, Freund.

gall. Carantus, Carantillus, Carantorus, Carauto-magus. abrit.
Carantinus, Carantorius.

ir. cara, Gen. carat Freund. + cymr. car, Pl. ceraint, cerynt;
carant „amicitia“, Carantauc. corn. car, Pl. kerens Mer. 419.
3441. bret. car, Pl. querent, Carenton, Kerentin.

eks-karaont- Unfreund s. eks.

karato-s, karatâko-s liebenswürdig.

gall. Caratus, abrit. Caratâcos. Caratillos, Caratuccos (Rc. II,
412, 413).

ir. Carthach. + cymr. Caratauc. bret. karadoc, karaduc;
nbret. Caradec.

karatu- Lieben.

gall. in Caratullus.

ir. carad. + cymr. carad.

karbanto-n, karbito-n Fuhrwerk, karbiârio-s Fuhrmann.

gall. Carpento-r-acte „carpentaria“, „lieu où l'on fait des chars“, jetzt
Carpentras, Καρβαντό-ριγον (Glück KN. IX, Phol. II, 3, 8). Carbantia.
ir. carbat, carpat Wagen, Acc. Pl. cairpthiu, cairptheoir, Cairbre. +
cymr. cerbyd „currus“. abret. cerpit (gl. vehiculis); mbret. calvez
„charpentier“.

lat. carpentum, carpentarius scheinen aus dem Gallischen cymr. cerbyd
abret. cerpit aus dem Irischen entlehnt zu sein.

karnaio- Fleisch.

ir. carna Fleisch.

lat. caro; umbr. karu „pars“, karnus „carnibus“; osk. carneis „partis“.

karjâ Tadel.

ir. caire Tadel F., cairigud Tadeln. + acymr. cared (gl. nota, gl.
nequitiae). cymr. caredd, cerydd. corn. cara. bret. carez, vannetais
karé F.; di-garez „excuse“.

lat. carinare schmähen, schelten. — lit. isz-kernóti verleumden, schlecht
machen, lett. karinát necken, zergen (B.).

Dazu vermutlich asl. karati strafen, koriti demütigen und weiterhin
poln. karcić bestrafen, gr. κέρτομος höhnend, κερτομέω höhne, schmähe,
lästere (B.).

karjo-, korjo- Heer.

gall. Tri-corii, Petru-corii.

ir. caire, coire, -cuire.

got. harjis, ahd. heri, ags. here u. s. w. Heer. — apr. kragis, karya-

Heer, lit. **káras** Krieg, Armee, lett. **karsch** Krieg, Lärm; asl. **kara** Streit. Wurzelverwant scheint ir. im-chirud .i. imresan, Streit.

karvo-s Hirsch s. *kerau- hornige Substanz.

(*kars starren, rauh sein.)

karsâko-s räudig, krätzig.

ir. **carrach** räudig, carraige das Krätzige.
Vgl. asl. srůchůků rauh; lit. szurksztus dass. (B.)

karsekki-, karseki-.

ir. **carric** Fels, Stein. + acymr. **carrecc**, Pl. **carrecou** (gl. scropea), **cerricc** (gl. cautium); ncymr. **careg** F., Pl. **ceryg** (woher engl. crag). abret. **sylva Carrec**; nbret. **karrek**, Pl. **kerrek**.
Vgl. das vorige und norweg. **herren** steif, hart, **harren** hart, ungestüm, rauh, nhd. **hersch, harsch**.
karsekki- aus vorkelt. karsegni-?

karso-s Karre.

gall. **carros**, latinisiert **carrus** (Caesar).
ir. **carr** (gl. biga). + cymr. **carr** „carruca, biga". abret. **carr** (gl. vehiculum).
lat. **currus**. Vgl. skr. **kâṣṭhâ** Rennbahn, ahd. **bros**, ags. **hors**, engl. **horse** und skr. **caráti** sich regen, bewegen, geben, fahren.

*kal hart sein.

kaleto-s hart.

gall. Dat. Sg. **Vasso-caleti**, Pl. **Caletes** (Pays de Caux), **Ancalites** (für *Anco-calites, Esser), Mercurio **asso-caleti**, **Caletus** Steiner 1836, **Caletonius** CIL. III, 4411; ΚΑΛΕΤΕΔΟΥ Numism. Chron. N. S. II, 146, IV, 289 griech. Gen. Sg. von Caletedos?
ir. **calath** hart. + cymr. **caled**. bret. **calet** „dur".
S. das folgende. Der Vergleich mit skr. **kaṭhiná** (aus *kalthiná) hart, steif, **kâṭha** Stein, Fels, **kâṭhinya** Härte, Rauhheit, welche auch in Betracht kommen, ist minder empfehlenswert (B.).

kalluâko-s, kallukko-s.

ir. **caullach** = bret. **qellecq**, **qellocq** „épithète des étalons et des verrats" (Rc. VIII, 36), mbret. **callouch** „emissarius".
S. das folgende und engl. **stone-horse** Zuchthengst. Stammt an. **Hölkvir** (Havlqvir), Name eines Hengstes, aus dem Keltischen? (B.)

kalljo- (Steinchen), Hode.

gall. **Callio-marcus** (gl. equi ungula).
cymr. **caill** „testiculus", Pl. **ceilliau**. mbret. **quell**.
Vgl. an. **hella** platter Stein, Schiefer (B.).

klukâ Stein.

ir. cloch F. Stein. + cymr. clog?, clogwyn „petra, cautes, rupes", clogyrnach „confragosum". corn. clog (unbelegt) wird erklärt als „a steep rock".

Vgl. got. hallus Fels, an. hallr Hügel, grosser Stein (wozu hölkn rauhes, steiniges Feld und hella s. o.) und skr. çilã Stein, Fels (B.). kl- schwache Form von kal.

kalamon-, kulmo- Halm, Stroh.

acymr. calamennou (gl. culmos); ncymr. calaf F. „calamus", Pl. calafon. mbret. coloenn „paille, chaume", colouenn guenan „ruche", guenn-goloff „septembre, (paille blanche)"; nbret. kolo „paille".

gr. χάλαμος Robr. — lat. culmus Halm. — ags. healm, ahd. halm, nhd. halm und dial. halme. — asl. slama „stipula"; lett. salms Strohhalm, Plur. Stroh, Streu. Vgl. skr. çalãka u. a. Halm, Reis, çila eine auf dem Felde zurückgebliebene Ähre und das Auflesen derselben?

kaleto-s hart s. *kal hart sein.

1. kali- Speer s. *kela, *klâ schlagen, brechen, spalten.

2. kali- Treiber, Hirt s. 1. kelô heben, sich regen, treiben, gehen.

kalgo-, kolgo- s. *kela, *klâ schlagen, brechen, spalten.

kaldet- Holz s. daselbst.

kaljâko-s Hahn.

gall. Caliâcos?

ir. cailech M. + cymr. ceiliog. corn. chelioc (gl. gallus).

gr. χαλέω rufen. — lat. calare, in-calanto „invocanto": umbr. carsitu „calato", kaḍitu „vocato". — ahd. halôn berufen. — lit. kal-bà Sprache, lett. kaļût schwatzen.

Der Anklang an skr. kalâdhika, kalâvika, uṣâkala Hahn ist wohl nur äusserlich. Ebenso der an. gr. χάλλαια Bart des Hahns, Kamm des Hahns (vgl. χάλλαϊς, χαλλάϊνος) (B.).

kallo-s gewandt, listig.

cymr. call. corn. cal (gl. astutus).

lat. callidus geschickt, schlau, callere verstehen (sicher von callere dick-häutig, stumpf sein, callum Schwiele = skr. kiṇa dass. zu trennen). Dazu skr. kaláyati u. a. bemerken, wahrnehmen?

kalluâko-s, kallukko-s s. *kal hart sein.

kalljo- Hode s. daselbst.

kavat- Schauer.

ir. cúa, Gen. Sg. cúad Winter, a n-aimsir chuadh in Winterzeit H. 3. 18,
p. 649ᵇ, cúadh (lies cúa) .i. gemred daselbst. + cymr. cawad, cawod,
cafod „imber, nimbus". acorn. couat (gl. nimbus); mcorn. cowes.
bret. couhat glau „ondée de pluie", jetzt kaouad.
Zu ahd. scûr M., anord. skúr Regenschauer, got. skûra vindis „Sturmwind"? Oder zu nhd. hauen (vgl. mhd. slegeregen, nhd. Hagelschlag)?

kavaro-s mächtig s. *keva, *kû stark, gross sein.

*kâs anweisen.

ir. cáin F., Gen. cána (Grundform kâsni-) Gesetz.
skr. çâs anweisen, zurechtweisen, preisen. — lat. castigáre zurechtweisen, strafen, Casmêna. — got. hazjan, ahd. harên loben, preisen.

kasinjâ, kasnjâ Häsin.

cymr. cein-ach F. „lepus" (-ach aus -akkâ, -aknä?).
skr. çaçá-s Hase. — ahd. haso, as. hara, engl. hare, nhd. Hase, Häsin.
— preuss. sasni-s, sasin-tinklo Hasengarn.

kasto-s schnell.

ir. co cass .i. co-luath H. 3. 18, p. 583ᵇ.
nndl. haast, Eng. haste Hast, Eile.

kastu- s. *kans, *kas sprechen, rühmen.

kastro-.

ir. cathair, Gen. cathrach Stadt (Grundform kastrek-s). + cymr. caer.
bret. kaer „ville".
lat. castrum Festung, Pl. castra Lager (umbr. osk. kastru- „fundus")
vgl. skr. cháttra Sonnenschirm, woraus alle die obigen kelt. Wörter
entlehnt sein mögen.
Unmittelbar hierzu gehört ir. caissel, Gen. cassil, Dat. caissiul, Acc.
caissel Bollwerk.

kassi- Hass s. kâdos.

Kassi-s, Kasso-s, Kassio-s s. *kad sich auszeichnen.

kassri- Regensturz, Hagel.

ir. casair .i. cioth, Hagel. + cymr. cesair Schlossen. corn. keser (gl.
grando). bret. quaserch, kazerc'h, kazarc'h „grêle".
kassri- aus kad-tri-. Vgl lat. cadere herabfallen.

kei, Demonstrativpronomen.

ir. cé dieser, Gen. Sg. bethath che Brocc. h. 22 (reimt mit Dé), Dat.
for bith ché in dieser Welt.
lat. ce, c in hic-ce, ho-c u. s. w., ci-s, ci-tra. — got. hi-na, hi-ta, hi-mma
dieser. — lit. szi-s, asl. sĭ dieser. Vgl. gr. κεῖ, κεῖνο-ς.

*kei dort.

Hierauf beruht ir. cían (gl. remotus, ultra).

gr. *ἴ-κεῖ* dort, wovon ion.-att. κεῖνος, dor. leab. κῆνος jener (Grundform κεjένο-ς). Glück KN. 59 vergleicht gall. Cêno-mani.

(*kei eng verbunden, vertraut sein.)

keivo-s Mann, Gatte.

ir. cía .i. fear. bid cía cen chend (erit vir sine capite) LU. 100 b. skr. çêva lieh, werth. — lat. civis. — got. heiva-frauja Hausherr. — lett. sëwa Frau.

koimo-s teuer, lieblich.

ir. cóim, cóem hübsch, lieblich. + acymr. cum, ncymr. cu lieb. acorn.cum in Ill-cum, Leu-cum, Lou-cum, Onn-cum; corn. cuf, kueff. abret. cum in Ris-cum, Maen-kum, Cum-car; bret. cuff ,,debonnaire, doux‘‘, Guen-cuf (Rc. III, 407). jetzt kun, cunff, Gour-cuff, Ker-don-cuff.

lett. sáime Hausgesinde, Familie, lit. szeimýna Gesinde, preuss. seimins dass.; asl. sêmI ,,persona‘‘ (B.).

kei, ki gehen.

ir. ro-chim ich erreiche, do-ro-chim. + corn. ke geb, Pl. kewgh. mbret. quae, jetzt ke, Pl. kit.

zend. âçita rasch. — gr. κίω gehe, ἴ-κιον, κῑνέω bewege, κῑνυσϑαι sich bewegen. — lat. cio, cieo, citus, ex-cito, con-citor.

keidô ich falle.

cymr. cwyddo ,,cadere‘‘. corn. cothe. bret. coezaff ,,tomber‘‘. vorkelt. kei-dhū (vgl. πλή-ϑω u. s. w.).

keiljo- Genosse, Gefährte.

ir. céle ,,socius‘‘. + cymr. cilydd (y gilydd = ir. н chéle). Vgl. begrifflich ir. sétig Weib : sét Weg, got. gasinþja Reisegefährte : sinþs Gang.

keiô, kêô weine, Perf. kekeia, kekêa.

ir. cíit ,,plorant‘‘, cichí-s ,,ploravit‘‘ .i. caoinis.

Für kei⟨p⟩ô? Vgl. lit. szépti-s das Gesicht verziehen, szaipýti-s die Zähne fletschen, verlachen, asl. o-sipnąti ,,raucescere‘‘? (B.).

koiniô ich klage.

ir. cóinim ,,deploro‘‘, Inf. cáiniudɫ̡ nir. caonim, caoineadh woher engl. to keen, keening. + acymr. cuinhaunt ,,deflebunt‘‘, cuin ,,causa judicialis‘‘ (vgl. engl. plaint), achwyn ,,accusari, queri‘‘. corn. chen (gl. causa). bret. couen, queniff ,,gémir‘‘, Compos. am-guin ,,misérable‘‘.

keito-n Wald, Heide.

gall. cêto- in Cêto-briga, Eto-cêtum, Lacto-cêtum, Uto-cêtum, cêtio- in
Cêtius mons, Vo-cêtius.

acymr. coit Wald Corm. s. v. Salchuait; ncymr. coed „sylva, lignum,
arbores". corn. cuit (gl. silua), k[o]yt-iorch (gl. capreolus). bret. coit
„bois", coet (Rc. III, 405), auch coith, coett, koit, coat, Pl. coatdon,
Wor-coet; nbret. ar-goat.

lat. cêtum in bù-cêtum Kuhtrift, quer-cêtum Eichenwald. — got. haiþi
Feld, engl. heath, nhd. Heide. Dazu vielleicht skr. kshétra Feld.

Das hiermit häufig verbundene ir. ciad (cholum) ist aus fiad (cholum)
verlesen. Dagegen gehört der Name Ciadán (für *Ciathán?) wohl hierher.
„Le gaul. cêtum bois, prononcé zêtum vers le VIIe siècle, est devenu
-scheid dans un grand nombre de composés, sur la rive gauche du
Rhin" Rc. VI, 485.

keidô ich falle s. *kei, ki gehen.

keivo-s Mann, Gatte s. *kei eng verbunden, vertraut sein.

keissi- Furche.

ir. cêis (ceis O'B.). + cymr. cwys „sulcus".

lat. caedo, caesa (aus *caed-tâ).

keternâ Band, Trupp.

ir. cethern, ceithern F. Band, Trupp, cethernach.

lat. caterva Truppe, Schaar. catêna Kette, Fessel; umbr. kateramu
„congregamini". — asl. četa Schaar.

Aus ir. cethern stammen engl. kern und vulgärlat. cateranus, woher
engl. cateran.

ketti- Schaf.

ir. cit Schaf, woher citen, cetnait Lamm.

an. haðna Ziege, mhd. hatele dass. — ketti aus vorkelt. kední-.

keppo-s Garten, vorkelt. kepnó-s.

ir. cep, neuir. ceapach „a piece of ground laid out for tillage" O'Don.
Supp.

Vgl. gr. κᾶπος, κῆπος, lat. campus, nhd. Hube.

kebennâ, kebno- Rücken.

gall. Cebenna.

cymr. cefn M. „tergus, dorsum". bret. queyn „dos".

Vgl. lett. zegu'ms Pferdezopf, Widerrist, Dachfirst; preuss. kexti Zopf-
haar (B).

keniô „orior".

ir. cinim ich entspringe, cinis „ortus est", ro-chin(n)set „orti sunt",
ciniud Geschlecht, Stamm, ciniud iar tuistiu Laws, I, 256.

skr. *kaná klein, jung. — gr. καινός neu. — lat. re-cens. — got. hindumists hinterster(?). — asl. na-, vŭ-čęti (-čĭnǫ) anfangen, is-koni „ab initio", konĭcĭ Ende (B.).

kenetlo-n Geschlecht.

ir. cenél Geschlecht. + acymr. cenetl, ncymr. cenedl „gens, genus, natio". corn. kinethel (gl. generatio).

kentu- erst.

gall. Cintu-s, Cintu(genos), Cintu-gnâtos (Glück KN. 126).
ir. cét in cét-amus zuerst etc.; cetu-, ceta-, cita- „primo" ist die proclitische Form von cé't-. + cymr. kynn, kyn. corn. kyns. bret. kint-wallon (= *Cintuvellaunos), kent-uuant, Kent-uuocon; mbret. guent „avant, plus tôt".
Von einer gallischen Ableitung *Cintinos scheinen got. kindins „ήγεμών" und burgund. hendinos „rex" (Ammian. Marcell. XXVIII, 5) entlehnt zu sein. Vgl. auch westgot. Chinda-svinthus.

keno-s leer.

ir. cen ohne.
Vgl. gr. κενός, κενεός leer.

kenktu- Pflug.

ir. cecht (gl. burim) Sg. 127b, Gen. Sg. céchta, manx keeaght Pflug.
Vgl. skr. çakti Speer, çākhâ Ast, got. hôha Pflug, lit. szakà Zweig, szákè Gabel und o. kanká, kanki Ast.

kengô ich gehe, Perf. kekonga.

ir. cingim gehe, schreite einher, cengait „eunt", cechaing „ivit". + cymr. rhy-gyngu Pass-geben.
Aus *kemgô? vgl. lit. kemeżóti langsam gehen? (B.).

kengmen- Schreiten, Schritt.

ir. céimm Schreiten, Schritt, Grad. + cymr. corn. cam Schritt, acymr. Pl. cemmein (gl. gradibus), cymr. caman Weg. bret. kamm- aus einem vorkelt. kņgmen-.
Fr. chemin, ital. camminare weisen auf einen gallischen Stamm cammino- Weg, und dieser gleicht dem corn. cammen F.

kenget- Marschierer, Krieger.

gall. cinget in Cingeto-rix, Ver-cinget-o-mâros.
ir. cing, Gen. cinged = gall. Cinges (Hefner 280), Gen. Cingetos.

*kent dulden, leiden.

ken⟨t⟩sô ich leide, Perf. (ke)kensa.

ir. césaim ich leide, Perf. ro-césair „passus est", césad „passio".

lit. kenczù — lett. zîschu leide, dulde. Die Heranziehung von gr.
πάσχω, πένϑος ist wegen des π zweifelhaft. Zur Bildung kentsô
vgl. lat. viso, accesso (B.).

kentâ, kentatâ Erlaubniss.

cymr. cennad „permissio, venia, licentia".   bret. cannat „messager",
cannet (gl. vas, vadis).
ir. cét Erlaubniss aus ketná?

kentri-, knetri- Stachel.

ir. cinteir (gl. calcar) aus cniteir?   +   cymr. cethr M. Spitze, Nagel.
bret. quentr „éperon".
gr. κέντρον Stachel, Sporn, Spitze (GC. 801).   Weiter zu gr. καίνω tödte,
apers. vi-çan zerstören, skr. çnáthati durchbohren, -stossen.

kentlo-n Gesang s. kanô ich singe.

kenni- Haut, Fell.

ir. ceinn (gl. testa), Pl. cenni (gl. scamae) Arm. 176ᵇ 2.   +   cymr.
cenn „corium, cutis, pellis . . ., porrigo, squamae, crustae". corn.
cennen (gl. membra[na]). bret. kenn in caru-guenn „peau de cerf",
quingnet „écorché", Argant-ken, Gloe-gen.
Vgl. an. skinn Haut, Fell, Pelz.
Hierher auch abrit. cenni in Cuno-cenni, Dumno-cenni und cymr.
cen in tal-cen Stirn.

kênsrâ Kamm.

ir. cír F. Kamm.
Vgl. gr. κτείς (κτενός) Kamm und asl. česati kämmen, česlû Kamm,
lit. kasýti kratzen.
ir. cír aus kênsrâ wie mír aus mênsren-.

*kemb winden.

kambo-s, Fem. kambâ krumm.

gall. und abrit. cambo-s in Cambo-dunum, Cambo-ritum etc. Glück
KN. 34, vielleicht auch in Cambil(los), Cambo-tre . . . (Rc. IX, 30).
ir. camm, camm-derc (gl. luscus).   +   cymr. cam „curvus, luscus".
corn. cam (gl. strabo). bret. cam „courbé, boiteux".
In Ptolemaeus' Μορι-κάμβη „είσχυσις" ist das Fem. kambâ graecisiert.
Vgl. norweg. hempa angesetztes Band oder Schleife, etwas damit
zu knüpfen oder aufzuhängen; auch Haken, Klammer, lit. kengė
Thürkrampe und das folgende (B.).

kambito-s Felge.

bret. camhet an rot „cant de roue".
lat. cantus (canthus) aus *camtus, *camb'tus (Ernault)?

kombo- Bedeckung.

ir. comm Gewand, Obdach (mit der Nebenform coimm aus kombi-).
gr. *κύμβος* Band, Schleife, *κόμβος· κόσυμβος, κομβώσασθαι·*
στολίσασθαι Hesych.

kṃbio-n.

gall. latinisiert cambium, vulgärlat. cambiare wechseln, tauschen.
ir. cimb Tribut, Silber, cimb .i. airget Corm., cim .i. cís LU. 109 a.
+ bret. quem „délai, exception, différence‟, jetzt kemm F.
„changement, différence‟, es-quem „échange‟.
Dazu neuir. gaimbín Zinsen. Verwandte Wörter sind auch ir. cimbe
Gefangenschaft (Grundform kṃbiā), cimbid Gefangener (Grundform
kṃbiti-).
Zur Bedeutungsentwicklung vgl gr. *τροπή* Wende, Kehre — Ver-
änderung — Abwechslung der Rede (*τροπαία* Vereinbarung, Wechsel).
und skr. míthu verkehrt — mitháṣ abwechselnd — lat. mutuus
gegenseitig, geborgt (B.).

(*kerau- hornige Substanz.)

korno- Trinkhorn.

ir. corn Trinkhorn. + cymr. corn. bret. corn.
gr. *κέρας* Horn. — lat. cornu. — got. haurn Horn. Vgl. skr. çṛ̃-ga
Horn — gr. *κόρυμβος* Spitze.
Galatisch carnon (*κάρνον· τὴν σάλπιγγα. Γαλάται* Hesych) und gall.
Cernunnos stehen in einem Ablautsverhältnisse mit korno-.
Auf einen ursprünglicheren Stamm kornu- — lat. cornu scheinen
zu weisen abrit. cornovio- in Duro-cornovio, Tribunus cohortis
primae Cornoviorum, cymr. Cernyw Cornwall Rc. VI, 389, bret.
Querneau, Kerneo „Cornouaille‟. S. *Κορναούιοι.*

karvo-s Hirsch.

cymr. carw. corn. caruu (gl. ceruus), carow. bret. caru.
gr. *κεραός* gehörnt, hörnen. — lat. cervus. — lit. kárvė, asl.
krava Kuh.
Vgl. ahd. hiruz Hirsch.
Hierher vielleicht ir. Cerball für Cervall, woher an. Kjarvalr.

kruvo- Huf.

ir. crú Huf.
zend. çrva, çruva (çrava) Nagel, Horn, pehl. saroba „horn, a horny
substance‟. Vgl. gr. *κέρας* Horn.

kerkinno- Zirkel, Kreis, Cyclus.

ir. cercenn .i. cuairt n-aimsire ein Zeiten-Kreis Corm. + acymr. cir-

chinn. neymr. cyrchyn umgebend. cyrchyn-fardd. corn. vn kerghen. yn
kergbyn umgebend. um = bret. e-kichen „aupres de".
gr. κρίκος Kreis. Ring. — lat. circum. circā. circus. circos solus umbr.
kurçlasat „circulario".

kertilió Garnball.

ir. certle (gl. glomus).
skr. kart spinnen. cart zusammenheften. — gr. κάρταλος Korb. κυρτία
Flechtwerk — lat. cartilago Knorpel. crates Flechtwerk. — got. haurd
Thür. an. hurð Thürflügel. ags. hyrdel Flechtwerk. engl. hurdle. nhd.
hürde. — preuss. korto Gehage. pr-corto Schwelle.

1. kerto- recht. Recht.

ir. cert recht. Recht.
gr. κραίνω sichten. richten. κριτής Richter. — lat. cerno. certus.
Mit cert sind vielleicht zunächst zu verbinden ir. coir Sünde OR. (Acc.
Sing.). Dat. Pl. corail LP. 10a. cor sündig. inns cor (gl. nefandorum)
Tur. Gl. zum 2. Brief Petri. coraid die Sünder. Gen. Pl. corad. Vgl.
lat. crimen : certus (B).

2. kerto- kurz.

ir. cert .i. beg. klein (O'Dav. 70. Vgl. cert Lumpen.
lat. curtus verstümmelt. kurz. — ssl. kratŭkĭ kurz.
Eng verwant sind vermutlich cymr. corr „nanus. pumilio". corn. cor
(gl. nanus). bret. corr (Grundform korr-t. aus kors-t?).

kerdá Handwerk Kunst.

ir. cerd F. Kunst. Handwerk. — cymr. cerdd F. „musica".
gr. κέρδ-ιστος der listigste. κερδοσύνη Schlauheit. Klugheit u. s. w. —
lat. cerdo Handwerksmann.
ir. cerd „aerarius. figulus. poeta" scheint dasselbe Wort zu sein.

kerdi- Schritt.

ir. ceird .i. céimniugud no cing O'Dav. + acymr. credan (gl. vado).
neymr. cerdded gehen. reisen. corn. kerth. kerd (gl. iter). bret. querzet
„cheminer".
Zu skr. kûrdati springen. hüpfen. gr. κόρδαξ ein Tanz?

kerdó ich schwinge.

ir. fo-cherdaim „iacio. depono. deicio". Perf. 3g. 3 fo-chaird „deiecit".
gr. κραδάω. κραδαίνω schwenke. — an. hrata schwanken.

kerbo- Schnitt. schneiden. hauen.

ir. cerp (Gen. cerpa .i. tescadh (O'Dav. 62. .i. teasgadh no gearradh
·O'Cl.. no-s-cerband schneidet in Stücke LP. 104b. 28.
mhd. harwe (f. harewê) herb. „asper" (Grundform karghu- B.)

kerno-, kernâ ein Theil des Kopfes.

cymr. cern M. „mala, maxilla". + bret. cern, quern, kern F. „sommet
de la tête".

skr. çiras Kopf. — gr. κάρα, κάρηνον Kopf. — lat. cerebrum, cernuus
Kopf-über. — an. hjarni, ahd. hirni Gehirn.

kerso-s link.

ir. cerr (in ben is bacach lam .i. in ben cerr Laws I, 142), cerr-bél
schiefmäulig.

lat. cerrô Querkopf, cerritus verrückt. — asl. črêsů Präpos. durch
hin, vgl. lit. skèrsas quer.

(*kela, *klâ schlagen, brechen, spalten.)

kali- (kalî?) Speer.

ir. cail .i. sleagh O'Cl.

preuss. kelian Speer. Dazu gr. κῆλον Pfeil?

kalgo-, kolgo- schlagender oder spaltender Gegen-
stand.

ir. colg, calg F. Schwert. + acymr. colginn (gl. aristam); ncymr.
cola, còl „aculeus, arista, cuspis aristarum", caly = bret. calch
„veretrum".

Vgl. gr. κολοβός verstümmelt, zerbrochen, niedrig, κολοβόω verstümmeln, beschneiden, got. halks gering, dürftig und weiterhin
u. a. lat. cellere, culter, asl. klati stechen, schlachten, töten, kolitva
„mactatio", skr. kánṭaka Dorn, Stachel, Spitze, Hinderniss, karála
klaffend, sowie khaṇḍá lückig, zerbrochen, krüppel-, mangelhaft,
Theil (B).

(*kel⟨a⟩d-), kladô schlagen, spalten.

Auf die erste Stammform weist vielleicht ir. celldach, cellach Krieg,
Fehde Rawl. B. 512, fo. 18b (Grundform keldâko-), ceallach .i.
cogadh no imreasnin O'Cl., nebst den ir. Mannsnamen Cellach,
Cellachán, was alles jedoch auch zu gr. κέλαδος Lärm, Getöse oder
zu germ. hildi- Kampf gezogen werden kann.

Die zweite, eine Erweiterung von kla- = gr. κλά-ω zerbrechen,
liegt vor in:

kladô „fodio", Perf. keklada.

ir. claidim, ro-cechladatar „suffoderunt", Perf. for-roi-chlaid (gl.
effodit) Ml. 24. + cymr. claddu „fodere".

Vgl. gr. κλαδαρός zerbrechlich, κλαδεύειν Zweige beschneiden, lat.
clādes Schaden, Unheil, russ. kladu verschneide, entmanne, asl.
kladivo Hammer (B.).

kaldet- Holz.

ir. caill Wald, Dat. caillid. + cymr. celli (aus Nom. Sg. *kaldes, *kaldets?). corn. kelli (gl. nemus).

Vgl. skr. kaḍambá Spitze, Stängel einer Gemüsepflanze, kâṇḍa (aus *kaldna?) Abschnitt, Stück, Halm (auch Baumstamm), gr. κλάδος Zweig, altn. holt, ahd. mhd. nhd. holz, asl. klada F. Balken, Block.

Windisch verbindet mit caill Caledonia, acymr. Celidon, den alten Namen Schottlands; allein das η in ὁ Καληδόνιος δρυμός (Ptol. II, 3, 8), δουη-καληδόνιος Ptol. II, 3, 1 widerspricht dieser Annahme.

kladebo-s, kledebo-s Schwert.

ir. claideb M. Schwert. + cymr. cleddyf M. bret. clezeff. kladebo = skr. khaḍga Schwert? Unsicher wegen apr. kalabian, kalbian Schwert (kalab-, kalb- = gr. κόλαψ[ο-ς]?) (B.).

klado-, klâdo- Graben.

ir. clad Graben, fo-chlaid Höhle. + cymr. cladd „fossa, fossura, fossio", clawdd „fossa", mwyn-glawdd Mine. acorn. claud in guer-claud (gl. prato); ncorn. cledh Deich, Graben. bret. cleuz „fossé", men-gleuz „carrière".

Eine Nebenform kladiâ (klâdiâ?) scheint in dem abrit. Vindocladia zu stecken.

kledo-s Schwert.

cymr. cledd Schwert.

skr. *kharda, welches Frankfurter K. Z. XXVII, 222 aus dem siames. Lehnwort khart'a erschliesst. Der Vergleich ist unsicher, da *kharda dem slav. korûda „gladius" entsprechen, und da dies obendrein aus dem Arischen entlehnt sein kann.

koldo- Verlust.

ir. coll Verderben. + cymr. coll M. und colled F. „detrimentum, damnum, jactura, perditio". corn. collet (gl. iactura). bret. coll „perte, perdition".

got. halts, ahd. halz lahm (B.).

kolno-s einäugig.

ir. goll einäugig, blind. + acymr. coll („virum luscum vel coll oculo dextera" leg. dextero) Rc. XI, 91.

skr. kâṇá einäugig.

ir. goll für *coll, wie géc Zweig für *céc aus kankí, goirt bitter für *coirt = skr. kaṭu.

1. kelô heben, sich regen, treiben, gehen.

vo-kelô ich sorge mich, vo-kelo-s sorgfältig.

ir. fochelim, -foichlim. + cymr. go-cel in gogelu sich hüten, schützen und diogel (di-go-cel) „securus“. corn. diogel (gl. securus). bret. diougel „certain, sûr“. skr. cárati etw. behandeln u. s. w. — lat. colere pflegen, Sorge tragen.

Kelto-s, Keltâ.

gall. Celtus, Celta Rc. III, 163, *Κελτοί, Κελταί, Κελτικός. Μασσαλία πόλις τῆς Λιγυστικῆς, κατὰ τὴν Κελτικήν .. Νύραξ πόλις κελτική* Hecataeus Fragm. hist. graec. I, 2. Dimin. Celtillus, Celtinus Rc. III, 163.

lat. cel-sus = lit. kéltas gehoben, vgl. gr. *κολωνός* Hügel, lit. kálnas Berg, nhd. Holm, engl. hill.

Vielleicht ist gall. celicnon, das sich in dem Lehnwort got. kelikn „*πύργος, ἀνώγαιον*“ wiederfindet, rücksichtlich seiner Wurzel hier anzuschliessen. Andere Sprösslinge derselben sind ir. colba Säule (vgl. lat. columna und den griech. Stadtnamen *Κολοφών*) und cymr. celff M., bret. kelf (Grundform kelqo-s).

kelmjö-s thatkräftig, muthig.

ir. calma tapfer, muthig. + cymr. celfydd. abret. celmed (gl. efficax).

kali- Treiber, Hirt s. bou-kali- unter bovi- Rind.

2. kelô hehle, t-Prät. kelto.

ir. celim ich verhehle, consicelt (gl. desimulavit) Ml. 49c, ni chelt „non celavit“, ni cheil „non celat“. + cymr. celu, ar-gelu „occultare, abscondere“.

skr. kâla Schwärze. — gr. *κελαινός* schwarz, finster, *καλύπτω* verhülle. — lat. cêlâre verhehlen, clam heimlich. — ahd. as. ags. helan, nhd. hehlen. — asl. kalŭ Koth.

Ir. cleith (aus kletí-s) „celatio“ ist der Infinitiv von celim.

kelo- Tod.

ir. cel in den Ausdrücken luid ar cel „obiit“, co tias for cel. got. halja, ahd. hella, ags. helle, nhd. Hölle, engl. hell, an. Hel Todesgöttin.

Oder gehört kelo- zu gr. *τέλος* Ende, skr. caramá der letzte? (B.).

koliâ Keller, Magazin.

ir. cuile : cuile fínda (gl. vinaria cella) Sg. 35 a. 2.
skr. kuláya Hütte, Nest. — gr. *καλία* Hütte. — got. hlija Hütte, vgl. hulundi Höhle.

kel⟨p⟩urno- Urne, Krug

ir. cilornn (gl. urceus). + acymr. cilurnn (gl. urnam); mcymr. celwrn.
bret. quelorn F. „seau“.
skr. karpara (kharpara) Schale. Topf. — gr. κάλπη, κάλπις Urne. —
lat. calpar.
Hierher ist auch der altbritische Ortsname Cilurnum gezogen worden.

kelgâ List, Verrath.

ir. celg F. List, Verrath.
arm. keʌck' und keʌcik' „finzione, ipocrisia“.

Kelto-s, Keltâ Kelte, Keltin s. *kelô heben, sich regen, treiben, gehen.

kelmjó-s thatkräftig, muthig s. daselbst.

(*keva, *kû stark, gross sein.)

kavaro-s mächtig, Held.

gall. Κάυαρος Polyb. Dimin. Cavarillus: Cavares, Cavarinus.
ir. caur, Gen. caurad Held. + cymr. cawr „gigas“. corn. caur
„gigas“, caur-march „camelus“ wörtl. Riesenpferd.
skr. çávîra mächtig, çûra tapfer, Held; zend. çûra stark, hehr. —
gr. κύριος Herr, κῦρος Macht.

kuno-s hoch, Superl. kunotamo-s.

gall. cuno, Ἀρ-κύνια ὄρη. abrit. Cunotamos (ogm. Sagramni maqi
Cunatami), Κυνο-βέλλινος, Cuno-barrus, Cunomori (Hübner 20).
ir. con- in Con-chobar etc. + cymr. con in Con-car, Con-guas etc.,
cwn „altitudo“, cynu „surgere“, er-chynu „elevare“, gogoned
„gloriosus“ = abret. Wecon, mbret. Guegen (Grundform vo-kuno-s).
acorn. con in Wur-con. bret. Con-woion, Cun-woion, Cun-march,
Cun-runt (gl. uorticem montis).
Vgl. die german. Eigennamen Hûn, Hûno, Hûnila, Hûnrât, Hûnwald
u. s. w. und mhd. hiune Hüne.
kunotamo-s ist gebildet wie oinotamo-s, s. d. — Ueber Ἀρ-κύνια
s. o. ⟨p⟩arkunio-n.

Kunagnos, Eigenname.

ir. Conán. + cymr. Conan, Cinan, Cynan. bret. Cunan, Conan.

Kuno-gustu-s, Eigenname.

ir. Congus, ogm. Gen. Cunagussos (Bodfeddan). + cymr.
Cingust, Cinust.

Kuno-mâro-s, Eigenname.
altbrit. Cunomori. cymr. Cynfor.
ahd. Hûnmâr.

Kuno-valo-s, Eigenname.
altbrit. Rialobrani Cunovali fili (Lanyon).
ir. Conall. + cymr. Cynwal.

kesiô ich sehe, Perf. kekasa.
ir. ad-cíu „video“, Perf. áca „vidi“, ad-chess „visum est“; con-aicim, Perf. con-aca „vidi“; fris-aicim, fris-ra-cacha „speravi“, fres-castae Ml. 68ᵃ; imm-aicim, Perf. im-ra-cacha „er sah um“; do-écim „specto“. do-an-é-cacha „spectavit eum“; *do-ind-cim, tincim : tincais furri .i. nos-fegand LL. 61ᵃ.
Vgl. skr. cakṣ (für cak[a]s), cáṣṭe, erscheinen, sehen, schauen nach; zend. kahvān blinken(?). — lat. cánus grau, osk. casnar „senex“. — ags. hasu, an. höss grau, ahd. hasan „politus, venustus“. — lett. kōss klar, durchsichtig, kûschs schön, fein, klar.
Hierzu gehört ir. cais Auge, -caisiu GC. 781 (vgl. skr. cákṣus, zend. caṣman Auge) und möglicherweise ir. canach F. (gl. lanugo) aus kasnakâ.

kesti- Speer.
ir. ceis .i. sleagh.
Vgl. skr. çastrá Schwert, Messer, gr. κέστρος Pfeil, cestrosphendonê Liv. 42, 65, κεστρο-φύλαξ, κεστός durchstochen u. s. w., lat. *castrum Messer, castrô verschneide, asl. socha Knüttel.

ki sammeln.
ir. ciall .i. tinol O'Dav. 63, Sammeln (Grundform qeislo-), fo-chiallaim ich versammle.
skr. ci schichten, lesen, sammeln. Möglicherweise ist qi statt ki anzusetzen.

kîkâ (kêkâ?) Fleisch, Brust.
mir. cich „mamma“, Gen. cíche; neuir. cioch F. + cymr. cig M. „caro“. acorn. chic leg. cio (gl. caro), kig-uer (gl. ficinula i. e. fuscinula). mbret. quic.
bulgar. cica, poln. cyc Zitze? (Germanismus?) (B.).
Hierher ir. cícce .i. feóil Gl. 11 (aus kiknjó-)?

kîro-s rein, schier s. *kai, *kî leuchten.

kistâ Korb s. *⟨p⟩an nähren.

ko-, Präfix.
gall. co- in co-vinnus, co-vèros (in Dumno-covèros), Co-brovo-mâros, Co-vedo-m(âros) Rc. IX, 30, Co-gestlus ibid.

ir. co- in cóir, a. u. ko-vêro-s. + cymr. co-, cy- in cy-wir, cyweitbas,
cy-wedd u. s. w. corn. co-wyth „sodalis", ke-havall „similis". abret.
co-breuol, co-guenou sowie in den Eigennamen Co-uualcar, -uualhobrit,
-uallon, -uedhic, -uuellic, -uuiran, Ke-uuirgan; mbret que-hit „aeque
longus".
lat. co-; umbr. termnu-co; volsk. co-vehriu.

*ko-berô nütze, wünsche s. berô ich trage.

ko-vegno-s eine Art Kriegswagen s. vegno-.

ko-vêro-s treu, gerecht.
gall. Dumno-covêros „profondément fidèle".
ir. cóir (zweisilbig) Fél. Oct. 26, Ep. 432, 433, gerade, recht,
gerecht, angemessen. + cymr. cywir. abret. Couuiran, Keuuir-
gar Rc. VIII, 505.

kóm, kon, Präposition und Präfix.
gall. Com-boio-marus, Ver-com-bogius, Con-toutos Rc. IX, 30, Con-
suanetes, Con-victo-litavis. abrit. Com-bretonium, Κομ-μοντοριος.
ir. cóm- (cúm-). + cymr. cyf. corn. chef- (i. e. kev).
lat. com-, con-, selbständig cum; umbr. com, conegos; fal. cun-
captum.
kom ist in gleicher Weise von ko- gebildet wie ir. iar-m, re-m,
sech-m, tar-m, trem-. In vortoniger Stellung steht im Irischen
für kom- kon- = lat. con, vgl. ir. con-i'cim, con-ō'im, con-rī'ug,
con-sū'idigiur.

kóm-aivestu-s gleich alt, gleichzeitig.
ir. com-áes. + cymr. oyf-oes.
Vgl. lat. co-aetaneus.

kóm-akto-, kóm-aktajo-n Macht, kumaktâko-s
mächtig.
ir. cumachta N. Macht, cumachtach mächtig. + cymr.
cyfoeth M. cyfoethog. mcorn. *cevuith, chefuidoc.
S. 2. ag treiben.

an-komakto-s unvermögend s. 2. an-.

kóm-⟨p⟩adasto- gleich.
ir. comadas passend, tauglich. + acymr. cimadas (gl. par);
ncymr. cyfaddas angemessen. abret. camadas (gl. habilis).
S. o. *⟨p⟩ed fassen. Zur Bildung ⟨p⟩adasto- vgl. skr. gábhasti u. s.

kóm-anəme(n)- Beiname.
ir. comainm (gl. cognomen). + cymr. cyfenw.

kóm-ango-s enge, kumangjâ Enge.

ir. cum-ang, cumce Enge, Noth. + cymr. cyf-yng „angustus, arctus, strictus". bret. concoez „étranguillon" („de co-angêd-" Ernault).

kóm-altjo-s Pflegebruder.

ir. comalte Pflegebruder. + cymr. cyfaillt, cyfaill Freund; acymr. Cimelliauc aus com-altjâko-s. abret. Comalt-car. S. alô ich ernähre.

kom-bero- Vereinigung, kom-berô vereinige.

ir. commar Zusammentreffen von Thälern, Strömen oder Wegen, Dat. Sg. commur. + cymr. cymmer „confluvium", cymmeraf „capio, sumo". bret. kemper (kemper-ele) „confluent", quempret „capere, prendre", compret.
lat. con-fero.

kom-buti-s Verbindung.

ir. commaid, cummaid Kameradschaft. + cymr. cwmmwt, cwmmwd „provincia, regio", cymmodog „proximus, vicinus". abret. compot „territoire commune, hameau", di-combit „sans association".

kóm-mṇtî die gleiche Grösse.

ir. commḗit gleiche Grösse, Menge. + cymr. cymmaint „tantus, tot". corn. oemmys, cymmys. bret. kement.

kóm-misko- Mischen.

ir. cúmmasc Mischen, Vermischen. + cymr. cymmysg „commixtio". mbret. cemesc in Kaer-gemesc.
Vgl. lat. com-misceo, com-miscuus.

kóm-ranko- Zusammenkommen, Kampf s. *renk- sammeln.

kóm-rigo-n Fessel s. *rig- binden.

kon-qeislâ Besinnung, Beratung.

ir. cocell F. Nachdenken, coigill .i. smuaineadh no rún O'Cl. + cymr. cymhwyll M. Vernunft, Unterredung.
Die Stelle in dem Stowe Missal 81, in welcher cocell begegnet, ist verderbt. Lies: hi mbrethir, hi coce[i]ll, hi ṅgnim (in Wort, in Gedanke, in Werk).

*kon-dê vereinigen s. dê setzen.

kon-seqô zurechtweisen.

ir. cosêchaim, cóiscim. + cymr. cospi „castigare“.
Vgl. kon-sqo- Strafe unter seqô sage.

koiniô ich klage s. keiô, kêô weine.

koimo-s teuer, lieblich s. *kei eng verbunden, vertraut sein.

koilâ (glückliche) Vorbedeutung.

ir. cél (gl. augurium). Sg. 69b 6, cel olc, Three Frgs. 200. + cymr. coel F. „omen“; acymr. Pl. coilou (gl. auspiciis), coiliaucc (gl. augur), ar-goel „signum, omen, ostentum“.   corn. chuillioc (gl. augur), cuillioges (gl. phitonissa).
gr. κοῖλυ· τὸ καλόν Hes. — got. hails, nhd. heil, ags. hæl Vorbedeutung, an. heill günstiges Vorzeichen, ags. hælsian = ahd. heilisôn „augurari“. — preuss. kailûstiskan Gesundheit; asl. cě.ŭ heil, ganz (B.).

    koilomanjâ.

    ir. célmaine = cymr. coelfain F. frohe Botschaft.

koilo-s dünn, schmal, **koiljâ** Dünne.

ir. cóil, cóol dünn, schmal, cóile Dünne. + cymr. cûl „macilentus, macer“, culedd Enge, Eingeschränktheit.   corn. cul (gl. macer vel macilentus). abret. culed (gl. macies).
lett. káils nackt, kahl, bloss (káili láudis Ehepaar ohne Kinder)? Dazu lat. caelebs? gr. κοῖλος? (B.)

    koilo- Eingeweide, Gedärm.

    ir. coelán „intestinum tenue“. + acymr. coiliou (gl. extorum) MC.
    gr. τὰ κοῖλα die Weichen, κοιλία Bauch, Gedärme?
    Loth verbindet coiliou mit acymr. coiliaucc, s. koilâ: „Le coiliauc était un véritable aruspice lisant dans les entrailles des victimes“.

koisi-s „curator“?
gall. Koisis Inschrift von Todi, Coisa Rc. IX, 30.
paelign. coisatens „curaverunt“; lat. coirare, cûra.

(*kou schlagen.)

    *koudo- schlagen, kämpfen.
    ir. cuad .i. coga(d) O'Dav. Gl. (Grundform koudo-n).
    lat. cûdere schlagen, schmieden.

    *kovâ Kampf, Schlacht.
    ir. coach .i. ruathar, neph-choachtae (gl. inbellem) Ml. 126a 22 (Grundform kovâ-ko-).   Vgl. cuach-naidm Axt-Schneide.

ags. heávan, engl. to hew, ahd. houwan hauen. — asl. kovati
schmieden, kyj Hammer; lit. kówa Kampf, kauti kämpfen, streiten.

kouko-s, kukâ Kuckuck.

ir. cúach. + cymr. côg F.
skr. kóka, kokilá Kuckuck. — gr. κόκκυξ dass. — lat. cucúlus. —
asl. kukavica dass.; lit. kukû'ti kuckuck rufen.

koudo- Verhehlung, koudiô ich hehle.

cymr. cûdd M. „occultatio, absconsio, occultum", cuddio „abscondere,
occultare". corn. cuthe verbergen. bret. cuzaff.
skr. kuhara Höhle(?); zend. khaodha Helm, Hut. — gr. κεύθω berge,
verberge(?). — lat. cûdo Helm, — ags. hýdan bergen, verbergen, engl.
to hide, ahd. hutta, nhd. Hütte (engl. hut, fr. hutte sind hochdeutscher
Herkunft).
Hierher wohl auch ir. cuic Acc. Sg. Geheimniss (cuala cuic nuin Three
Ir. Gl. XXXIX), Grundform kudki-?

kouno-s schön.

gall. Counos Rc. IX, 30.
ir. Cuan, Cuan-gus, Cuana, cuanna schön, angenehm. + cymr. cun
anziehend, liebenswürdig (Spurrell), cûn „dominus".
got. skauns schön, as. skôni, ahd. skôni, ags. scŷne glänzend, schön(?).
— lit. szaunùs (aus *sszaunùs?) brav, tüchtig(? B.).

kourano- Schuh.

ir. cuaran Schuh. + cymr. curan „ocrea, cothurnus".
Wurzelverwandt mit lat. cu-tis, gr. κύ-τος?

kokko-s, kokki-s roth.

gall. Dimin. Coccillus Rc. VIII, 382. abrit. Coocus.
ir. *coicc, coig .i. derg O'Dav. 70. + cymr. côch „rubeus, rubi-
cundus, rufus".
gr. κόκκος Scharlachbeere. — lat. coccum dass., Scharlachfarbe.
Die keltischen Wörter sind wohl entlehnt.

koksâ Hüfte oder ein andrer Theil des Beins.

ir. coss F. Fuss. + cymr. coes F. „crus, tibia".
skr. káksha- M. Gurtgegend, Achselgrube; zend. kasha Achsel. — lat.
coxa. — mhd. hahse die Hesse.
Hierzu gehört das Schlussglied von abrit. (piktisch) Argento-coxos.

kogleno- Krause, Haarlocke.

ir. cuailen.
Vgl. gr. κόχλος Muschel mit gewundenem Gehäuse, κοχλίας Schnecke
mit gewundener Schaale, alles schneckenförmig gewundene.

kobo- Sieg.

ir. cob Sieg Corm., cobthach siegreich.

gall. Cob-nertns, Ver-cobius.

skr. çag-má hilfreich, tuvi-çagma vielvermögend. — an. happ Glück, Erfolg, engl. happy.

kond essen.

ir. coindem, coinnmed (englisiert coigny) Anweisung eines Soldaten auf ein Mahl oder Mahlzeiten, Quartierzettel.

skr. khădati zerbeissen, essen. — gr. *χνώδων* Zahn am Jagdspiess. — lit. kándu beissen; asl. kąsati dass. Zweifelhaft.

*kond, *knd brennen, leuchten.

kondô brenne, kondutu- Brennholz.

ir. condud. + cymr. cynneu zünden, cynnud Feuerung. corn. kunys. bret. queuneudenn „bois, bûche".

skr. kádra schwärzlichgelb, braun, candrá schimmernd. — gr. *χάρδαρος* Kohle. — lat. ac-, in-, suc-cendo, candeo, candêla, candidus.

kn⟨s⟩to-s weiss.

gall. Canto-bennicus Name eines Berges in der Auvergne, Canto-senus = abret. Hin-cant, Canto-rix (Rc. IX, 30).

cymr. cann „albus, candidus". corn. cant in Cant-gethen, Grat-cant, Gur-cant, Mor-cant. abret. cant „canus" (in Eu-cant, Hael-cant, Hin-cant, Iarn-cant, Iud-cant, Mor-cant); mbret. cann „pleine lune", jetzt loar gann, int coucant „certainement", *co-uo-cant. alb. hanε, benε Mond.

kondo-s Sinn, Verstand.

ir. cond M. Sinn, Verstand.

got. handugs weise, handugei Weisheit, an. höndulega geschickt.

konnallo- s. kâno-, konnallo- Rohr, Ähre.

kombo- Bedeckung s. *kemb winden.

koriô ich setze, stelle.

ir. cuirim „to put". + cymr. heb-gor beistecken, erlassen. abret. i hepcorim (gl. cassum).

skr. kaláyati treiben, bewerkstelligen, â° werfen, schleudern, sam° aufhäufen. — lit. kartà Lage, Schicht(? B.).

ati-korô ich gebe wieder s. 2. ati-.

korajat- Gestell, Wehr, Fischkorb.

ir. cora, Gen. corad, Acc. nolingdis frisin coraid O'Don. Gr. 119. +

acymr. coret, Pl. coretou (Guy cann i choretou Lib. Landav. 157);
ncymr. cored M. „cataracta" (Davies), „a weir or dam" Spurrell.
abret. coret „barrage de rivière, écluse" (coret loen cras „écluse
du buisson desséché".

*koru- Wurf.

⟨p⟩arei-koru- Wurf s. ⟨p⟩arei bei, vor, Ost-.

korokasto-, korkasto- Rohr.
ir. curchas (gl. arundo). + acymr. cors (gl. cannulos); ncymr. corsen,
Pl. cyrs. bret. cors-enn „roseau".
lat. cârex Riedgras.

korkjo- Hafer.
ir. coirce. + cymr. ceirch M. „avena". corn. keirch. mbret. querch
„avoine", jetzt kerc'h.
lett. kurki Kleinkorn(? B.).

korgsâ, korgjo-s Reiher.
ir. corr F. Kranich aus *korsâ, *korg-sâ. + cymr. crychydd M. corn.
oherhit. abret. corcid (gl. ardea).
Vgl. gr. κέρχω heiser sein, κέρχνη Thurmfalke, asl. kraguj Sperber und
klr. kryżanka Stockente.

korbo-s Wagen, „vermutlich zunächst ein aus Flecht-werk hergestellter".
ir. corb Corm. Gl. s. u. cormac, Coirbre, Coirpre Wagenlenker.
lat. corbis. + lit. su-kargýti verschränken (B.).

korno- Trinkhorn s. keran- hornige Substanz.

kormiliâ „sorbus domestica"?
gall. Cormiliae (jetzt Cormeilles), Curmiliaca, vgl. die franz. Lehnwörter
cormil, cormier.
Vgl. lit. szermùkszlė, szermùkaznė Eberesche, „sorbus aucuparia", lett.
sêrmaukschi, sêrmukschi, zêrmaukais, zêrmûksis dass. (B).

kolenno- Hulst.
ir. cuilenn. + cymr. celyn M. Sg. celynen, „ruscus, aquifolium, agrifolium".
corn. kelin (gl. ulcia). bret. quelennenn „houx", Pl. quelenn.
Vgl. skr. çalá Stab, Stachel, çalâka Spahn, Splitter, Reis, gr. κῆλον
Pfeil(?), ahd. hulis, mhd. huls Mäusedorn, Stechpalme, Walddistel,
ags. holegn „acrifolius", engl. holly.

koliâ Keller, Magazin s. kelô hehle.

kolombo-s, kolombâ Taube.

ir. colomb M . fiad-cholum (gl. palumbes) Sg. 70ª, Gen. colnimb. +
cymr. colommen F. corn. colom F. bret. koulm F.
gr. κόλυμβος Taucher, „mergus". — lat. columbns, columba.
Die keltischen Wörter sind vielleicht aus dem Lateinischen entlehnt.

kolgo- s. *kela, klâ schlagen, brechen, spalten.

kolto- Nahrung.

ir. colt [.i.] biad Corm. s. vv. Asgalt und Cernine. + bret. caut
„bouillie", „calle".
Vgl. gr. κόλλα Leim, asl. klêj dass., an. hold Fleisch, ags. hold Leichnam.

koldo- Verlust, kolno-s einäugig s. *kela, *klâ schlagen,
brechen, spalten.

kolmbo-, kolmbenio-.

ir. colmmene (gl. nervos) Sg. 221ᵇ. + cymr. cwlm M. „vinculum,
nodus", Pl. cylymau. bret. koulm „noeud".
lett. klûga ein aus Zweigen gedrehtes Band (? B.).

*kovâ Kampf, Schlacht s. *kou schlagen.

koslo- Hasel.

gall. coslo- (daher Coslum, heut Kusel).
ir. coll (gl. corylus), collde (gl. colurnus). + acymr. coll (gl. corilis),
Sg. coll-en, coll-wydden. corn. col-widen (gl. corillus). abret. limn-
collin (gl. tilia); mbret. quel-vezenn „coudrier".
lat. corylus. — an. hasl, hasla, ags. häsel, ahd. hasal, hasala Hasel,
Haselstaude.

kuô Hund, Gen. kunos, Nom. Pl. kunes.

ir. cú (aus *kuû), Gen. Sg. con, Nom. Pl. coin (für *cuin?). + cymr.
ci, Pl. cŵn. corn. ki (gl. canis), Pl. kuen. mbret. quy, Pl. quon; nbret.
ki, Pl. koun.
skr. çvâ, Gen. çúnas Hund. — gr. κύων, Gen. κυνός dass. — lat. canis.
— lit. szû, lett. su'ns, preuss. sunis dass.

dubro-kuô Otter s. dubro-n Wasser.

mêlo-kuô Windhund s. mêlo-n Thier.

kanavon- „catulus".

ir. cana .i. cuilen mic dire (leg. tíre), Wolfsjunges O'Dav. 70. +
cymr. cenaw, cenau „et antiquis canaw" (Davies) „catulus, pullus",
Pl. cenawon. abret Canaone (Abl., Greg. Tur. Hist. IV, 4), Ri-ceneu.
Abgeleitet von can- = lat. can(-em) aus cvan-, der mittleren
imform von ig. çuôn- (skr. çvän-am) Hund.

*ku⟨p⟩ häufen.

ir. cúan F. Trupp, Haufe, Menge, Nom. Pl. cúana, Gen. Pl. cúan
LL. 282ᵇ 37, 151ᵃ 1 (Grundform ku⟨p⟩nâ).
lit. kaúpas = asl. kupŭ Haufe, lit. kùpinas gehäuft, lett. kuɼana Schnee-
haufe, vgl. apers. kaufa Berg, gr. κύπη, lat. cûpa.

kukro-s krumm.

ir. cúar krumm.
Vgl. asl. kukŭ-nasŭ u. s. w.

kuno-s hoch s. o. *keva, *kû stark, gross sein.

kumbâ Thal.

gall. Cumba (convallis), Cumbis (Glück KN. 28).
cymr. cwmm „vallis, convallis" (Lib. Land. 165), cwmarch tiefes Thal.
sabin. cumba „lectica"; lat. cumbere. Vgl. begriffl. gr. λάχεια, an. lágr
niedrig, -lág Vertiefung, lett. lêtns flach : nhd. liegen (B.).
as. comb, cumb „vallis angusta", engl. coomb, aus dem kelt. entlehnt?

kuro-s Kreis.

ir. cor M. i. cuairt (aus *kukrti), „circuitus". + cymr. corwynt
„turbo" = bret. coruent (Grundform kuro-vento-s).
Vgl. gr. κυρ-τός gekrümmt, gebogen, κορώνη Ring u. s. w., lat. cur-vus

krundi-s rund.

ir. cruind rund. + acymr. crunn, in crunn-olunou (gl. orbiculata),
crunn-ui (gl. oui). abret. cron (gl. tornatili), Pl. cronion (gl. assiles),
Salin cron en Wenran, cronn-main (gl. cylindro); mbret. crenn.
Aehnliche Bildung wie lat. rotundus : rota (B.).

kuruko- ein hautbedecktes aus Zweigen geflochtenes Boot.

celt. lat. Dat. Pl. curucis Adamn. Col. 176, 177. (Die Form curuca,
welche Ducange und Reeves bieten, kann ich nicht auffinden).
ir. curach M. (gl. phaselus), Gen. curaig. + cymr. corwc (Rc. VI, 16),
cwrwg M., cwrwgl M. (woher engl. coracle).
Vgl. arm. kur Boot, Gen. kri. Oder gr χόριον Haut, lat. corium? Oder
asl. korĭcĭ Art Gefäss, slovak. korec Körbchen aus Baumrinde?

Kurkagno-s, Eigenname.

altbrit. Curcagni fili Andagelli, Gelli Dywyll, Rhŷs Lectures on Welsh
Philology 386.
ir. Corcán. + acymr. Circan.

kurmên Bier, Gen. kurmenos.

gall. κούρμι Dioscor. (dessen Gen. κουρμιθος unrichtig zu sein scheint).
ir. cuirm, coirm, Gen. corma, Dat. cornaim Bier, neutr. Stamm auf n.

+ cymr. cwrw, cwrwf, cwryf „cervisia, zythus“, Pl. cyrfau. corn. coref, coruf.

Vielleicht ist lat. cremor dicker Saft, Brei (woher franz. crème, engl. cream) verwant. Das plattlatein. curmen ist einem obliquen gall. Casus entnommen.

kuleino- Welf.

ir. culian, culên, cuilen (gl. catulus).   + cymr. colwyn, Pl. colwynod „canes melitaei“ Davies.   corn. coloin (gl. catulus).   bret. colen „faon, petit animal“, Pl. quelin.

Vgl. gr. κύλλα· σκύλαξ Hes. junges Thier, junger Hund (B.).

kûlî- „secessus“.

ir. cúil.   + cymr. cil „secessus, recessus, fuga“.

kuli-s, kuliâno-s Fliege.

ir. cuil (gl. culex).   + cymr. cylion, Sg. cylion-en „musca, culex“.   corn. kelionen.   bret. quelyenenn „mouche“.

Vgl. lat. cŭlex Mücke, Schnacke.

kulo- Sünde.

ir. col, Gen. cuil (gl. piaculi).   + cymr. cwl „culpa, peccatum“.   abret. caul (gl. piacula), col (gl. nefariam rem).

Zu gr. σκολιός krumm, falsch (σκολιὰς κρίνωσι θέμιστας), lat. scelus, got. skulan, nhd. Schuld? oder zu lat. culpa?

kûlo- Rücken.

ir. cúl Rücken.   + cymr. cil „tergus, tergum“.   corn. chil (gl. cervix). bret. quil „dos“, quildant „dent molaire“.

lat. cûlus, vgl. pehl. kûn „the backside, posteriors, buttocks“.

kulmo- Halm s. kalamon-.

kņtu mit.

gall. canta, cata in Cata-launi, Cata-mantaloedis, Cata-sextus (über cata ın den romanischen Sprachen s. Paul Meyer Romania II, 80).

ir. cét, cét-buid.   + acymr. cant, canfod, ar-gan-fod.   corn. cans.   bret. gant, di-gant; abret. er-cent-bidite (gl. notabis .i. agnosces vel signabis). gr. κατά. Vgl. lat. contra.

ir. cét hat cit-a als tonlose Form neben sich.

kņto-n hundert.

gall. canton, wovon candetum „spacium centum pedum“ Isidor. Origg. XV, 14. 6, Columella V, 1.

ir. cét; manx kecad.   + cymr. cant.   corn. cans.   bret. kant.

skr. çatá-m. — gr. ἑ-κατόν. — lat. centum. — got. hund. — lit. szìmtas; asl. sŭto.

kṇ⟨s⟩to-s weiss s. *kond, *kṇd brennen, leuchten.

˙kṃbio-n s. *kemb winden.

kṛkso-s „crispus".

gall. Crixos (Chrixus, G. C.² 78).

cymr. crych kraus. bret. crech.

kṛkso-s aus kṛpso-s = lat. crispus. Vgl. ahd. hrespan rupfen, raffen (B.).

kṛttâ Körper, Wagenkasten (vorkelt. kṛt-ná).

ir. cret F. Körper, Wagenkasten.

Vgl. asl. krę[t]nąti „deflectere, bewegen, eig. drehen". Unsicher.

kṛdjo-n Herz.

ir. cride Herz. + cymr. craidd (aus *creid, *credjo-) Mittelpunkt, Herz. bret. kreis „milieu" (Rc. VI, 390. VII, 102).

gr. κραδία, καρδία Herz. — lat. cor, cordis. — got. haírtô Herz. — lit. szirdis Herz; asl. srūdīce dass.

anas-kṛdjo-n Unrecht, Beleidigung s. 2. ana-.

kṛnô zertrenne, zerbreche, Perf. kikra, kara.

ir. ar-ro-chíuir .i. roerchran, ar-a-chrinim „difficiscor", Perf. ar-a-chiurat(ar) Ml. 59 b, do-ro-chair „cecidit", in-chriu „interit", hore ar-in-chrinat „quia intereunt". Vgl. ir-chre „interitus".

skr. çṛṇâti zerbrechen, Pass. in sich zusammenfallen, Perf. çaçara. — gr. κεραΐζω zerstören, umbringen, ἀ-κήρα-τος unversehrt. — lat. cariês Morschheit. — got. haírus Schwert (B.).

knabî, knaviâ.

ir. cnae „vellus", Acc. Sg. cnai LH. 7 b. + cymr. cnaif „tonsura", cneifio „tondere, detondere", cneifion „tomentum". ncorn. cnêu Flies, cnêu glán wollenes Flies. bret. kneau „toison".

Vgl. norweg. napp Flocken u. dgl. an Kleidern, schwed. nopp das Rauhe, Zottige, die Haarseite an Stoffen, mnd. nop, ndd. noppe Zotte, Wollknötchen, Hechelheede, „tomentum" (aus hnəq-?) und gr. κνάω, κνύω schabe, κνάφαλον (abgekratzte) Wolle, Flocke (B.).

knâmi-s Bein.

ir. cnáim, Pl. in chnámi „ossa".

gr. κνήμη Unterschenkel, κνημίς (κνᾶμις) Beinschiene. — ahd. hamma Hinterschenkel, ags. ham, hamma Oberschenkel.

knâmi- aus *kanåmi-, vgl. u. lâmâ Hand : gr. παλάμη.

knidâ Wunde.

ir. cned Wunde.

Vgl gr. κνίζω ritze, kratze, an. hníta, ags. hnítan stossen an, auf.

knokko- Hügel (vorkelt. knog-nó-s).

ir. cnoc Hügel. + abret. cuoch (gl. tumulus), Cnech crasuc C.L. 14,
Chenec-turnur; mbret. knech „montagne", jetzt kréac'h „montée, tertre,
petite montagne", auch quenech „sus, en hault", quenechenn „tertre,
collis".

cymr. cnwcc M. „gibbus, tuber" ist hinsichtlich seines Suffixes unklar.
an hnakki, ags. hnecca, engl. neck, ahd. hnach Nacken.

knová Nuss.

ir. cnú F. Nuss, Acc. Sg. cnoi, Dat. Pl. cnoib. + cymr. cneuen F.
„nux", Pl. cnau. ncorn. cnyfan, gwedhan cnyfan Haselstaude. bret.
knoenn „noix, noyer".

Vgl. an. hnot, ags. hnutu, ahd. hnuz Nuss.

kjávak-s Nebel.

ir. ceó M. Nebel, Gen. Sg. cíach, Acc. Sg. ciaich, Gen. Pl. cia.

Vgl. got. hivi Schein, ags. heó, hiw Erscheinung, Gestalt, Farbe, engl.
hue Farbe (B.). Dazu skr. çyáva schwarzbraun, braun, asl. sivŭ grau,
lit. szývas schimmelig, weiss?
Grundform zweifelhaft: vielleicht kivok-s, Gen. kivekos.

*kra⟨p⟩, *kr̥⟨p⟩ stark sein.

cymr. craff (aus krapnó-s > krappó-s) „festus", cryf, Fem. cref „fortis,
gravis" (Grundform kr̥⟨p⟩mo-s). corn. criif (gl. fortis). bret. creff
„firmus, tenax"

Vgl. an. hræfa „to tolerate, bear with", asl. krěpŭ fest. Oder ist skr.
krama in der Bedeutung Macht (in Compositis wie Çaikshya-guṇa-krama)
zu vergleichen?
Aus dem Irischen ist crip schnell (aus kr̥ppi-s < kr̥pni-s, vgl. begriffl.
nhd. schnell : an. snjallr „fortis") und vielleicht der Mannsname Crim-
thann hierher zuziehn.

krâ⟨p⟩o-s Dach.

ir. cro. + cymr. craw „hara". bret. crou „étable".

ags. hróf Dach, Schiffsverdeck, „tectum, tignum, culmen", engl. roof,
an. hróf „a shed under which ships are built or kept".

*krâk grunzen.

ir. cráin (Grundform kräknik-s) Sau, Gen. cránach.

lat. crócio krächze. — lit. krokiù grunzen, lett. krákt krächzen,
schnarchen; asl. krakati krächzen.

1. krab schrapen, kratzen.

cymr. crafu „radere, scalpere".
lett. kribinát abnagen (B.).

2. *krab Frömmigkeit, Religion.

ir. crabud Glaube. + cymr. crefydd F. „religio".
Vgl. skr. vi-çrambh vertrauen, sich verlassen auf.

*krabudo-s, *krabijo-s s. ankrabudo-s, ankrabijo-s
unter 2. an-.

krâsano- Schädel.

cymr. creuan „cranium".
Gr. ἀμφί-κρᾶνος zweiköpfig. vgl. κάρηνον Kopf und Gen. Sg. κράατος.
Vgl. kerno-, kernâ.

kreitro- Sieb.

ir. criathar (gl. cribrum), jetzt Msc. + acymr. cruitr (gl. pala). corn.
croider (gl. cribrum), kroddre sieben. bret. oroezr, croerz.
ags. hridder, hriddel Sieb, engl. riddle, ahd. riterâ, nhd. Reiter (grobes
Sieb). Vgl. lat. cribrum (aus kri-ϑro-n).

kreivo- Fleisch, Leib.

ir. crí (Octauin August in rí, ina re rogab Crist crí LB. 143 unten).
got. hraiva-, an. hræ Leiche, ahd. hrêo Leichnam, Tod, Grab.
Zweifelhaft, da ir. crí auch auf *kre⟨p⟩i- beruhen und zu lat. corpus,
ahd. href, ags. hrif Leib, Unterleib, zend. kehrp Körper, Fleisch gehören kann.

*kre⟨p⟩o- Korb, Koffer.

ir. críol (zweisilbig) Lade, Koffer.
skr. çûrpa geflochtener Korb (vgl. ir. línaim : skr. pûrṇa) (B.).
Aus gael. criol ist engl. creel entnommen.

kreu⟨p⟩ennâ Rinde, Kruste.

cymr. crawen „crusta", crawennu „incrustare". corn. crevan. bret.
kreun „croûte".
Vgl. lett. kraupe Grind, Warze, krupt verschrumpfen, lit. nu-krúpęs
schorfig, kraupùs rauh, russ. krupnyj grob, čech. krupý „rudis", ags.
hreóf „asper, scaber", ahd. bruf Schorf, Grind, bair. ruft Kruste auf
rasch getrocknetem Erdreich, an. hrufa „a crust, the rough surface of
a stone" (B.).

krekto-s Wunde.

ir. crecht M. Wunde, Acc. Pl. crechtu. + cymr. creithen F. Narbe,
Schramme. abret. creithi (gl. ulcera), mbret. crezenn Narbe.
Vgl. an. hrekja „to worry, vex", afries. hreka reissen (B.).

kreddiŏ ich glaube.

ir. cretim ich glaube. + cymr. credu. corn. cresy. bret. cridiff.
skr. çrad-dádbâmi vertraue, glaube. — lat. crêdo.

kremo-, kramo- Knoblauch.

ir. crem Knoblauch. + cymr. craf Knoblauchzehen, Knoblauch.
Vgl. gr. κρόμυον Zwiebel, ags. hramse Waldknoblauch, norweg. rams
„allium ursinum", lit. kermùszė wilder Knoblauch.

(*kreva blutig, roh sein.)

kroudi-s hart, fest, unbiegsam.

ir. crúaid hart, fest.
lat. crûdus. Vgl. skr. krûrá wund, roh, hart, stark.
Aus krôdi-s vielleicht „könnte das romanische Adj. *crodius (ital.
crojo) gebildet sein" Thurneysen KR. 83.

krovo-s Blut.

ir. crú .i. fuil O'Cl. Blut, Gen. cró, Acc. crú. (Kann auch auf krú-s
beruhen). + cymr. crau M. „cruor, sanguis". corn. crow.
Vgl. lat. crûor, lit. kraújas Blut, asl. krŭvĭ (Gen. krŭve) dass. und
skr. kravís rohes Fleisch, kravya dass., zend. khrû-m blutiges
Fleisch, gr. κρέας Fleisch.

kresro-, kresero Hornisse.

cymr. crëyr-yn Wespe.
lat. crábro. — lit. szirszů, szirkszlýs Wespe, lett. sirsis Hornisse; asl.
srŭšenĭ „crabro".
Nhd. Horniss gehört nicht hierher, sondern ist Kurzname zu as. horno-
hero (Gl. A. 14) (B.).

krîqâ 1. Grenze, 2. Kamm.

ir. crich Grenze, Gobiet, Gen. criche. + cymr. crip, crib F. „pecten".
bret. crib „peigne".
Vgl. lit. kreikti streuen und begrifflich lat. sternere streuen, glatt
machen, ebnen, asl. strana Seite, Gegend, nhd. Strand (B.).

*krik heiser sein.

cymr. crych „raucus".
gr. κρίκε knackte. — an. hrikta knarren. — asl. krikŭ „clamor"; lit.
krýkszti kreischen (B.).
Unsicher, da sich als Wurzelform auch krek- (vgl. z. B. lett. krezét
heiser werden) oder kreg- (vgl. z. B. skr. kharjati knarren) annehmen
lässt.

kritu- (-i-?) Zittern.

ir. crith Zittern, Fieber. + acymr. crit, jetzt cryd Wiege, Fieber,
daear-gryd Erdbeben.

ags. hriđa Fieber, hriđian im Fieber zittern, ahd. ridôn zittern, rito,
ritto Fieber. — Unsicher, da auch kŗtu- angesetzt und dies mit ir.
crothim ich schüttle zu lit. krësti, kratýti schütteln gezogen werden
kann (B.).

Die britischen Sprachen besitzen auch Formen, welche mit skr beginnen: cymr. ysgryd, corn. scrutb, bret. skrija „trembler de peur".

krisso- Gürtel.

ir. cris Gürtel. + cymr. crys 1. Gürtel Rhŷs E.B. 117 Anm. 4, 2. Hemd.
bret. cris[s]aff „recourser, succingere".

Vgl. lit. skritulýs Kreis, Kniescheibe, ap-skrësti umringen, umgeben,
skreistë Mantel (? B.).

kroukâ Haufe.

ir. crúach F., crúachan Haufe. + cymr. crûg M. „cippus, tumulus".
corn. cruc (gl. collis). abret. cruc (gl. acervum) und in cruc Ardon,
Tel-chruc; nbret. crug, cruguell, krugell F.

an. hrúga Haufe zusammengetragener Dinge. — lit. kráuti auf einander
setzen oder legen, krůvù Haufe.

*kroudi-s hart, fest, unbiegsam s. *kreva blutig, roh sein.

krokenâ Herzmuschel.

cymr. crogen „cochlea, concha", cragen, Pl. cregyn. corn. crogen.
bret. croguenn, krogen F. „coque, coquille".

Vgl. an. hrogn, ahd. rogan, nhd. Rogen? (vgl. franz. coques d'araignée B.).

krokkenno-s, krokno-s 1. Rücken, 2. Haut, Fell.

ir. crocenn (gl. tergus). + cymr. croen M. „cutis, pellis, corium", Pl.
crwyn. corn. croin (gl. pellis), crohen P. 135, 2. bret. crochenn „peau".
skr. krúñcati sich krümmen. — an. hryggr, as. hruggi, ags. hrycg,
engl. ridge, ahd. rukki, nhd. Rücken. Zweifelhaft. Kann germ. ru hier
aus ŗ sein?

krokko- (vorkelt. kroknó-) Topf.

ir. crocan (gl. olla). + cymr. crochan M. „olla".
gr. χρωσσός Krug, Urne, aus χρωχjος.
Cymr. crwc Eimer ist wie franz. cruche germanisches Lehnwort.

krottâ, krotto- Harfe.

ir. crott Harfe, crottichther „citharizatur". + cymr. crwth „fidicula"
= Fortunatus' „chrotta (leg. crotta) Britanna".

krottâ, krotto- aus krotet**ä**, krotetó-s, vgl. gr. κροτέω klappern, zu-
sammenschlagen, κροτητά μέλη?
Von crŵth stammt engl. crowder Geiger, von crotta altd. *brota,
afranz. rote, prov. rota.
Auf gleichlautender Grundform beruhen cymr. croth, crwth, bret. cours
„vulva" (ir. *croth, Gen. bruchtis bí a-croith LU. 128ᵇ scheint aus dem
Kymrischen entlehnt zu sein). Ihr begriffliches Verhältnis zu crotta
erinnert an gr. κιθάρα 1. Cither, 2. Brusthöhle.

1. krovo-s Blut s. *kreva blutig, roh sein.

2. krovo-s Krähe.

ir. crú fechta „corvus praelii".
lat. cor-vus. Vgl. skr. kârava Krähe (?).

krundi-s rund s. kuro-s Kreis.

krumbo-s krumm.

ir. cromb krumm. + cymr. crwm. bret. crum, crom.
ags. as. crumb, ahd. chrumb krumm.
Hier liegt jedenfalls eine Entlehnung vor, aber es ist nicht festzu-
stellen, ob sie von den Kelten oder den Germanen vollzogen ist. Wenn
letzteres, ist vielleicht ags. hrympele „ruga" zu vergleichen.

krumbáno- Sichel.

ir. crom[b]an, Laws I. 124, 140. + acymr. crumman, Pl. *crum-
manhou (gl. scropibus). acorn. creman (gl. baxus).
In corn. creman ist vortoniges u zu e geworden.

kruvo- Huf s. *kerau- hornige Substanz.

kladebo-s, kledebo-s Schwert s. *kela, *klâ schlagen, brechen, spalten.

klado-, klâdo- Graben s. daselbst.

kladô „fodio" s. daselbst.

klamo-s krank.

ir. clam aussätzig. + cymr. claf „aegrotus", clafr „lepra", clafru
„leprosum fieri". corn. claf (gl. eger l. egrotus), clevet (gl. morbus),
clafhorec (gl. leprosus). bret. claff „malade", jetzt klanv.
Vgl. skr. klāmati müde werden, erschlaffen. gr. κλαμαρός· „πλαδαρός,
ἀσθενής" Hesych, lat. clêmens.

klâro-s Tafel, Brett.

ir. clár (gl. tabula). + acymr. claur in claur gui[n]cip (gl. prelum),
Pl. cloriou (gl. tabellis); ncymr. clawr.

gr. πλῆρος (πλᾶρος) Loos. Vgl. lit. į-klodė Bodenbrett im Wagen und got. af-hlaþan beladen (B.).

(*klei lehnen, neigen).

kleito-, kleitâ Hürde.

ir. clíath „crates". + cymr. clwyd F. corn. cluit (gl. clita). bret. clouet F. „barrière, herse, claie"; abret. Pl. Cloedou Caer Cunan CL. 29.

Franz. cloie, claie, prov. cleda entstammen einem gall. *cléta.

Vgl. d. folgende und lett. slita ein aus liegenden Hölzern gemachter Zaun = alit. szlitė Leiter und ahd. hlinâ „cancelli" (B.).

klijó-s „laevus".

ir. clé link, Gen. clí. + acymr. cled in or cled bin (gl. limite laevo), jetzt cledd. bret. cleiz.

Vgl. got. blei-duma.

Hierher vielleicht altlat. clivius: „clivia auspicia dicebant, quae aliquid fieri prohibebant" Paul. Diac. ed. Müller 64, 10. Die Krähe (cornix) gab ein ungünstiges Omen (auspicium clivium), wenn sie zur Linken erschien, Cic. Div. I, 39, 85.

vo-klijâ' Nord.

ir. fochla 1. Nord, 2. Sitz des Helden auf der linken (d. i. der nordischen) Seite des Kampfwagens. + cymr. gogledd „boreas, septentrio". bret. gwalern „septentrional" (aus *guo-(c)lezn = *vo-klijano-).

Vgl. begriffl. umbr. nertro link : an. norðr Norden, sowie skr. dakṣiṇa 1. recht 2. südlich.

kloino-s schief.

ir. clóin, cloen schief, ungerecht, böse.

got. hlains Hügel, ahd. (h)leinan lehnen. Vgl. skr. çráyati lehnen, gr. πλῖ-νω biegen, anlehnen, lat. clinare, ac-clinis, clivus, lit. szlėti anlehnen.

kledo-s Schwert s. *kela, *klâ schlagen, brechen, spalten.

klevô ich höre.

cymr. clywed „auditus, audire". corn. clewaf „audio", clewas „auditus". mbret. cleauuet „audire", clevaff „audio".

gr. πλέϝομαι berühmt sein. — asl. slová „clareo". Vgl. skr. çru hören, lat. clueo heisse, got. hliuma Gehör und das folgende.

klevos Ruhm.

ir. clú Ruhm. + cymr. clyw Gehör.

skr. çrávas Ruf, Ruhm; zend. çravanh Wort. — gr. πλέος Ruf, Ruhm. — asl. slovo Wort.

klutó-s gehört, berühmt.

ir. cloth berühmt.

skr. çrutá gehört, berühmt. — gr. *κλυτός* berühmt. — lat. inclutus. — germ. Hlot-hari, Chlothilde, Illuderich — Cluto-rigi, acymr. Clot-ri.

Vgl. ncymr. clod „laus“, abret. clot (gl. rumoris), Clut-uual.

klunêmi ich höre, Perf. kuklova.

ir. clunim, redupl. Perf. cuala aus *cúclova.

skr. çṛṇóti, Perf. çuçrāva, hören; zend. çurunsoiti.

cymr. cigleu „audivi“ weist auf kuklova (Rhŷs Rc. VI, 24), oder kûklova? vgl. skr. tûtâva, jûjuvus (Strachan).

*kleusô, klus- hören.

ir. cloor (aus klusô-r) höre, ro-chloss (aus -klusto-s) würde gehört. skr. çróṣamâṇa willfährig, çruṣṭí- Willfährigkeit; zend. çraoṣânê zu hören, a-çrusta nicht gehört. — ahd. blos-ên zuhören. — asl. slyšati hören, sluchŭ Gehör: lit. klausaú höre, pa-klus-nù-s gehorsam.

kloustâ Ohr.

ir. clúas F. Ohr. + cymr. clûst F. „auris“.

klijó-s „laevus“ s. *klei lehnen, neigen.

kloino-s schief s. daselbst.

kloutâ Flussname.

ir. Cluad, Gen. Cluade aus *Clôta, *Κλωτα*, Ptol. Are-clôta regio vocabulum sumpsit a quodam flumine quod Clut nuncupatur (Life of Gildas). Vgl. skr. çru, çruvat zerfliessen, gr. *κλύζω* bespülen, reinigen, lat. cluere „purgare“, clouaca (C. I. L. I, no. 1178), später cloâca, got. hlûtr-s rein.

kloutô „struo“.

cymr. cludo „afferre, accumulare“. abret. clutam (gl. struo), clutgued (gl. strues). Vgl. ahd. hliozan, ags. hleótan loosen (cf. gr. *κλῆρο-ς* Loos : germ. hlapan laden)? (B.)

klouni-s Hüfte.

ncymr. clûn „clunis, coxendix“. bret. clun „cuisse, reins, fesse“. skr. çróṇi- Hinterbacke, Hüfte. — gr. *κλόνις* Steissbein. — lat. clûnis. — an. hlaunn Schenkel. — lit. szlaúny-s Hüfte, Oberschenkel.

kloustâ Ohr s. klevô ich höre.

klokjâ Scherz, Spiel.

ir. cluiche (gl. iocus), vgl. cluichech (gl. ludibundus).
got. hlahjan, ahd. hlahhan lachen, vgl. got. hlôbjan lachen machen,
gr. χλώσσω glucken.

kloppo-s lahm (vorkelt. klob-nó-s).

cymr. cloff lahm, hinkend.
gr. χλαμβός verstümmelt. — lit. klumbas lahm, hinkend. Unsicher.
Vulgärlat. cloppus „χωλός" Ducange, sowie franz. cloup ibid. und clopiner
beruhen wahrscheinlich auf einem gallischen kloppo-s.

1. klo⟨p⟩ni- Wiese.

ir. clúain Wiese, Gen. clúana.
Vgl. gr. χλέπος, χλέπας Feuchtigkeit Hesych, lit. szlápias nass.

2. klo⟨p⟩ni- Betrug.

ir. clúain Betrug, Schmeichelei, cluainech trügerisch.
Vgl. arm. koloput „furtum", gr. χλέπτω stehle, χλοπεύς Dieb, χλοπή
Diebstahl, ἔχλεψε νόον Il. XIV, 217, lat. clepo, got. hlifa stehle, hliftus
Dieb.

kloviô ich schliesse, klovo-s Nagel.

ir. cló, N. Pl. clói Nagel. + cymr. cloi „obserare, claudere, concludere", clo „sera, clausum", Pl. cloeu „clavi". abret. clo[o]u (gl.
acitamenta); bret. clou „ferrement".
gr. χληΐς (πλᾶΐς) Schüssel, χληΐω schliesse. — lat. clâvis, clâvus. — lit.
kliúti haken, hängen bleiben.
Als Ableitung von kloviô gehört hierher vielleicht auch acymr. clud-
niederwerfen in amal iter-cludant (gl. ut subigant), sowie ir. clóim
(O'Reilly's clo-dh-aim ich besiege), vgl. lett. klûdîtis in Wanken, in
Unfall geraten, klaut sich neigen : lit. kliúti.

klukâ Stein s. *kal hart sein.

klukko-s, klukkâ Glocke.

ir. clocc M. Glocke. + cymr. cloch F. „campana, nola". corn. cloch
(gl. clocca). bret. kloc'h M.
Verwant mit bulg. klücam stosse, serb. kucati klopfen? (B.) Oder ist
als Grundform klokko-s < klognó-s, klokkâ < klognâ anzusetzen und
gr. χλάζω, lat. clango u. s. w. zu vergleichen?
Sowohl ags. clucge (engl. clock), anord. klukka F., ahd. clocca, glocca
(nhd. Glocke), wie mlat. clocca (woher frz. cloche) sind keltischer
Herkunft.

klukko-tegos- Glockenthurm.

ir. cloiccthech. + cymr. clochdy „campanile“. corn. clechti (gl. cloccarium, l. lucar).

klutó-s gehört, berühmt, klunêmi ich höre, klus- hören s. klevô ich höre.

G.

gaiamo-, gaimo- : gimo- Winter.

ir. gem- in gem-red Winter u. s. w. + acymr. gaem; mcymr. gayaf (amws naw-gayaf); ncymr. gauaf M. „byems, bruma“. corn. goyf (gl. hyemps). bret. gouaff.

skr. héman Winter, hemantá dass., himá Kälte; zend. zayana Winter, zyåo Frost, zima Winter. — gr. χειμών, χεῖμα Winter, δύς-χιμος sehr winterlich. — lat. hiems. — lit. ëmà = asl. zima Winter.

Ir. gam, Gen. gaim „hat sich gebildet unter einfluss von sam Sommer“ Thurneysen. Ir. gamuin „wintriges (d. h. jähriges) Kalb“ weist auf urkelt. gamo-. S. gabro-s.

(*gait- Haar.)

nir. gaoisid „crinis“; air. *gáissit aus *gaissinti-, *gait-tinti; nir. gaoisnén „unus capillus“, gaoisneach „crinitus“, gaoisideach dass., finna ghoisideach Book of Lismore, citiert von Gilbert Facs. III, Appendix VII A. Vgl. gr. χαίτη Haar, Mähne.

gaiso-n „jaculum“, gaisâto-s.

gall. gaiso-n, gaiso-s (Servius Aen. VII, 884), Γαισαται, Γαισᾱτοι Polybius II, 28, Strabo.

ir. gae Speer, gaide „pilatus“.

skr. héṣas Geschoss, vgl. hetí Wurfwaffe. — gr. χαῖος Hirtenstab. — ahd. as. gêr, ags. gâr, an. geirr Wurfspeer.

Eine Spur eines verwanten keltischen geiso-n erscheint in dem ir. Denominativ giallaim (in Redensarten wie giallaid gail „lashes up valour“ Rawl. B. 502, fo. 72ᵇ 2, da ugialland a ga[i]ll LL. 243ᵇ), worin giall fast = ahd. geisila, nhd. Geisel F., an. geisl Stock des Schneeschubläufers. Wurzelhaft verwant sind vielleicht auch ir. gáith F. Wind, das mit ags. gâd (engl. goad) Stecken formell übereinstimmt, und ir. gith (gith gáithe déne Fiaccs h. 20), das ebenso dem vedischen hiti (in asmé-, devá-hiti) Anordnung, Einrichtung entspricht.

gaulaio- (geulaio-?) Kessel.

ir. guala Kessel, Loch Guala l'mai LL. 258b 18 — Llynn y Peir, Mabinogion ed. Rhys 1, 32.

skr. gola Kugel, golá kugelförmiger Wasserkrug. — gr. γαυλός Eimer, γαῦλος Kauffahrteischiff. — ahd. chiol, ags. ceól, an. kjóll Schiff.

*gad gehen.

ir. Perf. Sg. 3 dia n-gaidh .i. dia ndechaidh, ut est: dia ngaid Coirpri Nia-fear for sligi Assail (als C. N. auf Assal's Strasse ging) H. 3.18, p. 639b. Vgl. got. gatvô, an. gata, ahd. gazza, nhd. Gasse und ahd. gân gehen.

gabalu- gegabelter Ast, Gabel, Schenkel.

ir. gabul, gobul F., Gen. na gabla (vielleicht ein fem. Stamm auf u). + cymr. gafl M. „feminum pars interior". bret. gavl, gaol.

ahd. gabala „furca", ags. geafel, isl. gaffall Gabel. Vgl. skr. gábhasti Gabeldeichsel.

Cymr. gefail „forceps" = corn. geuel in: geuel hoern (gl. munctorium) stimmt im Vocal zu ahd. gibil Giebel (vgl. an. gafl dass.).

gabô 1. „do", 2. „capio"; gabagli, Verbalnomen.

ir. gabim 1. ich gebe, 2. ich recitiere, 3. ich nehme. + cymr. gafael „prehensio, arrestio". corn. gavel.

got. giban, ahd. gëban, nhd. geben. + lit. gabénti bringen, herschaffen. Im Mittelir. bedeutet gab- oft „ich gebe", z. b. in t-immunn dorighnis, ar Fintan, geibh ind uisqui Book of Lismore fo. 24b. 2, ni coir duib adrad dontí-sea dar' gabsabar deilb dee es ziemt euch nicht den zu verehren, welchem ihr göttliche Gestalt gegeben habt LB. 176b, bera do gabail dia chossa wörtl. „seinen Füssen Spitzen geben" (d. h. Spitzen durch seine Füsse treiben) LB. 190b. Hinsichtlich des Gebrauchs von gabim für „ich recitiere" (Windisch Wörterb. s. v. 1. gabaim) vgl. die spätere Anwendung von lat. do für „ich kündige an, sage, melde" (z. B. paucis dabo Ter. Heaut. prol. 10).

ati-gabagli Wiedervergeltung s. 2. ati- „re-", wieder-.

an-gabagli- s. 2. an-, Negativpräfix.

gabro-s Geiss.

gall. gabro (Dat. Sg.) Rc. III, 297, Gabro-magus. abrit. Gabro-senti, Γαβρῆτα ὕλη, Dimin. Gabrillus, Gabrilla.

ir. gabar. + cymr. gafr „caper, capra". corn. gauar (gl. capra l. capella). bret. gabr, gaffr „chèvre", Pl. guefr, gueffr.

gabro- aus gam-ro (vgl. ir. gam Winter sowie gamuin o. unter gaiamo-, gaimo- : gimo-). Gr. χίμαρος Bock, χίμαιρα Ziege und an. gymbr, gymbill Lamm klingen nur an.

gando-s knapp, karg.

ir. gand, gann knapp, karg, enge.

Vgl. skr. gandháyate verletzen, lit. gendù gèsti entzwei gehen, schadhaft werden.

gansi- Schwan.

ir. géiss Schwan.

skr. haṁsá Gans, Schwan. — gr. χήν Gans. — lat. anser. — ahd. gans, an. gás, ags. gôs Gans. — asl. gąsĭ; lit. żąsìs.

Mir. goss ist aus an. gás oder ags. gôs entlehnt.

garô ich spreche, t-Prät. garto (: *grâ krächzen).

ir. ad-gaur „fascino“, „convenio“, air-gaur „veto“, for-gaur „impero“, focaur (fo-od-g°) „moneo“, for-con-gur „praecipio“, fris-gur „contradico“, do-gaur „appello“, da-ro-gart „appellavit se“, do-airṅgerim (do-air-ind-g°) „promitto“. + cymr. gwa-hardd (aus vo-gart-?). abret. ar-uuo-art (gl. fascinavit = ar-guo-gar-t), di-uuo-hart, di-uuo-harth „sine impedimento, nullo contradicente“ Rc. VIII, 509.

ved. járate knistern, rauschen, rufen, abhi-gará Loblied. — gr. γαρριώμεθα · λοιδορούμεθα Hes., δειριᾶν · λοιδορεῖσθαι ders. — lat. garrio, gerro. — ahd. kerran schreien, wiehern, rauschen. — lit. gàrsas Schall. Hierher auch ir. fo-gur Ton, Laut, acra (aus ad-gariá) (gl. actio), tairṅgire Versprechen (aus to-air-ind-gariâ) und grith „Geschrei“ (aus gṛti- oder gṛtu-).

garanu-s Kranich.

gall. tri-garanus.

cymr. corn. bret. garan Kranich.

gr. γέρανος Kranich. — ags. cran, ahd. chranuh dass. — lit. garnýs Reiher, Storch. Vgl. lat. grûs und lit. gérwė, asl. żeravĭ Kranich.

gâri- Ruf.

ir. gáir Ruf, Geschrei. + cymr. gawr „clamor, jubilus“, gawri „clamare, vociferare“.

Vgl. gr. γῆρυς Stimme, Schall, γηρύω singe.

Cymr. geir, jetzt gair, Wort beruht auf garj-.

garsmen- Geschrei, Rufen.

ir. gairm N. Ruf, Rufen, Geschrei. + cymr. corn. garm „clamor, vociferatio“. bret. garm „clameur“, garmet „crier“.

Hieraus franz. guermenter klagen, jammern.

gravâ (gravo-?) Krähe.

ir. grau-berla .i. berla fiachda „lingua corvina“ H. 3. 3, p. 31ᵃ. ahd. chrâwa, crâja Krähe, ags. crâwe, engl. crow dass., vgl. asl. grajati Krächzen, lit. gróti dass.

gartâ Haupt.

ir. gart Corm. + cymr. garth F. „promontorium, mons".
Vielleicht ist der gall. Mannsname Gartab(os) verwandt.
Zu mhd. grât u. a. Bergrücken (R.).

garri-s.

ir. gairri (gl. surras, leg. suras) Philarg. 52. + cymr. garr F. „poples".
corn. gar, Pl. garrow Bein. bret. garr „jambe" (woher franz. jarret).
Zu lett. gurni Lende, Hüfte, Gabel, worin das Spinnrad läuft? (B.)
Andere irische Verwante sind zweifelhaft: fer-gara LU. 74b ist von
Hennessy (Rc. I, 16) mit „right leg" übersetzt; s. auch ir. cara Ir.
Texte, 2. Serie, 2. Heft, SS. 254, 256.

garvo- rauh.

ir. garbb rauh. + cymr. garw „asper", gerwin „asper, rigidus". bret.
garu „dur, cruel"; abret. geruiss in: a ceruission (gl. hirsutis).
Vgl. gr. χήρ Igel, χῖραλέος mit aufgesprungenen Gliedern, lat. ēricius
Igel, hirsûtus rauh, struppig, lit. żėrti scharren und skr. hárșati starr
werden, zu Berge stehen (B.). Vgl. auch gr. χέρσος wüst, unfruchtbar.
garvo- < garrvo- < garsvo-.

galâ Tapferkeit s. galnô ich kann.

gálô, galéʼjo ich rufe, lade vor.

ir. gleter dála Versammlungen sind vorgeladen (Trip. Life, p. 208,
l. 23), gall berühmt (Grundform galno-s) : gall cloth dicitur II. 3, 18,
p. 587a. + cymr. galw „vocare, appellare". bret. galu „appel".
an. kalla nennen, sagen, rufen, kall Rufen, Schreien, engl. call, ahd.
kallacen laut schwatzen, zanken, prahlen, mnd. kallen sprechen, vor-
laden. — asl. glagolati reden, russ. nagalú Parole, asl. glasŭ Stimme.
Hierher auch ir. gall Schwan.

galbâ Schmerbauch.

gall. galba (gl. praepinguis) Suet. Galb. 3.
Vgl. gr. δελφίς = äol. βέλφις Delphin, δελφύς Gebärmutter, got. kalbô,
an. kálfr, ags. cealf Kalb, an. kálfi Wade, kálfa-bót Lende, engl. calf
1) Kalb, 2) „sura", ahd. chilburra Lamm.
Nach dieser Zusammenstellung sind ir. colpa, colptha Schienbein für
germanische Lehnwörter zu halten.

galnô ich kann.

cymr. gallu, gallael „posse, valere". corn. gallos Macht. bret. galloet
„puissance".
lit. galėti können, vermögen; asl. golėmŭ gross. Hierzu auch gr.
ἀποφώλιος (B.).

galâ Tapferkeit, Galato-s.

gall. Γαλάτος Polyb. II, 21. 5, Γαλατία.

ir. gal F., Gen. gaile Tapferkeit, galdae tapfer. + abret. gal „force, puissance".

Vgl. lit. galė das Können, Vermögen.

Γαλάτης mag Gräcisierung von Galatios sein, wie Γαισάτης von gaisatios.

galro-n Leid.

ir. galar N. Krankheit, Kummer. + cymr. galar „luctus, planctus". bret. glar (Rc. VIII, 86) aus *glaar, *galar; glac'bar aus gla-b-ar *gal-h-ar, *galáro-s.

Zu an. galli Fehler, Schaden? umbr. holtu? asl. zŭlŭ böse? (B.)

gallo-s Fremder, Ausländer.

ir. gall Ausländer, Fine gall jetzt Fingal, Dub-gall, Finn-gall. + cymr. gâl „Et vid. an aliquando Inimicus unde pl. galon et sing. gelyn" (Davies). galon „inimici alieni" ibid.

gallo-s aus gbaslo-s? vgl. lat. hos-tis, asl. gos-tĭ, got. gasts, nhd. Gast? skr. ghasra verletzend, schindend?

Lat. Gallus, Gallia ist aus einer keltischen Mundart entlehnt.

gavo- Falsch.

ir. gau, gó das Falsche, die Lüge. + cymr. gau M. „mendacium, falsum", Adj. „falsus". corn. gou in gouhoc (gl. mendax), gou-leveriat (gl. falsidicus). bret. gou „mensonge, erreur".

Vgl. npers. zûr falsch, Lüge? gr. γαυσός gekrümmt, gebogen? oder zu lit. ap-, pri-gáuti betrügen? (B.) Oder zu gr. χάος, χαῖνος, χειά? lat. fovea, vgl. cymr. gaudy (= gau+ty) „latrina".

gastâ Schoss, Spross, Reis.

ir. gas, N. Pl. gasa Schoss, Spross, Reis. lat. hasta.

Oder gas aus *gaksâ, vgl. lit. żagaraí Reisig und asl. żlzlŭ „virga"? (B.).

(*gâsro- lachend.)

ir. gáire F. Lachen (aus *gâsriâ). skr. hasrá lachend. — S. *gen lachen.

gaslâ Stein, Pfeiler s. gesô trage.

gazdo- Ruthe.

ir. gat Weidenruthe, tris-gataim ich durchbohre. got. gazds, ahd. gart, cart Stachel, Treibstecken woraus piktisch cartit .i. delg. Busennadel .i. belra cruithnech Corm. entlehnt ist.

geislo-s, geistlo-s Geissel.

gall. -geistlos, Co-gestlus Rc. IX, 30.

ir. **gíall** Geisel. + cymr. **gwystyl** „obses, pignus". corn. **guistel** (gl. obses), **gustle** „spondere"; acorn. Tanc-uuestel, Ana-guisl, Med-guistyl, Med-wuistel, Cat-gustel, Wur-gustel. bret. **goestl** „gage"; **goestlas** „spospondit".

ahd. gisal, ags. gisel, an. gísl Geisel, vgl. got. giscla- in Eigennamen.

(1. *geg brennen.)

ir. **gual**, Gen. **guail** Kohle (Grundform goglo-).

Vgl. asl. žegą brenne, nsl. izgaga Sodbrennen (B.). Oder gual aus *goulo-, *geulo im Ablaut zu ahd. kolo, engl. coal.

(2. *geg wie eine Gans schreien.)

gegurannâ „Anas bernicla".

ir. **giugrann** (gl. anser). + cymr. **gŵyrain** „chynelops, chenalopex, vulpanser, anas scotica" (Davies).

Vgl. an. gagl wilde Gans, mhd. gage, gâge, gige schreie wie eine Gans, lit. gagěti schnattern (von der Gans), gagónas Gänserich, serb. gagula Art Wasservogel, russ. gagara Silbertaucher (B.).

gegdâ Gans.

ir. **géd** Gans. + cymr. **gŵydd**, F. „anser". acorn. guit (gl. auca); corn. guidb, goydh. bret. goaz, gwaz „oie".

Vgl. mhd. gigze bringe unartikulierte Töne hervor und wegen der Bildung auch lit. kregżdě (B.)

gegni- Verlachung.

ir. **geóin** Verlachung, Verspottung.

Vgl. lat. gannire belfern, schwatzen, ags. canc „ludibrium, vituperium, irrisio, gannatura", asl. gągnąti murmeln, gr. γογγύζειν murren, skr. gañjana verachtend (B.). Oder zu mnd. geck Geck, an. gikkr durchtriebene, rohe Person?

Es scheint auch ein ir. *gén Narr, Gen. geóin (= urkelt. gegno-s, Gen. gegni) gegeben zu haben: bearradh geóin tug a bhean ar Pilip da gheoin eine Narrentonsur setzte sein Weib Philip auf um ihn zu verspotten O'Cl. s. v. geóin.

Wurzelhaft verwant sind ir. géim Gebrüll (Grundform gengmen-), géssim ich schreie (Grundform gengsiö) und gésachtach Pfau.

getto- Steiss.

air. *gett, nir. gead Steiss, geadán O'Don. Supp. Vielleicht air. (mil)-getan.

Vgl. gr. χόδανος Steiss, χέζειν „cacare", skr. had dass., zend. zadhaûh „podex".

getto- aus geddó- < ghednó-.

(*ged : god bitten.)

godiô ich bitte, Perf. (ge)gâda, Fut. gigetsô.

ir. guidiu, Perf. ro-gád, ad-roe-gaid „invocavit" LU. 118ᵇ, Fut.
Sg. 1 no-gigius.

Vgl. gr. ποθέω wünsche, sowie zend. jaidhyêmi ich bitte, gr. θίσ-
σασθαι anflehen, germ. bidjan bitten? Oder zu lit. żadėti versprechen?

Das s-Fut. und der Conj. von guidiu sind von einem Stamm ged
gebildet: non-gesmais, dia n-gessid-si, no-gigius (aus *gigetsô),
ngesar (gl. orari). Ebenso das Part. Fut. Pass. gessi (gl. adorandus).
Hierher gehört auch cymr. gweddi (= vo-gedîm) „oratio, precatio".

vo-gediâ Bitte, Gebet.

ir. foigde „mendicatio". + cymr. gweddi „oratio, precatio".

*gen lachen.

ir. gen Lächeln.

Vgl. gr. γανάω (aus *γννάω) glänzen, sich erfreuen, γανόω glätten, er-
heitern, γάνυμαι sich ergötzen (B.). Oder aus *gesno-, skr. has lachen.
S. o. *gâsro-.

geni- Keil.

ir. gein. + cymr. gaing. abret. gen; mbret. guenn „coin".
lett. dſenis das zwischen den beiden Zacken der Gabel der Pflugschaar
eingeklemmte Holz, vgl. dſenulis Stachel, asl. żęlo Stachel (B.).
cymr. cŷn ist aus lat. cuneus entlehnt.

genô „nascor", Perf. gegna, Fut. gigenâm.

ir. ad-gainemmar „renascimur", gainethar Ml. 44ᵃ, gnaither, gnitir
„gignuntur", Perf. ro-génar „natus sum", Fut. gignid „nascetur".
skr. jánâmi zeuge, Perf. jajäna; zend. *zizanaiti erzeugen, gebären. —
gr. γί-γνισθαι (ὲ-γενόμην, γέγονα) geboren werden. — lat. gi-gno,
genui, pro-genies. — as. kennid erzeugt, got. kuni, ahd. cunni, ags. cyn,
an. kyn Geschlecht.

geno-, genio- Geburt.

gall. geno-s, gena in Boduo-genus, Cintu-genus, Camulo-genus, Divo-
genus, Litu-gena, Ogri-genus, Mai-genus (aus Magio-g°), Medu-
genus, To[u]tati-gen[o]s C.I.L. VI, 2407, Verbi-genus, Uro-geno-
nertus; genio-s in Litu-genius, Matu-genia, Ate-gnia, Uro-genius,
Uro-genia.

ir. gein Geburt. + cymr. geni „nasci". bret. ganet „né", guenel
„enfanter".

skr. jána Geschlecht, Stamm. — lat. indi-gena eingeborner. Vgl
. gr. ὲκ-γονο-ς abstammend von, πρό-γονος vorher geboren.

ení-genâ Tochter, Mädchen.

ogm. inigena (Inschrift von Pembrokeshire: AVITORIA FILIA
CVNIGNI inigena cunigni avittoriges). air. ingen (jetzt ingbean);
nir. nighean (altir. *nigen).

Vgl. gr. *ἐγ-γόνη* Enkelin, *ἐγ-γενής* einheimisch, lat. indigena.
Wegen der Betonung ení-genâ s. ení.

á⟨p⟩o-gno-s Abkömmling, Kind.

ogmisch -agnos, Gen. -agni, ir. -áp, Gen. -áin, Nom. Pl. -áin,
Diminutivendung = cymr. -an GC. 273, 297 aus unbetontem
-aen. So cymr. -yn = ir. -ên, Rc. VII, 325.

Vgl. gr. *ἀπύ-γονος* abstammend, *νεο-γνός* neugeboren u. s. w.

ginti-s Kind.

acymr. Bled-gint „Wolf-kind", jetzt Bleddyn, Tur-gint. abret.
Uur-gint, Indel-gent, Anau-gen u. s. w.
zend. fra-zaiñti Nachkommenschaft. — lat. gens. Vgl. as. kind,
ahd. kind, nhd. Kind.

gnâto-s Sohn, **gnâtâ** Tochter.

gall. gnâtos in Ari-gnatus, Ate-gnâtos = bret. haznat (s. ati-
darüber), Camulo-gnata, Cassi-gnatus, Cintu-gnatus, Cintu-gnatius
„erstgeborner", Devo-gnata, Ollo-gnatus.
gr. -γνητος in *Δημό-γνητος, Διό-γνητος, Ἡρό-γνητος, Θεό-γνητος,
Κασί-γνητος.* — lat. (g)nâtus, a-gnatus, co-gnatus. Vgl. ved. jñātí
Verwanter, got. knôds Geschlecht.
Möglicherweise steht gnâto-s für *gnóto-s, vgl. gr. *γνωτός* Bruder,
lett. ſnôts Schwiegersohn.

genu-s, genavâ Mund.

gall. Genava „Ostia".
ir. gin M., Gen. geno, Acc. Pl. ginu. + cymr. gên „gena, mentum",
genau, Pl. geneuau „os, oris". corn. genau (gl. os). bret. guen „joue".
Vgl. skr. hánu Kinnbacken, gr. *γένυς* Kinn, lat. gena, got. kinnus Kinn.

gendô fasse, erbeute, nehme weg.

cymr. genni „contineri, comprehendi, capi" Davies.
Vgl. gr. *χανδάνω* fasse, lat. pre-hendo, got. bi-gitan erlangen, ir. gataim
ich nehme weg, stehle (Grundform gattô < gaddô < gadnó'), oder
vedisch gádhia was zu erbeuten ist.

gemelo- Fessel.

ir. gemel Fessel.
ahd. uo-quemilo „racemus", vgl. gr. *γέντο* er fasste, asl. žĭmą drücke.

(*gera,) grâ verehren, lieben.

gråto-n Liebe.

ir. gråd N. Liebe.

lat. gråtus, gratia, vgl. skr. grṇãti preisen, zend. garaůh Ehrerbietung. gr. γέρας Ehre, lit. gìrti rühmen, loben, preuss. pogirrien Lob.

Von der volleren Form der Wurzel stammt ir. gaire, goire Pietät (Grundform gariâ, goriâ), vgl. preuss. po-girrien Lob.

Gerontjo-s.

gall. Gerontius.

cymr. Gereint. Geraint.

gr. γέρων, γέροντες?

gergo-s rauh, wild s. gorgo-s.

gerto- Milch.

ir. gert .i. lacht.

skr. ghṛtä Rahm, Butter, Schmelzbutter.

*gerbâ Runzel.

ir. gerbach (gl. rugosus) (Grundform gerbâko-s).

asl. grúbů Rücken, nsl. zgrbljen „corrugatus", preuss. garbis Berg (B.).

gerso-s kurz.

ir. gerr kurz, gerraim ich kürze. + cymr. gerran „nanus".

Vgl. skr. hras-vá minder, kurz, klein, hrásati abnehmen und gr. χέρης schlecht, gering, schwach, χείρων schlimmer, schlechter, geringer.

*gel grünen.

cymr. glesdd M. (Grundform glejo-) grüner Rasen.

Vgl. skr. hárita blond, gr. χλόος hellgrüne Farbe, lat. helvus „inter rufum et album", ahd. gelo gelb, lit. żélti grünen, asl. zelije „olera".

geló verzehre, t-Prät. gelto.

ir. gelid „consumit", ro-gelt „depastus est", Pl. geltatar LU. 57ᵇ.

skr. gilati verschlingen. — gr. καβλέει · καταπίνει Hes., καταβλέθει dass., δέλεαρ = äol. βλῆρ Köder. — lat. gula, glûtio. — ahd. aufr. kela Kehle, Hals. — asl. -glůtati verschlingen.

Hierher auch ir. gil .i. uisge (Grundform gelu-), gel Blutegel, corn. ghel (gl. vanguisuga). Vgl. skr. jala Wasser, Nass, julûkä Blutegel, gr. βδέλλα dass., an. kelda Quelle.

gelo-s (gilo-s?) weiss.

ir. gel weiss.

lit. żíla-s grau, lett. fi'la blau.

geldô ich verspreche, t-Prät. gelto.

ir. gellaim ich verspreche, da-r-ind-gult .i. rogellus LU. 78ᵇ.
got. fra-, us-gildan vergelten, ahd. geltan, nhd. gelten. — asl. žlêdą zahle, büsse.

geldo-s Pfand.

ir. gell Einsatz, Pfand.
got. gild Steuer, Zins, ahd. gelt, nhd. Geld. Vgl. gr. τέλθος·
χρέος Hes. (und auch ὀφείλω?).

gesô, gestaô trage, gestu- Tragen.

ir. gus .i. gním, Imperat. ticsath (— *to-aith-gestâtu) „tollat“.
gr. βαστάζειν tragen. — lat. gero ges-si, gestâre. — an. kasta werfen.
Hierher zieht Zimmer (KZ. 30, 15ᵇ) auch ir. do-uicc, ro-úccai, ro-uicc,
cymr. duc, corn. duk, bret. dougas.

gaslâ (gaslos-?) Stein, Pfeiler.

ir. gall Corm., Gen. gaille, gallân clochi Ll. 111ᵃ 10 (auch gaillech
im Dat. Pl. gailleachaib O'Cl. s. v. gall). + cymr. gâl „stadium,
meta, statio“.
Vgl. lat. ag-ger, congeries, ahd. ches fester Boden, kis Kies, kisil
Kiesel, an. kös Haufe, engl. cast werfen, asl. žestü hart (B.).

gestro- gestrig s. nokti- Nacht.

ginti-s Kind s. genô „nascor“.

goittô verwunde (vorkelt. goizdô).

ir. goite verwundet (Grundform goittio-s), gaetas „qui occidit“ Corm.
s. v. galgat, gaod .i. guin O'Clery.
skr. hêdati ärgern, kränken; zend. zôizhda hässlich. — lit. żeidżiù
verwunde, żaizdà Wunde.

goidelos, geidelos Irländer.

ir. góidel. + cymr. gwyddel „Hibernicus“.
Vielleicht ist gall. Geidumni, falls nicht in Gei-dumni zu zerlegen,
verwant (B.). Oder zu lat. hoedus, wie osk. Hirpini zu lat. hircus?
Oder zu lit. gaidys Hahn?

gourio-s edel.

ir. guaire edel.
Vgl. gr. γαῦρος fröhlich, stolz, γαυριάω stolz sein.

gotô „futuo“.

ir. goithimm. + cymr. godineb „fornicatio, incontinentia, adulterium“.
Hierher vielleicht ir. goth „Speer“.

gotto-s stammelnd, stotternd.

ir. gott, god (gl. blaesus), N. Pl. M. na Gaill guit. + cymr. gyth Murmeln, gythiad murmelnd.

godiô ich bitte s. *ged : god bitten.

goppo-s Mund, Schnabel.

ir. gop Mund, Schnabel, Schnauze.
Vgl. zend. zafan Mund (B.).
goppo-s aus gop-nó-s.

gobân- Schmied, **gobânio-n** die Schmiede.

gall. Gobann-icnos, Gobannitio, in Britannien Gobannio (jetzt Abergavenny).
ir. goba Schmied, Gen. gobann. + cymr. gôf, Pl. gofaint, gofion, gofiaid. corn. gof (gl. faber 1. cudo). abret. Uuor-govan.

goni Wunde s. benô schlage.

gorô erwärme, **goro-s** Wärme.

ir. gorim ich wärme, gor Wärme, auch „pus" (Dat. Sg. do gur, Corm.
s. v. prull). + cymr. gwrês „fervor, calor", gori eitern. bret. gor „(feu)
ardent; furoncle".
gr. θέρος Sommerhitze. θέρονται· καίονται Hes. — lat. furnus Ofen. —
asl. goréti brennen, russ. gornü Heerd; preuss. goro „Vuerstant". S.
das folgende.
Hierzu ir. gronn, gorn Feuerbrand, gall. grannos („Apollini granno"),
und vielleicht ir. grian F. „Sonne" (urkelt. g°réinâ), aus welchem
grianan „Söller" in Nachahmung des lat. sôlârium gebildet ist.

> **goru-** Eiter.
>
> ir. gur Eiter, guirín (gl. pustula). + cymr. gôr „pus, sanies",
> goryn „pustula, papula".
>
> **gormo-s** warm, roth.
>
> ir. gorm in ruad-gorm Fél. Ep. 260, ga gorm-rúadb .i. ga deargrúadb O'Cl.
> skr. gharmá Wärme, Glut; zend. garema warm, Hitze. — gr.
> θερμός warm. — lat. formus warm. — apreuss. gorme Hitze.
>
> **gorsmo-s** dunkel.
>
> ir. gorm blau, Nom. Pl. gormma Ir. Texte I, 600. + cymr.
> gwrm „niger, nigricans, infuscus" — abret. uarm in Uurm-haelon,
> Uuorm-haelon „aux sourcils bruns", Uurm-houen, Uurm-gen.
> Uurmham.

gorgo-s, gergo-s rauh, wild.

ir. gorg wild, grausam, gearg .i. garg O'Cl.
gr. γοργός furchtbar, rauh.

gorto-s Garten, Feld.

ir. gort „seges". + cymr. garth, Pl. girth in acymr. luird, d. i.
lu-irth = ir. lub-goirt. bret. garz „buisson, haie", gorz in li-orz „courtil, jardin".
gr. χόρτος Gehege, Hof, Futter. — lat. hortus, co-hors.
Hiervon sind skr. gṛhá Haus, prákr. gaḍha Befestigung, zend. geredha
Höhle, asl. gradŭ Mauer, Einfriedigung, Stadt, lit. gàrdas Hürde und
žárdis Rossgarten zu trennen. Wohin got. gards Haus, Familie gehört,
ist zweifelhaft (B.).

lubi-gorto-s Krautgarten s. lubi-.

gormo-s warm, gorsmo-s dunkel s. gorô erwärme.

gutu-s Stimme, Wort.

ir. guth „vox".
Vgl. skr. gávate tönen, gr. γόος Klage, γοάω wehklagen, βοή Geschrei,
Ruf, lat. bovare laut schreien, ahd. gi-kewen „vocare", lit. gauti heulen,
asl. govorŭ Lärm, russ. govoritĭ reden, sprechen.

*gub biegen.

ir. gúala Schulter LL. 370e, Gen. gúalann (Grundform gublòn-).
Vgl. gr. κῦφός buckelig (aus *χῦφος), κῦφος Buckel, Höcker, asl.
gŭbetĭ „flexus", gŭnǫti (aus *gŭbnǫti) biegen.

gulbano-s Stachel, Schnabel.

ir. gulban (gl. aculeum), gulba (rostrum). + acymr. gilbin (gl. acumine),
jetzt gylf, gylfin, gylfant. corn. gilb (gl. foratorium), geluin (gl. rostrum).
Vgl. nslov. golbati nagen? (B.).

gusô ich wähle, Perf. gegusa.

ir. to-gu „eligo", do-roi-gu „elegit", vgl. gu (Grundform gus-) in to-gu
Wahl, das Beste.
skr. juṣáte gern haben, erwählen; zend. zuṣ lieben. — gr. γεύω lasse
kosten. — got. kiusan prüfen, wählen. S. das folgende.

to-gúsô ich wähle s. tó, Präposition.

*gusto- gewählt.

Hiervon abgeleitet: ir. gussim (Grundform gustiô) in asa-gussim
ich wünsche, ad-gúsim dass.
skr. juṣṭá; zend. zusta.

gustu-s Wahl.

cymr. dewis Wahl. corn. diwys, dywys, dewesy. bret. di-us
„election, élire".
lat. gustus Kosten. — got. kustus Prüfung, Beweis.

Oino-gustu-s, Kuno-gustu-s, Ver-gustu-s, Eigennamen, s. oino-s ein, kuno-s gross, veri, ver
über.

de-gustu-s Auswahl s. dê : de, di.

glkki-s klug.

ir. glicc (gl. sapiens).

Vgl. gr. καλχαίνω nachdenken, sinnen, Κάλχας, got. glaggvô, glaggvuba
genau.

glkki-s aus vorkelt. ghlghní-s. Schottisch gleg ist aus glicc entlehnt.

gnâ erkennen, Perf. gegnô.

ir. ad-gên-sa, ara-gnoither „sciatur", as-gen-su „intellexisti" Ml. 140b, 89,
eter-genin „agnovit", itar-gninim „sapio prudentia", etar-gne „cognitio",
in-gnae „intelligentia", in-gnaidi „intellectus". + cymr. adwaen (aus
at-guo-gn-) für *adwoen „scio" Rc. VI, 22, edwyn „scit".
skr. jânâti erkennen, kennen, Perf. jajñaú; zend. zhnâtar Erkenner. —
gr. γι-γνώσκω erkenne, meine. — lat. -gnô-scô, nô-scô. Vgl. auch lat.
i-gnârus, lit. žinóti wissen = asl. zuati und ahd. -cnâan, ags. cnâvan
„noscere".

„Das Praesens itar-gninim .... geht auf ein gna-nâ-mi zurück, und
hat somit die Wurzelsilbe besser bewahrt als skr. jâ-nâ-mi" Windisch
Ir. Texte II, 159.
Auf die Wurzelform gnê in ahd. cnâan u. s. w. sind vielleicht zu beziehen ir. ar-gníu ich rüste Speise und Trank zu, for-gníu dass., ir-gnam,
ur-gnam Zurüstung, do-gníu ich mache, enclitisch dénim, Conj. do-gnéo,
Perf. do-ri-gni, do-ri-géni, enclitisch derna; vgl. lett. finât par kô für
etwas sorgen und nhd. besorgen = herrichten (B.).

gnâto-s bekannt, gewohnt.

gall. gnátos, Κατοιγνατος, Epo-so-gnatus.
ir. gnáth bekannt, gewohnt. + cymr. gnawt „habitus".
skr. jñâta bekannt. — gr. γνωτός ge-, bekannt. — lat. (g)nótus.

gnavo- ausgezeichnet.

ir. gno .i. oirdeirc O'Cl. s. v. Dionn. + bret. gnou „manifeste,
évident".
Vgl. lat. i-gnâvus, an. knár tüchtig.

gnâto-s Sohn, gnâtâ Tochter s. genô „nascor".

gnêo s. u. gnâ erkennen.

vo-gnéô ich diene.

ir. fogníu, fógnam (Grundform vo-gnêmu-). + cymr. gweini. bret.
gounit „gagner".

gjâ Sehne.

cymr. gi F. „nervus", Pl. giau.

skr. jyâ F. Bogensehne. — gr. βιός Bogen. — lit. gijà Faden.

Vielleicht ist das Anfangsglied von gall. Gia-milos Rc. IX, 32 hierauf zu beziehen.

gragi- Herde von Pferden.

ir. graig, groigh (gl. equitium). + cymr. gre „equaria, grex equarum". corn. gre in gre-lin (gl. lacus).

Vgl. gr. γέργερα· πολλά Hes., γάργαρα Haufen, Menge und lat. grex, ahd. quarter, cortar, ags. corðer Schaar.

grago- Hals, Nacken.

ir. forcrach (gl. faux) Sg. 24ᵇ 5 aus *for-grag, *ver-grago-, wie Forcus Ad. I, 8 aus *for-gus, *vergustus, und tech aus teg = τέγος.

Vgl. mhd. krage Hals, Nacken, jetzt Kragen, an. kragi Halskragen, engl. craw Kropf (der Vögel).

gragni- Ekel.

ir. gráin Ekel, gránna hässlich, ro in-graigthea (gl. impiata sunt) Ml. 100ᶜ 18, in-graigther (gl. impiatur) Ml. 127ᵃ, 9. + cymr. graen „lamentabilis, luctuosus".

Vgl. asl. groza Graus, Schauder (B.).

grâto-n Liebe s. *gera, grâ verehren, lieben.

grâno-n Korn.

ir. grán N. „granum". + cymr. pl. grawn „grana", Sg. gron-yn. corn. gronen (gl. granum). bret. greunenn, Pl. greun.

skr. jîrṇá 1. gebrechlich, 2. Kümmel. — lat. gránum. Vgl. got. kaúrn, nhd. Korn und ahd. kerno, nhd. Kern, asl. zrüno „granum", lit. żirnis Erbse; auch gr. γῦρις feinstes Weizenmehl?

gravâ Krähe s. garô ich spreche.

gravo- Gries, grober Sand.

cymr. gro „sabulum, saburra, glarea". corn. grou (gl. harena), growyn (myyn growyn sandige Steine O. 2756). mbret. grouanenn, greanenn „sable"; nbret. grouan „gravier". Romanische Lehnwörter, welche hier anzuschliessen sind, s. bei Diez Wbch. II, 330 s. v. grève.

Vgl. an. grjót Steine, as. griot Gries, Gestade, ags. greót Gries, Stein geröll, Staub, ahd. grioz Sandkorn, Sand, lit. grústi stampfen, lat. rúdus Schutt und u. groudo-s (B.).

greisano- Gries, grober Sand.

ir. grían (zweisilbig): in grian oous in gainem in mara Grand und Sand der See, LU. 26ᵃ 8, ar úir ccus grían ibid. 106ᵇ, 37. + cymr. graian „sabulum, saburra, glarea".

greusmen- Dunkelheit, Trübsinn.

ir. gruaim.

Vgl. asl. sŭ-grustiti sę sich grämen.

*gred stark sein.

ir. greimm Kraft, cymr. grym „vis, vigor" (aus *gredsmen-). ir. greit (Grundform ghredbní, redupliciert gérait) Kämpfer. Zweifelhaft.

grendâ Bart.

ir. grend F. (in de ra-ordduig a greind dond [ſ]eór LL. 186ᵇ, 9. + cymr. bret. grann „cilium, palpebra".

Vgl. alb. krǎnde (G. Meyer), got.-lat. granus, ahd. grana, an. grön Schnurrbart. Von got. *grans stammen prov. gren, altfr. grignon, grenon, guernon etc. Diez Wbch. I, 222 s. v. greña.

grendio- Reisbund, Bündel.

ir. grinne „fascis, fasciculum".

Vgl. gr. γρόνϑος geballte Faust, ahd. cranz, nhd. Kranz, lit. grandis Armband, lett. gröds stark gedreht und skr. grantha Knüpfen, Binden u. s. w. (B.).

grendô schreite, Perf. gegranda.

ir. ad-greinn „persequitur", in-grennim verfolge, in-roi-grand „persecutus sum".

skr. gŕdbyati streben nach. — lat. gradior, gressus. — got. grids Schritt. — asl. grędą komme.

Hier hat sich der inlautende Nasal auch im Perfectstamme festgesetzt, obwohl nicht eigentlich zur Wurzel gehörig, vgl. kengô, glendô, skendô (Windisch KZ. XXIII, 232).

Zu grendô gehören die Nomina ir. gréim „progressus" (Grundform grendmen-) und gréss Angriff (Grundform gréssu- aus grendtu-), vermutblich auch do-grés „continuo, semper" und grésach fortwährend.

*grens antreiben.

ir. gréssacht Antrieb, gris Feuer, grísaim ich reize an. + bret. groez „ardeur".

skr. ghráḿsa Sonnengluth, -schein, Helle.

ir. gréssacht : gris, grísaim zeigen den Ablaut ghrens : ghṛns.

gresmen- Bissen.

ir. greim (gl. buccella).

Vgl. ved. grásati verschlinge, fresse, gr. γρά(σ)ω nage, esse, an. krás Leckerbissen.

groudos- Gewölbe, Kinnbacken, Wange.

ir. grúad, N. Gen. grúaide Wange, Pl. Acc. inna gruade (gl. convexa) Ml. + cymr. grudd; acymr. Pl. grudou (gl. ocellos) GC.ˢ 105ᵇ, wo trudou eine falsche Loesung ist. corn. grud (gl. maxilla).

Vgl. lit. grústi stampfen nebst den übrigen unter gravo- Gries, grober
Sand aufgeführten Wörtern und begrifflich lat. mâla, maxilla : macerare
(B.). Oder zu as. grôt, ags. greát, nhd. gross?

gromnâ Sumpf, Morast.

celt. lat. gronna, grunna „palus" (s. Ducange, der hinzufügt „nostris
Terre Gronelle, eodem sensu").
Vgl. lit. grìmsti, lett. gri'mt einsinken und lat. grâmiae Augenbutter,
asl. grûmêżdl dass., got. qrammiþa Feuchtigkeit, an. kramr feucht.

grutu- Quark.

ir. gruth geronnene Milch, Quark.
Vgl. ags. creódan drängen, md. krude Bedrängung, engl. crowd Ge-
dränge, curd (schott. croods) Quark.

glagmâ Geschrei, Ausruf.

ir. glám F. Geschrei, Fluch.
Vgl. as. claga, ahd. chlaga, nhd. Klage (auch gr. βληχή Kindergeschrei?)
oder gr. γλάζω lasse erklingen, an. klaka „claugere'', skr. gárjati brüllen.

glagsâ Milch.

ir. glas .i. bainne H. 3, 18, p. 650ᵇ, en-glas Milch und Wasser =
anaghlas F. „aqua lacte commixta" Highland Soc. Dict.
Vgl. gr. γάλα(κτ-) Milch.

glano-s rein, glänzend.

gall. Flussn. Glana, Γλανικων Rc. IX, 32.
ir. glan rein. + cymr. glan. bret. glan „pur''.
Vgl. gr. γλῆνος Schau-, Prachtstück, γλήνη Pupille.
Eine Ableitung von glano-s ist cymr. glain M. „gemma, tessera',
(Grundform glanjo-).

glanjâ Stille.

ir. glaine gáithe Windstille LL. 230, co ro-glanait gáithe dass die
Winde sich legen möchten LL. 219b.
gr. γαλήνη Wind-, Meeresstille.

glasto- grün.

ir. glass grün, blau, glassen Waid. + acymr. glas (gl. caerula, gl. viridis,
gl. yalina). bret. glas „vert", glisi „livor, aegritudo''.
Vgl. mhd. mnd. nhd. glast Glanz (B.).

dubo-glasto-s s. dubo-s dunkel, schwarz.

gleivo- glänzend, klar.

ir. glé glänzend, klar. + acymr. gloiu (gl. liquidum), jetzt gloyw, gloiw.
abret. Gloeu, gloeu in Uueten-gloeu, gloiatou (gl. nitentia) für *gloiuatou.
Vgl. lit. żlėjà Dämmerung, ags. clæne rein, ahd. cleini rein, sauber,
zierlich (B.).

glendô mache klar, Perf. geglonda.

ir. at-gleinn „demonstrat", fo-gliunn „disco", Perf. Sg. 3 roeglaind
(= r'foeglaind), forogeglaind H. 2, 16, col. 781, in-glennat „vestigant".
ingléis (gl. rimare) Ml. 140ᶜ. glése Glanz (Grundform glend-tjâ).
Vgl. mhd. glinzen, schimmern, glänzen, asl. ględati schauen.

glennos Thal.

ir. glenn N., Gen. glinne (s-Stamm) Thal. + cymr. glynn M. „vallicula". bret. glenn „pays".
Hierzu abrit. Ambo-glanna „die zwei Ufer", Glanna-tena Not. Dig. ed.
Seeck p. 274, cymr. glann „ripa, margo", mbret. glann? oder zu mhd.
klinnen, schweiz. klänen klimmen, an. klunna „to cling to"?

glinami bleibe hangen, Perf. gigla.

ir. glenim ich bleibe hängen, stecken, Perf. Sg. 3 -giuil. + cymr.
glynu „haerere, adhaerere". bret. en-glenaff „adberere".
ahd. klênan kleben, schmieren. Hierzu auch gr. βλέννα Schleim Rotz?

glôu- Ballen.

ir. gló-snáthe, glao-snathe „linea, norma", wörtl. Ballen-draht.
skr. glau F. Ballen. Vgl. ahd. cliuwa, ags. clŷven, engl. clew Knäuel
und gr. γλουτός Hinterbacken.

glomaro- Zaum.

ir. glomar, Gen. glomair Zaum.
Vgl. lat. glom-us Knäuel, mhd. klammer „tenaculum", Klammer, nhd.
klemmen.

glôvo- Kohle.

cymr. glo, Sg. gloyn, „carbo, pruna, anthrax". mbret. glou „charbon",
Sg. glouenn; nbret. glaon.
nnd. glû glühend, funkelnd, ahd. gluoan, an. glóa, ags. glôvan glühen.

glûnos N. Knie.

ir. glún N., Gen. glûno (s-Stamm) Knie. + cymr. glin. bret. glin
„genou".
Vgl. alb. g'u (g'uri, g'ṇni) Knie.

Glûno-mâro-s s. mâro-s.

T.

*tâ, Präs. tâjô ich thaue, zerfliesse.

ir. tám „tabes". + cymr. tawdd M. „liquefactio" (Grundform tâjo-s).
toddi (d. h. tođi) „liquescere" (Grundform tâjò). bret. teuziff „fondre".

ags. þáwan, engl. to thaw, an. þeyja thauen, þeyr Thauen. — asl.
tajati sich auflösen, vergehen, talü flüssig. Vgl. lat. tâ-hum, tâ-bes.

tailo- Mist.

cymr. tail „fimus, stercus". bret. teil „fiente".
Vgl. gr. τῖλος „stercus liquidum".

taisto- Teig.

ir. táis, taes Teig. + cymr. toes M. bret. toas „pâte".
Vgl. gr. σταῖς, Gen. σταιτός Teig von Weizenmehl und Wasser.

tâó ich stehe s. *stâ stehen.

*tak ersticken.

ir. tachtaim ich ersticke. + cymr. tagu strangulare. corn., bret. taga.

tâkslo- Zimmeraxt.

ir. tál „ascia".
Vgl. skr. tákṣati behauen, takṣani Axt, zend. taṣa Axt, gr. τέκτων
Zimmermann, lat. texo, lit. taszýti behauen, asl. tesla „securis", tesati
„caedere", ahd. dëhsala Beil, Hacke.

*tag nehmen.

ir. *tag, Gen. tagat — O'Clerys taghut, Dieb.
Vgl. lat. tagax diebisch, tangere, gr. τεταγών fassend, an. þukla tappen,
fühlen, berühren.

togi-s angenehm.

gall. Togi-rix, der Flussname Togi-sonus und vielleicht die Mannsnamen Togius, Togiacus.
ir. toig angenehm.

tongô schwöre, Perf. tetoga.

ir. tong, tong-u ich schwöre, Perf. Sg. 3 do-cui-tig = lat. (te)tigit,
*fris-tong „abiuro", fristossam „abiuraverimus". + cymr. tyngu.
bret. toeaff „jurer". corn. toy.
Ir. do-d-fongad „qui id iurabat" Ml. 36ᵃ ist Analogiebildung.
Auch bei den Kelten wird der Schwur mit der Berührung eines
Körperteiles verbunden gewesen sein.
Nahe zu tongô gehören ir. cotach (= con-togo-) Vertrag und
vielleicht ir. tenge, Gen. tengad Zunge (eine Nebenform teng s.
bei O'Cl.).

*⟨s⟩tag besprengen.

cymr. taen F. „conspersio, adspersio" (Grundform tagnâ).
Vgl. gr. στάζω träufeln, tröpfeln, σταγών Tropfen, an. stökkva sprengen, sprützen.

taxi-s weich, sanft.

gall. Taxi-magulus.

ir. tais weich, sanft.

Vgl. gr. *τήγανον, τάγηρον* Tiegel, Pfanne zum Schmelzen (B.).

tati-, Präfix, s. tó.

tâti-s Dieb.

ir. táid Dieb.

ael. tatī Dieb, vgl. gr. *τητάω* (dor. *τᾱτάω*) beraube, skr. tâyú Dieb, zend. tâyu dass., tâya Diebstahl.

tato-s Vater.

cymr. tâd „pater, genitor“. acorn. tat; mcorn. tas, hen-dat „avus“. bret. tat.

skr. tata Vater. — gr. *τάτα, τέττα* Väterchen. — lat. tata. — lit. tétis Väterchen; poln. tata, russ. tjatja dass.

*tab schleudern, werfen.

ir. tabaill Schleuderwaffe, gabais tabaill doib a hOchainiu LU. 67ᵇ (Grundform taballi-s). + cymr. taflu „iacere“. corn. toula, tewlel. bret. taul „coup“; nbret. taol (Grundform taballâ).

tanâ Zeit, tanavo-s dünn s. tenô „extendo“.

tanaro-s brausend.

gall. Tanaros, jetzt Tanaro, Flussname.

skr. târa (aus tṇra) laut tönend. — ags. þunor, ahd. thonar. Vgl. skr. tanayitnú rauschend, donnernd, gr. *τέννει · στένει, βρύχεται* (Hesych), lat. tonâre. (Zweifelhaft.)

tano- Stand s. *stâ stehen.

tamô „morior“, Perf. tetama.

ir. tamaim ich ruhe, Perf. tathaimb, Pl. tambatar.

skr. tam, tǎmyati den Athem verlieren, ersticken, unbeweglich werden. Vgl. lat. temulentus, ael. tomiti „vexare“.

*tamb schmähen.

ir. támailt „opprobrium, insultatio“. + bret. tamal „un blâme“.

gr. *στέμβω* schelten, schmäben, *στοβέω* schelte, *στοβάζω* dass.

tamnô ich beschneide, behaue, verstümmele.

ir. tamnaim : ro-machtait laoich 7 rotamhnait colla leó Helden waren von ihnen niedergehauen und Körper verstümmelt Four Masters A.D. 733.

gr. *τέμ-νω, ἔ-ταμον* schneiden, behauen.

Derselbe Stamm, nominal verwendet, scheint in ir. tamon Stamm, „truncus“ vorzuliegen.

(*tara), *trû bohren.

cymr. cynrhonyn „termes, lendix“, Pl. cynrhawn, cynrhawni „vermiculari“. corn. contronen (gl. cimex), kentreynnyn „vermiculamur“ D. 74. bret. controuneun „ver de viande“. Grundform kon-tráno-.

gr. τέρετρον Bohrer, τερηδών Holzwurm, τρᾱνώς durchbohrend. — lat. terebra, tero : trivi. — asl. tĭrą : trêti reiben. S. d. folgende.

taratro-n Bohrer.

gall. *taratro-n, franz. tarière Bohrer.

ir. tarathar „terebra“. + cymr. taradr. acorn. tarater; mcorn. tardar O. 1002. bret. tarazr „tarière“.

gr. τέρετρον Bohrer, vgl. lat. terebra.

*trâno- Grashalm.

ir. tráinin kleiner Grashalm.

skr. tŕṇa Gras, Grashalm. — got. þaúrnu-s Dorn. — asl. trŭnŭ Dorn.

Hierzu vielleicht Hesych's τρόνα · ί'γάλματα. ἢ ῥάμματα ἄνθινα.

taro-s schnell.

gall. Taros, Tarus (Plin.), Tara, Flussnamen.

ir. tara tätig, lebhaft (O'R.) (Grundform tarajo-s).

Vgl. skr. taráṇi rasch, energisch, tarasâ eilends, flugs.

Ein anderes taros (vielleicht aus *tarpos) im Mannsnamen Deio-taros (vgl. gr. Τερψι-θέα).

targsâ Rücken.

ir. tarr 1. Rücken, Hintertheil, 2. Bauch, Unterleib (ar = r̄ ?). + cymr. torr F. „abdomen, venter“. abret. tar (gl. uentrem); mbret. torr. lat. tergus, tergum.

Wegen ir. tarr Rücken vgl. for a thairr LL. 65ᵃ, 39 = for druim, LU. 69ᵇ, 15. — Der vocalische Stamm *targsâ ist eine Erweiterung des s-Stamms targos- = lat. tergus.

tar⟨s⟩to- Durst s. *ters trocken sein.

tarvo-s Stier.

gall. tarvos, Dimin. Tarvillus.

ir. tarbb Stier. + cymr. tarw. corn. tarow. abret. taruu in Ran-taruu; nbret. tarv, tarf Ochse.

lat. torvus? Eher zu lat. taurus (mit idg. u-epenthese), gr. ταῦρος Stier, preuss. tauris Büffel, asl. turu Auerochs, finn. tarvas.

tarsâko- furchtsam.

ir. tarrach furchtsam.

Vgl. skr. trásati erzittern, erschrecken, gr. τρέ(σ)ω zittern, fürchten, lat. terreo, lit. trisżéti zittern, schaudern.

talo-s Stirn.

gall. talos in Cassi-talos. Dubno-talos. abrit. Gen. Sg. Rottali (leg. Ro-tali).

cymr. tâl „frons“. corn. tâl. bret. tal „front“.

skr. tala Fläche, Handfläche, pâṇi-tala Handfläche, pâda-tala Fuss-Sohle. — gr. τηλία Würfelbrett. — lat. sub-tel, vgl. tellus. — ags. þēlu Brett, an. þil Bretterwand, ahd. dil Diele. — asl. tīlo „pavimentum“; apreuss. talus Fussboden, lit. tilés Bodenbretter im Kahn, lett. tilandi, tilgaldi dass.

Aus dem Irischen vgl. talam (Stamm talmon-) Erde.

talko- Mahlkorn, Mehl.

cymr. talcb M. „granum contritum“. corn. talch (gl. furfures).

Vgl. russ. tolokno gedörrtes Hafermehl, tolokü Dreschtenne, asl. tlükǫ schlage.

talksmi-, telksmi- Schlinge, Tragriemen.

ir. tailm F. + cymr. telm „laqueus“ (Davies). mbret. talm „fronde“, vann. talm „un coup (de tonnerre)“ (Rc. V. 224, wo ir. talmaide plötzlich verbunden ist).

tavi- Stärke, Kraft s. *teve, tû mächtig sein.

te⟨p⟩ens heiss, te⟨p⟩esmo-s dass. s. *te⟨p⟩ö brenne.

⟨s⟩téigô gehe.

ir. tiagu, tiagaim ich schreite, gehe.

skr. stigbnute springt auf, Maitrâyaṇisaṃh. (Bühler). — gr. στείχω steige, gehe. — got. steigan steigen. — asl. stignǫ komme wohin; lett. stéigt eilen, lit. staigus hastig.

embi-teikto- Umhergehen, Wandern s. embi (ambi?).

⟨s⟩tiktâ Gehen.

ir. techt Gehen. + cymr. taith F. „iter“. bret. tiz „hâte“.

teillo-s Betrug.

cymr. twyll M. „dolus, fraus“. corn. tulle. bret. toellaff „décevoir“.

skr. tirayati verborgen halten(?, wird zu tirás gezogen) (B.).

*te⟨p⟩ö brenne.

te⟨p⟩ens, Gen. te⟨p⟩entos heiss.

ir. té, Pl. téit „fervidus“, téite (Grundform te⟨p⟩entjä) „fervor“.

skr. tápati brennen, Partic. tápant. — lat. tepeo, tepens.

te⟨p⟩esmo-s heiss.

ir. timme (Grundform te⟨p⟩smjâ) Hitze. + cymr. twym, corn. toim, bret. toem heiss.

te⟨p⟩net- Feuer.

ir. tene, Gen. tened Feuer. + corn. tanet in Guen-tanet. bret. tanet in Eu-tanet, Ris-tanet, Tanet-biu, Tanet-car, Tanet-guion, Tanet-marcoc etc.; nbret. tanijen „inflammation" (weist auf altkelt. tenetinnâ).

te⟨p⟩nos- (te⟨p⟩snos-?) Feuer.

ir. ten Feuer, tellach (aus *ten-lach) (gl. focus). + cymr. tân M. „ignis, rogus". abret. tan (gl. focus), tein, tain (aus *tenî, *tenesos) in Teingui, Taingui Rc. VIII, 71; nbret. tan „feu". zend. *tafnaûb Hitze.

te⟨p⟩stu- Hitze.

ir. tes M., Gen. in tesa (gl. caloris). + cymr. tes. corn. tes (gl. teruor), entre-des (gl. cauma). bret. tez.

Vgl. skr. tápas Hitze, lat. tepor.

teutâ Volk s. *teve, tû mächtig sein.

1. tekô flehe, Perf. tetaka, t-Prät. tekto.

ir. ateoch (= ad-tekû) „precor", cuintgim (aus con-ud-techim) „peto", conaitigim „quaeso", conaitigir „poposcit", conaitecht „quaesivit", conoitechtatar „poposcerunt", con-degim „quaeso". as. thiggian flehen, ahd. dikkan dass.

2. tekô fliehe, Perf. Sg. 3 tetâke.

gall. Ticînus (aus Têkêno-s) Flussname. ir. techim, Perf. Sg. 3 táich, Pl. 3 ro-tachatar, abs. Form tachaitir. + bret. tech „fuite", techet „fuire". skr. tákati schiessen, stürzen; zend. tacaiti laufen, eilen. — asl. teką laufe, fliesse; lit. tekù fliesse, laufe. Mit ir. intech N. Weg (aus eni-teko-n) vgl. zend. taka N. Lauf, lit. táka-s Pfad und itekêti einfliessen, ksl. tekü Lauf.

tekkô ich fliehe (vorkelt. tek-nô').

abret. *techam ich fliehe; mbret. techet „fugere". Vgl. lit. tékinas laufend, schnell, lett. tezinus in kleinem Trabe.

tektô erlange.

ir. techtaim ich habe. + cymr. teithi Fähigkeiten, Kennzeichen, teithi gwraig „muliebria i. e. menstrua". bret. tizaff „atteindre". Vgl. gr. ἔτετμον erreichte, τίκτω zeuge, as. thiggian, ags. þicgan, an.

þiggja annehmen, empfangen, lit. tenkù (tèkti) zu Teil werden, hin-
reichen, womit Miklosich nsl. teknoti schmecken vergleicht (B.).

teko-s, teki-s angenehm, schön.

ir. tich, tig in é-tig hässlich, ad-éitche „abominatio“, ad-éitchiur
„detestor“. + acymr. teg-guis(c) (für *tec-guisc) „pulchra veste
indutus“; ncymr. têg „pulcher, bellus, venustus, serenus“.
Hierzu der gall. Mannsname Tekos?

tonketo-, tonketâ Fügung, Schickung.

ir. tocad Glück. + cymr. tynged F. „fatum, fortuna“.
Vielleicht gehört Tuncetace einer britischen Inschrift (Hübner 101)
hierher.

tegô decke, Perf. tetoga, t-Prät. tekto.

ir. conútgim (con-ud-tegim), cúimtgim (gl. architector, gl. construo),
Perf. Sg. 3 con-ro-taig „exstruxit“, Pl. 3 conrótgatar, t-Prät. conrotacht
„construxit“ (aus con-ro-ud-tacht) LU. 76ª, ar-do-utacht „restoravit
eam“.
lat. tego, vgl. das folgende, sowie skr. sthágati verhüllen, verbergen,
gr. στέγω decke, lit. stēgiu dass.

tegos- Haus.

ir. teg, tech N., Gen. tige. + acymr. tig gocobauc „Nottingham“,
Assor Leben Alfreds; ncymr. tŷ, Pl. acymr. te (in dol-te gl. fanis),
ncymr. tai. corn. ti (gl. domus); mcorn. chy. abret. tig, teg, ti
in bou-tig, teg-ran, Ran-Ti-mor, Laed-ti.
gr. τέγος Dach.
In ir. camtach N. (gl. constructio, gl. ornatio) aus *cúm-od-tego-,
Gen. cumtaig, intech Degenscheide (Grundform eni-tego-s) und teglach
= acymr. telu = corn. teilu (gl. familia) (Grundform tego-slougo-s)
ist tego- = tegos- enthalten.

tego-slougo-s Haushalt s. slougo-s.

klukko-tegos- Glockenthurm s. klukkos, klukkâ Glocke.

datlo-tegos- s. datlu- Versammlung.

tegerno-s, tegernio-s Herr.

abrit. Cato-tigerni, Tigerno-ma[g]li; vgl. gall. Tigernum, Castell
im Arvernerlande.
ir. tigerne „dominus“. + acymr. Eu-tigern, Eu-tegern; mcymr.
E-dern, Edyrn; cymr. teyrn „rex, tyrannus“. corn. teern (in
Wen-dcern). abret. Tiarnan (= ir. Tigernán), Tiarn-mael,
Mach-tiern, Ri-tiern, Uuiu-tihern, Tiern-mael.
Vgl. lat. tugurium Hütte.

tegernâko-s herrisch.
abrit. Tegernacus (Hübner 58).

ir. tigernach. + cymr. Teyrnog. abret. Tiarnoc.

tegu- dick.
ir. tiug dick, Compar. tigiu. + acymr. teu (gl. obtonso, leg. obtuso); ncymr. tew. corn. tew. bret. teu „épais“.

an. þykkr, þjokkr, ags. þicce, engl. thick, ahd. dicchi, dich, nhd. dick. Begriffl. vgl. gr. στεγνός bedeckt, fest, dicht. — Wegen des i in tiug vgl. beru-, medu- u. s. w.

togo- (togatu-, togiâ, togejô, togenâ) Decke.
ir. tuige (gl. stramen), im-thuge Bekleidung, tuigim ich bedecke, tugen „die Toga der File“. + cymr. to „tectum“, toad „tegmentum“, toi „tegere“, toëdig „tectus“, am-do. corn. to (gl. tectum). bret. toenn, (hanter)toetic „semitectus“.

lat. toga. — an. þak, ags. þâc, engl. thatch, deutsch Dach. Höchst wahrscheinlich gehören auch abrit. Togo-dumnus und acymr. tou-lu (Rc. VI, 49) (aus togo-slougo-s, vgl. telu unter tegos-) heut teulu hierher.

embi-togo-, embi-togiâ (-aiâ?) s. embi (ambi?).

*teb berühren, schmecken.
cymr. tafawd, tafod „lingua“ (aus *tebâto). corn. tava berühren: gas vy the dava las mich dich berühren Cr. 1591, a dan dava „à tâtons“ D. 1002, tavas Zunge. mbret. tafba schmecken, teaut Zunge; nbret. tafiva, teod.

Vgl. an. þefa „to smell, sniff“ und begriffl. mhd. smecken 1. schmecken, 2. riechen (B.).

In den cymr. und corn. Formen kann vortoniges e zu a geworden sein. Wegen bret. eau, eo aus ebo vgl. reor = cymr. rhéfr und geol = cymr. gweſl.

⟨s⟩tebiô ich lache.
ir. tibiu ich lache.

lit. stebiû́-s staune.

„Ebenso vereinigt bekanntlich die Wurzel smi beide Bedeutungen (lachen und staunen) in sich: skr. smita-m ʼrisusʼ, engl. smile; skr. vi-smaya-s staunen, lat. mirus“ (Windisch KBeitr. VIII, 440). — S. ⟨s⟩tombo-s.

te⟨p⟩net- Feuer s. *te⟨p⟩ô brenne.

tenô „extendo“.
abret. tinsit (gl. sparsit).

Vgl. skr. tanóti dehnen, strecken, gr. τείνω spanne, lat. ten-do-, teneo got. -þanjan dehnen und das folgende.

tanâ Zeit.

ir. tan Zeit, Acc. Sg. tain in in-tain „cum, quando“.
Vgl. skr. tan Ausbreitung, tánâ fort und fort.

tanavo-s dünn.

ir. tana dünn. + corn. tanow. bret. tanau. aber cymr. teneu.
skr. tanú dünn, schmal. — gr. ταντ-, ταναός ausgespannt, lang. —
lat. tenuis. — an. þunnr, ags. þyn, engl. thin, ahd. dunni dünn.
— lit. tę́ws schlank, lett. tîws dünn; aslav. tlnūkŭ dünn.
Gallisch taniacae Varro R.R. II, 4. 10 wird auch hierher gehören.

teni-s zart.

gall. Teni-genonia.
ir. tin.

tenuô ich verschwinde.

ir. tinaim verschwinde.
lat. at-tonuo.

tntâ Saite.

ir. tét F. Saite. + acymr. tant, Pl. tantou (gl. fides), or com-
tantou (gl. bombis), heut tant, Pl. tannan M.
Vgl. skr. tántu, tánti Schnur.

⟨s⟩tenovo- Thal.

cymr. tyno M. „area, areola, vallicula“. bret. tnou „vallée“.
att. στενός = ion. στεινός (aus στενϝό-ς) eng, schmal, τα στενά Eng-
pässe, στενυγρός = στενός.

te⟨p⟩nos- Feuer s. *te⟨p⟩ô brenne.

tenos unter, Präposition.

cymr. tan. bret. di-dan.
lat. tenus.

tenkô festmachen, fügen.

ir. co-técim „coagulo“, arnaib cétuaib cuiteicthib (gl. ad prima coagula)
Ml. 44ᵃ 10, vgl. ir. téchtaim gerinne (Grundform tenktô) und ir.
téchte gehörig, recht (Grundform tenktjo-s).
Vgl. skr. tanakti zusammenziehen, átanakti gerinnen machen, an.
þéttr dicht, mhd. gedihte dass., lit. tánkus dicht (B.).
Eine Ablautsstufe des Wurzelverbs erscheint in abrit. Tanco-rix,
Tanconus, Tancinus, cymr. tange „pax“, di-dange, dem weibl. Eigennamen Tangwystl „vas, vadimonium et arrha pacis“ (Grundform tnko-
oder tanko- Friede, eigentl. Verbindung B.).

*tend, *tond schneiden.

ir. ro-s-teind cona scín (er schnitt es mit seinem Messer) LL. 116b, 19,
tenn .i. ledradh O'Dav. p. 121, tangatar na namait ro-thunsetar [leg.
-thunnsetar] Bretnu amal gort abbaig (die Feinde kamen und hieben
die Briten nieder wie ein reifes Kornfeld) Laud 610, fo. 90ª, 1.
lat. tondeo, vgl. ir. teinm Knacken (a teinm 7 a tomailt BB. 867b 34),
teinmbcadh .i. gearradh O'Cl.), lat. tinea ein nagender Wurm, asl. tẹti
„caedere" und das folgende.

tendmen Biss.

ir. témm, nir. teum Biss, Anbeissen. + cymr. tam, tammaid
„bolus, offa". corn. tam, Pl. tymmyn, bret. tamm.
Vgl. gr. τένδω nage (falls dies nicht für k'endô [vgl. lit. kándu
beisse] steht).

*teme dunkeln.

temeno-s dunkel.

ir. temen Corm. s. v. teim.
asl. tĭmĭnŭ dunkel, vgl. skr. támas Finsterniss, támisrâ dunkle
Nacht, lat. tenebrae, lit. tamsà Finsterniss, ahd. dēmar Dämmerung
(woher mbret. themer, demer [gl. obscurus] Ann. de Bret. II, 566).

temelo-s Finsterniss.

ir. temel Finsterniss. + bret. teffal „sombre".
Das w von cymr. tywyll dunkel, finster, tywyllwch, corn. tiwulgou
(gl. tenebrae) kommt nicht aus m. Vielleicht ist tywyll = to-+gwyll
„tenebrae" Davies.

temppu- Saite (vorkelt. temp-nú-).

ir. timpán Saiteninstrument.
Vgl. lit. tempiù, tèmpti dehnen, temptýva Sehne, asl. tẹtiva „chorda".

⟨s⟩temppu- Pfeiler (vorkelt. stembh-nú-).

ir. timpán stehender Stein, kleiner abgebrochener Hügel (Joyce Irish
Names of Places 389).
zend. -çtembana Stütze, Pfeiler, vgl. skr. stámbhate feststellen, stützen,
stambha Pfosten, Pfeiler, lit. stambas Kohlstrunk. — S. ⟨s⟩tombo-s.

tembi-, zusammengesetztes Präfix, s. tó, Präposition.

(*tere überschreiten.)

trei, tri, tris „per".

ir. tria durch. + acymr. troi; ncymr. trwy, drwy, try-dwll, try-
wanu, try-chwydd „caducus". corn. dre: dre weres agan Dew ny.
bret. dre; abret. tre, dre, dri, als Intensivpräfix in Tre-derh, Tre-
lowen, Dre-uuobri, Dri-monoc u. s. w.

tri-, Intensivpartikel.

gall. tri in Tri-cassini, Τρι-κασινοι, Tri-colli, Tri-novantes, Tri-nlatti. abrit. Tri-santôn (Τρισάντωνος ποτκμοῦ ἐκβολαί Ptol. II, 8. 3).
ir. tri-. + cymr. tri-. tre-. abret. Tre-anton, ein Mannsname,
welchen Loth mit dem o. angeführten Tri-santôn verbindet.
skr. tiri- in tiryáôc quer : tiráti überschreiten, durchleben, über-
winden (B.).

trimo-, Intensivpräfix.

ir. trem-bethe GC.ᵉ 879, trem-dea „magnorum deorum" Trip.
Life 32, trem-glicoe „pervicacia", Ml.141ᶜ, 4. + acymr. trim-
uceint dreissig, wörtlich „Grossanzahl von 20", vgl. ir. mór-
féser, mór-téser sieben Personen, wörtlich „Gross-anzahl von
sechs Personen" und engl. long hundred „120".
Wegen der Bildung s. kóm, kon.

trņs jenseit, über.

cymr. tra in tra-chefn „retro, iterum", tra-chwyddo, tran-noeth
„post noctem", tra-thyn „admodum tenuis". tra-chwres „calor
(gwres) nimius". tra-mor „transmarinus".
skr. tirás durch, über = zend. tarô dass., lat. trans.

(*ters trocken sein.)

térsos trocken. Land.

ir. tír Land (s-Stamm), tír trocken SR. 7897. 7926, tírim dass. +
acymr. ir tir (gl. fundum). corn. tir (gl. tellus). bret. tir „la
terre".
lat. terra (aus *tersā), osk. teerúm „territorium".
vgl. skr. tŗŗyati dürsten, gr. τέρσομαι trocken werden, dürr sein,
got. gapairsan verdorren.

ter⟨s⟩qo-s spärlich.

ir. terc, teirc (gl. rarus), teirce (gl. raritudo)
lat. tesquos aus *tersquo-s.

tar⟨s⟩to- Durst.

ir. tart Durst.
Vgl. as. thurst. ahd. durst Durst.

*tel, *tal nehmen, heben.

ir. taile (gl. salarium), tuaras-tal (tu-fo-ar-as-tº) Miethe, Lohn, tale
damsa a log zahle mir seinen Preis Ml. 36ª, 32, tallaim nehme weg
(Grundform talnô), tall .i. goid, Diebstahl. + cymr. tál „solutio, com-
pensatio, pensio". corn. und abret. tal „solvit": mbret. tal-vout „valoir,
profiter, récompense".
skr. toláyati aufheben, wägen, vergleichen. — gr. τετλάναι ertragen,
gewinnen, τέλος Abgabe. — lat. tulisse, tollo. — got. þulan dulden,
ertragen.

Ausser dem folgenden Wort sind wohl auch ir. tol Wille (Grundform tolâ) und telach Hügel, Höhe (Grundform telâkâ), sowie cymr. tlawd „pauper, inops", ncorn. trotb, bret. treut „maigre" (Grundform tlâto-s) und ir. tlaith sanft (Grundform tlati-) hier anzuschliessen. Noch unsicherer wäre die Heranziehung von acymr. tluith: or maur dluithruim (gl. multo . . uecte) Juv. p. 90 (Grundform tlukto-) und ir. luoht Portion Broc. h. 47.

telno-s Riemen, Streifen.

ir. tell M. Schleuderriemen Corm. s. v. tailm, N. Pl. coin-téill Hundepeitschen.

skr. tûṇa Köcher aus *tûlna. Vgl. gr. τελαμών Tragriemen, Binde.

teliâ Lindenbaum.

ir. teile Lindenbaum, Gen. Sg. crann teile Isaiah VI, 13.
lat. tilia.
Die Heranziehung von gr. πτελέα Ulme, Rüster ist wegen epidaur. πελέα und der Hesychischen Glossen τιλίαι · αἴγειροι, ἀπελλόν · αἴγειρος kaum zulässig (B.).

telksmi- Schlinge, Tragriemen s. talksmi-.

(*teve,) tû mächtig sein.

tavi- Stärke, Kraft.

ir. teo Stärke, Kraft.
Vgl. skr. tûya kräftig, stark, tuvi- stark, táviṣi Kraft = zend. teviṣi, gr. ταύς · μέγας, πολύς Hesych.
Ir. teo aus tavi wie eo- (in Eogan u. s. w.) aus avi.

1. teutâ, 2. *toutâ Volk.

1. Gall. Teuto-matus, Teuto-bodiâci, Teutatcs.
ir. túath F. + cymr. tûd „terra". corn. tus. bret. tud „gens".
2. Gall. Τουτιους (Stamm toution-?) Magistrat, Toutissikno-s Sohn des Toutissos, Toutati (C.I.L. III, 5320, VII, 84), Toutio-rix Orelli 2059, Tôtati-gen[u]s (C.I.L. VI, 2407).
umbr. toto Stadt, osk. túvtú „populus". — got. þiuda Volk. — apr. tauto Land, lett. táuta Volk, lit. tautà Deutschland.
Ir. túath links, nördlich (Grundform toutâ), túaith im Norden, túathum zu meiner Linken ist schwerlich hierher zu ziehen, eher zu got. þiuþ Gutes, vgl. gr. εὐώνυμος.

Toutio-rîx, Touto-rîx, Eigenname.

Gall. Toutiorix, ein Beiname Apollos.
cymr. Tutri = got. Theudericus, nhd. Dietrich.

Touto-valo-s, Eigenname.

ir. Tuathal. + acymr. Tutgual.
Vgl. apr. Teutewil (B.).

tû schützen.

ir. comtúth (= com-od-tûtu) beschützen Sg. 31ᵇ 9.
lat. tueor, tûtus.

tesores drei, Fem., s. treis drei.

te⟨p⟩stu- Hitze s. *te⟨p⟩ô brenne.

⟨s⟩tiktâ Gehen s. ⟨s⟩teigô gehe.

to-, demonstrativer Pronominalstamm.

ir. ua-d „ab eo", ua-di „ab ea", ua-dib „ab eis".
skr. tad = gr. τό(δ), lat. (is-)tud, got. þata, lat. topper (aus *tod-per),
umbr. (es-)to, lit. tas der, asl. tŭ dass.

tó, Präposition mit Dat., auch Verbalpräfix (proklitisch
do-, da-).

ir. t', do- (vortonig du-) z. B. in do-bíur, do-cúiriur, do-gáirim, dogáim, do-gáithaimm, do-mélim, do-móiniur. + cymr. du- (du-beneticion),
dy-, y. corn. dhi. bret. do, da.
Bugge vergleicht got. du aus *þu zu („πρός, εἰς"), Präpos. mit Dat.,
auch Verbalpräfix.

to-agô.

ir. taig komm! + bret. deuaff „je viens".

to-gúsô ich wähle, **tó-gustio-s** gewählt, **tó-**
gustu-s Wahl.

ir. dogáim, Part. Prät. Pass. túicse (to-gus-tio-). + bret.
diuz „choix".

to-vessâko-s Anführer, **to-vessu-s** Führen,
Führung s. vedô ich bringe, führe.

tati- (aus to-ati-), Präfixverbindung.

ir. do-aith, taith. + cymr. dat-. corn. das-. bret. daz-.

to-ati-qrnêmi ich kaufe zurück.

ir. doathcrenim. + cymr. dadbrynu zurückkaufen.
bret. dazprenaff „racheter".

tembi- (aus to-mbi-), Präfixverbindung.

ir. timm-. + cymr. dam-. corn. dom- in domethy. bret.
dim- in dimiziff.

to-vo-, Präfixverbindung.

ir. de-fo, to. + cymr. dy-o. abret. do-uo, do-guo.

toibos Seite.

ir. tóib N., Gen. Sg. tóibe, LB. 251ᵃ, 68. + cymr. tu M. corn. tu. bret. tu „côté".

***toug, *tug** schlagen, schnellen.

ir. túag F. Axt, tuagaim ich schlage mit der Axt, do gai túagach LU. 126ᵃ, túag Bogen (Grundform tougâ), tocht Theil, Stück (Grundform tukto-), tothocht Zubehör.

Vgl. skr. tuj schlagen, stossen, schnellen.

***toutâ** Volk, Toutorîx, Toutovalos s. *teve, tû mächtig sein.

togi-s angenehm s. *tag nehmen.

togo- (togatu-, togiâ, togiô, togenâ) s. tegô decke.

tonakâ Tunika, Mantel.

ir. tonach .i. léine .i. brat O'Cl., tonach (Gen. tonaige) drúad Trip. Life 58, 60, Dat. tonaig .i. inar LB. 166ᵃ.

lat. tūnica, aus welchem man das irische Wort gewöhnlich entlehnt sein lässt. Allein die irische Lehnform von tunica lautet tuinech O'Dav. 120 (vgl. baisleo, braissech aus basilica, brassica).

tonketo-, tonketâ Fügung, Schickung s. *tektô erlange.

tongô ich schwöre s. *tag nehmen.

⟨s⟩tombo-s Busch.

ir. tomm, Dat. Sg. san tum luachra in das Binsengestrüpp.

skr. stamba Busch, Büschel, çara-stamba Röhricht, vgl. stíbhi Büschel, gr. σταφυλή Weintraube.

Vielleicht mit ⟨s⟩temppu- und tebiô zusammenhangend.

toranno-s Donner.

ir. torann Donner. + cymr. tarann. corn. taran (gl. tonitruum).

gr. τορός laut, τορέω laut sagen. — lit. tàrti sagen, apr. târin Stimme (B.). gall. Taranis, Taranu-cno, ir. tairm Lärm (vgl. lit. tarmē Ausspruch) stehen auf andrer Ablautsstufe.

torianâ Weizen.

ir. tuirenn F. Weizen.

arm. çorean Weizen. Hierzu auch lat. turunda? Idg. Anlaut sth-?

torko- Flechte.

ir. torc : muin-torc (gl. torques). + cymr. torch F. „torquis, catena“,
woher torchi „in torquem cogere, torquere“, torchog „torquatus“.
asl. traků „fascia“, vgl. preuss. tarkue Bindriemen. gr. ἀ-τραχής unver-
hohlen, ἴτραχτος Spindel, skr. tarkú dass. (B.).

torko-s Eber.

ir. torc Eber, (übertragen) Fürst (vgl. an. jöfurr 1. Eber, 2. Fürst). +
cymr. twrch „porcus, verres, majalis“. corn. torch (gl. magalis). abret.
turch, mbret. tourch „verrat“.

tulio ich schlafe.

ir. tuilim ich schlafe, con-tuilim (= con--t°) ich schlafe ein; nir. codal
Schlaf.
asl. toliti besänftigen, serb. utoliti still werden; lit. tylěti schweigen (B.).

tovo dein s. tû du.

1. tû schützen s. *teve, tû mächtig sein.

2. tû du.

ir. tû, infigiert t = *tv. + cymr. ti. corn. ty, te. bret. te.
zend. tû, gr. τύ-ϝ-η, lat. tû, an. þú, asl. ty, preuss. tou.

tovo dein.

ir. tu, to, do. + mcymr. teu, dy, Ty-Frydawg. corn. dhe; acorn.
Te-Rithian. bret. da. Ein altbret. to scheint in folgenden Hei-
ligennamen vorzukommen: „Quonoco quem alii sub additamento
more gentis transmarinae To-quonocum uocant“ Paul. Aurel. 11,
To-woedocus, auch Woednovius, ibid., To-rithgen, Lan Te-guennoc
(Landévennec). Vgl. das irische Verfahren, Heiligennamen possessive
Pronomina vorzusetzen: Do-chonna, t'Assach u. s. w.
skr. táva, zend. tava, lit. távo dein.

tûkno-, tuknâ „podex“.

ir. tón F. „podex“, Acc. Pl. tóna „nates“. + cymr. tin M. „podex“
(aus tûkno-).
Vgl. ags. þeóh, engl. thigh, ahd. deoh Schenkel, an. þjó, N. Pl. „lumbi“,
lit. taukaí Fett, asl. tuků Fett.

tukslo-s hohl, N. das Hohle.

ir. toll hohl, toll, Gen. tuill, N. das Hohle, Loch. + cymr. twll M.
„foramen“, Adj. „perforatus“, Fem. toll. bret. toull M. „trou“.
Vgl. gr. τύκος Meissel, asl. is-tůknąti „effodere“, tůkalo „cuspis“.

-tût, -tûti, Abstracta bildende Suffixe.

ir. -tu, bethu „vita". + acymr. -tit, duiu-tit „deitas"; ncymr. -did.
corn. -ys, dew-ys „deitas" mbret. -dit, meur-dit „maturitas".
lat. -tûti in juven-tûti u. s. w. — got. -dûþi in ajuk-duþi- Ewigkeit,
mikil-dûþi- Grösse u. s. w.

tundâ Woge.

ir. tonn F. Welle, Woge. + acymr. tonn, Pl. tonnou, dass.
Vgl. ags. þeótan heulen, an. þjóta ertönen, ahd. diozan tosen, rauschen,
schwellen, wazzerdiezo Wasserschnelle(B.). Auch gr. Τυνδ-άϱης, Τυδεύς?
Eine Nebenform tudnă > tuddâ > tuttâ ist wohl für ir. tot .i. tonn
Welle, Woge O'Cl. vorauszusetzen.

tunnâ Haut, Oberfläche.

ir. tonn F. Oberfläche, Haut. + cymr. tonn F. „crusta, cuticula, cutis".
bret. tonnenn Speckschwarte, Thier- und Menschenhaut, harte Oberfläche des Bodens.

*tum schwellen, zunehmen.

cymr. twf, tyfiad, tyfiant „incrementum, auctio", tyfu „crescere". bret.
tun „colline" (aus tum), di-dinva „sortir de terre, pousser, germer".
cymr. tefig in pen-defig „primas, nobilis, princeps" — mcorn. pendevig
(gl. princeps), ncorn. pensevyk, Pl. pednzivigian Lh. 114b, bret. pinvidik
„riche" durch Metathesc aus pin-divik (Grundform tumiko-s).
Vgl. skr. túmra strotzend, kräftig, tumula Lärm, zend. tûma stark (?),
lat. tumeo, tumulus.
Vielleicht zusammenhängend mit *teve, tû mächtig sein.

tumbô tunke.

ir. tummaim ich tauche ein.
lat. tinguo, vgl. tingo = gr. τέγγω benetze, ahd. thunchôn, dunchôn,
thunkôn, nhd. tunken.

tumbo-s kleiner Hügel.

ir. tomm kleiner Hügel. + bret. das-tum (aus to-at-t°) „amasser".
skr. tuṅga hoch, Anhöhe. — gr. τύμβος Erdhügel, Grabhügel.

turi-, turet- Thurm.

ir. tuir, Dat. Sg. turid. + cymr. twr M. „turris, arx", Pl. tyrau. corn.
tur (gl. turris). bret. tour, Pl. touriou.
Scheint mit lat. turris, gr. τύϱσις Thurm verwant zu sein, kann wegen
des einfachen r mit ihnen aber nicht unmittelbar verbunden werden.

tṇtâ Saite s. tenô „extendo".

tjegô ich schleudere fort, Perf. tetjoga.

ir. Perf. Sg. 3 do-ru-thethaig Tur. gl. 17.
skr. tyájati loslassen. — Zweifelhaft.

*trâ bohren, ***trâno-** Grashalm s. ***tara, *trâ** bohren.

trakkô (vorkelt. traknô') stosse, dränge, Perf. (te)trakka.
ir. du-t[h]raic „optat" (dringt im Geist nach etwas hin), Perf. Sg. 1
du-thraccar, du-fu-tharcair.
Vgl. ags. þringan, as. thringan, ahd. dringan dringen, drängen, lit.
trènkti stossen. Ausser dem folgenden gehört zu trakkô vielleicht auch
cymr. trŵch 1. „fractus, mancus, mutilus", 2. „scissura, incisio, incile"
(Grundform trokko-s).

tranko- Verlassung.
ir. in tréicim verlasse (Grundform trankjô). + cymr. tranc M.
Abschied, Tod, Ende.

trâgô ich ziehe, laufe.
ir. trágud Ebbe (bei welcher das Meer abläuft und „zieht"), tráig F.
Strand (Grundform trâgi-), tráges „quod refluit" Rc. VIII, 54. + cymr.
treio „refluere ut mare", go-dro (abnehmen), melken (*vo-trâgo-). abret.
guo-troit „vous trayez"; mbret. gozro „traire".
lat. traho. — got. þragjan laufen, ags. þrah Verlauf.
Die im folgenden begegnende Ablautsform trag erscheint auch in gall.
ver-tragos Windhund und ir. cia no tragad .i. cia no erged LU. 63ᵃ.
Dagegen weisen ir. tricc schnell (aus *trekkí-s, vorkelt. tregní-s?),
treksno-s und cymr. tro „versio, gyrus", troi „vertere, volvere", corn.
tro, bret. tro „tour, circuit", bret. treiff „tourner" auf einen Ablaut
treg : trog.

traktu-s Strand.
ir. tracht, Acc. Pl. trachtu Ml. 121ᵃ, 17. + cymr. traeth „littus,
arena". corn. trait (gl. harena), leg. traith; ncorn. drêath. bret.
traez „sable marine, plage".

traget- (troget-?) Fuss.
ir. traig, Gen. traiged. + cymr. troed, M. Pl. traed. acorn. truit
(gl. pes); mcorn. troys. bret. troat „pied".

treksno-s kühn, Compar. treksjôs, Superl. treksamo-s.
ir. trén kühn, Compar. tressa, Superl. tressam. + cymr. tren,
Compar. trech „fortior, potentior", Superl. trechaf. bret. trec'h.
Hierzu gehören die alten Namen Trena-catus, ogm. Trena-lugos,
Trena-gusu (= Trene-gussi), Macu-treni.

*trato- Brauch.
ir. étrad „libido", Gen. étrith, étrid (Grundform an-trato-).
Vgl. got. þrôþjan üben, asl. tratiti „absumere".

tranko- Verlassung s. trakkô stosse, dränge.

trei „per", tri- Intensivpräfix, trimo- dass. s. *tere überschreiten.

treis drei, Fem. tesores, Neut. trî.

ir. trí, F. teora, N. tri. + cymr. tri, F. teir. corn. try, F. ter, tŷr.
mbret. try, F. teir.

skr. tráyas, tisrás = zend. tišarô. — gr. ρεῖς, ρεία. — lat. três, tria.
got. *þreis, þrija. Vgl. asl. trĭje, lit. trýs.

tri- drei- (in Compositis).

gall. tri-garanus, ρι-μαρκισία, „Dreipferdschaft", tri-nanto.
ir. tre-. + cymr. tri-, teir-, z. B. tri-meib, tri-mis : teir-blwyd.
corn. tri-, tri-het. bret. tri-, tri-bec.

tritijo-s, Fem. tritijâ der dritte.

cymr. trydydd, Fem. trydedd. corn. trysse, tressa. bret. trede.
zend. thritya der dritte. — got. þridja dass. — lit. tréczas dass.
Vgl. skr. tṛtīya dass.
Vielleicht ist als urkelt. tṛtijo-s, tṛtijâ anzusetzen.

*tris dreimal.

ir. tress der dritte (Grundform tristo-s).
skr. tris dreimal = zend. thris, gr. ρίς.

treiton-, triton- Meer.

ir. triath, Gen. trethan Meer Corm.
gr. Τρίτων, Τρίτωνίς, vgl. skr. Tritá (Âptya), zend. Thraêtaona
(Âthwyâna).

treksno-s kühn s. trâgô ich ziehe, laufe.

trebo- Haus.

acymr. treb (treb guidauc L. Land. 272, guar ir dreb M. C. 3ᵃᵃ.);
ncymr. tref. abret. treb „habitation", „subdivision de la plebs", trebou
(gl. turmae).
osk. trííbom „domum". — got. þaúrp Dorf, Feld. — lit. trobà Gebäude,
Wohnung. Vgl. umbr. tremnu „tabernaculo", lat. trabs.
Oder zu gr. ἀτρύγετος unwirtlich, asl. trŭgŭ „forum".

ad-trebâ, ad-trebâô s. ad-, Präfix.

dê-trebo- Einöde s. dê : de.

⟨s⟩trênâ Wirkung, Schlacht.

cymr. trin F. „pugna, opera, tractatio, molestia, labor" (Davies).
Vgl. gr. στρηνής hart, rauh, kraftvoll, lat. strênuus, apreuss. stûrna-wi-
skan Ernst, poln. starać się sich bemühen.

*trem tummeln.

ir. trét N. Heerde, Gen. tréoit, Dat. tréot, Acc. trét, Nom. und Acc. Pl. tréta (Grundform trento-n).

Vgl. lat. turma, ags. þruma Haufe, Schaar.

tresko- Auswurf.

ir. tresc Auswurf, „hordeaceae faeces post coctam cerevisiam residuae", tresc-umha Kupferschlacke.

Vgl. lit. su-trèszinti entzwei schlagen. got. þriskan dreschen, das sich auch vergleichen lässt, wird neuerdings zu gr. τρίβω reibe gestellt (B.).

trigio- Musik, Melodie.

ir. gol-traige, gen-traige, suan-traige die Weinen, Lächeln, Schlaf erregende Musik (ai = nachtonig i).

Vgl. gr. στριγμός = τριγ-μός, welches letztere mit τρίζω zu ahd. drosca Drossel gestellt wird. Zweifelhaft.

trougo-s elend, unglücklich.

gall. Trôgo-s.

ir. trúag elend, unglücklich, trógán (gl. misellus). + cymr. tru; acymr. mor-tru (gl. eheu), truan „miser, aerumnosus" corn. troc (gl. miser) (für troch, trog, wie delc für delch, delg). bret. tru.

Vgl. an. þrúga „premere", þrúgan „compulsion". ahd. drûh „compes". „Le fr. truand est d'orig. celtique" Ernault.

*trougo-karo-s barmherzig.

an-trougokaro-s unbarmherzig s. an-, Negativpräfix, und ka-ro-s lieb.

trougokarjâ Barmherzigkeit.

ir. trócaire Barmherzigkeit. + cymr. trugarodd. corn. tregereth. bret. trugarez. acymr. trucarauc barmherzig = urkelt. trougokarâko-s.

trougjâ Elend.

ir. tróige Elend. + cymr. truedd Elend.

troqalo- Schleuder.

ir. trochal Schleuder, cloch trochail (ms. trothail) Schleuderstein, trochlaim ich schleudere, schiesso los Irische Texte, 2. serie, I, 139.

lat. torculum, vgl. torcular, torqueo.

troktâ Lauge.

cymr. troeth F. Lauge, Urin, troethi „mingere".

Vgl. gr. τάργανον Essig, Nachwein, an. þrekkr, ahd. drech, nhd. Dreck.

*tronk baden.

ir. fo-thrucud Baden. + cymr. trochi „mergerc, balneare", ym-drochi bret. go-zronquet.

lit. trinkti waschen, baden (B.).

trozdi-, trozdeiâ Staar.

ir. *truit, truid, trod O'R. + cymr. drudwy. corn. troet (gl. turtur, leg. sturnus). bret. tret.

lat. turdus, turdèla. — an. þröstr, mhd. trostel Drossel.

*trud bedrängen, belästigen.

ir. troscaim ich faste (Grundform trusko < trudskó), troscud das Fasten, trosc „leper", Acc. Pl. truscu (Grundform trusko-s), trott Zank, Streit, Nom. Pl. troit (Grundform trutto- < trudnó-?).

lat. trûdo, trûdis. — got. us-þriutan belästigen, þrutsfills aussätzig, ags. þreótan (engl. to threaten), â-þreátian sich ekeln, an. þrjóta mangeln, nhd. ver-driessen. — asl. trudŭ Mühsal.

trudsmo-s schwer.

ir. tromm schwer, drückend. + cymr. trwm „gravis, tristis, maestus". corn. trom. bret. troum.

trṇs s. *tere überschreiten.

tlakto- Gewand, tlagmo- eine Handvoll Wolle.

ir. tlacht Gewand, tlám eine Handvoll Wolle.

Vgl. ahd. floccho Flocke (aus *þlukken-).

tlukô-r spreche.

ir. tó-thluchur Corm. s. v. arco, tó-thlugud Trip. Life, d-a-thluchethar Ml. 30ᵃ 10, do-n-tlucham Wb. 21ᵈ 9, do-tluchestar Broc. b. 47, do-s-fo-thlaig LL. 142ₐ 46, ad-tlugud Wb. 28ₒ 18. S. Nigra Rc. I, 82.

Vgl. lit. tùlkas Dolmetscher, asl. tlŭkŭ „interpretatio".

D.

*dâ geben, Präs. dedâmi (didômi?).

gall. Con-date, jetzt Condat am Zusammenflusse der Isle und der Dordogne (Glück KN. 65), Condato-magus (Rc. VIII, 129).

skr. dádâmi ich gebe = zend. dadhâmi. — gr. δίδωμι dass., ἐκ-διδόναι sich ergiessen. — lat. dare; osk. didest „dabit"; umbr. teða „det". — lit. dú'du, dú'mi = asl. damĭ dass.

dâno- Gabe.

cymr. dawn M. „donum", doniog „munificus".
skr. dîna-m Gabe. — lat. dônum. — Vgl. asl. danĭ „vectigal".
Ir. dǎn, dǎthadh O'Cl. ist von gleicher Herkunft.

Dârio-s Mannsname.

abrit. „Tunccetace uxsor Daari hic jacit" Trefarchog.
ir. Dáre.
gr. (Ποταμο-)δώριος.

dakru, dakrû Zähre.

ir. dér N., jetzt F. Thräne; air. N. Pl. na daer Ml. 23ᵃ 13. + cymr.
daigr M., Pl. dagrau. corn. dagr, Pl. dagrow; dagren Mc. 3319, Pl.
dagrennow. abret. dacr in dacr-lon (gl. [u]vidus); mbret. Pl. dazrou.
gr. δάχρυ Thräne. — lat. lacrima. — got. tagr, ags. teár, engl. tear,
ahd. zabar Zähre.

daget- Feuer.

ir. daig Feuer, Gen. daiged LL. 305ᵇ 23.
Vgl. skr. dáhati verbrennen, gr. τέφρα Asche, lat. favilla, germ. daga-z
Tag, lit. degù brenne.

dago-s gut.

gall. Dago-vassus (Brambach 2692), Dagania, Bitu-daga Rc. III, 160.
abrit. Dago-bitus, Dago-dubnus, Dago-marus.
ir. dag. + cymr. da. corn. da (gl. bonum). abret. da in Da-litoc,
Da-marcoc.
Eine Nebenform dego- ist in ir. deg-fer = cymr. de-wr „fortis, audax,
strenuus" (Grundform dego-viro-s), nir. deagh- enthalten.
Zu got. têkan berühren, an. tœkr „acceptable, fair, legal"? oder zu
gr. δέχεσθαι annehmen? Oder zu degano dechisto im Hildebrands-
lied (B.).

datlâ (datlu-?) Versammlung.

ir. dál F., Gen. dála (fem. u-Stamm?). + cymr. datl (gl. forum),
datl-(l)ocou (gl. fora), dadl „sermo, disputatio, causa iudicialis".
abret. dadlou (gl. curiae), dadluo (gl. antropas, leg. andronas), Denom.
datolaham (gl. lego); nbret. dael. corn. datheluur (gl. concionator).
Zu asl. dê- „dicere"?

datlo-tegos- „curia".

ir. dáltech. + abret. dadlt(eg).

*dabâ Gefäss.

ir. dabach F. (Grundform dabâkâ) Fass.

Vgl. mhd. topf Topf, Schädel, Kopf (B.). Oder zu gr. ϑάπτω bestatte, τάφος Grab, τάφρος Graben?

dan, erstarrte Pronominalform, s. do-, demonstrativer Pronominalstamm.

*dano-s Schläger.

gall. arcantó-dan(os) „monetarius‟, Ró-dano-s „der grosse Schläger‟, Flussname.

Vgl. gr. ϑέναρ die flache Hand, ahd. tenar dass., tenni Tenne (B.).

dangeno-s fest, hart s. dengô drücke.

*dam bauen.

damo-s Haus.

ir. dam-liacc „domus lapidum‟, aur-dam „prodomus‟.

skr. damá-s Haus, Heimath. — gr. δόμος Haus, vgl. δίμαρ Gattin. — lat. domus. — asl. domŭ Haus, Heim.

S. u. dâmâ.

In einer ir. Handschrift des 12. Jahrhunderts in der Bodleiana findet sich die Glosse „due domui‟. Hier erinnert dúe an gr. δώ.

damnjo „materies‟.

ir. damnae Material, domna LL. 171ᵃ 37. + cymr. defnydd. mbret. daffnez und mit Metathesis danfuez, danuez.

gr. δέμνιον Lagerstelle, Bett? vgl. δέμω baue, δέμας Körper, got. timrjan zimmern, erbauen, ags. timber Bauholz.

(*dama), damnô bändige, damô dulde, Perf. de-dama, t-Prät. danto (aus dam-to).

ir. damnaim ich binde zu, ni-daim „non patitur‟, Perf. damair „passus est‟, t-Prät. ro-dét S. R. 6873, .i. ro-dam O'Dav. p. 111, fo-daim (gl. patitur), Perf. fo-ro-damarsa „expertus sum‟. + cymr. go-ddef, dy-o-ddef. corn. gozaff. bret. gouzav.

skr. dâmyáti zahm sein, zähmen. — gr. δαμάω bändige, Pass. gehorche, δάμνημι bändige. — lat. domare. — got. ga-tamjan zähmen, bändigen.

damato-s Schaf.

cymr. dafad, Pl. defoid. acorn. dauat (gl. ovis); mcorn. davas, Pl. deves. bret. dauat, Pl. deuet, deffuet, defuet, jetzt dañvat. skr. dântá gezähmt, sanft. — gr. ἀ-δίματος unbezwinglich. — lat. domitus. — Vgl. das folgende.

damo-s Rind.

ir. dam Ochse, dam allaid Hirsch, daman allaid „aranea" Ml. 59ᵈ 1.
corn. da (gl. dama l. damula). bret. dem pe demmes.
Vgl. lat. dâma Dammhirsch, gr. δαμάλης junger Stier, δάμαλις Kalb,
skr. damya ungezähmter Stier.

domo-s zahm.

acymr. dometic gezähmt, ar-domaul „docilis", cymr. dôf „cicur,
domitus, mansuetus", dofi „domare, cicurare, mansuefacere". mbret.
doff „apprivoisé".
an. tamr, ags. tam, tom, engl. tame, ahd. zam, nhd. zahm.

dâmâ Gefolgschaft, Schaar.

ir. dám F. Gefolge, Schaar, Gen. orgain na dáme Ann. Inisf. 592.
gr. δῆμος, dor. δᾶμος Volk.
Auf ein urkelt. dâmo- weisen acymr. dauu (gl. cliens i. e. gener),
ncymr. daw „gener", Pl. dawon „rectius forte dawf", Pl. dofion, corn.
dof (gl. gener), bret. deuff „gendre", def (Rc. III, 407), vann. dan,
welche keine Entsprechung in den verwanten Sprachen finden. Vielleicht gehören sie mit gr. δάμαρ Gattin, skr. dámûnas zur Familie
gehörig zu damo-s Haus.

dari-, darik- Eiche, daru- dass. s. *dera spalten.

Dârio-s, Mannsname s. *dâ geben.

darô bespringe, t-Prät. darto.

ir. dairim bespringe, ro-dart besprang, dair „inire vaccam vel ovem".
gr. θόρνυσθαι sich begatten, θρώσκειν springen, bespringen.

darno- Stück, Theil s. *dera spalten.

dâliô theile.

ir. fo-dálim „discerno, seiungo", do-dálim „fundo". + acorn. di-daul
(gl. expers).
Vgl. asl. dola Theil, lit. dalis dass. nebst asl. dêlū und got. dails dass.
Oder zu gr. δαίομαι theile, skr. dáyate theilen, dáná Antheil, dátu
Theil?
Hierher wohl auch ir. ro-n-dedail (se divisit?) LU. 47ᵃ, 39 und mög-
licherweise ir. dil Belohnung, Vergütung (eigentl. Antheil, den man
jmd. einräumt?).

daviô ich brenne.

ir. dóim ich brenne, Infin. dóud (Grundform davatu-). + bret. deuiff
„brûler".

gr. *ϑαίω* zünde an, *ϑαίομαι* stehe in Flammen, vgl. skr. dunóti brennen, dâvá Brand, davathú Brand, Hitze.

*dâs können.

ir. dán M. Kunst, Gen. dána (Grundform dâsnu-), dána kühn (Grundform dâsnavo-s).

Vgl. skr. dâsa Sachkenner, zend. dâoṅha weise, skr. dámsu wunderkräftig, daṁsána Wunderthat, -kraft, gr. *δήνεα*, Anschläge, *δέδαι* lehrte. Zeuss und Glück vergleichen mit dána den Flussnamen Dânuvius. Anders Max Müller Rc. I, 135, der im Anschluss an die Tradition Dânuvius für ein thrakisches Wort mit der Bedeutung „trübe" hält und zu ved. dănu Thau, zend. dânu Fluss stellt.

dasti- Haufen.

ir. dais Haufen, Gen. daise Laws I, 166, l. 28, N. Pl. daisse do for n-apaigib Massen von ihren Eingeweiden LU. 89ᵃ. + acymr. das M., Pl. deisi.

Vgl. an. desˢ, Gen. desjar Heuhaufen, schott. und nordengl. dass, dess (B.).

(*dê setzen.)

dedê „posuit".

gall. dede ΔΕΔΕ in zwei Inschriften von Nîmes und in der von Colias.

ved. dadbé, lat. (con-)didi, ahd. teta, Perf. Med. zu skr. dhâ setzen, stellen, gr. *τιϑέναι*, lit. déti, asl. děti dass., ahd. tuon, nhd. thun.

dê, Privativpartikel: de, di, Präposition Präfix.

ir. dí-, Privativpartikel. + cymr. corn. bret. di (bret. di-ec = acymr. di-auc s. áku-s schnell).

ir. de, di von — herab, von — weg, vortonig do-, du- z. B. do-chóid, do-dónaimm, do-féchim, do-gáibim, do-gníu, do-lúigim, do-slúindim, do-méccim; mit vo zu dú geworden: dútbracht Wunsch aus devotraktu-s. + acymr. di, jetzt y. corn. tbe, di-thane (= ir. didnad „consolari"). bret. di (di-anc ouz = cymr. di-engu s. enkô erreiche, erlange).

Vgl. lat. dê, umbr. da-, osk. dat.

dô-anami-.

ir. dí-anim makellos. + cymr. di-anaf „*ἄπερης*, non mutilus, non mancus".

dê-qennô ich enthaupte.

ir. di-chennaim. + cymr. di-bennu „finire, concludere". noorn. di-benna köpfen Lhuyd A. B. 104ᵇ. bret. dipennaff „décapiter".

dê-galâ Rache.

ir. dígal Rache. + cymr. dial „vindicta, ultio". corn. dial.

dê-trebo- Wüste, Einsiedelei.

ir. dithreb. + cymr. didref „ἄπολις" (Davies); hiervon didryfwr (ir. díthrebach) Einsiedler.

dê-⟨p⟩ro-, Präfixverbindung.

ir. der- z. B. in dér-choiniud (verwant mit de-ró-choinet), der-már sehr gross. + cymr. dir- z. B. in dir-fawr. bret. der z. B. in der-morion (gl. inormia).

dê-vedo-n Ende.

ir. déad, díad N. + cymr. diwedd. M „finis, terminus, eventus, conclusio". corn. deweth. bret. diuez.

Das ir. Adj. dédenach „finalis" scheint von einem Stamm dê-vedno- abgeleitet zu sein.

Die Verbindung dieser Wörter mit got. dauþus Tod und þata divano das sterbliche ist lautlich unmöglich. -vedo- gehört zu ahd. wetan binden, jochen (vgl. homer. βου-λῡτόνδε) oder vielleicht zu skr. vadh schlagen, gr. ὠθέω stosse, lat. in-vādere.

dê-sedi-s „segnis, deses".

ir. deeid (gl. deses), Gen. Sg. M. in geno deeid (gl. per signitiem securi oris) Ml. 82c, Dat. Pl. donaib déedib Ml. 151d. lat. *dêses, Gen. desidis.

Das air. Abstractum deess „desidia" Wb. 25b (aus dê-sed-tâ), Acc. isin deeis „in desidiam" Ml. 35b 10 spricht dagegen, dass deeid entlehnt ist. Aber warum haben wir nicht díeid oder diaid?

de-gus-, de-gustu- Wahl, Auswahl.

ir. digu. + cymr. de-wis „eligere, deligere". corn. dy-wysys gewählt. bret. diwis.

1. *dei eilen.

ir. dian schnell.

Vgl. skr. dīyati schweben, fliegen, Intens. enteilen, lett. dît tanzen, hüpfen.

(2. *dei strahlen.)

deivo-s, dîvo-s Gott.

gall. Dêvo-gnâta, Δειουονα, Dívona (Cahors), Divo-durum (Metz), Divo-genus, -gena (Rc. VIII, 180), Deo-brigula, Divico, Divicia, Diviciacus und mit Schwund des v: Δηιοταρος, Deiotarus.

ir. día, Voc. dé Gott, Pl. N. dae Ml. 36c 14, Acc. deu Ml. 36c 19. + acymr. duiu (Rhŷs Lect. 145), duw, duiutit „deitas". corn. duy. bret. doe.

skr. devá Gott. — lat. dĕus, vgl. dívus (deivos, doivos); osk. deívaí

„divae". — altn. tivar Götter, Týr — ahd. *Ziu. — lit. dévas
Gott; preuss. deiwas dass. Vgl. gr. *δῖος* göttlich.
Cymr. diu, duu, duw Gott scheint wie dieu Tag auf *djau zu
beruhen.

din- Tag.

ir. denus „spatium temporis", tre-denus „triduum".
kal. dinI, Gen. din-e Tag, vgl. skr. dína Tag, lat. nun-dInae,
lit. dēnä.

dijas- (dejes-?) Tag.

ir. die, dia Tag. + acymr. did in trennid (gl. postridie); ncymr. dydd
M., Pl. dyddi-au. corn. det (gl. dies), für dedh. bret. dez „jour".
Vgl. skr. dyaús, Acc. dyām — gr. *Ζεύς, Ζῆν*, lat. diês, diêm.
Mir dunkel ist bret. de „jour", Pl. deiou.

divo- Tag.

ir. in-diu „hodie". + cymr. dyw, he-diw. corn. he-þeu (gl. hodie).
skr. diva Tag, naktamdivám bei Nacht und bei Tage, vgl. dívâ
am Tage = lat. diú (falls dies nicht nach noctû gebildet ist).

deivâ, dêvâ Flussname.

Δηούας ποταμός Ptol. II, 3. 2. 5, der Dee.
air. ostium Dee Lib. Arm. 2ᵇ, 2. + cymr. Dwy.
S. Pictet Rc. II, 2.

*dek sich auszeichnen.

ir. dech, Superlativ zu maith gut.
Vgl. lat. decens, decor, decus, skr. daçasyáti verehren, gr. *δοκέω*
scheine, *δόκιμος* tadellos, *δόξα* u. a. Ruhm.
Ursprünglich war dech ein Nomen = lat. decus.

dekn zehn; dekomato-s der zehnte.

ir. deich-n. + acymr. dec (in dou-dec 12); ncymr. dêg. corn. dek.
bret. dec.
skr. dáçan — gr. *δέκα* — lat. decem = got. taíhun. Vgl. lit. dészimtis
= asl. desętI.
Mir dunkel sind ncymr. deng und air. deac (zweisilbig).
Das Ordinale, ir. dechmad = mcymr. decvet — corn. degves = bret.
decvet, ist von *dekomo- (skr. daçamá, lat. decimus) gebildet, wie gr.
ἑβδόματος von *ἕβδομος*.

dekso-s, deksivo-s, dekstero-s rechts, südlich.

ir. dess recht, südlich, Dechter, Gen. Dechtere. + cymr. dehou. corn.
dyghow, dyow. bret. dehou.
gr. *δεξιός* rechts, *δεξιτερός* dass. — lat. dexter. — got. taihsva rechts.
Vgl. skr. dákṣina recht, südlich, lit. deszinē die Rechte.
Gall. Dexsiva dea (Orelli 1988) ist — ir. *desi in faitsi Sitz des Fuhr-
manns.

*dego-s˙ gut s. dago-s.

degu- Trank, Trinken.

ir. deoch Trank, Trinken.
Vgl. lit. dáżas Tunke, Farbe, dażýti eintáuchen, netzen, färben (B.).

dêto- Tod, Zerstörung, Ende.

r. díth Ende, Tod.
lat. lêtum.
Dazu auch skr. dāti abschneiden, vi-dā zerstören?

*denajo- s. ⟨p⟩arei-denajo- Zeichen.

dênô sauge, t-Prät. dêto.

ir. dínim ich sauge, t-Prät. díth .i. rodinestar, „suxit". + bret. denaff
„téter".
skr. dháyati saugen, [dhè :] a-dhai-ṣit Bühler. — gr. ϑῆσαι säugen,
ϑηλάζειν dass. — lat. fellare, fêmina. — got. daddjan säugen. — asl.
doiti säugen, dêtę Kind; lett. dét saugen.
Unmittelbar hierzu gehören offenbar cymr. diod F. „potus" (*dêôta),
diotta „potum venari", acorn. diot (gl. potus), mcorn. dewes, dywes,
mbret. diet „boisson", die sich freilich auch durch die Grundform
dê-pâtu- erklären lassen. — Ir. dínu, Dat. dínit Lamm (Grundform
dênôns, Gen. dênentos) ist das Part. Präs. von dínim.

dilo- Zitze.

ir. del, Dat. Sg. dial Zitze.
ahd. tila weibliche Brust. Vgl. gr. ϑηλή Mutterbrust, lat. fêlâre
(fellare) und an. dilkr Lamm, lett. déls Sohn u. s. w.
Hierzu gehören ir. delech Milchkuh (vgl. slav. doilica „nutrix"),
dedel Kalb, deala .i. sine no ballán O'Cl. und dalta (Grundform
daltaio-s) Zögling, dalte „discipulus".
Vgl. diddi-.

dengò beschwere, drücke, Perf. dedaga.

ir. dingim „supprimo", Perf. Sg. 3 dedaig, fordingim „opprimo", for-
dengat „opprimunt", for-ru-dedgatar 3 Pl. Perf.
ags. ge-tingan „incumbere", tengan drängen, ge-tenǥe = ahd. gi-zengi
ganz nahe, as. bi-tengi dass., lastend, drückend, an. tengja verbinden.
— asl. -dęgŭ Stärke, russ. nadjuźati beschweren (B.).

dangeno-s fest, hart.

ir. daingen (gl. durus); isin dun daingen „in castro firmo" Ml. 32 a.
+ cymr. dengyn „rusticus, inhumanus, barbarus".
asl. ne-dęźlnŭ „aegrotus".

demi- düster.

ir. deim düster, deme Dunkelheit (Grundform demjâ).

. an. dimmr, ags. engl. dim dunkel, ahd. timber dass. (= gr. θεμερο- in θεμερ-ῶπις?).

*der, *dren tönen.

ir. der-drethar er schreit, tönt, drésacht (aus drens- -) ein knarrendes oder quietschendes Geräusch. + cymr. dar M. Lärm, Geräusch Pugbe. Vgl. skr. dbránati tönen, gr. θρῆνος Klagelied, ἀνθρηδών Waldbiene, got. drunjus Schall, an. drynr „roaring", hess. drensen ächzen und das folgende.

dordô brülle.

ir. dordaim (vom Hirsch).

lett. dardét knarren, schnarren (B.).

dordo-s Tönen.

ir. *dord (Gegensatz andord Tenor, helle Stimme), fo-dord Brummen, Murren, Bass. + cymr. dwrdd M. „sonitus, strepitus' (auch twrdd, woher go-dwrdd Murren, Lärm).

*dera spalten.

darno- Stück, Theil.

cymr. corn. darn (woher engl. to darn). bret. darn „partie" (woher franz. darne, Thurneysen).

skr. dîrṇa zerspalten, Part. Perf. von dṛṇáti bersten, spalten, vgl. gr. δέρω schinde, got. dis-tairan zerreissen, ahd. zeran, nhd. verzehren, lit. dìrti schinden, Rasen abstechen, asl. derą „scindo".

*dervâ Eiche.

abrit. Dervaci, Derventione, Derventio.

ir. derucc „glans" (aus derunkâ). + cymr. derw-en. bret. deru-enn „chêne".

lit. dervà Kienholz; asl. drêvo Baum. Vgl. skr. dâru Holzstück, gr. δόρυ Speer, δρία Waldung, δρῦς Eiche, got. triu Baum, ags. teor Theer und das folgende.

Hierher auch altkeltisch Derventione, Fatis Dervonibus (Brescia), Dervus (Rc. II, 424, VIII, 124), Derva (C.I.L. III, 3905, 5419), Dervonia (ibid. 3659) und Dervum, Name eines Eichwaldes in dem heutigen Departement der Aube und der Haute Marne.

dari-, darik- Eiche.

ir. dair, Gen. darach Eiche. + cymr. dar, Pl. deri. corn. dar (gl. quercus, l. ilex).

lat. larix Lärchenbaum.

daru- Eiche.

abrit. *Δαροιεϱνον* Stadtname.
ir. daur (gl. quercus), daurach (gl. quercetum).
maked. *δάϱυ-λλος* Eiche.

dervitâ Flechtenübel.

cymr. tarwyd-en (aus *darw°). bret. dervoed, daroued „dartre".
Vgl. skr. dadrú eine Form des Aussatzes, dadruka, dardru, dardû
dass., lat. derbiosus (aus derdviosus), ags. teter, ahd. zitaroch
Ausschlag, lit. dederwinē Flechte.

durno- Faust, durnâko-s.

gall. Durnaco-s Rc. IX, 31.
ir. dorn Faust, Hand, nom-durni (gl. ut me colaphizet), dornan
buana (gl. manipulus), dornach. + cymr. dwrn „pugnus, pugillum",
dyrnaid Handvoll. bret. dorn, dournek „qui a des grandes mains",
ar-zourw „poignet".
Vgl. *δάϱειϱ* (d. i. *δάϱεσις*) · *τὸ ἀπὸ τοῦ μεγάλου δακτύλου ἐπὶ τὸν
μικρὸν διάστημα* Hesych, *δάϱιν · σπιϑαμήν* ders., *δῶϱον* Breite der
flachen Hand, skr. ā-drtyâ mit offener Hand (?). Oder zu lett.
dúre Faust?
Ein anderes durno- steckt vielleicht in dem dunklen Durno-varia.

drinno- Streit.

ir. drenn Streit, drennach zänkisch. + abret. ardrén (gl. prae-
pugnus).
Vgl. as. ags. torn, ahd. zorn Zorn, got. dis-taúrnan zerreissen,
ahd. trinnen sich trennen, mhd. trennen trennen.
Vielleicht ist drnvó- als Grundform anzusetzen.

déro-s gebührend, schuldig, dêréjâ Gebühr, Busse.

ir. dir gebührend, dire Gebühr. + cymr. dir „certus, necessarius",
dirwy F. „mulcta".
Vgl. lit. derëti = lett. derét dingen, einen Vertrag schliessen, passen,
lit. nepadorůmas Ungebühr, man pridéra es gebührt mir, nsl. dera
Lohn ohne Kost. Dazu auch mhd. undære unpassend (?) (B.).

derkô ich sehe, Perf. dedarka.

gall. Derceia Rc. VIII, 383.
ir. dérc Auge, con-dercar „conspicitur", dairc (in ad-con-dairc) =
δέδοϱκε, skr. dadárça, scaterc = *scath-derc Spiegel. + cymr. drech
(gl. aspectum) jetzt drŷch (aus *drkko-, *drkno-?). bret. derch „aspect",
derch „beau, pur". drich. drib, dreh. treh in Eigennamen.

skr. darç sehen, Aor. á-dṛçat, Perf. dadárça. — gr. δέρκομαι sehe, Aor.
ἔ-δρακε, Perf. δέδορκα. — got. ga-tarhjan auszeichnen, ahd. zoraht hell.
Ir. derc bedeutet auch Höhle, vgl. lat. specus und urkelt. augá
Höhle, Grab.
Vermutblich verwandt sind der gallische Name Derco und der britische
Ortsname Con-dercum.

*derki- sichtbar s. ⟨p⟩arei-derki-s.

dṛko-, dṛkâ Gesicht.

ir. drech F. Gesicht. + cymr. dryoh M. Anblick, Spiegel; acymr.
driohetic in aur-oimer-dricheticion (gl. orospica, i. e. horoscopa).
Vgl. skr. dṛç Anblick.

dṛksmâ, dṛsksmo- Anblick.

cymr. drem F. bret. dremm „visage, face".
gr. δέργμός Blick, Blicken, vgl. δέργμα Anblick.

derkos- Beere.

ir. derc Beere, N. Pl. derce : derce ruich (gl. uaocinia) Philarg. 104 =
inna dærcæ fróich (gl. uaccinia) Sg. 49ᵃ, 10.
skr. drākṣâ Traube, Weinstock aus dem Stamm *derakes-, vgl. çirṣá :
çíras, lit. tamsà : skr. támas.

*derg, *dreg halten.

bret. derchell „tenir", quen-derchell „contenir".
Gehört wie gr. δράσσομαι ergreife, an. dregill Band entweder zu zend.
drazhaiti hält, asl. drŭžati „tenere" oder zu skr. dṛṁhati festmachen,
zend. darez festhalten.
Verschieden von derg ist das gleichbedeutende delg in cymr. dal,
corn. dalhen Halt, bret. delchell „prendre", dessen Etymologie noch
nicht gefunden ist.

dregsmo- (-smâ?) „manipulus".

nir. dream Bündel, gael. dreamag. + bret. dramm.
Vgl. gr. δράγμα eine Handvoll.

dergo-s roth.

ir. derg roth.
ags. deorc dunkelfarbig, engl. dark, vgl. ahd. tarchanjan verbergen.

*dervâ Eiche s. *dera spalten.

dervitâ Flechtenübel s. *dera spalten.

*del sprossen, grünen.

deli-, deljo- Ruthe.

ir. deil Ruthe, Stab. + corn. dele (gl. antempna). abret. deleiou (gl. antempnarum); nhret. délez „vergue ou antenne", „hors de Léon délé".

Vgl. ahd. tolâ „racemus", toldo, nbd. Dolde, mnd. tol die äusserste Spitze eines Zweiges, der Zweig selbst. Hierzu vielleicht gr. ϑάλλω grüne, sprosse, ϑάλος Sprösseling, ϑύλλα · κλάδους, ἢ φύλλα. Nahe verwandt sind cymr. dalen, dail, deilen, corn. delen (gl. folium), bret. del „feuilles", delienn, Pl. deliou.

dulâ Blatt.

gall. πεμπε-δουλα „πεντά-φυλλον" Dioscor.
ir. duillen „folium", dulebad mit Laubwerk verziert.
Ablaut del : dul.

delgos- Dorn, Halskette.

ir. delg N., Gen. delge Dorn, Tuchnadel. + cymr. dala gel Saugrüssel eines Blutegels RB. Mab. 1, 119, dal cleberen Stachel einer Bremse ibid. 118. corn. delc (gl. monile) für delch.
Vgl. an. dálkr „the pin in the cloaks of the ancients", die Wirbel eines Fischschwanzes (B.).

delvâ Gestalt, Form.

ir. delb, delbach Gestalt, Form, mit anderer Ablautsstufe dolbud „figmentum", doilbthid „figulus", in-doilbthid (gl. figurate). + acymr. delu (gl. nummismatis); ncymr. delw „imago, figura, effigies, icon". bret. delu (aus *delvo-s) in Con-delu, Uur-con-delu, Del[u]oc(us), Con-deluoc, Uur-con-deluc.
Vermuthlich zu gr. δαιδάλλειν kunstvoll arbeiten, lat. dolâre behauen, dôlium Fass, ahd. zol Klotz, asl. dely Fass.

(*deva, *dû stark sein.)

dovi-s stark, gut.

ir. dói stark in lám dói rechte Hand, doi-duine .i. dag-duine „bonus homo" Corm.
gr. δαϝι in δαΐφρων.

dûno-n, dûnos-, dûnesti- Burg, Schloss.

gall. dûnon in Αὐγουστό-δουνον, Branno-dunum, Caesaro-d., Mello-d., Minno-d., Mori-d., Novio-d., Rigo-d., Vellauno-d., Urello-d., Viro-d., τὸ Λουγούδουνον, νῦν δὲ Λούγδουνον καλούμενον Dief. Or. 325, Οὐεξιλλό-δουνον. abrit. Μαρι-δουνον (Caer-fyrddin), Duno-cati. urir. Δοῦνον Ptol.; ir. dún feste Stadt, Gen. dúne, s-Stamm. + cymr. din F., Pl. dinion, dinas F., Pl. dinasoedd.
an. tún eingehegter Platz, ags. tûn Umzäuntes, Ortschaft, engl. town, ahd. zûn, nhd. Zaun. Vgl. gr. δίνασθαι können, lat. bonus.

dûro- hart, Festung.

gall. dûron „arx“ in Augusto-d., Boio-d., Brivo-d., Epo-manduo-d.; auch dûros (in Octo-durus Caes. III, 1).

ir. dúr hart, .i. cruaidh no doilidh O'Cl., .i. daingean O'R. + cymr. dûr „chalybs“. bret. dir „acier“.

lat. dûrus.

...sos- Gott.

r. dess .i. deus, Gen. dee, LU. 122ᵇ, 33, Pl. Nom. dee, Gen. dee, Dat. deeb, deib, deeib, Acc. dee. Ein Nom. Sg. dee, dea, offenbar aus den obliquen Casus gezogen, begegnet in LB. + acymr. de in mu-de-broth (meus Deus judicii) Arm. 6ᵇ, 1, mu-de-brod ibid. 7ᵃ, 2 = mo de brot .i. mo dia bratha Cormac B.

Vgl. gr. ϑεός Gott, ϑεσ-φατος von Gott verkündet, lat. feralia Fest der Manen, festus festlich?

di, Präposition, Präfix s. dê : de, di.

dia-, Präfix.

gall. Dia-rilos, Dia-sulos Rc. IX, 31.

gr. διά, thess. διέ durch, zwischen.

dikô ich zeige.

ir. do-décha „dicat“, S-Fut. in-dia, inníasat LL. 175ᵃ 4.

skr. diçáti zeigen. — gr. δείκνυμι zeige. — lat. dico, in-dico; osk. deíkum „dicere“, dicust „dixerit“. — got. ga-teihan anzeigen, ahd. zîhan zeihen, ags. tîhan beschuldigen.

diddi- Zitze.

ir. did : ba-did do bochtaib Amra Col. 85.

ags. titte, engl. teat, mhd. zitze „mamma, mammilla“. Vgl. auch ahd. tuttâ, tutto, gr. τίτθος dass.

Die romanischen Wörter ital. tetta, zitta, franz. teton, span. teta u. s. w. sind aus dem Germanischen entlehnt.

Vielleicht zu dênô sauge zu stellen.

din- Tag, **dijas-** dass., **divo-** dass. s. 2. *dei strahlen.

dindu- Hügel, Höhe.

ir. dind, dinn Hügel, Höhe.

Vgl. an. tindr Felsspitze, Spitze, ahd. zint Zacke, Zinke, ags. tind dass. Vielleicht war die urkelt. Form dinnu-, womit ahd. zinna Zinne verglichen werden könnte (B.).

dili-s angenehm.

ir. dil „gratus“, Davon dile .i. gradh no annsa O'Cl. (Grundform. diljâ).

Vgl. got. tils passend, gatilaba passeend, füglich und ags. tilian erzielen,
engl. to till, ahd. zil Ziel, an. útili Schade, Verdruss, gr. δόλος List,
lat. dŏlus.

dilo- Zitze s. dênô sauge.

do-, da-, vortoniges Präfix, s. tó, Präposition.

do-, demonstrativer Pronominalstamm.

ir. -d- infigiert, M.: ro-d-chursach „eum objurgavit"; F.: dian-d-eróimtis
„si eam reciperent"; N.: no-d-chomalnadar „qui id implet"; Pl. ro-d-
ordigestar „instituit eas".
zend. da er. Vgl. gr. ὅ–δε der da, δαί denn, lat. i-dem, quidem und
das folgende.

dan, erstarrte Pronominalform.

ir. da-n Accusativ des Pronomens der dritten Person in ru-dan-
ordan „eum ordinavit", con-dam-bennachtáis „ut eum benedicant"
LU. 61ᵇ, no-da-predcha „qui eum praedicat".
lat. dam in qui-dam.

doklo- Franse, Locke.

ir. dúal M. (oder N.), Gen. dúail Flechte, Locke, Schnur, Franse.   +
cymr. dull „plica ruga", dullio „in plicas formare".
got. tagl N. Haar, an. tagl Pferdeschwanz, ags. tägel Schwanz, ahd.
zagel dass. Vgl. skr. daçã Fransen, Lampendocht.

donno-s braun, dunkel.

ir. donn braun, dunkel. + cymr. dwnn „subfuscus, aquilus".
ags. dun(n) dunkel. Oder donno-s aus dusno-s? vgl. lat. fuscus, skr.
dhûsara grau, engl. dusk dunkel, schwarz.
Hierher vielleicht gall. Donnus (Rc. III, 166; IX, 31), Mati-donnus
(Rc. III, 301), Seno-donna (ibid. 306).

domo-s zahm s. *dama, damnô bändige.

dordô brülle, dordo-s Tönen s. *der, dren tönen.

dorso-s grob.

ir. dorr grob.
čech. drsen rauh, drsnatý holperig.

dovi-s stark, gut s. *deva, *dû stark sein.

*dû streben.

ir. dúil Wunsch, Begehr (Grundform dûli-).
gr. ϑῖ-μός Trieb, Gesinnung, got. us-daudjan sich beeifern.

*duk zeugen, schaffen.

ir. dúil Geschöpf, Element (Grundform dûkli-), dúl M. (Grundform dûklo-), dúlem, Gen. dulemon Schöpfer (Grundform dûklemon-).
mhd. ziugen, md. zügen verfertigen, zeugen, ags. tohte Zucht, Nachkommenschaft. Vgl. gr. δεύχει· φροντίζει, ἐνδυχέως eifrig und weiterhin lat. dûco, got. tiuha, ahd. ziuhu ziehe (B.).

dugnâ Gedicht, Lied.

ir. dúan F. Gedicht, Lied.
Vgl. lett. dugát schreien wie ein Kranich (B.).

dubo-s dunkel, schwarz.

gall. Dubis, Flussname, der Doubs.
ir. dub 1. schwarz, 2. Tinte. + acymr. dub (cat dub gint Ann. Cambr. A.D. 866); ncymr. du. corn. duv (gl. niger). abret. Gal-dubo (Abl. Sg.), Gal-du.
Vgl. gr. τυφ-λός blind, dunkel, τῦφος Qualm, got. daub-s taub — ahd. toub, du-m-b-s stumm = ahd. tumb.

dubo-glasto-s dunkelblau.

ir. dubglass. + cymr. dulas. abret. duglas (gl. ceruleus).

dubjâ Schwärze.

ir. duibe Schwärze. + cymr. duedd.

dubni-s, dubno-s tief.

gall. dubno-s, dumnos in Dubno-cov(eros), Dubno-rix, Dubno-reixs, Dubno-talus, Dumno-veros. abrit. Dubno-vellaunos.
ir. fu-domain, Compar. fu-dumnu tief, domun, Domnall. + cymr. dwfn, Fem. dofn, Dyfn-ual. bret. don „profond".
asl. dûno Boden; lett. diben's, dube'ns Boden, Grund, vgl. lit. dubùs tief und hohl, daubà Schlucht und mnd. dobbe niedriges und sumpfiges Land (B.).

dubro-n Wasser.

gall. dubron „Dubrum 'eau', aujour'dhui Douvres (Seine-et-Marne)" D'Arbois de Jubainville Recherches 178.
ir. dobar Wasser. + acymr. dubr; ncymr. dwfr „aqua, unda, lympha, latex". corn. dofer, douer l. dúr (gl. aquam), dour (gl. aqua l. amnis). bret. dour.

Hierher gehören auch abrit. Dubris (jetzt Dover) und gall. Dubra (jetzt Tauber, ein Nebenfluss des Mains).
Mit lit. dumburýs Tümpel zum vorigen? Oder zu lit. dùmblas, lett. dubli Schlamm? (B.)

dubro-kuô Otter.

ir. dobor-chú Otter, Biber, Pl. doborchoin. + acymr. dobor-ci Corm. s. v. coinfodorne, jetzt dyfrgi, Pl. dyfrgwn. corn. doferghi (gl. lutrius). bret. dourqui, Pl. dourgon „loutre (chien d'eau)".

dûno-n, s- Burg, Schloss, dûro- hart, Festung s. *deva, *dû stark sein.

dunjó-s Mensch, N. Pl. dúnjî.

ir. duine, N. Pl. dóini Mensch. + cymr. dyn (= dúnjo-), dyneđ (= *dunjó-), Pl. dyneđon. corn. den (gl. homo).
gr. ϑνήσκειν, ϑανεῖν sterben, ϑάνατος Tod, ϑνητός sterblich. Zu skr. dhvan sich verhüllen, erlöschen.
Der Diphthong in dóini ist aus vortonigem u vor i regelrecht entstanden.

an-dunjo-s Nicht-Mensch s. 2. an-, Negativpräfix.

durno- Faust s. *dera spalten.

dulâ Blatt s. *del sprossen, grünen.

dus-, tadelndes Präfix.

ir. du-.
skr. dus- = gr. δυς- = got. tuz-, ahd. zur-, anord. tor-.
Die Aspiration, welche ir. du- verursacht, ist der durch das entgegengesetzte su- bewirkten nachgeahmt.

dusio-s „daemon immundus, incubus".

„Quosdam daemones quos Dusios Galli nuncupant, hanc assidue immunditiam et tentare et efficere plures talesque asseverant" Augustin Civ. Dei. XV, 23.
Vgl. lit. dùsas Dunst, poln. čech. dech Athem und lit. dwásė Athem, Geist, piktà dwásė böser Geist, Gespenst, mhd. getwâs Gespenst (B.).

dṇtâ Zahn.

ir. dét F. + cymr. dant M., Pl. dannedd. corn. dans. bret. dant, Pl. dent.
skr. dant, Instr. Sg. dat-ā Zahn, dánta dass. — gr. ὀδούς dass.. — lat. dens. — got. tunþus, ahd. zand dass. — lit. dantìs dass.

drko-, drkâ Gesicht, drksmâ, drksmo- Anblick s. derkô ich sehe.

dlgô ich verdiene, habe Anspruch, Aor. Sg. 3 dlegs⟨t⟩.
ir. dligim, Aor. Sg. 3 dlé LU. 86ª, 43. + cymr. dleu, dylu, dyleu „debere“. corn. dylly „debere“, delle „debebat“. bret. dle „dette“, dleout „devoir“.
Vgl. got. dulga Schuld, asl. dlügü dass.

dlgeto- Gesetz, Pflicht.
ir. dliged Pflicht, Gesetz, Recht. + cymr. dlêd, dyled, dylêd „debitum“.

draugo- (drougo-?) Gespenst.
ir. *druag, aur-drach Gespenst, Pl. N. aurdraige, ur-troighe Corm. s. v. meisi, Gen. aur-ddrag LR. 60ª, 6, Dat. ur-troighib Corm. s. v. meisi.
an. draug-r Gespenst, as. gi-drôg Trugbild, ags. dreág „larva mortui“.
Vgl. skr. drógha arglistige Schädigung, druh Unhold = zend. druj.
Wegen des Ueberganges von nachtonigem ua in a s. ir. tég-lach Hausgenossenschaft = tég-sluag, *tego-slougo-s, cymr. teu-lu.

dragino-, draginâ Schwarzdorn.
ir. draigen, droighin (gl. prunus), airni draigin (gl. pruna) Philarg. 106. + cymr. draen F. „spinus, spina, sentis“, wovon draenog Igel. corn. drain (gl. spina), Pl. drein (gl. sentes). bret. dren „épine“, Pl. drein, Ros-draenen, Ros-treinen, Ros-trenen (mit t für d durch Einwirkung des s).
Stimmt lautlich mit lit. drignés schwarzes Bilsenkraut, lett. drigenes dass. (wozu gr. δράβη Name eines Krauts?) fast überein (B.). Ebel verglich gr. τέρχνος Ast, Zweig.

drabo- Treber, Hefe.
ir. drabh „siliquiae“, daneben drabar-sluag der Pöbel (Grundform drabro-).
ags. drabbe Hefe, engl. draff Träber, mhd. treber „siliqua“. — gr. ταραχή Verwirrung, vgl. ταράσσειν aufrühren, an. dregg Hefen, engl. dregs dass. Vgl. ausserdem preuss. dragios, lit. drages Hefen.

dregsmo- „manipulus“ s. *derg, *dreg halten.

drettillo-s Zärtling.
ir. dretell Liebling. + cymr. drythyll „lascivus, salax, petulans“. Zu ahd. zart zart, weichlich?

*dren tönen s. *der, *dren tönen.

*dreng recitieren.

ir. drécht F. Lied, Geschichte (Grundform drénktâ), drécht .i. sgél O'Cl.
zend. dreñj halblaut recitiren, â-dreñj, fra-dreñj aussprechen.

drengô, drengjô ich klimme, ersteige.

ir. dréimm Erklimmen, dréimmire Leiter, dringim „scando", drengait
„scandunt", ro-dringestar „scandit". + cymr. dringo „scandere, con-
scendere", wo î für ŏ steht, wie in elîn = ὠλένη.
Vgl. an. drangr einzeln emporragender Fels (vgl. begriffl. an. klif
Klippe : klifa klimmen) (B.).

dresso-, dressi- Brombeerstrauch, Brombeergebüsch.

ir. driss (gl. uepres), aber drissi Ml. 2ᵃ 6, dristenach (gl. dumetum).
+ acymr. drisi (gl. tribulis, gl. spinis, gl. dumos); ncymr. dryssien
„frutex", jetzt drysiën „tribulus, dumus". corn. dreis (gl. uepres).
bret. un-dresen P. 109ᵇ, jetzt drezen, dreizen F. „ronce".
dresso- aus drepso-, vgl. mhd. trefs Trespe? (B.)

drigu- Haar.

ir. gairb-driuch Borste.
gr. θρίξ, Gen. τριχός Haar.

drinno- Streit s. *dera- spalten.

drouto-s tapfer.

cymr. drut, drûd „fortis, strenuus, audax".
lit. driútas fest (verschieden von drúkts kräftig. dick), vgl. skr. dhruvá
bleibend, sicher.

drouto-, drûto- traut.

ir. drúth „meretrix". + cymr. drûd „carus".
ahd. trût traut, lieb.
Von dem zu Grunde liegenden Wurzelverb stammen auch die Namen
gall. Drusos (Drûsus bei Horaz und Ovid) (vgl. Druso-magus, Condrusi),
Drausus (Sueton Tiber. 3, vgl. Condraussius C.I.L. VII, 922), Drustagnos
(Drustagni Hübner 20), pikt. Drostan, Drosten und cymr. *Trystan (?),
wovon Tristan. Vgl. hiermit an. traustr zuverlässig, traust Zuversicht,
got. trausti Vertrag, ahd. trôst Trost.

drogo-n Rad.

ir. droch N. Rad. + cymr. tro „versio, gyrus", troi „vertere, volvere".
gr. τροχός Rad (woher lat. trochus), τρέχω laufe, Fut. θρέξομαι.
Wegen des cymr. t vgl. drotsmen-.

drotsmen- Rücken, Bergrücken.
ir. druimm N., N. Pl. drommann Rücken, Bergrücken. + cymr. trùm
„jugum montis“, Pl. trummain.
lat. dorsum aus dort-to-m.

*dru laufen.
gall. Druentia, Druenticus, *Δρυεντιας* Flussname, jetzt Durance (Rc. I, 462).
skr. drávati eilen, fliessen.

drúi-s, drúid-os Wahrsager, Druid.
gall. druides.
ir. drui, Gen. druad; mir. drái, nir. draoi mit der regelrechten, durch
folgendes i bewirkten Diphthongierung eines betonten u.
Etymologie ganz unsicher. Man kann gr. *δροόν* fest, got. triggvs treu,
preuss. druwis Glaube (wozu wahrscheinlich auch ir. derbh gewiss
[Grundform dervo-s] und ir. dron „firmus“ [Grundform druno-s] gehören),
oder gr. *θρέομαι* lasse ertönen, oder auch *dθρέειν* scharf ansehen vergleichen. Ags. dry „magus“ ist aus dem Keltischen entlehnt.
cymr. derwydd durch Volksetymologie für derw? oder = dorguid,
durguid aus *to-are-vido-? dryw, druid, drywol druidisch geben die
Wörterbücher.

druko- schlecht, böse, übel.
ir. droch karg (gann), schlecht (olc), droch do drochaib. + cymr.
drwg. corn. drog (gl. malum), Pl. dregyn Mer. 1110, droch-oberor
(gl. maleficus). mbret. drouc.
Vgl. as. tregan leid sein, an. trega betrüben, tregr unwillig, un-
lustig (B.).

drûto-s Narr.
ir. drúth Narr.
an. trúðr Gaukler (= ags. truð Trompeter?).'.

druptu- Tropfen, Thau.
ir. drucht, Gen. druchta Thau, Thautropfen, Pl. druotae (gl. imbres)
KZ. 33, 102.
Vgl. skr. drapsá Tropfen und lit. drapstýti spritzend werfen? oder an.
dropi, ags. dropa, ahd. tropho Tropfen (: ahd. triufan triefen)?

drungo- Truppe.
gall. drungos Truppe, woher byzantin. *δροῦγγος, δρουγγιστί. Δρουγγά-
ριος · χιλίαρχος* beruht auf gall. drungários.
ir. drong Schaar. + abret. drogn (gl. cetus, leg. coetus), drog (gl. factio).
Vermuthlich verwandt mit got. driugan Kriegsdienste thun, ga-draúhts
Krieger, ags. dryht, as. druht-, an. drótt Gefolge, ahd. truht Trupp.
Aus dem gall. drungo- stammen auch lat. drungus und asl. drągarĭ
„drungarius, qui drungo seu turmae militari praeest“.

Die abret. Namen Dron-uualoe, Dron-gualoe, Dro[n]aloi, welche Loth
Annales d. Bretagne II, 882 mit ir. drong verbindet, scheinen vielmehr
ir. dron fest zu enthalten.

*drus brechen.

cymr. dryll M. „frustum, pars, portio" (Grundform druslo-).
Vgl. gr. *θραύω* zerbreche, lat. frustum, frustra, lett. druska Krümchen,
Brocken.

*dlog spalten.

ir. dluigim „scindo", in-dlung „findo", in-dlach „disceptatio".
Vgl. an. telgja schnitzen, engl. tally einkerben, md. zelge Ast, lit. dàlgis
Sense (B.).

dvâ, dvâu zwei, Fem. dvei, Dat. dvabin.

ir. dá, dau, dó, Fem. dí, Gen. dá, Dat. deibn, dib-n. + cymr. dou,
F. dui. corn. dou, Fem. diu. bret. dou, Fem. diu (für dui).
skr. dvau, dvâ, Fem. Ntr. dve. — gr. *δύω, δω-* in *δώ-δεκα*. — lat. duó.
— got. tvai. — lit. dù; asl. dva.

dvalno-s blind.

ir. dall (gl. caecus), cluas-dall taub (wörtlich ohrblind) O'Cl. s. v. athaile.
+ cymr. bret. dall blind. corn. dal (gl. cecus).
Vgl. got. dvals thöricht, ags. dol, engl. dull, ahd. tol toll, ags. dwelian
täuschen, ahd. twelan „torpere" und gr. *θολερός* schlammig, *θολόω*
trübe.

dvâstajô ich mache toll.

ir. dássaim ich mache toll.
Vgl. ags. dvæs „hebes, stultus, fatuus", nd. dwasen verkehrt handeln
und reden.

*dvei fürchten.

ir. dóel, dael .i. aduath, Schrecken (Grundform dvoilo-), H. 3, 18 S. 593ᵃ
— Book of Lecan S. 443ᵃ Dubthach, Dóel Ulad, dóel ein schwarzer
Käfer.
Vgl. zend. dvaètha Schrecken, gr. *δέος* Furcht, *δεδιέναι* sich fürchten,
skr. dvis hassen.

dvorestu- Thür, Thor.

ir. dorus N., Dat. Pl. doirsib aus doressuib. + acymr. drus (gl. clau-
strum); cymr. drws M. acorn. dor (gl. ualua); ncorn. daras. bret. dor.
Vgl. skr. dvăr Thür, lat. foris, for-ès, asl. dvĭrĭ Thür und gr. *θύρα*
Thür, *θύρετρον* dass., lit. dùrys, got. daúr dass.
Wahrscheinlich gehört auch dvorico in einer gallischen Inschrift hierher. — Ir. in-dorus „in der Thür" hat die allgemeine Bedeutung „vor",
vgl. *θύραζε* hinaus.

B.

*bă schlagen, erschlagen, t-Prät. bato.

ir. Praes. sec. Sg. 3 -baad, Plur. -batis, bebe, beba „mortuus est", at-bath „mortuus est", at-bathatar „mortui sunt".

*băt schlagen, erschlagen.

ir. bathach „moribundus", bás Tod (Grundform bătto-). + gall. lat. batuere schlagen, klopfen, anda-bata Gladiator mit einem Helm ohne Augenöffnungen (s. ando-s blind), cymr. bath „moneta" (Grundform batto-), bathu „monetam cudere", bret. baz „bâton". Vgl. an. böð, ags. beadu, ahd. Batu- Kampf.
Ir. bata Stab, Knüttel ist wohl Lehnwort.

(*bâ sprechen.)

batô ich erkläre.

ir. bat in do-ad-bat „demonstrat", tad-baither „demonstratur", taid-bsiu „demonstratio", con-dar-bais „ut demonstres", domm-árfas es erschien mir.
lat. fatantur „multa fantur" Festus, vgl. fateor, fassus, con-fessio. Oder zu got. qiþan, ahd. quedan sprechen? (B.). S. *bek fassen, picken.

banno- Bann, Verbot.

ir. bann .i. dligheadh, for-bann „mandatum".
an. bann Verbot, as. ahd. ban Gebot, ags. ge-ban öffentliche Anordnung, engl. ban, nhd. Bann.

bonnô ich verbiete.

at-boind er untersagt, adbonnas .i. urfogartbur.
ahd. bannan, ags. bannan, bonnan öffentlich befehlen, vgl. skr. bhánati laut rufen.
Die kelt. Wörter können entlehnt sein.

*bâ, *bê gehen, sein.

„sum" Wb. 21 d 5, bâ „esto", ba-t „eris", bá-sa „fui" = ἔ-βην, -am, bá „fui" ~ βῆ, skr. á-gât. + cymr. by-ch „sis", bo-et
-wn „eram"   . corn. bo „sit", be-n „eram". bret. bi-h-et
... „eram"   n „fuerim".
— yr   'η ging, βαίνω gehe, βωμός Gestell. —
'   '   ' Pfad. — lett. gatwa Durchgang.
hrten Formen des Verbum substan-

tivum zu skr. bhû werden, sein u. s. w. gehören können. S. *bu, *hove, *buje sein.

In ir. bóthar Strasse für *báthar (Grundform bâtro-) kann wie in mór gross, für mâr, das ó durch den Einfluss des.vorhergehenden Labials aus á entstanden sein.

béti- Weg.

ir. fo-bíth (wörtl. „auf dem Wege") aus Ursache, wegen.

dor. (βου-)βῆτις Viehtrift.

fo-bíth ist vielleicht das corn. govys in O. 76, 108, wo a'n govys „um unsretwillen" zu bedeuten scheint.

*ben gehen.

ir. béim .i. céim O'Cl. (Grundform bensmen-).

gr. βαίνω schreite. — lat. venio; umbr. benust „venerit"; osk. kum-bened „convenit".

Das lautliche Verhältniss zu skr. gam gehen, got. qiman mag hier · dahin gestellt sein.

baikkiô, beikkiô ich blöke, brülle.

ir. béccim ich brülle, blöke. + cymr. beichio „mugire".

corn. begy, bret. baeguel „bêlement", baeguelat „bêler" setzen baikiô voraus.

baisso- Lust, Laune.

ir. báes Lust, Laune.

Vgl. gr. φαιδρός leuchtend, heiter, vergnügt, lit. gaidrùs heiter, wolkenlos (B.). — baisso- aus baid-to-.

bakko-s Haken, bakkâko-s hakig, lahm, verkrüppelt.

ir. bacc Krummstab, Sichel, baccach (gl. claudus). + cymr. bâch M. „hamus", „uncus", „harpax, harpago", bachog „hamosus, sinuosus". bret. bach F. „croc", di-uach.

bakko- vermutlich aus bagnó-, vgl. an. bak, ags. bäc Rücken.

bâgô streite.

gall. bagaudae „Guerrillas eines Bauernkrieges in Gallien" Dief.

ir. bágim streite.

ahd. pâgan streiten.

bâgâ Streit.

ir. bág F. Kampf.

ahd. bâga Zank, Hader, Streit, vgl. as. bâg M. Brüsten, mhd Streit, an. bágr Streit.

*băt schlagen, erschlagen s. *bă dass.

batô ich erkläre s. *bâ sprechen.

bâdiô ich tauche unter, ertränke.

ir. báidim tauche unter, ertränke. + cymr. boddi „mergere, mergi,
immergendo suffocare vel suffocari". corn. bedhy. bret. beuziff „noyer".
Vgl. gr. βαϑύς tief (aus βηϑύς), βένϑος Tiefe, βυϑός dass. und vielleicht
gr. (ἀλι-)βϑύω ins Meer senken, lat. im-buo (aus -bduô) und skr. gábá
1. sich eintauchend, 2. Tiefe.
Hierher vielleicht gall. baditis „nymphaea".

bâdi-s lieblich, süss.

ir. báid lieblich, süss.
Vgl. gr. φáτιον· προσφιλές, ἡδύ (Hesych), das für *φáϑιον stehen kann,
wie z. B. φáτνη = πáϑνη Krippe für *φáϑνη. Vgl. jedoch auch got.
vôþeis, alts. vôði, ags. vêðe süss, angenehm.

babalôri-s Schwätzer.

ir. bablóir Corm.
Vgl. skr. bababá, Interject., gr. βαβáζω schwatze, lat. babulus, nhd.
babbeln, pappeln. Oder ist bablóir entlehnt?

banatlo- Ginster.

cymr. banadl M. corn. banatbel. bret. balaznenn.
asl. žęlo, poln. žądło Stachel (B.).

bâno-s weiss, *ban scheinen s. *bê leuchten.

banno- Bann, Verbot s. *bâ sprechen.

bannjâ Tropfen.

ir. bainne Tropfen, Milch. + corn. banne (gl. gutta l. stilla). bret.
banne, bannec'h „goutte".

banvo-s Schwein.

ir. banb. + cymr. banw M. „porcus, porcellus, nefrens". corn. baneu
(gl. sus). bret. ban, bano, banv.

*bar streiten.

barann- Zorn.

i· .i. fearg O'Cl., Dat. baraind, bairneoh zornig. + cymr.
b.. ·dignatio, ira".
V. re, an. berja schlagen, berjast kämpfen, ahd. berjan
·rją sę kämpfe, lit. bártis sich zanken, bárti schelten,

mit bara gall. Ambi-barii „furiosi, furibundi".

Auch ir. baire Tod, baire .i. bás Corm. gehört dazu (Grundform bario-).

bârego- Tagesanbruch.

ir. im-bárach morgen früh, iarna-bárach am andern Morgen. + cymr. borau morgen, avory „cras“, y-bore, yn-vore „mane“. corn. a-vorou morgen, avar früh. bret. en beure.

barennîkâ Tellermuschel.

ir. bairnech. + cymr. brennig-en F.
Aus barenn Fels, vgl. gr. λεπάς Napfschnecke : λέπας Fels.

1. bargo- Buch.

ir. barc .i. leabar.
an. börkr, engl. bark, mnd. borke Rinde, woher nhd. Borke. Verwant mit skr. bhûrja, lit. bérsas, nhd. Birke? Oder ist barc entlehnt?

2. bargo- Kuchen.

ir. bairgen (Grundform barginâ). + cymr. bara M. (aus *bargo-) „panis“. corn. bara (gl. panis). bret. bara.
Vgl. lat. ferctum Art Opferkuchen und lett. birga Dunst, Qualm, preuss. au-birgo Garkoch, birga-karkis Kelle, oder an. bergja schmecken, kosten, geniessen.

*bard, *brâd sprechen.

bardo-s Barde.

gall. bardo-s, Cattaus Bardi f. (Rc. VIII, 138), bardo-cucullus, Bardo-magus, bardaea, bardala, Namen der Haubenlerche.
ir. bard M. Barde. + cymr. bard. acymr. bardaul (gl. epica). corn. barth hirgorn (gl. tubicen). mbret. barz („le tréc. bárz et le vann. barh ‘barde’, du gaul. bárdos, sont d’accord avec le cornique barth et non avec le gall. bardd“).
Vgl. preuss. gerdaut sagen, griech. φράζω zeige an.

brâdo- Rede.

cymr. ammrawdd M. (aus am-brawdd) Umschreibung, brawddeg Redensart.
ahd. gruoz Anrede, Ansprache, Anklage, Gruss, vgl. gruozan rufen, nennen, grüssen, angreifen, as. grôtian anreden, ags. grêtan grüssen, herausfordern, afries. grêta anklagen (B.).

barso- Spitze s. *bersô stehe empor.

bali-s, baljô-s Haus, Wohnung, Ort.

ir. bail, baile Ort.
gr. φωλεός Schlupfwinkel, Lager, Bau wilder Thiere. Unsich

*balô komme um s. *bel sterben.

balo-s weissgesichtig s. *bê leuchten.

balko-s fest, stark, stolz.

ir. balc stark. + cymr. balch „superbus, arrogans“. bret. balc'h.
gr. φολκός, Beiwort des Thersites (?). lat. fulcio?

ballano- Trinkgefäss.

ir. ballan Trinkgefäss. Entlehnt?
an. bolli Opferschale, ags. bolla Topf, Napf, Krug, ahd. bollâ bauchiges
Gefäss, Knospe, nhd. Bolle, engl. bowl. Vielleicht aus dem Germanischen
entlehnt.

ballo-s Glied.

ir. ball M., baill (gl. membra).
gr. φάλλος „penis“. — nhd. (hess.) bille dass.
Ir. ball Fleck, woher ballach (gl. urbiculatus), scheint mit roman.
balla, balle Kugel verwant zu sein.

*bave günstig, nützlich sein.

bavano-s glückbringend.

ir. buan .i. maith, in hen búan LL. 153ᵃ, 22, ambuan .i. olc.
Buanand (Grundform Bᴠan-annâ) scheint der Name einer Gottheit
gewesen zu sein, deren wohlwollende Natur durch Cormac's Worte
„Buanand erat máthair na fiann .i. dagmathair“ angedeutet wird.
lat. Faunus, Favonius, Fones „dei silvestres“; umbr. fons „propi-
tius deus“, fututo foner „estote propitii“.

bavos- Gunst, Vortheil, Nutzen.

ir. baa, bâa Nutzen LU. 55ᵇ, 58ᵇ, 85ᵇ, bá .i. torba O'Dav. 59,
.i. maith O'Cl.; mir. bás, bá : bóre nárbu bae la Iudeu creitem
Wb. 5ᵇ, 12, nir'bo bá leiss sárgud meic sethar a athar LL. 240ᵇ,
12, ní bái bás di sodain desin LU. 85ᵇ, 31.
lat. favor.
Fasst man bavos-, favor als ghavos-, so kann man in lit. gausus reichlich, gausingas freigebig, mildthätig, lett. gausa Genügen, Gedeihen,
Segen beim Essen, dîws gausi Gott gesegn' es Weiterbildungen
dieses Stammes sehen (B.).

basko- Band.

ir. basc Halsband.
Vgl. gr. φάσκωλος Ränzel, lat. fascia, fascis, fiscus (?).
Eine Weiterbildung ist abrit. bascauda geflochtener Korb Martial.
Sat. XIV, Juv. XII, 46. Ncymr. basged, basgawd „sporta, cophinus,
corbis, canistrum“ sind entlehnt.

11*

(*bê leuchten.)

belo-s hell, glänzend.

gall. Belenos, Belinus, Beleno-castro, Beliniccus, Belinia, Belisama, mons, villa Belenatensis (Rc. VIII, 145). „Le nom de Belisama doit être reconnu vraisemblablement dans ceux de Belisma, et de Belesma, portés l'un par Blismes (Nièvre), en 1287, l'autre par Blesmes (Marne), dans le siècle précédent" (Rc. VIII, 146, 182, 392). abrit. Cuno-belinus, S[u]belino.

ir. bel-tene (Grundform belo-te⟨p⟩niâ) der 1. Mai, an welchem die heidnischen Iren Feuer anzündeten und Vieh hindurch jagten. + cymr. Ri-uel-gar, Beli.

Vgl. an. bál Scheiterhaufen, ags. bæl dass., Feuer, asl. bĕlŭ weiss und lit. bálti erbleichen, skr. bhâla Glanz.

*ban scheinen.

ir. tes-banat „deficiunt", cét-banim ich verstehe, do-for-banim „evenio, pervenio".

gr. φαίνω zeige, Med. scheine.

bâno-s weiss.

ir. bán weiss, bánaim bleiche.

Vgl. skr. bhânú Schein, Licht, mhd. büene bohne, niederl. boenen blank reiben.

bâno-s für bóno-s? Dann lassen sich alle wurzelverwandten Wörter unter eine Ablautsreihe bhê : bhô : bha bringen.

balo-s weissgesichtig.

cymr. bal weissgesichtig (von Thieren). bret. bal M. „tache ou marque blanche au front des chevaux, vaches, chiens, etc."

gr. φαλός glänzend.

bei- Kien.

ir. bí (gl. pix), bide „piceus".

Vgl. ags. cén „pinus, taeda", ahd. mhd. kien Kien (?).

*bei, *bî schlagen.

ir. ro-bí „percussit", Pl. 3 ro-béotar, Pass. Prät. Sg. 3 ro-bíth „percussus est".

asl. biti schlagen.

Hierher abret. bitat (gl. resicaret)?

beiali-s Beil.

ir. biail Beil F., Gen. béla LL. 117b. + cymr. bwyeill. acorn. bahell (leg. buhell), bael (in lau bouhazl; nbret. bouchal, bouhal „hache".

Vgl. ahd. bihal, bial, ags. bitl = nhd. Beissel, čech. ‹

gr. φιτρός Block.

beiô ich lebe, bin.

ir. bíu „sum“, béu „sim“, bíinn „eram“, bía „ero“, *bíam — βέλομαι, ro-bbî „fuit“, wofür unter dem Nachton -bi, -bai, -be, -bae. + cymr. bwyf „sim“, bit „sit“. acorn. biic[b] „sis“; mcorn. byen „eram“.

gr. βέλομαι werde leben, ζῆν leben vgl. skr. jî-ri lebendiges Wasser, jî-rá rasch, lebhaft, zend. jî-ti Leben, lit. gyjù lebe auf.

bitu-s Welt.

gall. bitu- in Bitu-daga, Bitu-rix (Rc. III, 160; VIII, 881), Bitu-riges „Bourges“, Bituitus und vielleicht in BITOYIOC, BOYI-BITOY Rc. IX, 29. abrit. Dago-bitus.

ir. bith M., Gen. betho Welt. + cymr. byd M. „mundus, seculum“. corn. en-bit (gl. mundus l. coemus); mcorn. bys. bret. bet, Pl. bedou.

Vgl. zend. gaêtha Welt.

bivo-s lebendig.

ir. biu, beo lebendig. + cymr. byw. bret. beu „vivant“.

skr. jivá lebendig, lat. vívus, lit. gýwas lebendig, asl. živŭ dass.: got. qius lebendig. Vgl. ags. cwicu lebendig, engl. quick, ahd. quec, cheo, nhd. keck.

bivoto-n Leben, Lebensmittel, Speise.

ir. biad Nahrung, Speise. + cymr. bywyd „vita, victus“ (Davies). corn. buit (gl. cibus vel esca). bret. boet; abret. boitolion „nourissants“.

gr. βίοτος Leben, Lebensunterhalt. — lat. vita. — lit. gyvatà (das ewige) Leben; asl. životŭ Leben.

bivotût- Leben.

ir. beothu, bethu Leben, Gen. bethad. Die obliquen Casus beruhen auf bivotât.

gr. βιότης Leben.

Cymr. buchedd F. = bret. buhez und corn. bewnans, bewnens O. 701 sind zweifellos mit beothu verwant, aber ihre Bildung ist unklar.

bîvo-s Leben.

ir. Dat. it biu in deinem Leben Fiacc 51. + corn. biu (gl. vita), biu en lagat (gl. pupilla, wörtl. „vita oculi“).

skr. jivá Leben; apers. j'iva dass.: gr. βίϝος Leben.

biu „penis“.

·ᵑ-λιτανός Plut. mul. virt. p. 259 B.

.juvencus“, kvíga „juvenca“ (? B.).

*bek fassen, picken(?).

gall. Becco (gl. gallinacei rostrum) Sueton. Vitell. XVIII, woher vermuthlich franz. bec, engl. beak.

ir. bél M. Lippe (Grundform baklo-s), Gen. beoil (B.).

Unsicher, da bél auch für *betlo-s stehen und zu got. qiþan gehören kann. S. batô ich erkläre.

Die Verwantschaft mit ahd. bahho Backe mag dahin gestellt sein.

beko-s Biene.

ir. bech Biene, Acc. Pl. beocho LL. 34ª, 52. + cymr. begegyr „fuous".

bekko-s, bekkano-s klein.

ir. becc klein, wenig. + cymr. bâch, bychan „in Flintshire bwchan, M. bechan" (R. Williams). mcorn. beghan, byhan, byan. abret. bihan. Der Superlativ dieses Wortes mit Verlust des Suffixes ist vielleicht enthalten in Uuin-bicham (Loth).

Flintshire bwchan M. — acorn. boghan (gl. parvus) weist auf urkelt. bokkano- oder boksano-s.

begô ich bitte.

ir. do-begim ich verlange, -toibgim redupl. s-Fut., do-bibussa .i. doibegait LB. 62ª, dobosat O'Dav. 76. + cymr. bychodog. corn. boghodoc (mit Assimilation).

Vgl. skr. bhíkṣate erbitten, bhikṣā das Betteln, was zu bhájati zutheilen, erhalten, griech. φαγεῖν essen, asl. bogŭ Gott hinüberleitet (B.). Auch engl. to beg; gr. πτωχός Bettler?

bêti- Weg s. *bâ, *bê gehen, sein.

betvâ Birke.

gall. betulla Plin. XVI, 30. 18.

ir. bethe (gl. buxus), beith. + cymr. bedw, Sg. bedwen „betula". corn. bedewen (gl. populus). bret. bezuenn „bouleau"; abret. bedun, Lisbedu, Lis-vedu (?).

lat. betula.

Auf betúlla, *bedoulle beruht franz. boule.

bedo- Grab.

cymr. bedd M. „sepulchrum", Pl. beddau. corn. bedh. bret. bez M. „tombe", Pl. beziou. Ein abret. bet scheint in Bet-furic enthalten zu sein.

Vgl. gr. βόθρος, βόθυνος Grube(?), lat. fodio, lit. badýti stechen, bedu grabe, lett. bedre Gruft, asl. bosti stechen.

Die irischen Wörter für Bett, welche gewöhnlich mit den obigen

Wörtern verbunden werden, scheinen von einer Wurzel auf t herzu-
kommen: lepaid, Gen. leptha, aus *lig-bati, *im-baid, Gen. imtha (ben
imtha, gl. pellex, wörtlich lecti mulier).

bebro-s Biber.

gall. *bebrino-s ("bebrinus" Schol. Juv. 12, 24), Bebronna, Bibr-ax,
Bibracte, Bibroci.
corn. befer (gl. fiber). bret. hieuzr.
skr. babhrú braun, eine grosse Ichneumonart; zend. bawri Biber, paz.
bawara-i-âwi Otter, Biber. — lat. fiber, fibrinus, Fibrénus. — ahd. bibar,
ags. beofor, engl. beaver, an. björr Biber. — lit. bĕbru-s; asl. bebrŭ
bobrŭ.
Von bebro-s kommt franz. bièvre.

*ben gehen s. *bâ, *bê gehen, sein.

benâ Weib, Gen. bnãˊs, N. Pl. bnâs.

ir. ben Nom. und Voc. Sg., Gen. mná, Dat. mnái, N. und Acc. Pl. mná,
Gen. ban-n, Dat. mnáib. + cymr. bun, benaig, benyw. corn. benen
(gl. sponsa), benen rid (gl. femina).
skr. gnâ Weib von übermenschlicher Art, N. Pl. gnâs (in gnâs-pati);
zend. ghena Weib, Nom. Pl. ghnâoç-ca. — arm. kin dass. — gr. γυνή,
bŏot. βανά Frau. — got. qinô, as. ahd. quenâ, an. kona (Gen. Pl. kvenna)
Weib, vgl. got. qêns, ags. cvên, engl. queen, an. kván dass. — apreuss.
genno, Acc. gannan; asl. žena dass.
Der Gen. Dual (ban) und Pl. (ban-n) beruhen auf dem Stamm bánâ,
die übrigen obliquen Casus auf bnâ. — Ir. bé (bé find weisse Frau)
setzt den Stamm ben-, Nom. Sg. bens voraus.

benô ich schlage, Perf. gegona.

ir. benim schlage, Perf. gegon, do-di-bnim, do-fui-bnim (gl. succido),
etir-di-bnim tödte, for-benim ich vollende, nifor-bai "non perfecit",
im-dí-benim ich beschneide, ind-ar-benim "repello, expello". + cymr.
cymmynu (aus kom-benô) "asciare, dolare, dedolare, securi percutere,
contundere" — bret. kempenet, kemenet, jetzt guemené (Rc. VII, 145),
kemener "tailleur"; acymr. du-beneticion (gl. exsectis). bret. et-binam
(gl. lanio), benaff "couper", quemenas (aus kom-b.) "tailla, fabriqua",
dispenn (für dis-benn) "dechiqueter".
skr. han schlagen, treffen, töten, 3. Sg. hánti, 3. Pl. ghnanti, Perf.
jaghâna; zend. jan dass. — gr. θείνω schlage, treffe, tödte, ἔ-πε-φνον,
πέφαται. — got. banja Wur.. .... gnô, an. gunnr Kampf.
— lit. genĕti einen Baum .. . . ·n.

ande-bni⸱ ⸱ indo- ge

Vgl. skr. ahi⸱gh⸱

goni- Wunde.

ir. guin Wunde, Töten, Gen. gona.

Vgl. got. banja (s. o.), as. beni-wunda Wunde, gr. φόνος Mord.

bensmen- Schlag.

ir. béim N. Schlag, Schlagen. + corn. bom, Pl. bommyn und bommennow O. 2324. bret. boem, bom, „Pl. bomou et bémen dans bom douar (litt. coup de terre) la levée de terre que fait le soc de la charrue".

bono- Schlag.

cymr. bon in bon-clust „colaphus".

skr. ghána das Erschlagen. — gr. φόνος Mord.

bennâ Horn, Vorgebirge, bennâko-s spitzig.

gall. Bénâcos Verg. Georg. II, 159, Aen. X, 205, Βήνακος Strabo IV, 6. 12 (Variante von *Bennâcos) „aux promontoires multiples, le lac de Garde" (Rc. VIII, 111).

ir. benn Horn, Spitze; bennach spitzig. hochländ. beinn F. + cymr. bann M. „excelsum, altum, procerum". mbret. ban „eminence, saillie, hauteur" (Ban-en-beren), benny „corne, lat. musa, cornemuse".

Das moderne Chantoin lässt vermuten, dass es auch einen Stamm benno- oder bennos- gegeben habe. Aus Cantobenna würde, wie Loth bemerkt, *Chantoine geworden sein. Von ihm stammen Canto-bennici montis Greg. Tur. II, 21 und Canto-bennensi in crypta ibid. I, 44.

bennâ Wagenkasten.

gall. benna, combennones „in eadem benna sedentes" Festus.

cymr. ben F., benyn M. Karre, Wagen.

Vgl. mhd. büne, bün, nhd. Bühne „tabulatum, contignatio, pavimentum" (B.). — ags. binn Krippe, Kasten, engl. bin, nhd. benne sind gleich franz. benne aus dem Keltischen entlehnt.

bensmen- Schlag s. benô ich schlage.

*ber spalten.

ir. bern, Acc. beirn Kluft (Grundform bernâ), berna dass. (Grundform bernajo-), berna, Gen. bernad, Acc. bernaid dass. (Grundform bernât-), bernach spaltig.

Mit arm. beran Mund, lit. burnà dass. zu zend. pairi-barenefiti sie schneiden, gr. φάρος Furche, lat. foramen, ahd. borôn bohren.

*bera, *brâ urteilen.

bṛtā´, bṛtó-s Urtheil.

gall. vergo-bretos „summus magistratus" (judicium exsequens).

ir. breth Urtheil, Urtheilsspruch. + cymr. bryd Gesinnung, Absicht. corn. brys.

S. das folgende und cymr. barn F., mbret. barn „jugement" (Grundform barnâ), barnu „juger", ir. barn Richter (Grundform barno-s), barn .i. rechtaire, .i. breitheam.

bràtu- Gericht.

gall. Bratu-spantium, Mandu-bratius, Cassi-bratius.

ir. bràth M., Gen. bràtho Gericht. + acymr. braut, ncymr. brawd F. „judicium". corn. breuth, breus, brodit (gl. iudex). bret. breut „débat, plaidoyer".

Möglicherweise sind gr. φρήν Gemüth, an. grunr Ahnung, gruna beargwöhnen zu vergleichen (B.).

berô ich trage, t-Prät. berto.

ir. biur „fero", beri „fers", skr. „bhárasi", -beram „φέρομεν", -berid „φέρετε", berit „φέροντι", -breth „datum est" (— skr. bhṛtá). Dazu die Composita at-biur „dico", epert „dicit", as-biur „dico", as-bert „dicit", for-biur „cresco", for-ru-bart „inolevit", do-biur „do", do-bert „dedit". + cymr. cymmeryd, kymirth (Rc. VI, 24). corn. kymeres, kemeres. bret. kemeret.

skr. bhárâmi trage. — gr. φέρω dass. — lat. ferô. — got. baira, ahd. biru trage. — asl. berą „lego".

⟨p⟩arei-berô geniesse.

ir. airbiur biuth „vescor". + cymr. arferu „uti, assuescere, assuefacere".

*ko-berô ich nütze, wünsche.

gall. Cobro-mara(?) C.I.L. III, 8598.

ir. cobar (Grundform kobro-s) in Con-chobar, ac-cobar „voluntas", cobir Grundform (kobri-s) „auxilium". + abret. Mor-cobris, Hael-cobrant, Courant-gen, Cat-cubrat. Zur Bedeutung vgl. gr. συμφέρει es frommt, lat. fert animus.

kom-berô vereinige s. ko-, Präfix.

*bero- das Tragen.

eni-bero-s Mündung s. ení in.

Vgl. gr. ἐμ-φέρω trage hinein.

kom-bero- Vereinigung s. ko-, Präfix.

berto-s Bürde.

ir. bert 1. Bündel, 2. Geburt Saltair na Rann 1897 (bertait sie gebären ibid. 2981).

gr. φερτός getragen, ertragen, vgl. φόρτος Last, Fracht, Bürde.

bṛtí-s Tragen, Geburt.

ir. breith, brith Geburt.

skr. bhṛti- das Tragen. — lat. fors, forte. — got. ga-baúrþs, ahd. (gi-)burt, engl. birth, nhd. Geburt, as. kuni-burd Geschlecht.

Zu den Ablautsformen ber, bṛ, welche sich aus dem vorstehenden ergeben, kommt bor in ir. borome (die Aussprache bòrome beruht auf Volksetymologie) F. Steuer (Grundform boromjâ), do chuindchid na boromi (lies borome) LU. 118ᵇ 17, conna íarfad in mboromi LU. 118ᵇ, 22; vgl. gr. φόρος Steuer, russ. borŭ dass.

Wohin gall. bormo- in Bormano et Horm(anae), Lucus Bormani, Bormononia dea, Bormanicus deus, Bormanum, aquae Bormonis, Bormitomagus Esser 105 gehört, ist unklar. Von lat. formus ist es fernzuhalten, s. gorô erwärme.

beru- Spiess.

ir. bir N. Stachel, Spiess, Dat. Sg. biur, Nom. Pl. bera 72ᵇ, 30, Gen. Pl. na mbera LU. 69ᵇ. + cymr. corn. ber (gl. ueru). bret. ber.

gr. βαρύες, βδαροί „δένδρα" (Hes.). — lat. veru; umbr. berus, Dat. Pl. Spiessen.

Vgl. apreuss. garian Baum, lit. gìrė Wald.

Vielleicht gehört auch das gall. Dimin. Berullus (Rc. VIII, 381) hierher. Wegen des i in ir. bir s. gelu- unter gelô verzehre, medu- u. s. w.

beruro- Brunnenkresse.

ir. biror, bilor Wasserkresse. + cymr. berwr Ir. Gl. No. 184. corn. beler (gl. carista l. kerso). bret. beler „cresson".

Eine Nebenform erscheint in gall. berula Marcell. De medicam., woher franz. berle; eine andere in span. berro, cymr. berw (N. Wales) und berwy (South Wales).

*berk, *brak blinken.

berto-s blank.

ir. Flaith-bertach. + cymr. berth „pulcher, nitidus". bret. Berth-walart.

got. bairhts hell, offenbar, deutlich, ags. beorht glänzend, strahlend, engl. bright, an. bjartr licht, hell, ahd. beraht glänzend. — lit. berszta wird weiss. Vgl. gr. φορκόν· λευκόν, πολιόν (Hes.), skr. bhrāçate leuchten.

Wegen des Verlusts von k in der Gruppe rkt s. arto-s Bär.

*braku- blinkeñ, blicken.

ir. brafad Blick, la brafad súla — got. in brahva augins.

. Vgl. got. brahv das Blinken, mhd. brehen leuchten, glänzen.

Das f (— ph) des irischen Worts deutet auf Entlehnung aus einem britischen *brapat, worin p regelrecht = kv.

(*berg, *brg hoch, stark sein.)

bergo- Berg.

gall. Bergusia, Bergomum, ro-bergensis (Glück KN. 89, Thurneysen KR. 44).

cymr. bera Haufe („acervus segetis vel fæni" D.).

zend. bareza Höhe. — ahd. berg, ags. beorh Berg, an. bjarg Fels, got. *bairga in bairgahei Gebirge. — asl. brégŭ Ufer.

Corn. bret. bern aus *bergen-.

1. brg-, 2. brgí- Berg.

ir. brí (lies brí aus *brix, *brig-s) .i. tulach O'Dav. 57, Acc. brigh ibid. + cymr. bre, Pl. breon „mons, collis" (daher Pen-bre, moelfre), bry hoch, bry, fry Adv. oben. corn. bry. bret. bre.

gall. Brigi-ani „monticolae", Brigantes, Brigantia (Bregenz), Brigios Rc. IX, 29, Are-brigium „in monte situm" (KZ. 24, 541).

cymr. brynn „collis", bret. bern sind dunkel, vgl. ex monte Brenno Holder 525.

got. baúrg-s, Genit. baúrgs (Stamm burg-), Dat. Pl. baúrgim (Stamm burgi-) Burg, Stadt. Vgl. zend. bereza hoch, Ntr. Höhe, gr. πύργος Thurm, Bollwerk, lakon. φ(ο)ύρχος · ὀχύρωμα (Hesych), mhd. brogen sich erheben, ags. brego Fürst, Herr.

Ein Nebenstamm brgã erscheint in gall. Ad-mageto-briga, Ἀρτο-βριγα, Augusto-briga, Eburo-briga, Litano-briga, Nemeto-briga Glück KN. 126 (Dimin. Deo-brigula in Spanien). Brigiani, Are-brigium. Ir. borgg, borc Stadt ist aus dem spätlat. burgus entlehnt, das selbst aus dem German. stammt.

brgant- hoch.

abrit. Brigantes „die Hohen, Edlen" oder Höhenbewohner.

cymr. braint, Pl. breiniau Vorrecht, Praerogative. bret. bliñchenn F., Pl. bleñchou Gipfel, Spitze, Ende.

skr. brtunt gross, hoch hehr, zend. berezañt hoch.

Al . . ng von i . . . sei erwähnt cymr. breenhin, brenhin „re . . h . . . . achfolgenden Accent verursacht ist) — cor: . . . . . (Grundform brgantīno-s).

Brigit war nach Cormac die Gottheit, welche Dichter anzubeten pflegten (bandee noadradis filid). Ebenso war Bragi,
dessen Name mit Brigit verwant ist, der skandinavische Gott
der Dichtkunst. Brigit hiess auch eine berühmte Heilige und
in Folge dessen wurde dies Wort ein beliebter Frauenname.

bervô siede, koche, schmelze.

ir. berbaim (d. i. bervaim) ich siede, koche, schmelze. + cymr. berwi
„bullire". bret. bervein, beruein.
skr. bhuráti zappeln, zucken. — gr. φύρω verwirre, πορφύρειν sich
purpurn färben. — lat. fervo, ferveo.
Hierher mit anderem Ablaut gall. (Apollo) Borvo, Borvo deus bei Bour-
bonne les Bains, Borvonia dea, Borbeto-magus für Borveto-magus.

brennô' walle, siede, brunnô' ich springe.

ir. -brennim in doeprennim (aus *to-aith-brennim) ich fliesse,
do-e-prannat (gl. affluant) Ml. 39 b, do-r-é-prenset „fluxerunt",
brunnim ich springe, nobruinned LL. 108ᵃ 19, brunnid breo di thein
LL. 145ᵃ 40, ara mbruinnet secht primsbrotha LL. 156ᵃ, 15.
Vgl. got. brinnan brennen und brunna Brunnen im folgenden.
Hierher vielleicht Branno-dunum, Branno-genium, Branno-vices,
Brannovii und cymr. brann M. „furfur", bret. brenn (Grundform
brenno-). Aus letzterem stammen afranz. und mengl. bren, während
nir. bran aus dem nengl. bran entlehnt sein wird.

brevant- Brunnen.

ir. tipra (aus *to-aith-brevant-), Gen. tiprat Quelle.
gr. φρέαρ (für φρηϝαρ), Gen. φρέατος Brunnen. Vgl. armen. albeur
Quelle, Stamm a-lbever-, got. brunna Brunnen und lit. briáutis sich
vordrängen.

brutu- „fervor, furor".

ir. bruth Gluth, Wuth, bruthnaigim „furo". + cymr. brwd „calidus,
fervidus", brydio „fervere". corn. bredion (gl. coctio). abret. brot
(gl. zelotypiae), brout „(feu) ardent".
Vgl. lat. de-frutum „defervefactum", ahd. prod, ags. an. broð
Brühe, engl. broth und mhd. briuwen brauen.
Auf bru kochen beruhen auch ir. bruith Kochen (Grundform broti-),
Gen. Pl. brothe LU. 121 b, 8, und bruthe Brühe in én-bruthe
Fleischbrühe (Grundform brotjo-).

(*bersô stehe empor.)

barso- Spitze.

abrit. Cuno-barrus (hochköpfig?), Ena-barri, Vendu-barri, Barri-
vendi. Barri-vendi (Hübner 88), *Barro-vindos (cymr. Ber-wyn) —
ir. Bairr-finn, wie Vendu-barri = ir. Finnbarr.

ir. barr Schopf, Gipfel. + cymr. beryn. corn. bar. bret. barr „branche".

an. schwed. norweg. barr Nadel, Tangel an Nadelbäumen (B.), vgl. skr. bhriṣṭí Spitze, Zacke, lat. fa(r)stigium, ahd. parrén starr emporstehen, ahd. an. burst, ags. byrst Borste.

borso-s gross, stolz.

ir. borr gross, stolz, agh borr O'Dav. 61 s. v. ben for blai. + corn. bor (gl. pinguis), berri (gl. pinguedo).

Vgl. ahd. parrunga „rancor, superbia, invidia".

Von borr sind hochländ. borras „projectura" und borrasach „labiosus" abgeleitet.

brotto-s Stachel.

ir. brot M. Stachel, Dimin. bruitne. + corn. bros. bret. brout. ahd. brort Rand, an. broddr, ags. breard Spitze. Grundform brozdho-s.

Hierzu wohl cymr. brathu stechen, durchstechen, beissen, brath Stich, Biss, corn. brath-cy Kettenhund (Thurneysen KR. 47) und vielleicht auch abret. brothrac (gl. agipam, i. e. acupictam).

cymr. brodio ist gleich franz. broder, engl. broider entlehnt aus mlat. brosdus, welches selbst auf einem deutschen Wort, etwa *bruzdôn, beruht.

berso-s kurz.

ir. berr kurz, berraim „tondeo". + cymr. byr. corn. ber (gl. brevis). bret. berr „court".

Mit gr. φάρσος Stück zu *bres brechen?

*bel sterben.

gall. Belatu (C.I.L. V, 6000), Belatu-cadrus (-cardus), Belatu-mára, Belatullus, Belatulla und vermuthlich Bello-vesus (lies Belo-v°?).

*balô komme um.

Ausser dem folgenden kann hierher corn. gal (gl. pestis) gezogen werden.

ad-balô komme um, t-Prät. balto.

ir. at-bail [per t"], at-ru-balt „mortuus est". + cymr. balla [sa...] [...] rire, deficere".

[lat ...] perierit", ahd. quelan Schmerzen haben, [...] lit. gélia schmerzt, preuss.

bele[...]
cymr.

ahd. pilih, mhd. bilich, nhd. Bilch.

franz. belette entlehnt aus dem Kelt., asl. plüchü aus dem Deutschen.

⟨*bela, *blâ schwellen, blühen.⟩

beljo-, beljâ Baum, Blatt.

hochländ. bile Blättchen, Blüthe.

gr. φύλλον Blatt, Laub, Blume. — lat. folium.

bile bedeutet im Irischen nur einen merkwürdigen alten Baum, aber im Hochland sind bile F. Blättchen und seine Ableitungen bileach, bileag gewöhnlich. Möglicherweise ist die altkeltische Form dieses Worts erhalten in Βιλινουττία, Βιλιουκάνδας (corrupt?), welche Dioscorides als gallische Pflanzennamen überliefert.

blâto-n Blüthe, Blume.

ir. bláth N., Dat. Sing. bláth Blume, Blüthe. + cymr. blawd, blodon. corn. blez, blodon (gl. flos). bret. bleuzuenn „fleur“. Vgl. ahd. bluot Blüthe, ags. bléd Frucht, engl. dial. blooth und lat. flôs, flôris, osk. Flausaí „Florae“, got. blôma Blume.

belo-s hell, glänzend s. *bê leuchten.

bêssu- Sitte, Gewohnheit.

gall. bessu : Bestia dicitur de bessu, hoc est more, feritatis Virg. Gramm. XIV, 85, 18H.

ir. bés M. Sitte, Gewohnheit. + cymr. moes aus *boes. bret. boaz „coutume“.

Vgl. gr. πεῖσμα Seil, Thau, lat. of-fendimentum, germ. bindan binden. bêssu- aus bend-tu- (unsicher).

*bî schlagen s. *bei, *bî dass.

bitu-s Welt s. beiô ich lebe, bin.

bibedat- Schädiger, Verletzer, Feind, schuldig.

ir. bibdu, Pl. bibdaid (gl. obnoxii), bidbanas Schuld. + acymr. bibid (gl. rei, Gen. Sg.). bret. beuez „coupable“.

Vgl. nd. quâd böse, zornig, schlecht, schlimm und vielleicht lit. gèsti entzwei gehen, schadhaft werden, gadinti beschädigen, vernichten, gandháyate verletzen. S. jedoch gando-s knapp, karg.

*bino- übertreten.

ir. bine Uebertretung, Sünde (Grundform binio-), bith-benach gewohnheitsmässig übertretend.

gr. *βῖνέω* beschlafe, vgl. *βία* Gewalt, skr. jáyati gewinnen, unterwerfen, jináti überwältigen, lit. į-gýti erwerben.

bili-, bilio- Rand.

ir. bil (bil bán findruine LU. 106ᵃ), bile (gl. urla). + cymr. byl F. Rand, gwe-fl F. „labium, labrum". bret. gue-fl „gueule".

bilo-s, bili-s gut.

gall. Bil-caisio.
ir. bil .i. maith (Grundform bili?). + bret. Bili.
lat. bellus (aus *benlus, *dvenlo-s) ist fernzuhalten.
Vgl. gr. φίλος lieb, an. bileygr, ahd. Billung, mhd. billih billig, geziemend, unbilde Unrecht, lit. gailùs mitleidig?

bivo-s lebendig, bivoto-n Leben, Lebensmittel, bivotût-Leben, bîvo-s Leben s. beiô ich lebe, bin.

bistlo- Galle.

cymr. bustl M. corn. bistel (gl. fel). bret. bestl.
lat. bilis aus *bislis und vielleicht an. kveisa Beule, eitrkveisa von einer galligen Person.

bissi- Finger.

ir. biss in bissi ega Eiszapfen. + cymr. bys M. corn. bis, bys, bes. bret. bes, Pl. bisyat.
Vgl. an. kvistr Zweig, il-kvistir „foot-twigs = the toes" (B.).
Franz. bijou von bret. *bizou, mbret. besou „anneau" = corn. bisou Fingerring.

boukato- Lärm.

cymr. bugad M. „strepitus, tumultuatio".
Vgl. lat. fucus Drohne, asl. bučati brüllen, bykŭ Stier, bŭčela Biene, lit. bùkczus Stammler.

bou-kali- Hirt, boukkâ Kuh, bousso- Rindvieh s. bôv-s, bovi- Rind.

boudi- Sieg, Kriegsgewinn, Ertrag.

ir. búaid N. Sieg. + cymr. budd „utilitas, commodum, quaestus", buddiawg „quaestuosus" = gall. (Teuto-)bodiaci; acymr. budicaul victor" cymr. buddugawl „victoriosus". abret. bud (gl. bradium, e. br udic, Budoc u. s. w.
sch, Wechsel, býta austheilen, wechseln (woher engl. ten beuten, rauben, franz. butin, welche aus dem

boldjâ Schlag.

ir. buille Schlag.

Vgl. lit. béldżu klopfe, poche, poltere, nhd. poltern, bolderen, nd. bullern.

bôv-s, bovi- Rind.

ir. bou, bó Kuh. + cymr. buw F. „vacca“. abret. bou in bou-tig „stabulum“.

skr. go Rind, Stier, Kuh; zend. gâo. — gr. βοῦς Stier, Kuh, Rind. — lat. bôs; umbr. bue „bove“, bum „bovem“. — ahd. chuo, ags. cû, engl. cow, an. kú Kuh. — asl. govędo Ochse; lett. gûws Kuh. Der ir. Dat. und Acc. Sg. von bó (boin, boin-n) beruhen auf einem Stamm bonâ oder boni-, der an den ags. Genit. Pl. von cû (cûna, cỵna) erinnert.

Cymr. buw bildet seinen Plural (buch oder buchod) vom Stamme boukkâ (s. d.).

bou-kali-, boukaljo-. Hirt.

ir. buachail Hirt, Knabe, Gen. buachaille Arm. 17ᵇ. + cymr. bugail „pastor“, Pl. bugeiliaid. corn. bugel (gl. pastor). bret. bugel „berger, enfant“, Pl. bugale, bugaleou. Vgl. gr. βουκόλος Rinderhirt und 1. kelô heben, sich regen, treiben, gehen.

Andere Composita mit bou- sind cymr. buarth, abret. buorth (gl. bouello), Grundform bou-gorto-s, und cymr. beudy, abret. boutig (gl. stabulum), Grundform bou-tegos-.

boukkâ Kuh.

acymr. buch F. (gl. iuvenca). corn. buch (gl. vacca). bret. buc'h, Pl. buc'hed.

lat. (g)vacca (?).

mcymr. beuch (Brut y Saeson citiert von S. Evans), ncymr. buwch scheinen *bovókkâ vorauszusetzen.

bousso- Rindvieh.

ir. bós Rindvieh Ir. Texte III, 67, buas in buassach „πολυβούτης“, „ut dicitur buassach in fer lasm-bit ba imda“ (Corm. s. v. marc). mhd. kuose Schaf, tirol. küese weibl. Kalb oder Schaf, bair. küesse weibl. Kalb, an. kussa Kuh, kussi, kusli, kuslungr Kalb (B.). bousso- ist Weiterbildung des in gr. βόϝεσσι, lat. boverum, an. kýr enthaltenen Stammes bôves-, der auch in skr. gospada enthalten sein kann (B.).

bostâ (bastâ) die flache Hand.

ir. boss, bass F. Hand, Klaue, Huf. + bret. boz F. „le creux de la main“, bosad „poignée“.

gr. ἄ-γοστός flache Hand?

bosmen- Bissen, Stück.

ir. boimm don bairgin (gl. bucellam) LB. 49b, Pl. bommand‾ega Hagel-
körner, wörtl. Eisbissen.
Vgl. skr. bhásman kauend, verzehrend (bábhasti kauen, verzehren),
nhd. bamme, bemme Brotschnitte, bammen naschen.

*bu, *bove, *buje sein.

ir. Prät. bói „fuit", Aor. -bu, Fut. bud „erit", both „futurus", ro-both
man war.
skr. bhávati sein, Perf. babhūva, Part. Perf. Pass. bhūtá. — gr. φύω
zeuge, werde, Perf. πέφῦκα (πεφύ͞ασι), φυτόν Gewächs (= [ro-]both).
— alat. fùvimus, fùvisset, classisch fūi, fūat; umbr. futu „esto", fuia
„fiat"; osk. fufans „erant", fuid „fuerit". — ags. beón sein, engl. to
be sein, ahd. bim bin. — lit. búti sein; asl. byti wachsen, werden, sein.
Die meisten britischen Formen kommen von einem Stamm bujo- = äol.
φυίω. Aber das Prät. (buu-m, bu-f u. s. w.) und das Prät. II (buasswn
u. s. w.) beruhen unmittelbar auf bu.
Aus dem Gallischen ist vielleicht bonā in Augusto-bona, Julio-bona,
Vindo-bona hierher zu stellen. S. jedoch bonu- Wurzelstock.

butâ Haus.

ir. both F. Hütte, fuar-both, bothan (gl. casa). + cymr. bôd
„mansio, habitatio".
lit. bùta-s Haus. Vgl. an. búð (Pl. -ir) Wohnung, Bude, engl. booth,
nhd. Bude und got. bauan wohnen, nhd. bauen.

buti-s Sein.

ir. buith sein. + cymr. bot. corn. bos. bret. bout.
skr. bhúti vollkommenes Dasein. — gr. φύσις Natur. — lit. búti;
asl. byti Inf.

kom-buti-s Verbindung s. ko-, Präfix.

buvano-s dauernd.

ir. búan dauernd.
skr. bhúvana Wesen.

bukkâ Backe, Wange.

cymr. bôch F. „mala, mandibula", bochau „fauces", bochog „buccu-
lentus, buccones". bret. boch „joue".
lat. bucca (woher die obigen britischen Wörter übrigens entlehnt sein
können), vgl. gr. βυκάνη Trompete, nd. pogge Frosch.

1. bukko-s Bock.

ir. bocc M., cuilenn-bocc (gl. cynyps). + cymr. bwch „caper". corn.
boch (gl. caper l. hircus). bret. bouc'h „bouc".
Entweder ist bukko-s = skr. bukka Ziege, oder aus bhugnó-s ent-

standen und dann — ahd. booh, boc, ags. bucca, engl. buck, an. bokki,
bukkr Bock. Vgl. zend. bûza Bock, armen. buc „Lamm".

2. bukko-s 1. sanft, 2. Bogen.

ir. bocc (gl. tener), woher engl. bog; bocc Bogen in fid-bocc „arcus
ligneus" Sg. 107b. + abret. buc (gl. putris), Pl. bocion (gl. putres),
urkelt. buko-s.

bukko-s < bugnó-s, vgl. skr. bhugna gebogen, gekrümmt und ahd:
bogo, ags. boga, engl. bow, an. bogi Bogen, got. biugan beugen.
Loth (s. v. bocion) citiert vann. amzir poug „temps mou", wo p durch
das vorausgehende r veranlasst zu sein scheint.
Ir. bogha, cymr. bwa sind aus ags. boga entlehnt.

*bug schlagen.

ir. búalaim ich schlage (Grundform buglâô).
holländ. beuken stark schlagen, klopfen, nd. bôken schlagen, stossen,
hämmern, nhd. pochen.

butâ Haus, buti-s Sein s. *bu, *bove, *buje sein.

butto-s „penis".

altir. bott, jetzt bod, in Schottland bodag „meretrix, vacca taurum
cupiens", bodagachd „libido", bodair „scortator", bodach „asellus".
gr. βίττος· γυναικὸς αἰδοῖον Hesych.?
Oder bott aus bozdo-s, vgl. gr. πόσϑη das männl. Glied? oder ags.
peord „vulva"?

*budo- Gebot.

ir. robud (Grundform ⟨p⟩ro-budo-) Verwarnung, Gen. robaid (für robuid)
LU. 57a.
mhd. bot, ags. -bod, an. boð Gebot, vgl. gr. πεύϑομαι, πυνϑάνομαι
erforsche, got. ana-biudan entbieten, faur-biudan verbieten, lit. baústi
strafen, budĕti wachen, aal. buditi wecken, bŭdĕti wachen.
Vielleicht ist ir. buide Dank mit *budo- zu verbinden.

bundo-s Sohle.

ir. bonn „solea".
lat. fundus, vgl. gr. πύνδαξ Grund, Boden, skr. budbná Boden, Grund,
ahd. bodem Boden und an. botn, ags. botm dass.

bulakâ Beule.

ir. bolach F., Acc. Pl. bolcha (gl. papulas).
Vgl. ahd. bûllâ „papula", mhd. biule Beule, ags. bŷle, engl. boil Geschwür, Schwulst, got. uf-bauljan aufblasen.

bulato-s Geruch.

ir. bolad Geruch.
Vgl. lett. bu'ls dunstige, schwüle Luft, Höhenrauch, Dürre (B.).

buvano-s dauernd s. *bu, *bove, *buje sein.

bussu- Mund, Lippe.

ir. bus .i. bél.

Cymr. gwefus (= *vel-bussu-?) F. „labium, labiolum'' ist fern zu halten.

Vgl. lit. buczû'ti küssen und lett. mute 1. Mund, 2. Kuss (B.).

Engl. buss, to buss ist entweder aus dem Irischen entlehnt, oder Corruption von franz. baiser.

bṇdi- melodisch.

ir. bind melodisch. + abret. bann (gl. canora).

Vgl. skr. bándhate jauchzenden Zuruf empfangen, bhándiṣṭha am lautesten jauchzend.

bṛg-, bṛgí- Berg, bṛgant- hoch, Bṛgṇtî s. *berg, *bṛg hoch, stark sein.

bṛtâ', bṛtó-s Urtheil s. *bera, *brâ urtheilen.

bṛtí-s Tragen, Geburt s. berô ich trage.

*brâ fressen.

cymr. breuad M. „letophagus, vermiculus sepultorum cadavera exedens'' Davies (Grundform brâvoto-), breuan F. Aaskräbe (Grundform brâvenâ).

gr. βι-βρώ-σκω esse, vgl. skr. giráti verschlingen, -garâ verschlingend, gr. βορά Frass, lat. voráre gierig fressen, (carni-)vorus.

brâkâ, brakkâ Beinkleid.

gall. brâca „ἀναξυρίσιν, ἃς ἐκεῖνοι βράκας προσαγορεύουσιν'' Diod. Sic. V, 30, „bracas deposuerunt'' Suet. Caes. 80 al., Gallia Bracata, Brâcares oder Brâcari ein gallischer Tribus im tarraconischen Spanien.

Vgl. gr. φράσσειν umgeben, einschliessen?

Die Beziehung von brâkâ zu ags. brêc Steiss, ahd. bruoh, ags. brôc, an. brók Hose, nhd. Bruch ist noch nicht bestimmt.

Bret. bragez, Pl. bragou beruht auf mlat. braga oder afranz. brague, die beide von gall. brâkâ entlehnt sind. Ir. bróc F. (gl. sutolar), auch in berr-bróc, fuath-bróc und ul-bróc, ist wahrscheinlich aus dem Altnordischen oder Angelsächsischen entlehnt.

*braku- blinken, blicken s. *berk, *brak blinken.

*brag fesseln

ir. braga, Gen. '   (iefang..   ..sel (Stamm ▬▬nt-), braig Kette (Stamm br.

Vgl. gr. βρόχυ,   ·   bedräng   ·dfe'ns Ring (B).

brâgṇt- Hals, Nacken.

ir. brâge (gl. cervix). + cymr. breuant „guttur, iugulum“; acymr. Pl.
brouannou in abal-brouannou (gl. gurgulionibus). corn. briansen (gl.
guttur). abret. brehant in brehant dincat (gl. guttur receptaculi
pugnae) Rc. V, 418.
Vgl. an. barki Luftröhre, gr. φάρυγξ Schlund, lat. frûmen (B.). Oder
mit *brongo- (s. d.) zu verbinden?

bragno-s stinkend, bragsmen- (bregsmen-, brogsmen-)
Furz s. 2. *breg riechen.

brâtêr Bruder.

ir. bráthir Bruder. + cymr. brawd, Pl. brodyr. corn. broder, Pl.
bredereth. bret. breuzr, Pl. breudeur.
skr. bhrātā Bruder. — gr. φράτωρ Mitglied einer φράτρα. — lat. fråter.
— got. brôþar Bruder. — lit. broterėlis Brüderchen; asl. bratrŭ, bratŭ
Bruder.

brâtu- Gericht s. *bera, *brâ urtheilen.

bratto-s Mantel, brettâ (brotto-) Tuch.

ir. brat M. Mantel, bret F. Geifertuch, Lätzchen, comp. bret-nas Busennadel. + acymr. map-brethinnou (gl. cunis), map-brith (gl. cunabula),
brethyn „pannus laneus“. nbret. broz „petite cotte de femme“, womit
abret. brothrac (ir. brothrach?) verwandt sein mag.
Ir. brét, Acc. Sg. breit LU. 126a, 29, Dat. Pl. brétaib LU. 81b, 6
Tuch, Schleiertuch und das von ihm abgeleitete brétach weist auf eine
nasalirte Nebenform (brentâ) von brettâ.
Gegen Rhŷs' Zusammenstellung dieser Wörter mit skr. grathnāti
knüpfen, winden, granthí Knoten macht das g von gr. γρόνθος geballte
Faust, lat. grossus, deutsch Kranz bedenklich; s. jedoch brasso-s
„grossus“. Ags. bratt „pallium“ wird aus dem Irischen entlehnt sein.

brâdo- Rede s. *bard, *brâd sprechen.

branâ Rabe.

ir. bran Rabe, Gen. broine, Art-bran. + cymr. brån F. „cornix, corvus“,
Pl. brain, Cun-bran, Mor-bran. corn. bran, Pl. bryny. bret. bran F.,
Pl. briny, Bran-hucar.
branâ nicht — lit. wárna Krähe, asl. vrana dass., s. vrano-s. Etwa
— *gvranâ, vgl. asl. gavranŭ Rabe, preuss. geauris Wasserrabe, lett.
gaura Gänsesägetaucher (B.).
Abrit. Brano-dunum (Notit. Dign. 28. 6. 16) scheint mit seinem ersten
Bestandtheil hierher zu gehören.

brasso-s „grossus".

ir. bras .i. mór O'Dav. 58. + cymr. bras. corn. bras (gl. grossus).
bret. bras „grand, gros".

lat. grossus = skr. grathitá knotig, zusammengeballt? S. bratto-s
Mantel.

*brê sprechen.

ir. bríathar Wort (Stamm brêtrâ-).

Vgl. ahd. chweran seufzen und vielleicht asl. graj „cantus", serb.
grajati krächzen, reden, ahd. chrâjan krähen (B.).

1. *breg brechen.

ir. com-brugad „confringere", air-brech (auch tair-brech) Krachen,
bruchtaim rülpse. + cymr. brau „fragilis". bret. brae „instrument
à briser le chanvre".

lat. frangere. — got. brikan, as. ags. brecan, engl. break, ahd. brechan,
nhd. brechen.

Man beachte ru im Ablaut von re, ra.

2. *breg riechen.

bragno-s stinkend.

cymr. braen „putidus, tabidus". bret. brein „pourri".

Die Grundform ist zweifelhaft, s. mrakno-s morsch, faul.

bragsmen- (bregsmen-, brogsmen-) Furz.

ir. breim (is fearr breim ná cnead), broim; vgl. braigim „pedo".
+ cymr. bràm F. „crepitus ventris", brammu „pedere". corn.
bram, Pl. bremmyn. bret. bramm „pet".

Vgl. lat. frágráre und mhd. bræhen riechen. Oder zu 1. *breg
brechen?

Brettâ Landesname, Brettânoi Volksname.

Βρεττανοί (Strabo), Βρεττανοί (Dionys. Per.), Britanni (Caesar, Tacitus),
Brittones (Juv. XV, 124).

ir. Bretan, N. Pl. Bretain. + cymr. Brython. ncorn. Brethon. bret.
Breiz „la Bretagne".

Die Namen der britannischen Sprache (cymr. brythoneg, corn. brethonec,
bret. brezonec) sind vielleicht aus lat. (lingua) Britannica entlehnt.
Aber ir. bretnas (Goidil. p. 128, gl. 4), Dat. Sg. isin bretnais Trip.
Life S. 412, ist ein einheimisches Wort.

brenkâ Lüge, Trug.

ir. bréc F. Lüge.

skr. bhraṁça Fall, Verlust.

Auch Zusammenstellung mit ahd. as. crumb, nhd. krumm wäre nicht
unmöglich (B.).

*brend schwellen, sich erheben.

cymr. brynn M. „collis“ (Grundform brendo-).
Vgl. gr. *βρενθύομαι* brüste mich, *βρένθος* stolz, lat. grandis.

brondâ, brondjo- Brust.

ir. bruinne M. Brust. + acymr. bronn im Comp. bronn-breithet,
jetzt bron F. „pectus, mamma“. bret. bronn, bron F. „mamelle“,
in Ortsnamen auch ein runder Hügel.
asl. grędĭ Brust (wozu Miklosich slk. hrud Erhöbung stellt) (B.).
Aus einem hierher gehörigen kelt. Wort ist got. brunjô, ahd.
brunna Brünne entlehnt.

brennô' walle, siede, brunnô' springe s. bervô siede, koche, schmelze.

bremô ich brülle.

cymr. brefu „mugire, balare“, ad-fref F. ein wiederholter Schrei.
lat. fremo, ahd. breman brummen, vgl. gr. *φόρμιγξ* Cither.

brêvâ Brücke.

gall. Briva Isarae „pont de l’Oise“, jetzt Pontoise, Brivo-duron
„forteresse du pont“ (jetzt Briare), Brivate „endroit où il y a un pont“
(jetzt Brioude), Samaro-briva Brücke über die Samara (Amiens).
Vgl. an. brú Brücke, bryggja dass., asl. brŭvĭno Balken, nsl. brv be-
hauener Baumstamm, Steg (B.).
Zusammenhang mit bruvi-, bruvat- Augenbraue ist sehr unsicher.

brevant- Brunnen s. bervô siede, koche, schmelze.

brevon- (brâvon-?) Mühlstein, Handmühle.

ir. bró, Gen. broon Mühlstein, Handmühle. + cymr. breuan F. Handmühle. corn. brou (gl. mola). bret. breou, breo.
skr. grāvan- Stein zum Auspressen des Somasaftes, vgl. got. qaírnus,
ags. cweorn, engl. quern, ahd. chwirna Mühlstein, Handmühle, lit.
girnos = asl. žrŭny Handmühle.

*bres brechen.

ir. brisc, jetzt briosg brüchig, zerbrechlich, ápprisc (aus *ád-brisc)
„fragilis“ (Grundform bresku-). S. berso-s kurz.

brestô ich breche.

ir. brissim ich breche.
ahd. brestan, mhd. bresten brechen, bersten, gebrechen, ags.
berstan bersten, engl. burst, an. bresta bersten, mangeln, nd. nhd.
bersten.
Ob franz. briser, prov. brisar aus dem Keltischen, oder dem Germanischen stammt, ist zweifelhaft.

brestelo-s Streit, Krieg, kriegerisch.

ir. Bresal, Mannsname. + cymr. Con-bresel. corn. bresel.
bret. bresel „guerre".

Vielleicht gehören auch ir. imbresan (= imb-bresan) F., cymr.
ymryssan M. „rixa, contentio" und ir. brosnae (Grundform
brustanjo-) „fragmina" (vgl. ahd. prust Bruch, Riss) zu brestô.
brosnae kann aber auch zu an. brjóta, ags. breótan brechen
gestellt werden.

bresmen- Geschrei.

ir. bressim, breisim .i. gáir H. 3. 18, p. 51ᵇ, breisim brátha Ir. Texte
2. Serie 2. Heft, 182, torand-breisim BB. 260ᵅ 341, bresminigedar (gl.
frangari) Ml. 108ᵈ 6.

Vgl. lat. barrio, barrítus, asl. brechati „latrare". — Oder bressmi- aus
breksmi-, vgl. lett. brékt schreien? (B.).

brîgâ-, brîgo- Macht, Werth.

ir. brig F. Kraft, Macht, Ansehen, Werth. + cymr. bri M. „aestimatio,
dignitas, honor"; acymr. guo-briach (gl. sapientior). corn. bry. bret.
bri „égard, consideration".

Hierauf beziehen Glück KN. 127 und Fick Personennamen XXXIII
die gallischen Namen Brigo, Brigius, Brigia, Nitio-briges (denen Brigo-
banne, Brigo-gilum, Are-brignus, Are-brigium zugesellt werden können),
welche indessen sämmtlich insofern zweifelhaft sind, als die Quantität
ihres i unbekannt ist.

Zu deutsch Krieg, kriegen „niti, pugnare, capere, accipere"? (B.).

brîvo- zerbrochen, Bruchstück.

cymr. briw 1. „fragmentum", 2. „fractus", bara briw „fragmenta panis",
briwo „nocere, friare". corn. brew, breuyonen (gl. mica). bret. breva
oder brevi „écraser, briser, broyer".

lat. frivolus, frivola „sunt proprie vasa fictilia quassa" Festus, refriva
faba. — ahd. brî, ags. brîw Brei.

Zweifelhaft, s. *brûs streifen, verletzen.

*bro spitzig sein.

air. broth (gl. arista).

Vgl. asl. zrǔdǐ Stange? (B.). Oder zu lat. frūtex?

brokko-s Dachs.

gall. Brocomago, Broccomaza (lies Brocco-mago) Itin. Ant. edd. Parthey
u. Pinder 117.

ir. brocc Dachs, Nom. Pl. bruicc (woher dän. brok). + cymr. broch
(gl. taxo, l. melus). bret. broc'h „blaireau" („d'où le fr. broc 'pointe'!").
Vielleicht besteht ein Zusammenhang mit russ. barsúkǔ, türk. porsuk,

magy. borz Dachs (B.). Oder brokko-s aus *bhrodh-ko-s zu skr. bradhná falb, asl. bronŭ weiss?

Brokkagnos Dächslein.

ir. Broccân. + cymr. Brychan. abret. Brochan in Ran-brochan. Decabarbalon (!) filius Brocagni soll auf einem Stein bei Capel Mair gestanden haben (Rhŷs 393). Ein anderes brokko- erscheint in abrit. Broho-magli (Hübner 158), cymr. Broch-mael, Broch-fael und entspricht vielleicht dem ital. brocca, franz. broc Kanne, Krug, oder dem ital. brocca, franz. broche Spiess.

brotto-s Stachel s. *bersô stehe empor.

bronkô bringe.

cymr. he-brwng „deducere", he-bryngiad „deductor". acorn. he-brenchiat luir (gl. dux), he-brenchiat plui (gl. presbyter) mit ch für k; ncorn. hem-bronk „deducet", hem-brynkys „deductus", hom-bronkyas „deduxit". mbret. hambrouc; nbret. ambrouk.
got. briggan, ags. ahd. bringan, as. bringan, brengian, engl. bring, nhd. bringen.
D'Arbois de Jubainville zieht gall. A-brincatui hierher.

*brongo- (oder ähnlich) Kehle.

ir. brongidi (gl. raucae).
gr. βϱαγχός heiser, vgl. βϱόγχος Luftröhre, *βϱόχω schlürfe.
S. brägṇt- Hals, Nacken.

brondâ, brondjo- Brust s. *brend schwellen, sich erheben.

bronjâ Schiffsvordertheil.

ir. broine „prora", bruinech „proreta". + corn. brenniat (gl. proreta). Erinnert an ahd. grans, crans, granso Schnabel der Vögel, Schiffschnabel, „prora", nhd. Grans, Gransen (B.).

brosko- Schall, Lärm, Donner.

ir. brosc .i. torann, brosc .i. guth, Stimme H. 3. 18, S. 623. Zum Vergleich bietet sich zunächst lit. braszkěti krachen, prasseln, oder asl. grochotŭ Schall (B.).

*bru- stark.

cymr. bryw (Grundform brui-), wie cymr. dryw aus druid- 1. Stärke, 2. stark.
skr. gurú schwer, gross, wichtig. — gr. βαϱύς schwer, βάϱος Schwere, Stärke. — lat. gravis (= bru-). — got. kaúrus schwer, gewichtig.

*bru schwellen.

ir. brú (Stamm brun-), Gen. bronn Leib, Bauch, Dat. i mbrú, i mbru
Ml. 71ₒ 12, 15. + cymr. bru „venter, uterus".
Vgl. gr. βρύω sprosse, ἐμ-βρυον ungeborne Frucht im Mutterleibe,
Embryo, βρύον Moos. Oder skr. bhrûṇá Embryo, mhd. brûne „vulva"?
Auch lett. branna u. a. Eingeweide klingt an.

brugno-s Kummer, Sorge.

ir. brón M., Gen. bróin Kummer, Sorge. + cymr. brwyn M. „tristitia,
luctus" (Davies), stechender (prickender) Schmerz (Evans).
Vgl. gr. βρύχω knirsche mit den Zähnen, lit. gráužiu nage, gružinéti
etwas nagen, asl. gryzą beisse, gryža Magenschmerz, poln. zgryzota
Kummer.

brutu- „fervor, furor" s. bervô siede, koche, schmelze.

brunnó' ich springe s. bervô siede, koche, schmelze.

bruvi-, bruvat- Augenbraue.

ir. bra no brui .i. mala Augenbraue O'Clery, N. Pl. brai, Nom. Dual.
di brói LU. 55ₐ 44, Gen. Dual. cechtar a dá brúad.
skr. bhrû Augenbraue; zend. brvaṭ dass. — gr. ὀ-φρύς dass. — abd.
bráwa, ags. bræw, engl. brow dass. — lit. bruwis dass.; asl. brŭvī dass.
Vgl. abrant- und brêvâ Brücke.

*brûs streifen, verletzen.

ir. brúim ich zerschlage (Grundform brûsiô), bruithea (gl. comminuta)
Ml. 86d 27, brúsach (Stamm brûsáko-) Rand, Dat. Sg. bruuch, brúar
(Stamm brûsaro-) LU. 96ₐ, 12, bruan LL. 64b 27, brurech LU. 98b 30.
Vgl. asl. brŭsnąti „radere, corrumpere", obrusŭ „sudarium" (B.).
Hierzu gehört vielleicht cymr. briw (aus brûsu-?), corn. brewyonen,
bret. breyenenn bara „miette de pain". S. brívo-.
brúach kann auch auf brou-ko- zurückgeführt und zu lit. briau-nà
Kante gestellt werden.

blâto-n Blüthe, Blume s. *bela, *blâ schwellen, blühen.

blavi-s Haar.

acymr. bleu in bleu-porthetic (gl. lanigerae); ncymr. blew, Sg. blewyn
„crinis, pilus, villus, capillus". corn. bleu, blew. bret. bleo „poil".
gr. φλοιός, φλόος, φλοῦς Borke, Rinde, Schale? (B.).

blâvo-s gelb.

ir. blá .i. buidhe, Bláán Mannsname.
lat. flâvus. — abd. blâo „caeruleus, lividus, flavus", an. blár blau,
engl. blue. Franz. bleu, ital. biavo sind deutschen Ursprung.

bleido- Jahr.
cymr. blwydd M., Pl. blwyddau. bret. bloaz M., Pl. bloazyou.
Vielleicht zu as. ags. glidan, ahd. glitan gleiten : „labuntur anni".

bleidni- ein Jahr lang, Jahr.
ir. bliadain Jahr. + cymr. blwyddyn. corn. Voc. bliþen (gl.
annus); moorn. blethen, blethyn, blydhen.

bledo- (bledjo-) „bellua".
ir. bled Walfisch, Hirsch, Wolf, bledach „belluosus". + cymr. bled,
bleid (Bledud, Bledris, Bledbui, Bledgur, Arth-bleid), blaidd Wolf. corn.
bleit (gl. lupus). bret. bled, bleid in Bledic, Bleid-bara, Fou-bleid,
jetzt bleiz.
lat. bellua aus *beldva, wie mollis aus *moldvis?

blêno-s ermattet.
cymr. blin „fatigatus, lassus, defessus", blinder „lassitudo", blino
„fatigare". abret. blin, Pl. blinion, blinder (gl. segnitia).
skr. glâna erschöpft, von Kräften gekommen (Part. Perf. Pas. von glâyati).

blenni- Speichel.
ir. blind (leg. blinn) saile mairb eines toten Mannes Speichel Corm,
bas mblinnach ibid.
Vgl. gr. βλέννα Schleim, Rotz.

blîbo-s Wurfmaschine.
cymr. blif M. „catapult, ballista".
Vgl. gr. φλίβω, θλίβω drücke, quetsche, wozu vielleicht lat. fligo und
got. bliggvan schlagen.

bloidâ Gejauchze.
cymr. bloedd F. Geschrei, Gejauchze.
Vgl. gr. φλοιδάω lasse brausen. Oder bloedd aus *blozgâ (wie cymr.
maidd Molken aus *mezgo-)? Vgl. gr. φλοῖσβος Brausen, Getöse, lit.
blázgu, blázgéti schallen, klappern.

blogâ Bruchstück.
ir. blog Stück, Bruchstück, Gen. blogi (leg. bloge) LL. 125a 19, Acc.
bloig LL. 125a 20, 21.
Vgl. an. plokka entreissen, rauben, engl. pluck, mhd. phlücken, nhd.
pflücken.

blungo-s zürnend.
cymr. blwng „indignabundus".
asl. blaznŭ „error, scandalum", poln. błaźnić vexieren, betören? Sehr
zweifelhaft (B.).

blusko-s Getöse.

ir. blosc Getöse.

Vgl. gr. φλίαξ, φλίος Geschwätz.

N.

nâu-s Schiff.

ir. nau, Gen. nóe Schiff, Dat. Pl. noib Ml. 122ᵃ 8. + cymr. noe flaches Gefäss, Backtrog.

skr. nau-s Schiff, Kahn; apers. náv'i Schiff. — gr. ναῦς, ion. νηῦς Schiff. — lat. návis (woher mhd. nâwe, nhd. Naue). — an. nór eine Art von Schiff, nau-st „a ship-shed, boat-house".

„gall. 'nauso devehat' [advehi] (auf gallischem Gebiete) bei Ausonius Epist. XXII scheint ein gallischer, mit navis verwandter Schiffsname zu sein". Diefenbach Origg. Eur. 391. Nom. Sg. nauso-n, nauso-s?

nako, Negativpartikel s. *nê nicht.

nakô erreiche, erlange s. enk, nak dass.

nagro-s bescheiden.

ir. nár bescheiden, náre Bescheidenheit.

Vgl. gr. νήφω, dor. νάφω bin nüchtern, ahd. nuohturn, nhd. nüchtern.

natrîk-s Wasserschlange.

ir. nathir, Gen. nathrach „natrix, serpens". + cymr. neidr F. „coluber, anguis", Pl. nadroedd. corn. nader. abret. natrolion (gl. regulosis, i. e. basiliscal); mbret. azr mit dem Verlust von anlautendem n, welcher auch in eff Himmel und Ormant Normann begegnet.

lat. nàtrix, womit vielleicht auch got. nadr, ahd. natarâ Natter zusammenzustellen sind.

Loth ändert den abrit. Flussnamen Naurum zweifellos richtig in Natrum (heut Nader), und dies ist hierher zu ziehen.

***nad** nass sein.

ir. am-nass (Grundform -nassu < nad-tu-) nicht sanft, hart, scharfsinnig, amainss (aus *am-naisse) Schlauheit.

and. nat, nhd ·az nass, vgl. got. natjan benetzen und skr. nadî Fluss.

ni Gros

(ante, lat. nonna Nonne.

nankô ich bringe s. enk, nak erreichen, erlangen, bringen.

naskô ich binde s. *ned binden.

nasko- Ring.

ir. nasc, au-nasc Ohrring. + bret. nasq „cornière, lien“. ahd. nusca Spange, Schnalle.

(*nê nicht.)

nako, Negativpartikel.

ir. nach nicht. + cymr. nac, nag. corn. bret. na. Zur Bildung vgl. gr. οὐκ : οὐ.

nei nicht.

ir. ní, ma-ni, ca-ni. + cymr. ni, nid, ni's „non, haud“. zend. naê- (cis, -dha) nicht. — alat. nei, später nî (nî-mirum); osk. nei „non“. — ahd. nî, Negationspartikel. — lit. neí nicht einmal; asl. ni „neque“. Als Grundform ist vielleicht nicht nei, sondern das an die Spitze gestellte nê (= skr. nâ, gr. νη- in νη-κερδής, νή-ποινος, νη-πυθές u. s. w., lat. nê in nê-ve u. s. w., got. nê nein) anzunehmen.

ne-qo- irgend jemand.

ir. nech „aliquis“, Gen. neich, Dat. neuch, Acc. nech. + cymr. corn. bret. nep „quisquam“. lit. nekàs etwas, vgl. nekùrs „quidam“, nekadà zuweilen, lett. ká ne ká irgendwie.

ne⟨p⟩ôt- Schwestersohn.

ir. niæ, Gen. niath Schwestersohn. + cymr. nei, nai, Pl. neyeynt, nyeint. corn. noi (gl. nepos). bret. ny „neven“, „hors de Léon nî, Pl. nied“ Legon. skr. nápât Abkömmling, Enkel; zend. napât Nachkomme. — gr. νέποδες „τέκνα“. — lat. nepôs. — lit. nepûtis Enkel, Neffe.

neptâ, neptî Enkelin.

gall. Neptacus, Inschr. von Bourdeaux, citiert von d'Arbois 89. ir. necht (gl. neptis). + cymr. nith. corn. noit[h]. abret. nith (gl. nepta); bret. nyz. skr. naptî Tochter, Enkelin, lat. neptis, ahd. nift „neptis“, an. nipt weibliche Verwandte, Nichte, lit. neptis Enkelin.

*⟨p⟩nek keuchen, ersticken.

cymr. nych „languor, tabes“, nychdod „phthisis“. bret. nec'h „peine“, nechif „s'affliger“. Vgl. ahd. fneban „spirare, anhelare“? Oder steht ⟨p⟩nekso-, worauf die obigen kelt. Wörter weisen, für ⟨p⟩nesgo-, vgl. gr. πνῖγος Erwürgung, πνῖγω ersticke, ahd. fnaskazzen keuchen?

*neg durchbohren.

ir. ness .i. crecht Wunde Corm. (Grundform nekso-).
gr. νύσσω steche, durchbohre. — ahd. nagan nagen. — asl. nīzą „infigo", noíl Messer = lett. nafis.

*net stützen, halten, erwarten.

air. ar-neut-sa (gl. expecto) W. 14ᵃ, 18, ar-ut-neithius-sa (gl. sustenui te) Ml. 46ᵇ, 14, lase ar-ro-neith (gl. sustenendo) Ml. 50ᵇ, 8, in-neuth (gl. operio, leg. opperior), ind-nide „expectatio".
skr. nāthitá hülfsbedürftig, bedrängt. — got. niþan unterstützen, vgl. ahd. ganáda, as. nâđa Gnade.

*ned binden.

naskô ich binde, Perf. nenaska.

ir. ro-nenasc ich band LU. 114ᵇ, ar-nascim (aus ⟨p⟩arei-naskô) verlobe (s. ⟨p⟩arei-), ar-nenaisc „despondit" LU. 128ᵇ, fo-nascar es wird gebunden Ll'. 72ᵇ, for-nascim : for-nenaisc a giallu H. 2. 16. Col. 718.
+ bret. naska „lier", di-naska „délier", pen-naska „lier la tête".
Vgl. skr. náhyati binden, knüpfen, Fut. natsyati, Part. Perf. naddha. naskô aus nadh-skô: Das Suffix sko ist hier in die Perfectbildung übergegangen, vgl. skr. papraccha und gr. πέποσχα (KZ. XXIII, 232). Ohne diese Erweiterung erscheint die Wurzel in ir. naidm, fo-naidm Vertrag (Grundform nadesmen-) und im folgenden.

nedsôs näher, nedsamo-s nächst.

ir. nessa „propior", nessam „proximus", cob-nesam. + cymr. nês „propior, propinquior", nesaf, nesefin. corn. nes, nessa, nesheuin (gl. propincus), Pl. nessevyn Mer. 387, 1100, 1954, 1984. bret. nessaff. umbr. nesimei „proxime"; osk. nesimum „proximum". Vgl. skr. nábus Nachbar, náhusa Umwohnerschaft.

neblo-s Wolke, Nebel.

ir. nél Wolke, Gen. niuil, Acc. Pl. niulu, neólu. + cymr. niwl M. „Venedotis est monosyllabum, Demetis dissyllabum" Davies, Pl. niwloedd. ncorn. niul (Lh.).
gr. νεφέλη Nebel, Wolke. — lat. nĕbula. — ahd. nĕbul, as. nebal, an. nifl- Nebel, Finsterniss. Vgl. skr. nábhas Nebel, Dunst, Gewölk = gr. νέφος Gewölk, asl. nebo Himmel.
Cymr. nifwl „idem quod niwl" scheint aus ags. nifol dunkel entlehnt zu sein.
Goedel Glas, der Eponymos der Góidilen war der Sohn des Nél. Ebenso stammen die Nibelungen ab von Nibelung, dem „Sohn des Nebels".

nenadi- Nessel.

ir. nenaid (redupliciert) Nesseln.

Vgl. ahd. nazza „urtica“, nezzila, ags. netele F., engl. nettle Nessel
und wegen der Bildung lit. néndré Rohr.

1. *nem nehmen.

ir. námae (Grundform námaont-) Feind, Gen. námat; nom (Grundform
nomo-) Wb. 16b, 6, der-num (gl. detrimentum) Wb. 8d, 3, to-der-nam
„supplicium“.
Vgl. got. ags. niman, ahd. neman nehmen, ahd. náma Beraubung, alb.
name Fluch, Verwünschung.
Lautlich stimmen námae, nom zu gr. νωμάω vertheile, νόμος Gesetz,
νομός Weideplatz.

2. *nem sich beugen, verehren.

nemet-, nemeto-s edel, heilig.

gall. Nemetes, Nemeto-márus, Nemeto-dúron Nanterre, Nemetácum
(Arras).
ir. nemed iu Bretha nemed „judicia nobilium“. + cymr. Nimet,
Neuet, Gor-niuet, Gur-nivet, Eid-nivet GC. 85. abret. nimet in
Cat-nimet, Iud-nimet, Iun-nimet.
skr. namata Herr, Gebieter, welches lautlich entspricht, ist
zweifelhaft.

nemeto-n, nemeti-s Heiligthum.

gall. νεμητον (leg. νεμετον) Inschrift von Vaison, Augusto-nemetum,
Δρυ-νεμετον, Tasi-nemetum, Ver-nemetis (gl. fanum ingens), Nemeto-
cenna, Nemeto-márus, Nemeto-briga.
ir. nemed (gl. sacellum). + acorn. niuet Himmel in cam-niuet
Regenbogen = bret. ca-nevedenn (Rc. VI, 361).
Lautlich bieten sich zend. nimata Gras und as. nimid heiliger
Waldplatz („de sacris silvarum, quae nimidás vocant“) zum Ver-
gleich.
Hierher auch acymr. nom (gl. templa).

nemos- Himmel.

ir. nem Himmel (neut. s-Stamm). + cymr. nef. corn. nef. mbret.
neff, jetzt env.
skr. námas Verbeugung, Verehrung.

nn̥to- Thal.

gall. nanto (gl. valle), trinanto (gl. tres valles), Nantuates.
cymr. nant, Nant tri-neint Lib. Land. ed. Evans 196. corn. nans.
abret. nant „gorge, ruisseau“, Hud-nant Ann. Bret. II, 409; nbret.
ant „raie, creux entre deux levées de terre“.
skr. nata gebogen, gekrümmt, Part. Perf. Pass. von nam (námati)
sich beugen, natvá, Absol.
nanto- : skr. nata = canton : skr. çatám, s. kn̥to-n.

nembi- (nṃbi-?) Tropfen.

ir. nimb Tropfen.

skr. ámbhas Wasser. — lat. nimbus (B.).

nertaô ich stärke.

ir. nertaim ich stärke, kräftige. + acymr. nerthi-ti (gl. hortabere); ncymr. nerthu „auxiliari, corroborare". nbret. nerza „fortifier, donner des forces".

Vgl. skr. nár Mann, nṛtú Held (Grassmann), gr. ἀνήρ Mann, ἀρετή Tüchtigkeit, Kraft, umbr. nerus „viros", sabin. Nero „fortis", Nerine „fortitudo", germ. Nerthus, an. Njörðr, lit. norĕti wollen, alb. ńer Mensch, Mann.

nerto-s Kraft, Macht.

gall. Nerto-briga, Cob-nertos, Esu-nertus, Uro-geno-nertus u. s. w. Dazu das abgeleitete Nertacus — ncymr. nerthog „potens, fortis, validus, robustus" (Grundform nertâko-s).

ir. nert Kraft, Macht. + cymr. nerth „fortitudo, vis, valentia, robur". corn. nerth. bret. nerz „force".

nerto-mâro-s stark.

gall. Nertomaros Orelli 6857 A.

ir. nertmar stark, nertmaire Stärke. + cymr. nerthfawr.

su-nerti-s fest, stark s. su- wohl, gut.

nev oder.

ir. nó oder. + cymr. neu.

Erstarrte 2. Sg. Imperat. von skr. návate sich wenden, kehren, gr. νεύω nicke, winke, lat. nuo. Vgl. lat. vel : velle, umbr. herias „vel', : heriest „volet".

neveno-, novenjâ Hungersnoth.

ir. nóine, núna Hungersnoth. + cymr. newyn M. „fames, esuries, inedia". mbret. naffn. nbret. naon.

Vgl. got. nauþs Noth, Zwang, Gewalt, an. nauð, ags. nŷd, neád, engl. need, apreuss. nauti- Noth.

nevio-s, novio-s neu.

gall. novio-s (in Novio-dunum Neu-burg, Novio-magus).

ir. núe neu, núachor Bräutigam, Braut (? -chor vgl. gr. κόρη?). + cymr. newydd. abret. nouuid, neuued M.; bret. neuez.

skr. návya neu, frisch, jung. — ion. νεῖος (att. νέος) jung, neu. — lat. Novius (vgl. nov... — got. niujis, ahd. niwi, ags. niwe, engl. new ... lit. n... vgl. asl. novŭ dass.).

ir ... w. mbret. nau; nbret. nao.

skr. návan neun — gr. *έν-νέα,* lat. novem, got. niun, lit. dewynì (asl. devęti).

*nes wohnen, sich gesellen.

ir. noe .i. duine „homo" Corm. (aus *nosjo-s). + cymr. neuat (i. e. neuađ), neuadd F. (Grundform nâsajâ) „aula".

Vgl. skr. nasate sich zusammen thun, gr. *νέομαι* komme, *ναίω* wohne, *νεώς,* äol. *ναῦος,* dor. *ναός* Tempel, *νάστης · οἰκιστής* Hesych.

vo-nesô ich gehe unter.

ir. fuinim ich gehe unter (von der Sonne), fuin Sonnenuntergang.

gr. *ὑπο-νέεσθαι* darunter hineingehen.

Hierher auch ir. tóinim ich gehe, tóniud Gehen, aus to-vo-nesô, to-vo-nesetu.

nês wir.

ir. ni wir, s-ni, redupl. snisni dass. + cymr. ni, redupl. nyni. corn. ny, nyni. bret. ni.

Vgl. skr. nas uns (Acc. Dat. Gen. Plur.), lat. nôs und gr. *νώ,* asl. ny, nasü u. s. w.

Der ir. Gen. Dual. náthar scheint zu gr. *νωΐτερος* unser beider zu gehören.

nigô ich wasche, Perf. nenoga.

ir. nigther „lavatur", ro-caom-nagair er wusch, do-coem-nactar, do-fo-nug „abluo, lavo", fo-nenaig er reinigte.

skr. nenejmi wasche ab, reinige. — gr. *νίζω* wasche, reinige. Vgl. an nykr „nick", ags. nicor, engl. nick, ahd. nichus, nhd. Nix.

nikto-s rein, Nictagnos.

ir. necht rein Corm. s. v. cruithnecht, vgl. Nuado Necht LL. 166b; Nechtán. + cymr. nith, nithio „ventilare, exacerare", nith-len „linteum ventilatorium, purgaria". abret. Naitan (leg. Naithan) — Naiton, Name eines piktischen Königs bei Beda.

skr. niktá gereinigt. — gr. *ἄ-νιπτος* ungewaschen.

nizdo-s Nest.

ir. nett Nest, Gen. nitt; Manks edd. + cymr. nyth „nidus, domicilium". corn. neid (leg. neith). bret. nez, nezz, neiz.

skr. nîḍá Lager, Nest. — lat. nîdus (aus *nizdos). — ahd. ags. engl. nëst Nest.

noibo-s heilig.

ir. noib, noeb heilig.

apers. naiba schön, gut, npers. niw dass. — Oder zu lett. naigs fast schön? (B.).

Noudent-, Noudajant-.

abrit. Nôdens, Name einer Meergottheit.

ir. Núada, Gen. Núadat. + cymr. Nûđ. bret. Nuz in Ker-Nuz Ann. de Bretagne II, 557.

Dass die Iren einen Seegott Nuada besassen, und dass die Gottheit Boand dessen Weib war (Rhŷs E.B. 67) ist nicht bewiesen. Das Book of Leinster 186ᵇ sagt, dass „Nuado Necht der Name eines Dichters aus Leinster, und dass Boand sein Weib war". — Noudent- sieht aus wie ein Particip und könnte als solches zu got. niutan, nhd. ge-nieszen (vgl. got. nuta Fänger, Fischer) gehören.

In cymr. Lluđ Llawereint beruht dass ll von Lluđ nach Rhŷs HL. 125 auf Alliteration.

nouslo-n Schrei, Ruf.

ir. núall N. Schrei, Schreien, Lärm, nualcha (gl. clamosas) Ml. 107 ᵈ 8. Vgl. skr. návate schreien, jauchzen.

noqto-s nackt.

ir. nocht nackt + acymr. noid für noith; cymr. noeth. corn. noyth. bret. noaz.

got. naqaþs, ahd. nacot, ags. nacod, engl. naked, an. nökviđr, naktr, nakinn nackt, vgl. lat. nûdos, slav. nagŭ nackt, lit. nû'gas dass. und skr. nagná dass.

embi-noqto-s ganz nackt s. embi (ambi?).

1. nog-, 2. nokti- Nacht.

1. cymr. he-no „hac nocte".

gr. νύχα · νύκτωρ, νυκτί Hesych., αὐτο-νυχί in derselben Nacht. Der Stamm von ved. nag in nág jihīte ist zweifelhaft.

2. ir. in-nocht „hac nocte". + cymr. peu-noeth, tran-noeth, neithiwr = corn. neihur, nebuer, bret. neyzor „hier au soir" (Grundform nokti-gestro-). bret. tronnos „après demain".

skr. nákti Nacht. — gr. νύξ dass., νικτιλαμπής bei Nacht leuchtend. — lat. nox, noctis, nocti-lûca bei Nacht leuchtend. — got. nahts, ahd. naht, ags. niht, engl. night, an. nátt Nacht. — lit. nakti-s = asl. noštĭ Nacht.

gestro- in nokti-gestro- s. o. entspricht got. gistra(-dagis) morgen, ahd. gesteron gestern, lat. hester-nu-s (B.)

nomso- Brauch, Gesetz.

ir. nós Gebrauch. + mbret. naux (in pe-naux „comment", jetzt penaoz „de quelle manière"?), aoz „façon". Hierher auch cymr. naws „natura", wenn nicht = ir. gnás Gewohnheit, Umgang.

gr. (sicil.) νοῦμμος (woher lat. nummus) eine Münze von 3 Obolen, vgl. νόμος Gesetz, Brauch. — lat. numerus; osk. Niumsieis „Numisii".

novenjâ Hungersnoth s. neveno- dass.

novio-s neu s. nevio-s, novio-s neu.

nu nun.

ir. nu, no, Verbalpräfix.

skr. nú (nû) nun, also u. s. w. — gr. νί (νίν, νῦν) nun. — lat. nû-dius (nun-c). — got. ahd. ags. an. nu (nû) nun. — lit. nù nun (asl. nynê).

nṇto- Thal s. *nem sich beugen, verehren.

M.

1. maini- Geschenk, Kostbarkeit.

ir. máin Kostbarkeit, Schatz, Pl. máini „dona, pretiosa".

lat. nûnia (alt moenia), mûnus (moenus), remûnerari; umbr. muneklu „mercedem nummis definitam".

2. maini- Stein.

cymr. maen M. „saxum, lapis", Pl. meini. corn. men, Pl. mein. bret. mean, Pl. mein.

lat. moenia, mûnio (alt moenio), vgl. mûrus (alt moirus).

Hierher gehört vielleicht der gallische Name Moeni-captus Liv. XXIV, 42.

mailo-s kahl, stumpf, mailjâ Kahlheit s. *mei minderen.

maisti-, meisti- Korb.

nir. maois F.; air. *máis. + cymr. mwys „vas quoddam, quoddam mensurae genus", mwys bara „panarium". corn. muis, moys.

Vgl. an. meiss Korb, ahd. meisa Gestell zum Tragen auf dem Rücken, lit. máiszas Heunetz, asl. mĕchŭ Schlauch, Sack.

Zweifelhaft, insofern das irische Wort aus dem Nordischen und die britischen Wörter aus dem lateinischen (mênsus, mênsa) entlehnt sein können.

makaiâ, makarjo- Feld.

ir. macha Ebene, machaire „Tempe".

Zu lat. mâceria (woraus cymr. magwyr F. eingezäuntes Feld, Mauer, abret. macoer „alio nomine valium [leg. vallum] Medon", bret. môẑer entlehnt zu sein scheinen)? lett. mâkt drängen, drücken?

makô ich nähre, t-Prät. makto.

cymr. magu „nutrire", t-Prät. maeth (Rc. VI, 26), maeth M. „nutrimentum" (Grundform makto-), maethu „nutrire" = bret. maezur „nourrir". bret. maguaff, magafu, maguet.

Vgl. zend. maçanh Grösse, gr. μῆχος Länge, μαχρός lang, hoch, lit. mokĕti können, mokìnti lehren.

makvo-s, makko-s Sohn.

ir. maco „puer, juvenis, filius". + acymr. map; ncymr. mâb M., Pl. meibion, apocopiert ap, ab. corn. mab (gl. filius), Pl. mebion, mebbyon. bret. map „fils, enfant", Pl. mipien, mibien; in den Namen Ab-brit, Ab-gar scheint die apocopierte Form ab (s. o.) enthalten zu sein.

lesso-makvo-s Stiefsohn, s. d.

maktô ich schlachte, metzele.

ir. machtaim.

Vgl. got. mêkeis, an. mækir, ags. mêce, an. mâki Schwert? (B.). Vielleicht ist machtaim entlehnt aus lat. macto verehre, opfere.

maknâ, mekno- offener Mund.

ir. mén offener Mund, Acc. Pl. ména Corm. s. v., ménogud „hiatus". + cymr. mîn M. „labium" (aus mên = mekno-). corn. min, meen, meyn. bret. min Schnauze.

ahd. mago, ags. maga, an. magi, nhd. Magen. — Vgl. lett. maks Beutel, Tasche, preuss. dantimax Zahnfleisch (B.).

mâkni-, môkni- (oder ähnlich) Sumpf.

ir. móin Sumpf, Moor. + cymr. mawn, Sg. mawnen „gleba, caespes". Vgl. lit. makonė Pfütze, makasiti im Schmutz waten, asl. mokrŭ nass, moča Sumpf.

maklaio- Schimpf.

ir. méla Schimpf, mélacht Schimpf, Schande. Vgl. lat. macula.

magô ich fördere, mehre.

gall. Magalos (= μεγαλο-), Magalius, Ad-mageto-briga. abrit. Maglo-cunos (= cymr. Maelgwn), Cuno-maglos (= Cynfael). ir. do-for-magar „augetur", tórmach Vermehrung. got. ahd. mag, ags. mäg, an. má ich kann, mag. — asl. mogą ich kann, poln. pomoc Hülfe. Vgl. gr. μῆχος, μηχανή Hülfsmittel. Hierzu gehören wahrscheinlich gall. mageto- in Mageto-briga — cymr. maet in Guor-maet, magi- in Magidia, Magissus, Magissius, Magiâcus, Magiatus, Magianus, Magidius, magio- in Magio-rix und vielleicht: gall. Mogontiacum (jetzt Mainz), abrit. Deo Mogonti De Wal. Myth. 168—171, gall. Mogovius, Ambi-mogidus, Mogetilla, Mogetus, Mogetius, Mogetiana, Mogit-marus, Dino-mogeti-mârus, Mogitus, Mogituma, Mogillonius, Mogsius = Moxius, Moxsius, Mogius, Mogiancus (Rc. III, 267), Mogounos (Glück K.N. 26, 27), abrit. Mogius, Mogis, ir. mogh „magnus" und urkelt. mogu-s Sklave, Diener w. m. s. Das o dieser Wörter lässt jedoch zunächst ihren Zusammenhang mit gr. μέγας, an. mjök u. s. w. vermuthen.

*magiô ich fördere.

to-u⟨p⟩er-magiô ich vermehre, füge hinzu.

air. doformaigim ich vermehre. + acymr. di-guor-mechis
hat hinzugefügt.

magôn-, Magônios gross, mächtig.

gall. Magonius, Beiname S. Patricks während seiner Studien in
Gallien.

cymr. Maun.

magôn- steht für maghavon- und entspricht daher lautlich dem gr.
Μαχάων und dem skr. maghávan freigebig.

magu-s Diener.

gall. Magu-rix Rc. IX, 33.

cymr. mau in meu-dwy Klausner („servus Dei"). corn. maw, un-
vaaw O. 2662, Fem. mowes. bret. mau „agile, persévérant", moues.
got. magus, as. magu Knabe, an. mögr Sohn.

S. mogu-s Diener. — Nahe verwandt ist ir. mám Dienst (Grundform magmo-s).

*magvatâ Magd, **magvataktâ** Jungfernschaft.

ir. macdacht in ro-macdacht (gl. superadulta). + corn. mahtheid
(gl. virgo); mcorn. maghteth. nbret. matez „servante".
Vgl. got. magaþs, ags. mägð, ahd. magad, nhd. Magd.
magvataktâ ist ein abstractes Nomen, wird aber gebraucht um eine
Person zu bezeichnen.

maglo-s Vornehmer, Dimin. **Maglagnos.**

gall. Maglo-cunus. abrit. Maglo-cune (Gildas), Maglagni (Hübner
114), Broho-magli, Vendu-magli.
ir. mál Edler, Fürst, König. + cymr. mail, Maelgwn = Maglo-
cunos, Con-mael = Cuno-maglus, Maelan in Garth-maelan, Rhos-
maelan. abret. mael, Ran Melan.
Lässt sich zu gr. *μεγάλη*, got. mikils gross stellen.
Der gallische Göttername Maglos (Dat. Maglo Rc. III, 300) und
der Mannsname Maglios (ibid.) mögen auch hierher gehören.
Ebenso Macliavus bei Greg. Tur. Hist. IV, 4, wenn dies für *Mag-
liavos steht.

mogu-s Diener.

ir. mug, Gen. moga Sklave, Diener. + bret. meuel „valet" (aus
*moguillos).
S. magu-s Diener.

magos- Feld, Ebene.

gall. magos, Ratu-macos (Rc. I, 472), latinisiert -magus in Argento-
magus, Augusto-m., Bardo-m., Caranto-m., Condato-m., Druso-m.,

Eburo-m., Gabro-m., Rigo-m., Novio-m., Seno-m., Verno-m., Vindo-m.
u. s. w.

ir. mag „campus" N., Gen. maige (s-Stamm). + cymr. ma, -ma G.C.
890. corn. ma in treg-va, redeg-va, ol-va u. s. w.

Cymr. maes „ager" (Pl. meusydd), corn. mês, bret. maes „champ"
(Pl. maesou) lassen urkelt. *magestu- vermuthen.

Ir. magen F. Ort, urkelt. magesnâ, ist vom s-Stamm gebildet wie got.
hlaivasna, lat. verbêna u. a.

> agro-magos- Schlachtfeld s. agro-n, agrû.
>
> verno-magos- Erlenfeld s. 2. verno- die Erle.
>
> Vindo-magos- Weissfeld s. vindo-s weiss.

mataio-s vergeblich s. *met Mangel haben.

mâtêr Mutter.

ir. máthir „mater". + cymr. modr in modr(f)ydaf Bienenstock.
skr. mâtár Mutter. — gr. μήτηρ, dor. μάτηρ Mutter. — lat. mâter. —
as. môdar, ags. môdor, engl. mother, an. môdir, ahd. muoter, nhd.
Mutter. — lit. môtė Ehefrau = lett. mâte, asl. mati Mutter.
Wahrscheinlich ist der gall. Flussname Matrona („materna"?) heut die
Marne hierher zu ziehen (Rc. II, 7).

mâtrqâ Tante.

cymr. modryb „matrona". acorn. motrep, Pl. motreped (gl. mater-
terae); Vocab. modereb. abret. motrep, mbret. mozrep Tante;
nbret. moereb, Pl. moerebed.
skr. mâtrkâ Mutter, Grossmutter. Vgl. lat. mâtrix.

mammâ Mutter.

ir. mam, mo mham „meine Mutter" O'Brien, unbelegt. + cymr.
mam „mater", mam et mammog „matrix". corn. mam. bret. mam,
Pl. mammou.
gr. μάμμη, μάμμα Mutter. — lat. mamma. — lit. máma dass.
Vgl. ahd. muomâ „matertera", nhd. Muhme, lit. momà Mutter —
bulg. poln. mama.

mati-s, mato-s gut.

gall. Mati-donnus, Teuto-matos.
ir. maith „bonus", auch math in math-gamain. + cymr. mâd „bonus".
corn. mas. bret. mat „bon".
Vgl. skr. úpa-mâti sich an jmd. (freundlich) wendend, zuthunlich,
„affabilis"? gr. ματίς· μέγας. τινὲς ἐπὶ τοῦ βασιλέως Hesych? (B.). Oder
aus i u . . . *mato- zu mô messen?

. . . che. Perf memata, Aor. und Injunct.

Sg. 3 memaid, ru-maith, cor-roe-mid, Pl. 3 memdatar, Aor. Sg. 3 -ma, -mæe, -mai, far-ru-ma.
Vgl. asl. motyka „ligo“, poln. motyka Hacke, Haue (B.).
Hierher ir. maidm Brechen (urkelt. matesmen-).

2. matô ich werfe, s-Aor. Sg. 3 mast.

gall. ματαρις παλτοῦ τι εἶδος Strabo, μαδάρεις · πλατύτερα λογχίδια
Hesych., Μεδιο-ματρικοι (Strabo) oder Μεδιο-μάτριχες (Ptol.) „medium
telis petentes“ oder „medium jaculantes“ Glück KN. 138.
ir. for-ru-mai nonbor díib thoromsa er warf neun von ihnen über mich
LU. 59ᵃ 44. + cymr. medru, medrydd „scopum feriens“. corn. medra.
lit. metù, lett. metu ich werfe; asl. metą dass. Vgl. gr. μίτος Einschlagfaden, μίτρα Gürtel, μοτόν Charpie.
Hierher auch ir. do-mathim ich drohe, tomthach und tomaithmech
drohend. Für die Bedeutung vgl. lat. obicere, jactare, nhd. Vorwurf.

matu- Bär (?).

gall. Teuto-matus, Matu-caium Rc. VIII, 124, Matu-genus, Matuus,
Matua, Matutio ibid. 181, Matu-genos Rc. IX, 33, Ande-matunnum,
Ort. abrit. matucus.
ir. *math, Gen. matho (bruth matho LU. 106ᵇ, 31), math-gamain Bär.
+ cymr. madawg Fuchs, maden eine kleine Füchsin (Pugh.).
Etwas zweifelhaft, da die Bedeutung von gall. matu- und ir. math
nicht hinreichend klar ist.

*mad, *mand kauen.

ir. maisse Speise (Grundform massajà < madtjà).
Vgl. got. mats Speise, ahd. maz, as. mat, meti, ags. mete, an. matr
dass., gr. μασάομαι kaue, esse, μάσταξ Mund, μύσταξ Oberlippe und
urkelt. messu- Eichel.

mandəto- Kinnbacken.

ir. mant (irrig „Zahnfleisch“ O'R.), Tainig fear d'fearaibh Mumhan
cuige go ttug buille do chloich mhoir dar sin a mbant dho, go
ttug a fiacla uile assa chenn Three Fragments p. 146, mantach
zahnlos. + cymr. mant „maxilla“, mantach „edentulus“.
lat. mandere, mandibula, vgl. gr. μάϑυιαι · γνάϑοι Hesych.

mad vergehen, erlassen.

ir. mathem erlassen. + cymr. maddeu „parcere, remittere, ignoscere“.
Zu skr. manda langsam?

*man- (?) Hand.

mbret. malazn (für manazl) „gerbe“; vann. menal, menale „gerbier“
(Grundform manatlo-n).
Vgl. lat. manipulus, manus, gr. μάρη Hand, μάρις ein gew. Maass,
ahd. munt, ags. an. mund Hand.
Irgendwie hängt hiermit zusammen:

Von -mâros kommt das Patronymicum -mareos in Litu-mâreos und
das ir. Verbum máraim ich verherrliche, erhebe (Grundform mârajô).
In gall. Mari-talus (Mâri-?) liegt vielleicht ein Nebenstamm vor.

Katu-mâro-s, Eigenname.

acymr. Catmor.

ahd. Hadumar, Catumerus (Fürst der Chatten) Tacit.

Kuno-mâro-s, Eigenname s. *keva, *kû stark, gross sein.

Glûno-mâro-s, Eigenname.

ir. Glunmár. — acymr. Glinmaur.

dê⟨p⟩ro-mâro-s sehr gross.

ir. der-már sehr gross. + bret. der-morion (gl. inormia).

nerto-mâro-s stark s. nerto-s Kraft, Macht.

mâjôs grösser.

ir. más, mó „major" (Superlat. máam aus *mâjamo-s). + cymr.
mwy. corn. moy. bret. muy.

lat. major. — got. mais mehr, maiza grösser.

markâ, marko-s Pferd.

gall. Acc. Sg. μάρκα-ν Pausan. X, 19, τρι-μαρκισια, Marco-durum,
Marco-magnus.

ir. marc Pferd. + cymr. march M., Pl. meirch. corn. march (gl. equus),
Lou-march, Marh, Frauenname. bret. march „cheval", Cun-march,
March-wallon, malvran M. „corbeau mâle" (Pl. malvrini) = corn.
marghvran O. 1106 (Grundform marko-vrano-s).

ahd. marab, Fem. merihâ Pferd, an. marr, Fem. merr dass., ags. mearh,
Fem. myre dass., engl. mare.

margâ Mergel.

gall. marga Mergel Plin., woher mlat. margila, ital. span. marga,
afranz. marle, ahd. mergil.

gr. ἄργῑλος weisser Thon, Töpfererde (aus μργ-?) (B.).

margi- Wehe, Unglück.

ir. mairg Wehe, Unglück.

Vgl. gr. μάργος wüthend, rasend, lat. morbus?

Oder zu gr. ἀργαλέος schmerzlich, lästig (B.).

mârjêto- Schenkel.

acymr. morduit, jetzt morddwyd M. Dickbein. acorn. mordoit [ms.
morboit] (gl. femur l. coxa). bret. morzat „cuisse".

langob. murioth Oberarm, ahd. muriot Schenkel (B.). Vgl. gr. μηρία
Schenkelknochen, -fleisch, μηρός der fleischige Theil des Schenkels.

marvo-s todt.

ir. marb todt, der Todte. + cymr. marw. corn. marow. bret. marv, marf.

vo-Particip (s. skr. pakvá, ahd. garo < garva-z u. s. w.) von skr. mar sterben, lat. morior, lit. mìrti, asl. mrêti dass. (B.).

*mâl erheben, preisen s. *mol dass.

malaks (Stamm malag-) Augenwimper, Augenbraue.

ir. mala, Gen. malach (für *malagh), Dat. Pl. mailgib (gl. superciliis) Gild., Acc. mailgea (gl. palpebras) Ml. 30c. + mbret. maluenn „palpebra".

lit. blakstēnai Augenwimpern (aus ml-?) (B.). Weiterbildung von lett. mala Rand, Ufer, alb. mal' Berg, Gebirge.

malqô (malqaiô?) ich verfaule.

ir. malcaim verfaule.

ahd. mola[b]wên „tabere" (B.). Dazu vielleicht serb. mlak lau.

malvâ Malve.

corn. malou. bret. malu „mauve".

gr. μάλβαξ und μαλάχη Malwe. — lat. malva. Wahrscheinlich entlehnt.

mâsto-s Hintertheil, metaph. runder Hügel.

ir. máss Hintertheil, häufig in Ortsnamen.

gr. μασrός Brust, alles rund Erhabene, Hügel.
Sehr zweifelhaft.

mâzdâ Schwein.

ir. mát F. Schwein, N. Pl. máta.

Vgl. skr. médas Fett, médana Mastung, ahd. mast Mast, mast gemästet.

mazdjo-s Stock, Stange.

nir. maide M. „lignum, baculus"; air. *maite.

lat. mâlus (aus mazdus?) Baum, Stange. — ahd. mast, ags. mäst, nhd. Mast.

1. mê, me Pronomen der 1. Pers. Sg.

ir. mé ich, hochländ. mi. + cymr. mi. corn. my, me. bret. me „je, moi". skr. măm, mâ mich. — gr. ἐμέ, μέ. — lat. mê. Vgl. got. mik, asl. mę mich.

Das einsilbige ir. mé entstand regelrecht aus mĕ.

(2. *mê messen.)

  metiô-r ich messe.

  ir. do-ru-madir (gl. fuerat emensus) Ml. 16c, ro-s-mathir SR. 6663, conom-modair SR. 6761, do-roe-madair „mensuravit" SR. 7955.

Dazu air-med Maass (Grundform -meto-), to-mus Mass, Gewicht
(Grundform messu-), diummus (di-od-messu-) Masslosigkeit, Ueber-
muth.
Vgl. lat. mètior, mensus sum, gr. μέτρον Maass, skr. mâtra dass.

mediô-r ich ermesse, Perf. mêdar.

ir. midiur, Perf. ro-mídar „judicavi", du-mestar Ml. 68d. + cymr.
meddwl „animus, mens, cogitatio".
gr. μέδομαι trage Sorge, denke woran, μέδιμνος Scheffel, μήδομαι
ersinne. — lat. meditâri, modus, modius. — got. mitan messen,
mitôn ermessen, denken, ahd. mezan messen, überlegen, ags. metan
messen, an. meta schätzen.
Hierzu gehört ir. med F. (aus medâ) Wage, mess (aus med-tu-)
Gericht, und hierauf sind vielleicht die gallischen Namen Messulus
= Meddulus und Meddu-gnatius zu beziehen.
Mit gr. μέδοντες, μέδοντες, as. metod vgl. ir. coimmdiu „dominus"
aus com-med-iat-.

*mei gehen.

gall. Moenus, Flussname, jetzt Main.
lat. meo (Glück Rênos, Moinos u. s. w. 11).

*mei minderen.

mailo-s kahl, stumpf.

ir. mael, Gen. maele (masc. â-Stamm?) kahl, stumpf, ohne Hörner.
+ acymr. mail (gl. mutilum); cymr. moel „calvus, glaber". bret.
moal, vannet. moél.
lit. mailus eine Kleinigkeit, etwas Kleines; asl. mělŭkŭ klein, seicht.
Grundform vielleicht moilo-s.

⟨p⟩arei-mailo-s „praecalvus" s. ⟨p⟩arei
bei, vor, Ost-.

mailjâ Kahlheit.

ir. máile Kahlheit. + cymr. moeledd „calvitium".
Grundform vielleicht moiljâ.

meino-s, mîno-s, mînio-s fein, lind.

gall. (Ad-)minios.
ir. mín sanft, glatt, fein, klein. + cymr. main „gracilis, exilis",
mwyn „clemens, urbanus, comis, lenis". corn. muin (gl. gracilis),
moin. bret. moan „grêle, mince", vielleicht = abret. moen in
Moen-ker.
Vgl. gr. μείων, Comparat. von μικρός klein, und das folgende.

minu-s, minvo-s klein.

ir. min-, menb (jetzt meanbh), *menbaigim, menmaigim. + corn.
minow verkleinern, mindern. bret. mynbuigenn „mie de pain".
skr. minómi mindere. — gr. μινύζηον· ὀλιγόβιον Hesych., μιτίϑω
vermindere. — lat. minuo, minutus; umbr. menvum „minuere". Vgl.
lat. minor, got. mins weniger, nd. minne gering, wenig, klein,
mager, asl. mǐnij kleiner.
Das ir. negative Präfix mí-, welches Kluge mit got. missa- (aus
miþtó, eigentl. verloren) verbindet, ist wohl ein Comparativ und
= gr. μείων (vgl. μειόω verringere). Der ir. Verwandte von missa
scheint mis- in O'Clery's mis-imirt .i. droich-imirt zu sein.

moiti-s sanft.

ir. móith, moeth zart, weich, nom-moithiged (gl. molliri) Ml. 74 d.
lat. mítis.

meidio- Nacken.

ir. méde, Dat. Sg. médiu LL. 110 b Nacken.
Vgl. skr. methí, medhí Pfeiler, Pfosten, zend. -mizhda Nagel, lat. méta
Spitzsäule, Grenze, an. meiðr Baum, Balken, Stange, lett. mèts Pfahl,
vgl. máidít bepfählen.
Begrifflich vgl. „sicut turris David collum tuum" Canticum Canticorum
IV, 4.
Mit méde nahe verwandt ist ir. methos Grenzmark (Grundform mitosto-,
vgl. skr. mit Säule).

meido-s Ruhm.

ir. miad (gl. fastus). + abret. muoet (gl. fastu).
Vgl. ahd. kameit „stolidus, jactans", camaithait „insolentia", mhd. gemeit
keck, stattlich u. a., as. gemêd thöricht, übermüthig, got. gamaids ge-
brechlich, schwach (vgl. nhd. „eitel") (B.).
Mit anderer Ablautsstufe gehört hierher ir. móidim ich lobe, rühme
(Grundform moidijô).

meini, meinni verarbeitbares Metall.

ir. méin, méinn F. Erz, Metall. + cymr. mwyn M. „metallum quodlibet
fossile rude et non praeparatum". bret. men-gleuz = cymr. mwyn-
glawdd.
Mit asl. mědĭ „aes" vielleicht zu got. (aiza-) smiþa Erzschmied, ahd.
smid Schmied, smeidar „artifex, daedalus" (B.).

meisalko- Amsel.

cymr. mwyalch „merula, turdus". corn. moelh. bret. moualch
lat. měrula (aus *misulâ?). — Vgl. ahd. meisâ Meise (B.).

meisti- Korb s maisti- dass.

*meud netzen, saugen.

ir. muimme Amme (Grundform mudmjâ), muad Wolke (Grundform moudo-s), muad-rosc „lippus".

gr. μύδος Nässe, Moder, μύζειν saugen. — lat. mulier. — lit. máudyti baden (: lett. maut schwimmen, saufen), lett. mudét weich, schimmelig werden.

*mutso- Schmutz.

ir. mosach „immundus, spurcus" (Grundform mutsáko-s). + cymr. mŵs spurcus.

mekno- offener Mund s. maknâ dass.

*met Mangel haben.

mettô- ich ermangele.

ir. meta Memme (Grundform mettaio-s), metacht Feigheit, rar-metair-ne „nos perdidit" I.L. 177b 2. + cymr. methu „perire, perdi, deficere, labi", methiant, methedig (Rc. VIII, 12). corn. mothow? bret. mezz „honte".

mettô aus met-dô?

mataio-s vergeblich.

ir. in-madœ „sine causa", madae vergeblich, madach (gl. cassa), madaigim „frustror".

gr. μάταιος eitel, nichtig, μάτην vergeblich, umsonst, ματάω zaudere, säume.

Vielleicht eine Ableitung von indogerm. mê nicht (B.).

*met, *mât fühlen (?).

ir. mér M., N. Pl. meóir Finger (Grundform metro-). + acymr. maut, jetzt bawd „pollex" = mbret. meut „pouce", nbret. meud (Grundform mâto-).

Vgl. lett. matít fühlen, empfinden, merken, lit. matýti sehen, asl. motriti schauen, gr. ματεύω suche und begriffl. lat. pollex Daumen, russ. palecŭ Finger : nhd. fühlen (B).

Cymr. medr M. Geschicklichkeit, Kenntnis, medru „posse, callere, scire' können hierher gezogen werden.

Ir. mér vielleicht aus *makro-s = gr. μακρός.

metiô-r ich messe s. *mê messen.

metô ich mähe.

acymr. metetic „messus", et—met (gl. retonde). bret. midiff „moissonner". .lat. meto, vgl. gr. ἀμάω mähe, ahd. mâan, ags. mâvan mähen.

metilâ Abtheilung von Schnittern.

ir. methel Abtheilung von Schnittern. + acymr. medel „messorum
turba". corn. midil (gl. messor).

mediô-r ich ermesse s. *mê messen.

medi-s, medjo-s der mittlere.

gall. medio- in *Μεδιο-ματριχες, -χοι*, Medio-lanum.
ir. mide „medium", Mide „regio media Hiberniae" und mid-, Präfix,
in mid-áis, mid-chusirt, mid-lái, mid-nocht, mid-rann.
skr. mádhya Mitte, der mittlere. — gr. μέσος. — lat. medius. — got.
midjis, ahd. mitti, ags. midde, an. miðr „medius". — asl. meżda
Mitte, Grenze.
Ir. im-medón, mcymr. ymenn (ncymr. ruewn in), bret. y metou „au
milieu" sind von d'Arbois auf ein urkelt. in mediovonu zurückgeführt,
allein medón entspricht wohl eher dem lat. mediânum, vgl. gr. Μεσσήνη.
Ir. immesc, jetzt ameasg, ncymr. yn mysg, mbret. e mesg „au milieu"
scheint = urkelt. en med-skô.

1. medô ich vermag.

ir. émdim (*es-medim) verweigere, for-émdim kann nicht. + cymr.
meddu „possidere", meddiant Macht, Ansehen.
Vgl. got. ga-môtan Raum finden, ahd. muozan Freiheit haben wozu,
können u. s. w., muoza „licentia, facultas, otium", ags. môtan dürfen,
können (B.).

2. medô ich sündige.

ir. imruimdethar „peccat", immeruimdetar „qui peccant", Perf. imme-
ru-mediar (leg. -air?) „peccavit", Pl. 3 immeruimdetar, Fut. Pl. 3 im-
ruimset „peccabunt", immarmus (imb-⟨p⟩ro-med-tu) „peccatum".
Vgl. serb. omediti se verderben, lett. mêdít spotten, höhnen (B.). Oder
(mit Windisch) skr. pra-madati, pra-mâdyati, pra-mâda?

ver-mestâ (vor-mesti-) Bedruckung s. ver, vero-(?)
über.

medu- Meth.

ir. mid Meth, Gen. meda. + cymr. medd „hydromeli". acorn. med
(gl. sicera). bret. mez „hydromel".
skr. mádhu süss, süsser Trank, Honig. — gr. μέθυ Wein. — ahd. metu,
ags. meodu, an. mjöðr Meth. — asl. medŭ Honig, Wein; lit. midùs
Meth, medùs Honig.
la bainde meda mine „mit einem Tropfen sanftes Methes" H. 2, 16,
Col. 694 lässt vermuthen, dass ir. mid ein fem. u-Stamm war. Wegen
des i in mid s. gelu- unter gelô verzehre.

Hierzu gehört der ir. Frauenname Medb, urkelt. *Medvâ, und vielleicht auch der celtiberische Mannsname Medu-genus (C.I.L. II, 162). Gall. Meduna, Medussa, Meduttio scheinen von diesem medu- abgeleitet zu sein.

mesko-s berauschend, berauscht, meskjâ Trunkenheit.

ir. mesc berauschend, berauscht, mesco Trunkenheit. + cymr. meddw „ebrius", meddwdod „ebrietas".
mesk- aus medsk-, vgl. gr. μεϑίσκω berausche.

meblo- Schande.

ir. mebul Schande. + cymr. mefl „dedecus, turpitudo, propudium". corn. meul.
Zusammenhang mit gr. μέμφομαι tadele, got. bi-mampjan verhöhnen ist unwahrscheinlich.

1. *men gehen, treten.

cymr. mathr M. „proculcatio" (Grundform mantro-), mathru „proculcare", myned „ire, proficisci". bret. monet.
âol. μάτημι ich trete. — lit. mìnti, lett. mìt treten. Vgl. menijo-, monijo- Berg.

(2. *men absondern, verringern.)

mêno-s (mêni-s?) sanft, glatt, fein.

ir. min sanft, glatt, fein, klein.
Verhält sich zu gr. μείων kleiner wie lat. plênu-s zu gr. πλείων. Nahe verwandt ist auch gr. μᾶνός (aus *μανϝός) dünn, locker, spärlich.
Fern zu halten ist cymr. mwyn „clemens, urbanus, comis, lenis", aus *meino-s oder *meini-s.

menvo-s klein.

ir. menb klein, menbach Theilchen.
osk. menvum „minuere" (?). Vgl. skr. manāk ein wenig, etwas, in geringem Maasse, lat. mancus, lit. mènkas ▮▮▮▮g, unbedeutend, klein.

*manvo-s alleinig.

ir. mann F. Unze Corm.
gr. μόνος, μοῦνος allein. Vgl. ndd. man nur, ▮▮▮.
Vgl. begrifflich lat. ûncia : ûnicus.

mṇdâ Flecken.

ir. mennair (gl. macula) ▮▮▮▮(Grundform men ▮▮▮▮ cymr. mann „nota", mann gen▮▮▮▮▮▮▮ ingenita".

skr. mindǎ körperlicher Fehler, Mangel, skr. manda schwächlich, gering. — lat. menda, mendicus

3. *men denken, meinen.

ir. -moiniur (Grundform moniô-r), Perf. Sg. 1 -ménar (nach Analogie von génar).
skr. mánye ich denke, meine, Perf. Med. mene (3. Pl. menire). — gr. μέμονα ich gedenke. — lat. memini. — got. munan gedenken, ags. geman bin eingedenk, as. farmunan verleugnen, verachten, an. muna sich erinnern an. — lit. menù ich gedenke, manaú ich denke; asl. mĭnêti denken.

*vo-men gedenken s. vo unter.

mentiô Meinung.

ir. air-mitiu „reverentia" (Acc. air-mitin-n), foimtiu das Bemerken. lat. mentiô, vgl. mens, got. ana-minds Vermuthung, ga-munds Gedächtniss.

mento- Meinen.

ir. der-met das Vergessen, for-aith-met „memoria", taid-met dass. Vgl. skr. matá gedacht, Meinung, gr. αὐτό-ματος freiwillig. lat. com-mentus ersonnen, commentum Erdichtung, Plan, lit. menta Geist, Seele.

ver-mento- Neid s. ver, vero-(?) über.

ménmês Sinn, Gen. menmenos.

ir. menme Sinn, Gen. in menman Ml. 15a; menmnach „animosus". skr. mánman Sinn, Gedanke. Vgl. gr. μνῆμα Denkmal.

*mens messen.

ir. mesurda (gl. modicum), mesraigthe (gl. modestus). + acymr. do-guo-misur[am] (gl. geo) — acorn. do-vo-misura mi (gl. compensabo), lat. mensus (sum), mensio, mensor, mensura. Dazu vielleicht auch lit. myslē Räthsel, asl. myslĭ Gedanke.
Ir. mesur-da „modicum", brit. misur- sind vielleicht aus dem Lateinischen entlehnt. — Das Compositum acymr. menntaul (gl. bilance), montol (gl. trutina), ncymr. mantawl F. „lanx" kann auf ns-tâla- beruhen, s. mandeto-.

mêns Monat, Gen. mênso-s.

ní, Gen. mís Monat. + cymr. mis. corn. mis (gl. mensis). niz.
    mǎsa Mond, Monat — zend. mâoñh, mâoñha. —
n. μείς Monat. — lat. mensis.

menserâ in ad-menserâ Zeit s. ad-, Präfix.

(*monejô ich gelobe.)

ir. huanaib muintib (gl. a monitis) Ml. 70ᵇ 1 (Grundform monitio-s).
+ cymr. gofuned (aus *vo-monitâ) F. „votum in utroque sensu,
desiderium, petitio". abret. guo-monim „promettre" („submonere").
lat. moneo, vgl. ahd. as. manôn, ags. manian mahnen.
Ir. moit Gelübde beruht auf monti-. Hierher vielleicht gall. Co-
montorios.

moni- Zuneigung, Wunsch.

ir. muin. + mcymr. damunet (— do-am-munet) „desiderium",
damuno „obsecrare, obtestari". (Wie in gofuned kann hier u für
o durch Einfluss des m eingetreten sein.)
as. muni-lik „desiderabilis, amabilis", ags. myne Sinn, Absicht,
Streben, vgl. an. munr Geist, Leben, Wonne.

4. *men bleiben, warten.

Diese Wurzel ist enthalten in urkelt. ana-menjâ Geduld (s. 3. ana-,
Intensivpräfix), wahrscheinlich in ir. mennat Wohnsitz, Gen. mennatta,
Dat. mennut (Grundform mendattu-) und vielleicht in ir. anaim bleibe,
warte, höre auf, unterbleibe (aus mnâjô?).
Vgl. apers. amânaya blieb, gr. μένω bleibe, verweile, lat. maneo.
mennat lässt sich auch auf skr. mandirá Haus, Wohnung, mandurä
Pferdestall, gr. μάνδρα Hürde, Stall beziehen.

menekki-s, vorkelt. menegh-nĭ-s häufig.

ir. menicc häufig, reichlich, oft. + cymr. mynych „frequenter". corn.
menough.
got. manags viel, ahd. manag, ags. manig, engl. many, nhd. manch.
— asl. münogü mancher.

menijo-, monijo- Berg.

gall. minjo- in Ἐρ-μίνιον ὄρος, Her-minius mons.
cymr. mynydd M. „mons". corn. menit, meneth. abret. monid in
Win-monid — Wen-mened, Caermenedoch; mbret. menez „montagne".
Ir. muine Berg, O'Brien, ist unbelegt.
Vgl. lat. mons, é-mineo, prô-mineo, mentum, got. ⬛⬛⬛⬛ Mund. Zu-
sammenhang mit *men geben, treten (s. d.) ist nicht⬛⬛⬛⬛⬛⬛lich.
Sollte abrit. Monedo-rigi (Hübner 128) hierher g⬛⬛⬛⬛⬛⬛⬛te die
Entfaltung von d vor j schon in sehr früher Zeit

mengâ, *mangâ Trug.

ir. meng Trug, mengach verrätherisch, mang-⸗
Spötterei LL. 108 s.
Vgl. gr. μάγγανον Trugmittel, lat. mango.

mendo-s Zicke.

ir. menn Zicke. + cymr. mynn „haedus". corn. min (gl. hedus). bret.
menn „chevreau".

Vgl. alban. ment säuge, sauge, ahd. manzon M. Plur. „ubera" und
vielleicht gr. μαζός Brustwarze.

ménmês Sinn s. 3. *men denken, meinen.

menvo-s klein s. 2. *men absondern, verringern.

***mens** messen, **mêns** Monat s. 3. *men denken, meinen.

1. *mer stehlen.

ir. merle Diebstahl, merlech Dieb.
gr. ἀμείρω beraube, ἀμέρδω dass.

2. *mer (Bedeutung?).

> **merkâ** Tochter, Mädchen.
>
> cymr. merch „filia, nata, item foemina, mulier". corn. myrgh.
> bret. merch „fille".
> Vermuthlich aus mergəkâ, vgl. lit. mergà Mädchen, Dimin. mergìkė (B.).

> **moron-** (moreinâ) Jungfer.
>
> ir. moru in muir-moru, s. mori-moron-. + cymr. morwyn „ancilla,
> virgo, puella". corn. moroin.
> Vgl. skr. márya junger Mann, gr. μεῖραξ Mädchen, Knabe, kret.
> Βρισόμαρτις, lit. marti Braut.

> **mori-moron-** Seejungfer s. mori- Meer.

***mera** drücken, reiben.

ir. brath .i. milleadh Verderben O'Cl. (Grundform mrato-).
Vgl. skr. a-marití Verderber, gr. μάρναμαι kämpfe und das folgende.
Gleicher Herkunft ist vielleicht gall. Brenos (Rc. I, 472).

> **mervi-s** weich.
>
> ir. meirb weich, faul. + cymr. merw.
> Vgl. ahd. maro mürbe, zart, ags. mearo dass. und an. merja zer-
> stossen, zerdrücken, gr. μαραίνω reibe auf, skr. mṛṇáti zermalmen,
> zerschlagen.

> ***moro-** Alp.
>
> ·r-[r]ígain (gl. lamia) Reg. 215, fo. 101ᵇ 1, wörtl. Alpkönigin. ·
> ·r, an. mara, engl. night-mare, nhd. Mahr. — asl. mora
>
> ·be mór-rígain wird auf Volksetymologie beruhen.

14*

mero- Maulbeere.

ir. merenn Maulbeere, N. Pl. mera derga Ll. 117ᵇ, 28, Dat. merib
(gl. moris). + cymr. mer-wydden.

gr. μόρον Maul-, Brombeere (woher lat. môrum, ahd. môrperi).

merkâ Tochter, Mädchen s. 2. *mer.

mergâ Runzel, Falte.

ir. merc (gl. ruga), merg F. Runzel, mergach (gl. rogatus). + cymr.
mer in mer-ddwr „aqua iners, aqua stagnans", merydd „debilitas,
debilis, flaccidus". abret. mergidhabam (gl. besco, i. e. vesco).
Zu gr. βραχύς kurz, lat. brevis, got. ga-maurgjan abkürzen, ahd. murg-
fari „caducus, fragilis, transitorius?"

mergi- Rost.

ir. meirg i. meirc (gl. erugo). + bret. merclet „rouillé".

mergjâ Panier, Fahne.

ir. merge, Acc. Pl. merggi Ll. 302ₐ Banner, Fahne.
Vgl. an. merki Kennzeichen, Heerzeichen, Fahne und ferner mhd. marc,
an. mark Zeichen, ahd. merchen merken, beachten und vielleicht lit.
mirgěti flimmern, russ. morgatl blinzeln.

(*mela, *mlâ mahlen.)

melô, mḷô ich mahle, t-Prät. mḷto.

ir. melim „molo", do-melim „edo", do-ra-malt „consumpsi". +
cymr. malu. bret. malaff „moudre".

gr. μύλλω zermalme, mahle. — lat. molo. — got. ahd. malan, an.
mala mahlen, vgl. ahd. muljan zermalmen. — asl. melją mahle,
Inf. mlêti; lit. málti mahlen.
In dem nahe verwandten Substantiv ir. mol Mühlstange (vgl. lit.
malinýs, milinýs, lett. milna dass.) erscheint der Ablaut o; in
ir. mleith (on mlith [gl. attritione]), bleith aus mḷti- ist ḷ zu le
geworden (B.).

meldo-s zart.

ir. meld angenehm, meldach weich, zart.
skr. mṛdú weich, zart. — gr. ἀμαλδύ-νω schwäche, zerstöre. —
ahd. malz hinschmelzend, an. maltr bitter, vgl got. gamalteins
Auflösung. — asl. mladü jung, zart.
Hierher gall. Meldi (Bewohner von Meaux).

molto-s Hammel, Schöps.

ir. molt Widder, Gen. muilt, Acc. Pl. multu. + cymr. mollt
„vervex". corn. mols (gl. vervex). bret. maout.
Vgl. russ. molitl verschneiden. Von Miklosich zu ahd. muljan
zerreiben gestellt (B.). — Mlat. multo-, woher franz. mouton, engl.
mutton, ist aus einer keltischen Mundart entlehnt.

muldo- Spreu.

ir. moll, Gen. muill Spreu. + cymr. mwlwg „exverrae, sordes, quisquiliae".
got. mulda Staub, ahd. molt Staub, Erde. Vgl. ahd. muljan „conterere".

mlâti- weich, sanft.

ir. mláith, bláith glatt, sanft, weich. + bret. blot, blod weich, teigig (vom Obst).

mlâto-s Mehl.

mcymr. blawt, ncymr. blawd M. corn. blot. bret. bleut „farine".
Vgl. lit. mìltai, lett. milti Mehl.

meli-, *melit- Honig.

ir. mil, Gen. mela Honig. + cymr. mèl M. corn. mel (gl. mel).
bret. mel.
arm. meλr Honig. — gr. μέλι, Gen. μέλιτος Honig. — lat. mel. —
got. miliþ Honig.

melissi- süss.

ir. milis süss. + cymr. melys, melysu „μειλίσσω". abret. Uuiu-milis.
Hierzu gehören vielleicht gall. Meliddius, Gen. Melissei, Melissa, Melissius, Milisiacum.
melissi- aus melit-ti-.

melino-s gelblich.

cymr. melyn, Fem. melen. corn. milin (gl. fuluus l. flavus). bret. melen „croceus".
skr. maliná unrein, dunkelfarbig. — gr. μέλας schwarz. — lit. mĕlynas blau; lett. melns schwarz.

mêlo-, mêljâ tausend.

ir. mile tausend. + cymr. bret. mil „mille". corn. myl, myll.
lat. mile (mille), mîlia. — Hierzu auch skr. mela u. a. eine bestimmte hohe Zahl? Zweifelhaft, da die obigen kelt. Wörter aus dem Latein. entlehnt sein können, und lat. mile vielleicht auf mei.° beruht.

mêlo-n Thier.

ir. míl Thier, míl étaig Laus, mil maige Hase, míl mora Walfisch.
cymr. mil „bestia, animal irrationale", milgi, Pl. milgwn „canis 'ous" — corn. mylgy (Grundform mê!o-kuô).. corn. mil (gl. bret. mil.
Kleinvieh.
got. smalista „ἐλάχιστος", ahd. smal, ags. smäl, engl.

air. medg Molken; nir. meidhg. + cymr. maidd M. (aus medjo-). corn.
maith. abret. meid, coe-mid (gl. serum); mbret. queus-vez „mêgue“.
Zu asl. mêzga „succus“ (? B.).

minaveto- Ahle, Pfrieme.

ir. menad Ahle. + cymr. mynawyd. bret. menauet.
Vgl. gr. σμινύη Karst, σμίλη Schnitzmesser.

minu-s, minvo-s klein s. *mei mindern.

mindi- Diadem, Kranz.

ir. mind (gl. diadema). + acymr. minn (gl. sertum), Pl. minnou (gl.
serta, l. stemmata).

miskô ich mische.

ir. mescaim ich mische, menge. + cymr. mysgu.
skr. miç-rá vermischt, mi-mikṣati mischen. — gr. μίσγω, μίγ-νν-μι ich
mische. — lat. misceo. — ahd. miskan mischen. — lit. su-miszti in
Verwirrung gerathen, maiszýti mischen; asl. mêsiti dass.

kóm-misko- Mischen s. ko-, Präfix.

miss- Präfix, verkehrtes bezeichnend.

ir. mis- in mis-imirt .i. droich-imirt O'Cl., Compar. messa (Grundform
missôs).
got. missa-, ahd. missa-, missi-, mis-, an. miss-, mis-, as. ags. engl.
nhd. mis-, vgl. got. missô wechselseitig, skr. mithás wechselweise,
mithu falsch, verkehrt, asl. mitê, mitusl „alterne“.
Hierher auch ir. mith- in mithfir .i. lag no aineolach schwach oder
unwissend O'Cl.
Fern zu halten ist ir. Präfix mí- s. o. S. 205.

moiti-s sanft s. *mei mindern.

moqsu bald.

ir. mos bald.
skr. makṣū´ bald, maṅkṣu dass.; zend. moṣu alsbald, sogleich. — gr.
μάψ eilig, übereilt, fruchtlos. — lat. mox.

môkni- Sumpf s. mâkni dass.

mogu-s Diener s. magô ich fördere, mehre.

*monejô ich gelobe, moni- Zuneigung, Wunsch s. 3. *men denken, meinen.

moni-, *maniâ Hals.

ir. muin in muin-torc „torquis“.

gall. ὁ μανιάχης Halsband, μανιάχον Polyb. 11, 31.
Vgl. skr. mányâ Nacken u. das folgende.

monikiâ Halsband.

ir. muince „torquis“. + acymr. minci (gl. monile).
Vgl. lat. monile, ahd. menni Halsgeschmeide, ags. mene Halskette,
an. men dass., asl. monisto „monile“.
Eine andere, gleichbedeutende keltische Ableitung von moni- ist
ir. muinde (Grundform monitio-) Halsband.

moniklo- Hals.

ir. muinél (gl. collum), Gen. muniuil LL. 109ᵃ 12. + cymr. mwnwgl
M. „collum, guttur“.

mongâ, mongo- Haar, Mähne.

ir. mong F. Haar, Mähne. + cymr. mwng M. „juba“, Pl. mo[n]gou.
bret. moe „crinière de cheval“, Pl. abret. mo(n)gou.
Vgl. ahd. mana „juba“, aengl. mane, an. mön, nhd. Mähne.

monijo- Berg s. menijo-, monijo- dass.

mono- Tücke.

ir. mon Tücke, monach (Grundform monâko-s) tückisch.
lit. mónai Zauberei, lett. mâni Gaukelbilder, asl. maniti täuschen, trügen,
gr. μετα-μώνιος nichtig, vgl. lat. manticulare „fraudare, decipere“,
mentîri.

mori Meer.

gall. Mori, Mori-tasgus, Morini, Are-morici.   abrit. mori-rex (Rc.
VIII, 385).
ir. muir, Gen. mora Meer. + cymr. corn. bret. mor, cymr. morfil
(Grundform mori-mêlo-n) = corn. moruil (gl. cetus), vgl. ir. míl mora
Walfisch.
lat. mare. — got. marei Meer, mari-saivs See, ahd. marî, meri, ags.
mere, an. marr, nbd. Meer. — asl. morje Meer; lit. márês Haff.

mori-moron- (mori-moreinâ) Seejungfer.

ir. muir-moru Sirene. + cymr. mor-forwyn dass.

mori-vrano-s Taucher.

ir. muirbran „mergus“. + cymr. morfran „cervus, mari-
nus“. abret. morbran.

⟨p⟩arei-mori-, ⟨p⟩arei-morikâ Küstenland s.
⟨p⟩arei- bei, vor.

*moro- Alp s. *mera drücken, reiben.

moron- Jungfer s. 2. *mer.

morketo- Verdruss.

corn. moreth Aerger, Kummer.   bret. morchet „souci, malheur".
poln. markot Brummen, Knurren, markotny verdrossen, verdriesslich
(woher lit. markatnus verdriesslich), wr. markocíć verdriesslich machen,
markótnij langweilich (B.).

morni- Lärm, Geräusch.

ir. muirn Lärm, Geräusch.
Vgl. skr. mánati einen best. Laut von sich geben, maṇita unartikulierte
Töne, nhd. Murner (der Kater).

morvi- Ameise.

ir. moirb Ameise, Pl. morbi. + cymr. mor, myr „formica", Pl. moriou,
myriou; mor-grugyn „est potiùs tuberculum formicarum, quod Dem.
Myrdwyn, à myr formica et twyn" (Davies).   bret. merien; abret.
Morionoc villa.
asl. mravija F. Ameise.   Gr. μύρμηξ dass. weicht vielleicht nur im
Suffix ab.
Vgl. cymr. mywion-yn Ameise unter *meva besudeln.

***mol,** *mâl erheben, preisen.

ir. molaim ich lobe, preise, molad Lob, Preis, Gen. molta. + cymr. moli
„laudare", mawl, moliant „laus".   mbret. meuliff „louer", jetzt meuli;
nbret. meuleuli „louange".
Vgl. gr. μάλα sehr, Compar. μᾶλλον, lat. multus, melior, lett. milns
sehr viele, asl. iz-molêti „eminere", nsl. molêti hervorragen, serb. iz-
moliti „promere".
Ir. molaim setzt mol voraus, während die angeführten cymr. und bret.
Wörter auf *mâl weisen.

molto-s Hammel, Schöps s. *mela, *mlâ mahlen.

mûkino- Sumpf.

cymr. mign M. „coenum, lutum, ablutum, ablues".
Vgl. lett. mukt in einem Sumpf absinken, mukláis Sumpf, serb. mukljiv
„humidus".

mûko-s, mûkâ? Rauch.

ir. múch Rauch, Gen. muiche LU. 7ᵇ 14, Dat. muich LU. 7ᵇ 11,
muchad „suffocare", múchta ausgelöscht, formuichthib (gl. subfucatis)
Lib. Arm. 181 a. 1. + cymr. mŵg M. „fumus", mygu 1. „fumare",
2. „suffocare".   corn. mok, megi.   bret. moguet Rauch, mik M. „suffo-
cation", miga „être suffoqué", mog „feu".
Vermuthlich alte Entlehnung aus ags. smeócan rauchen, smeác Rauch,
md. smouch Rauch, Dunst.

mûkurno- Knöchel.

cymr. migwrn M. „articulus“. bret. migourn, migorn „cartilage“.
Vgl. lat. mucro.

mukku- Schwein.

ir. mucc Schwein (fem. u-Stamm). + cymr. moch, Sg. moohyn. bret.
moch „pourceaux“.
Vgl. skr. muñcáti loslassen, gr. ἀπο-μίσσω schnäuze, μύξα Schleim,
lat. mûcus, mungo (?).

mukku-rosto- Schweinewald.

ir. Muco-ross. + cymr. moch-ros LLand. 77.

mukto-s weich, mild, sanft.

ir. mocht gach ciuin Forus Focal 59. + cymr. mwytho erweichen.
Vgl. got. muka-modei Sanftmuth, anord. mjúkr schmiegsam, engl. meek.

mûgô ich lauere.

ir. ru-múgsat (gl. suffoderunt i. e. abscondiderunt), for-múigthe „ab-
sconditus“.
ahd. mûhhan, mûhhôn heimlich lauernd anfallen, mhd. ver-mûchen
verstecken, nhd. meuchel-, Meuchler.

muto- das männliche Glied.

ir. moth .i. ball ferda.
lat. mûto.

mutro-s dunkel.

ir. mothar .i. dorcha.
arm. mt'ar „oscuro, fosco“. — Vgl. gr. μύειν sich schliessen, μυστήριον
Geheimniss, lat. mûtus (B.).

*mutso- Schmutz s. *meud netzen, saugen.

1. muldo- Spreu s. *mela, *mlâ mahlen.

2. muldo- Gipfel, Kopf.

ir. mull in Muill-(l)ethan (= *Muldo-⟨p⟩letano-s), mullach (Grundform
muldâko-) Gipfel, Kopf, Dat. Sg. din mulluch (gl. de vertice). + bret.
melle „fontaine de la tête, l. sinciput“, mellenn au penn, mellez „la
suture de la tête“.
skr. mûrdhán Kopf, Gipfel. — ags. molda Haupt (citiert K. Zs. XXX,
449 Anm. 1).

mṇtî Grösse.

ir. mét, méit F. Grösse, Gen. méite. + acymr. mint (in pa-mint, gl.
quam, Juv. S. 31); ncymr. maint M. „quantitas, magnitudo“. corn.
myns. bret. ment „quantité, grandeur“.
Zu an. munr u. a. „moment, importance“? (B.).

kóm-mṇtî gleiche Grösse s. ko-, Präfix.

mṇdâ Flecken s. *men absondern, verringern.

mṛkko-s bunt, gefleckt, mṛkto- bunt s. *mreg flimmern.

mḷô ich mahle s. *mela, *mlâ mahlen.

mḷkti- Milch, mḷgô ich melke s. *melgô ich melke.

mrato-s Betrug, Verrath.

ir. mrath, brath Betrug. + cymr. brad; mcymr. bradouc (gl. insidiosi).
bret. barat.
gr. ἀ-μαρτο(-επής in den Worten) fehlend, ἐ-μαρτία Fehler, Sünde,
ἀ-μαρτάνω (ἤμβροτον) verfehlen, abirren.
Auf bret. barat beruhen prov. franz. barat und engl. barratry.

*mrek eintunken, einweichen.

em-brekto-n eingetunkter Bissen s. o. en in.
Vgl. lit. mèrkti einweichen, su-markýti aufweichen, zerquetschen, zer-
matschen, márka, lett. mârka Flachsröste, klr. morokva Morast (B.)
und lat. marcere, marcidat „τήκει, τήκεται“, marcor.

mraki- Malz.

gall. brace (brance?) Plin. HN. XVIII, 7, S. 11, welcher es „genus
farris“ deutet.
ir. braich Malz. + cymr. brag M. Malz, bragod die Würze von
Bier und Meth, gemischt und gewürzt. corn. brag (gl. bratium für
bracium); acorn. bracaut (gl. mulsum). bret. bragez „germe des
graines“, bragezi „germer“ = cymr. bragodi aufspringen, bragad
Sprössling.
Von brace kommt mlat. bracium „unde cerevisia fit“ Papias, afranz.
bras Malz, brasser = aspan. brasar „brauen“.
Engl. bragget ist von cymr. bragod entlehnt.
Die air. Form war vielleicht mraich s. múad-mraich LU. 106 b.

mrakno-s morsch, faul.

ir. brén stinkend, faul. + cymr. braen „putidus, tabidus“. bret.
brein (? s. bragno-s).

*mreg flimmern.

mṛkko-s (vorkelt. mṛg-nó-s), bunt gefleckt.

ir. brecc 1. bunt, gefleckt, 2. Forelle. + cymr. brych, Fem. brech,
„subniger, nigellus“, 2. „macula“. bret. brech F. „(petite) vérole“.
lit. márgas bunt, vgl. lett. marga Schimmer, Flittern, murgi
Phantasiebilder, Nordlicht, gr. ἀμαρυγή Schimmern, Funkeln.

mṛkto- bunt.

ir. mrecht in mrecht-rad „varietas". + acymr. brith (gl. pictam),
breithet (gl. variegati); ncymr. braith. corn. bruit (gl. varius).
bret. briz „tacheté".

mṛkko- und mṛkto- sind nur im Suffix verschiedene Participial-
bildungen.

Abgeleitet von mṛkto- ist *mṛktilo- Forelle in cymr. brithyll „truta"
= corn. breithil (gl. mugilus, l. mugil), bret. brezell.

mrog-, mrogi- Grenze, Landgebiet.

gall. Brogi-mâros, -mâra, Brogi-tarus, Ande-brogus, Allo-broges („brogæ
Galli agrum dicunt" Schol. zu Juvenal VIII, 234).
ir. mruig Mark, Landschaft, Dat. Sg. im-mruig thuaithe Lib. Arm.
10 a. 2, Dat. Pl. mrugaib (leg. mruigib?) Windisch Ir. Texte 820. +
cymr. corn. bro Bezirk, Gegend, Land, Cym-mro, Pl. Cymmry aus
*Com-mrox, Pl. *Com-mroges. bret. bro, Pl. broezou B. 181, broolion
(gl. patrias).
zend. merezu Grenze. — lat. margo. — got. marka Grenze, Grenz-
gebiet, ahd. maracha, ags. mearc Grenze, Bezirk.

*mrû sagen.

ir. frith-broth „negatio" (Grundform mrûtu-), fris-brudi „negat" (von
*mrûtiô sage). + cymr. cyfrau Gesang, Ton, Pl. cyfreuau Reime, Alli-
terationen (Rhŷs Rc. II, 120). abret. co-brouol (gl. verbialia).
skr. brávîti sagen; zend. mrû sprechen, nennen, reden.

mlaisko-s stammelnd, stotternd.

cymr. bloesg „blaesiloquus, blaesus", mbret. blisic „fr. soeff, l. blaesus".
skr. mlecchá Wälscher, Barbar.

mlaknâ die Weichen.

ir. blén F. die Weichen, „inguen"; air. melen (leg. mlén) (gl. inguina).
Vgl. gr. μαλακός weich, μαλκόν· μαλακόν Hesych., lat. mulcêre streicheln.

mlâti- weich, sanft, mlâto-s Mehl, s. *mela, *mlâ mahlen.

mlastâ, mlasto- Kosten, Schmecken.

ir. mlas F. Geschmack, do-mblas übelschmeckend, so-mblas wohl-
▉▉▉ckend, il-mblas manigfaltigen Geschmack habend. + cymr. blâs
▉▉ ▉▉". bret. blas F. „goût".
·lsati lecken, naschen, russ. molsatI saugen, nagen, poln.
rbissen (B.).

J.

ja so, wahrlich.

cymr. ie „imo, ita, nae". bret. ya.

gr. ἦ fürwahr. — got. as. ahd. ja, an. já, ahd. mhd. jà, ags. geá, engl. yea, gê-se (engl. yes). — lit. jè ja.

Vielleicht haben die irischen Partikeln âm, êm „item, etiam, vero, autem" anlautendes j verloren und sind auch hierher zu stellen, aber ihr m ist dunkel. Ist lat. immo zu vergleichen?

jakko-s gesund, jêkkâ Heilung.

ir. ícc F. Heilung, Gen. ícce. + cymr. iâch „sanus, saluber, salutaris, incolumis, sospes", iechyd „sanitas". corn. iach (gl. sanus), an-iach (gl. infirmus). abret. iechet „sanatus"; bret. yach „sain".

Vgl. skr. yáças Herrlichkeit, Heil = gr. ἄχος Heilmittel.

Coelho (Rc. VI, 483) vergleicht Iaxxa, heut Jaca, eine Stadt in Spanien (vgl. La Sanità, Vorstadt von Neapel).

Hierher vielleicht ir. ícc Zahlung, íccaim ich zahle.

jagi- Eis.

ir. aig F. Eis, Gen. ega. + cymr. iâ M. „glacies", iáen „glacicula". corn. iey (gl. glaties). bret. yen „froid".

Vgl. an. jaki M. Eisstück, jökull Eisberg, ags. gicel Eiszapfen, engl. icle in ic-icle, mnd. jokele Eiszapfe, lit. iża-s Eisscholle, ẏżià Treibeis.

*jat streben.

jatu- Streben.

gall. Ad-iatunnus, Ad-iatu-marus.

cymr. add-iad „desiderium".

skr. yatúna strebsam, vgl. yátate zustreben, gr. ζητέω (äol. ζάτημι) ich suche.

Vielleicht gehört auch gall. iotu in Jotu-rix Rc. IX, 32 hierher.

jantu- Eifer.

gall. iantu in Iantu-mâros = ir   ᵗypus",
Adiantunnena.

ir. et „zelus". + cymr. iant in add-'
Vgl. skr. yatná Bestrebung.

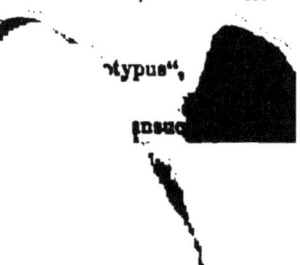

jâtu- Furth.

ir. áth Furth, Gen. átho.

Vgl. skr. yâ gehen, lit. ióti reiten.

jaro- Huhn.

ir. eirin [leg. éirin?) Hühnchen, junger Habn O'Don. Supp.; hochländ.
eireag. + acymr. iar (gl. ales), Pl. yeyr Laws I, 35, 9, clug-iar Rebhuhn. corn. yar (gl. gallina). bret. yar „poule", Dimin. yaric, clugar
„perdrix" — cymr. clug-iar.
Vgl. lett. i'rbe Huhn in mefcha-i'rbe Haselhuhn, lauka-i'rbe Feldhuhn,
lit. jěrubě (gěrube, ěrubě) Haselhuhn, nsl. jertŭ Nusshäher? (B.).
Vielleicht ist gallisch Iarilla Gruter 746, 3 Diminutivum von jaro-.

jekti- Sprache.

cymr. iaith F. „lingua, dialectus, idioma". bret. yez „langage".
ahd. jiht, mhd. giht Aussage, Bekenntnis, vgl. ahd. jehan, mhd. jehen,
gehen, as. gehan sagen, sprechen und vielleicht čech. jíkati stottern,
klr. zaika Stammler, serb. ikavka Rülps (B.).

jemô ich bedache, t-Prät. jento.

ir. do-emim „tueor", do-r-et „velavit", dítiu (aus di-jemtion-) „tegmen,
defensio", dítid, dítnid „defensor", con-d-imthe „protegebatur".
Vgl. lett. ju'mju, ju'mt ein Dach decken.
Ascoli (Gloss. pal.-hib. LXV, LXVI) will die obigen ir. Wörter auf die
Wurzel em (lat. emere) „sumere, suscipere" zurückführen.

jemno-s Zwilling.

ir. emuin „gemini", Corm. emnatar (gl. geminantur), eamhnadh .i.
dubladh, verdoppeln O'Cl.
Vgl. skr. yamá Zwilling, lett. jumis Doppelfrucht, -ähre, lat. imágo,
imitàri, aemulus.
Cymr. gefell M. und bret. gevelled, Pl., sind aus lat. gemellus entlehnt.

*jevâ Getreide, Gerste.

ir. eo-rna Gerste.
skr. yáva Getreide, Gerste. — gr. ζειά, ζειά Spelt. — lit. jawaí Getreide.

jestâ Gischt.

cymr. iâs F. „fervor, ebullitio". bret. go „levé, fermente", goaff „lever
comme la paste", goell „levain" aus vo-jes-.
mhd. jest Giscbt (Stamm jesto-), vgl. ahd. jesan gären, jerjan gähren
machen, skr. yásati sprudeln, gr. ζέω koche, siede.

joini- Binse.

air. *oin, nir. aoin Binse, Gen. *óine, aíne.
lat. jûni-perus, jûn-cu-s (aus *joini-p°, *joinicu-s), jûniculus.

joino-, joiniâ Fasten.

ir. óin Fasten, óine dass.
Vgl. lat. jê-jûnus, wenn nicht aus *êdjûnus = skr. ádyûna speiseleer,
gefrässig.

jougo-, jugo- Joch.

ir. ughaim Pferdegeschirr. + cymr. iau F. acorn. iou (gl. iugum),
Vocab. ieu (gl. iugum). mbret. yeu „joug"; nbret. geo, ieo.
skr. yógas Verbindung, vgl. yugá Joch, yunákti schirren, anspannen.
— gr. ζεῦγος Gespann, vgl. ζυγόν Joch, ζεύγνυμι spanne an, verbinde.
— lat. jŭgum, *jŭgos Gen. *jŭgeris in jŭgerum. — got. juk Joch. —
lit. jùngas Joch; asl. igo (aus *jŭgos-) dass.
Gall. Ver-jugo-dumnos, Rigo-ver-iugos (Rc. III, 805) und nbret. iao
„jumentum" (aus jaugo-?) scheinen auch hierher zu gehören.

jorko-s, eine Art wilder Ziege.

acymr. iurgchell (gl. caprea); ncymr. iwrch „caprea mas", iyrchell
„caprea foemina". corn. yorch (gl. caprea), kyt-iorch (gl. capreolus).
bret. yourch „chevreuil".
Vgl. gr. ζόρξ hirschartiges Thier, ζορκάς dass., falls diese Wörter echt
griechisch sind. Ιορκος (Damhirsch) scheint aus dem Keltischen entlehnt zu sein.

(*joven- jung.)

jovṇko-s jung, Compar. jovôs-, Superl. jovamo-s.

gall. Iovincillos, Dimin., Muratori MCCCLIII, 6.
ir. óac, óc (aus *ôêc) jung, Compar. óa, Superl. óam und óscr (aus
joviostero-). + cymr. ieuanc, Compar. ieu, Superl. ieuaf, yeuhaf.
corn. iouenc in gur-iouenc (gl. adolescens), jouonc (gl. iuuenis).
bret. youanc „jeune", jetzt iaouank, Compar. iaou.
skr. yuvaçá jugendlich. — gr. ὑάκινθος Hyacinth(?). — lat. juvencus. — got. juggs, ahd. nhd. jung, ags. geong, engl. young. Vgl.
skr. yúvan jung, Jüngling, zend. yavan Jüngling, lat. juvenis, lit.
jáunas jung, asl. junŭ dass.

jovṇtût- Jugend.

ir. óitiu Jugend, Gen. óited.
lat. juventus.

juto- Brühe.

ir. íth „puls" Sg. 70 a. + cymr. uwd „zomos, pulmentum, pulticula,
pappa". corn. iot (gl. puls). mbret. yot „bouillie"; nbret. iod.
mlat. iutta „broth. muos .i. potio spissa ex latte [lacte?] confecta"
Diefenbach Nov. Gloss. S. 224.
Vgl. skr. yûs, yûṣa Brühe, gr. ζῖμη Sauerteig, lat. jûs, asl. jucha
„jusculum".

judo- (judâ?) Kampf.

acymr. Iud-gual, Iud-nerth, Iud-ri, Marget-iud. acorn. Iud-prost. bret.
Iud-car, Iud-cant, Iud-hael, Iud-cum u. s. w.

skr. yúdh Kampf, yudhȧ-jit durch Kampf siegend, yudhȧ-manyu, Eigenname, vgl. yúdhyati kämpfen, zend. yûidhyêiti dass., gr. ἱσμίνη Treffen, Schlacht.

Hierher vielleicht ir. idnae Waffen.

R.

*râ geben.

ir. éra Verneinung, Verweigerung (Grundform ex-raju-), éraim ich verneine, verweigere. + cymr. rhoi geben, rhodd „donum, munus", rhoddi „dare, donare". corn. ry „dare", rof „do". bret. reiff „donner", Präs. roaff.

skr. ráti geben, verleihen; zend. râ bringen, geben, schenken.

> rato-n Gnade.

> ir. rath N. Gnade, Gen. raith. + cymr. rhâd „gratia, benedictio". abret. rat in Rat-louuen u. s. w.

> Vgl. skr. ràtá(-havya) Opfergabe, zend. râta Gabe, Darbringung (B.).

> (*râdh geben.)

> > rattô ich gebe (vorkelt. radh-nô').

> > ir. do-rata „det", do-ratus „dedi". + mcymr. dy-rodes „dedit" = corn. do-ro(z)as, d-rôs.

> > skr. râdhati und râdhnóti günstig sein, befriedigen, râdhas Gabe, Geschenk, zend. râd geben, bereiten, râdañh Opfergabe. Mcymr. -rodes und corn. ro(z)as sind Perfecta mit den Endungen des s-Präteritums. rod (acymr. *raud) : radhnô = acymr. raut (in guo-raut „succurrit") : urkelt. retô = gr. ἔρρωγα : ῥήγνυμι.

> > Zweifelhaft. Nach Windisch steht ir. -rat für ⟨p⟩ro-dad, skr. dádâmi.

rai⟨p⟩â Schlacht s. *rei⟨p⟩ zerreissen.

râô ich befahre (das Meer) s. *eru, *râ rudern.

rak „coram, prae, ante" s. *⟨p⟩er hinüberbringen.

„. Geilheit „lascivi̇ ̇us".

frei „avarus, avidus, cupidus", kühn, gierig, fracoð l. frevelhaft, 2. „inmunditia", aengl. frec lebhaft, an. frekr gierig und as. frôkni wild, frech, verwegen, ags. frécne kühn, an. frœkn muthig, tapfer, ahd. Fruochan- (B.).

⟨p⟩ratiô ich merke, Perf. ⟨p⟩rata.

ir. raith er merkte (KBeitr. VII, 12, VIII, 11), ro-rathaig er bemerkte. got. fraþja ich verstehe, erkenne, vgl. frôþs weise, ahd. fruot, as. ags. frôd dass., an. frôðr kundig, lit. su-prantù ich merke, verstehe, próta-s Verstand, apreuss. iss-prestun verstehen, lat. inter-pres, inter-pretâri.

râtî-s, râti-s, râto-n Erdwand, Erdbank.

gall. Acc. ratin, Argento-ratum.
ir. ráith, Gen. Sg. rátha LL. 109ª, Acc. Sg. rathi (leg. ráthi) Lib. Armach. fo. 6b 1.
lat. prâtum, vgl. begriffl. mnd. brink 1. Rand, Ackerrain, 2. Grasanger (B.).

⟨p⟩rati-s Farn.

gall. ratis (Marcell. Burd. C. XXV, Diosc. IV, 18).
ir. raith Farn, Raithen, raithnech Farn. + cymr. rhedyn „filix". corn. reden (gl. filix). mbret. radenn, radenenn „fougère"; abret. raten „fougeraie", (Les) Rattenuc.
Vgl. skr. parṇá Flügel, Feder, Blatt, zend. parena Feder, Flügel, ahd. farn, farm, ags. fearn, engl. fern, nhd. Farn, lit. papártis = russ. páporotĭ Farn.
„Le rapport (indirect) du basq. iratze fougère, avec le bret. raden est au moins très probable" (Rc. V, 274).

rato-n Gnade, rattô ich gebe s. *râ geben.

ratjo- nothwendig, Nothwendigkeit.

cymr. rhaid „necesse, necessarius, necessitas, egestus", rheiddwy. corn. res, reys. bret. redi „nécessité".
Vgl. skr. ṛtá u. a. feste Ordnung, gr. ἀραρίσκω füge, lat. artus eng, dürftig, artâre zusammenpressen, lit. arti nahe (B.).

1. râdiô ich rede.

ir. noráidiu ich sage, spreche. + cymr. ad-rodd „narrare, declarare". got. rôdjan reden, sprechen, an. rœða dass.

2. râdiô ich bedenke.

ir. im-rádim „tracto", imm-id-rádi „id cogitat", imb-rádud „cogitatio"; s. embi, Präposition und Präfix. + acymr. amraud „mens". got. ga-rêdan auf etwas bedacht sein, ahd. râtan rathen, auf etw. sinnen, as. râdan rathen, berathschlagen, ags. rǽdan rathen, an. ráða dass.

(*râdo- Gedanke.)

ahd. rât Rath, an. ráð dass.

embi-râdo- Gedanke s. embi, Präposition und Präfix.

râno- Rosshaar.

ir. rón Rosshaar, Gen. róin, róinne. + cymr. rhawn M., Sg. rhawnyn „seta“, Dimin. rhonell F. „cauda“. bret. reun „soie de porc“.
reno Pelzrock, das Varro für gallisch erklärt, gehört schwerlich hierher. Ir. rón aus cymr. rhawn entlehnt?

ranko- in kóm-ranko- Zusammenkommen, Kampf s. *renk sammeln.

⟨p⟩rannâ Theil.

ir. rann F., Gen. rainne Theil. + cymr. rhann. mcorn. ran; ncorn. radn. abret. rannou (gl. partimonia, gl. climatibus).
Vgl. gr. πορεῖν darreichen, πέπρωται es ist bestimmt, lat. pars, portio. Ir. rannaim, cymr. rhannu, corn. ranne, abret. rannam (gl. partior) sind Denominativa von rannâ.
Mir dunkel ist das doppelte n.

râmo-, râmiâ Ruder und rêmo- Ruder s. *era, *râ rudern.

*razd reiben, glätten.

cymr. rhath Ebene, Fläche, rhathell F. Raspel, rhathu ebenen, glätten, raspeln. bret. raza „raser“.
Zu lat. râdo, rôdo? oder zu ahd. fratôn wund reiben?

*re⟨p⟩ packen, reissen.

ir. rap „every animal that drags to it, ut sunt sues“ Corm. (Grundform rapnó-), recht plötzlicher Anfall, Wuth LL. 300ᵇ (Grundform reptu-).
Vgl. skr. rápas Gebrechen, Verletzung, gr. ἁρπάζω raffe, ἅρπη ein Raubvogel, lat. rapio, lit. réplės Zange.

(*rei fliessen.)

reino-s Strömung.

gall. Rêno-s, Flussname.
ir. rían Meer, urap. „Meeresströmung“? Thurneysen Keltoromanisches 110.
skr. riṇắti laufen lassen, riṇa fliessend.

†to-s (rîtos-?) Same.

ď M. „semen“.

-emen virile“.

*rei⟨p⟩ zerreissen.

reippô ich reisse, zerreisse (vorkelt. reip-nô').

air. *répaim; mir. rébaim ich reisse, zerreisse, jetz¹ reubaim.
Vgl. gr. ἐρείπειν umstürzen, zerstören, ἐρίπνα abstürzender Felsen,
lat. ripa, an. rifa reissen, rifna zerspringen, engl. to rive spalten.

rai⟨p⟩â Schlacht.

ir. rae .i. cath O'Cl., immid-rói .i. ro briss überwand LU. 85ᵇ 20
+ cymr. rhae F. Schlacht.

rei⟨p⟩atro- Wasserfall.

ir. riathor (gl. torrens). + cymr. rhaiadr „cataracta".
Mit dem Ablaut oi gehört zu derselben Wurzel ir. roen Nieder-
lage (Grundform roi⟨p⟩no-) LU. 60ᵇ 6, roenaim ich überwinde,
schlage LL. 66ᵇ 15.

reikô ich zerreisse.

cymr. rhwygo „lacerare, dilaniare", rhwyg M. „ruptura, scissura".
mbret. roegafl „déchirer, desrompre"; nbret. reuga.
ved. rékhati ritzen, reissen. — gr. ἐρείκω zerbreche, spalte. — lit.
rékti schneiden, zum ersten Mal pflügen.

reidô ich fahre.

ir. riadaim ich fahre. + cymr. rhwyddhau „prosperare, expedere,
facilitare".
ahd. ritan reiten, fahren, ags. ridan dass., an. rîda reiten, sich heftig
bewegen. Hierzu vielleicht auch gr. ἐρίθος Diener.

reidâ Fahrzeug.

gall. rêda („Curriculi genus est, memorat quod Gallia, rhedam"
Venant. Fortun. III, 22, 1).
ir. dé-riad (gl. bigae).
Vgl. ahd. reita „currus, quadriga. vehiculum, rheda", ags. râd
Reiten, Fahren, Wagen, an. reið Reiten, Wagen.
Auf reidâ mit der Bedeutung „das Fahren, die Fahrt" beruhen
vielleicht die Suffixe cymr. -rwydd, irisch -red, -rad (Zimmer KS.
II, 24).
Ein gall. reidion- lässt sich wegen epi-rêdia Juvenal VIII. 66
annehmen.

reidârio-s Lenker einer reidâ.

gall. rhedarius (adversi rhedarium occidunt Cicero Mil. X, 29).
Vgl. amhd. ritâre Reiter, Ritter (B.).
Dem md. rite (ahd. *rito) Reiter entspricht vielleicht gall.
Rêdones (Glück KN. S. 148) = bret. Roazon (B.).

reidi-s befahrbar, frei.

ir. réid „vacuum", maige réidi freie (d. h. befahrbare) Felder.   **+**
acymr. ruid; ncymr. rhwydd „prosper, expeditus, minime impeditus". abret. roed in Rau Roed-lon, Roidoc, Roet-anau; nbret.
rouez „rare, clair-semé".

Vgl. got. garaids angeordnet, ahd. gereite bereit, mhd. bereite
dass., an. reiðr „passable on horseback", greiðr leicht zu bewerkstelligen und ags. ræd bereit, beritten, engl. ready.

Ob gallisch Epo-redia, -redii, -redi-rix, -redo-rix zu reidis, oder zu
reidâ gehört, ist zweifelhaft.

reido- Fahren, Reiten.

ir. ríad Fahren, Reiten.   **+** cymr. in gorŵydd „equus, caballus"
(Grundform vo-reido-, woher mlat. veredus, paraveredus Nebenpferd, engl. palfrey, nhd. Pferd).

Vgl. ahd. garit N. „equitatus" und mhd. in-rit M. Einritt, mnd.
rit N. Ritt (B.).

reippô ich reisse, zerreisse s. *rei⟨p⟩ zerreissen.

reibâko-s gesprenkelt, gestreift.

ir. riabach gesprenkelt, grau, bó riabhach „vacca maculis distincta".
Vgl. lit. raíba-s graubunt, gesprenkelt, lett. ráibs bunt, fleckig, apreuss.
roaban gestreift.

ir. riabach gleicht einer Ableitung von riab Corm. s. v. rebbad.

reino-s Strömung s. *rei fliessen.

⟨p⟩reimo- vorn befindlich.

ir. riam „antea".   **+** cymr. rhwyf König, Anführer. corn. ruif König
in gurhemin ruif (gl. edictum), ruifanaid, ruifanes (gl. regina).
Vgl. alat. pri, pälign. pri-, got. fri-sahts Bild, Räthsel, lit. pri- bei:
prë dass.
S. ⟨p⟩er hinüberbringen, vorwärts bringen, übertreffen.

*⟨p⟩rek fragen s. *⟨p⟩erk, *⟨p⟩rek fragen.

*rek glänzen.

ir. riched „caelum", do-rche „tenebrae", dorchide „obscurus", so-rche
hell, licht, sorchaide glänzend.
Vgl. skr. árcati strahlen, arká Strahl.
Für *rek wird vielleicht besser *erk (: ṛk) angesetzt.

rektu- Recht s. 1. regô ich strecke aus.

rekmen- Geschrei.

ir. réimm, réim curadh .i. géim curadh Geschrei des Helden O'Cl. +
cymr. rhegen „coturnix".
Vgl. lit. rĕkti brüllen, lett. rêkt dass., asl. reką ich spreche und lat.
raccâre schreien wie ein Tiger.

***reg** sehen.

ir. réil klar (Grundform regli-s), rélaim ich offenbare.
lit. regiù ich sehe, régimas sichtbar, offenbar, lett. redfét sehen (B.).
Von der nämlichen Wurzel vielleicht ir. rosc Auge (aus rog-sko-) (B.).

(*rêg herrschen.)

rêgṇt- (rêgṇto-) Herr.

cymr. rhèn „dominus, satrapas". bret. roe „roi", Pl. rouanez,
rouanez „reine", roantelaer „royaume". cymr. rhiant „parent" —
abret. riant in Ran riant-car.
lat. regens.
Der Vocalismus des cymr. rhên, bret. roe ist mir dunkel.

rêg-, Nom. rêks, Gen. rêgos König.

gall. reix, rix, rixs, N. Pl. riges, Adiato-rix, Ambio-rix, Ande-
broci-rix, Bitu-riges, Canto-rix, Catu-rix, Pl. Catu-riges, Cingeto-rix,
Doci-rix, Dubno-reix, Elvo-rix, Epo-redo-rix, Lugoto-rix, Magio-rix,
Orgeto-rix, Togi-rix, Toutio-rix, Vasso-rix, Rigo-dulum, Rigo-magus
(jetzt Remagen), Catu-rigo-magus.
ir. rí König, Gen. ríg. + cymr. rhi „dominus, baro, satrapas,
nobilis" (Davies), Pl. rhiedd, rhiydd, rhiau, rhion ibid.
skr. râj König. — lat. rêx. — got. reiks „ἄρχων" (vielleicht aus
dem Keltischen entlehnt).
Mir dunkel ist der Vocalismus des corn. ruy, bret. roue.

Toutio-rêx, Touto-rêx, Eigenname s. *teve, tû mächtig sein.

rêganâ, rêganî Königin.

ir. rígan, rígain Königin. + cymr. rhiain „virgo, puella", Pl.
rhianedd.
Vgl. skr. râjñî Königin, Fürstin (: râjan König).

rêgio-n Herrschaft.

ir. ríge N. „regnum".
skr. râjiá Herrschaft. — got. reiki Reich, Her
richi dass. Vgl. lat. rêgius.

katu-rêgio-s, ...riâ s. katu- K

1. regô ich strecke aus, Perf. reroga, t-Prät. rekto.

ir. rigim, Perf. Sg. 3 reraig, Pl. rergatar, as-rigim „surgo", t-Prät.
as-r-éracht, at-racht, éirge „resurrectio", rén Spanne (Grundform regno-
oder regnâ), réise dass. (Grundform reksjâ). + cymr. t-Prät. dyrreith.
skr. ṛōjáti sich strecken, ausgreifen, ṛjú gerade, richtig, recht; zend.
erezu gerad, recht, wahr; apers. rằçta gerade, richtig. — gr. ὀ-ρέγω
recke, strecke. — lat. rego, êrigo, rectus. — got. ·rakjan recken, ahd.
recchan dass., got. raíhts, ahd. as. reht, ags. riht, engl. right, an. réttr,
nhd. recht. — lit. rạ'žytis sich recken.
Hierzu gehört als Causale ir. roigthir (gl. producatur) Ml. 110ᵃ 1 (Grundform rogiô), hond rogud (gl. extensione) Ml. 37ᵈ 6.

eks-regô steige hinauf, at⟨i-⟩eksregô wieder
s. eks, Präposition und Präfix.

rektu- Recht.

gall. Rectu-genus (C.I.L. II, 2824, 2404, 2907).
ir. recht Gesetz, rechtmar. + cymr. rhaith. bret. reiz „juste,
sage"; abret. reith, reth in Iaban Reith, Reith-, Reit-, Reth-
uualart, Reth-uuobri, Reth-uuocon.
lat. rectum.
Als Grundform kann auch ṛktu- angenommen werden.
Esser 718 verbindet hiermit Rictio-varus und Ogmi-rectherius, mit
dessen Schlusstheil ir. rechtire identisch sein kann.

2. regô ich friere.

ir. *reoim, Sicc mor in hoc anno corresiot [s-Prät. = corro reidhset
FM. AD. 684, mit eingeschobenem db] locha ocus aibhni Ereann, cor-
rei [= roreodh FM.] an muir edir Erinn ocus Albain Chron. Scot. 69ᵇ.
+ cymr. rhewi „gelare". bret. révi.
Vielleicht sind ir. reo, reoim aus dem Cymr. entlehnt.

regu- Frost, Kälte.

ir. reo Frost, Kälte. + cymr. rhew „gelu, pruina"; acymr. reu in
pipenn reulaun (gl. steria) Juv. S. 14. corn. reu (gl. gelu). bret.
reau, jetzt réô, rev „gelée blanche".
Ir. réud (gl. gelu), Dat. Sg. i reuth (gl. in pruina) beruht auf
⟨p⟩resatu-.

retô ich laufe, Perf. rerâta.

ir. rithim, Perf. Sg. 3 ráith, Pl. 3 rathatar Fél. Sep. 11, ar-riuth
„adorior", do-riuth, Perf. Pl. 3 do-rertatar Broc. h. 55, fo-riuth „succurro", Perf. fo-ráith, Pl. fo-s-ráthatar LU. 59ᵇ. + cymr. guo-redaf
„succurro", Perf. (acymr.) gua-raut = ir. fo-ráith.
lit. lett. ritù ich rolle, wälze.

Als Causale gehört hierzu ir. roithim : cen adrad rig roithes gréin d. i. ohne den König anzubeten. dass er veranlasse die Sonne zu wandeln (ihren Weg) LL. 32ᵃ 30 (Grundform rotió).
Vielleicht sind auch ir. raie LU. 13ᵇ 42 Pfad, Weg (Grundform rassi-) und raise LU. 50ᵃ 4 dass. (Grundform rassiá) wurzelhaft verwandt.

roto-s Rad.

ir. roth M., N. Pl. roith Rad. + cymr. rhôd F.
skr. rátha Wagen; zend. ratha dass. — lat. röta. — ahd. rad Rad. — lit. rátas, lett. rats dass.
Vielleicht ist dies Wort in gall. Rotó-magus (jetzt Rouen) enthalten.

*r̥to-n Rad.

gall. petor-ritum vierrädriger Wagen.
Vgl. lit. ritulai Schubkarren, ritinis Rolle Zeug, lett. rite'ns Wagenrad, ritulis dass. (B,).

*reb spielen.

ir. reb Spiel, Tücke (Grundform rebá), rebrad Kinderspiel, rebaigim ich spiele.
Vgl. mhd. reben sich bewegen, rühren, bair. rebisch munter, schweiz. räbeln lärmen, poltern, räbelkilth nächtl. Zusammenkunft, in welcher Spiele getrieben werden (B.).

*rên Niere(?) in ad-rên, -ren s. ad-, Präfix.

(*renk sammeln.)

kóm-ranko- Zusammenkommen, Kampf.

ir. cómrac Zusammenkommen, Treffen, Kampf, ter-chomrac Zusammenkommen, Versammlung. + cymr. cyfrangc „conflictus, praelium, congressus".
Vgl. lit. rinkti sammeln. surinkimas Versammlung (B.).

rentu-s Sache.

ir. rét, Gen. réto Sache.
skr. rátna Habe, Gut, Kleinod

rennó- Bein, Fuss.

air. *renn, mir. rend .i. coss Bein, Fuss LL. 208ᵃ 26.
Vgl. got. rinna renne, laufe, runs Lauf, ahd. ags. rinnan, an. renna laufen, rinnen.
Hierzu als Causale ir. ad-roinni LU. 74ᵃ 29, as-roinnea (gl. possit evadi) Ml. 31ᵃ 2 (Grundform ronniá). vgl. got. -rannjan.

*rem dick sein.

ir. remor dick, fett (Grundform remro-), Compar. remithir. + cymr.
rhêf „crassus, magnus", rhefr „anus rectum".
Zum Vergleich kann man an an. ramr stark, kräftig, oder an mhd.
frum, vrom tüchtig, wacker, ansehnlich, as. furm, form tüchtig, gewichtig, oder an gr. πρέμνον Stammende, asl. pręžI dass. denken. In
letztem Falle ist *⟨p⟩reb als Grundform anzunehmen.

remiô ich stütze, beruhige.

ir. fo-rimim setze, lege, fuirmi „ponit".
skr. rámate stillstehen, weilen. — gr. ἠρέμα saft, ἠρεμαῖος ruhig. —
got. rimis „ἡσυχία". — lit. remiù ich stütze, rìmti ruhig sein.

rembô ich verzerre, verrenke.

ir. remmad Verzerrung Corm. s. v. (Grundform rembatu), reimm .i.
fuirseoir no druth, Possenreisserei (Grundform rembi-s).
mhd. rimphen zusammenziehen, krümmen, rümpfen, rampf Krampf,
ahd. rumfunga Runzeln, ags. rimpan „rugari". Hierher auch lat. ringor?

*⟨p⟩rî lieben.

ir. ríar Wille, Wunsch, Verlangen (Grundform prijarâ).
Vgl. skr. prinâti erfreuen, prîyate befriedigt sein, zend. fritha Liebe,
got. frijôn lieben, gern thun, asl. prijati günstig sein.

⟨p⟩rijo-s frei.

cymr. rhýdd „liber, a, um, municeps, immunis".
skr. priyá lieb, werth. — got. freis (Acc. Sg. frijana) frei (Grundform frija-z), ahd. frî, ags. freó, engl. free, an. frí, nhd. frei.
cymr. rhyddáu „liberare", „vid. an. hinc Angl. Ridde" (Davies).

riktu- Form, Gestalt.

ir. richt Form, Gestalt. + cymr. rhith „species".

rigô ich binde, *rigo- Band.

ir. ad-riug „alligo", con-riug „colligo", Perf. con-reraig er band LU.
63ª, á-rach Fessel, bu-a-rach Kuhspannseil, sciath-rach Schildriemen.
+ cymr. mod-rwy F. Ring, rhwym M. „vinculum"; acymr. Pl. ruimmein.
bret. rum „bande, troupeau".
Vgl. lat. corrigia Schuhriemen, mhd. ric Band, Strick, Geschlinge (B.).

kóm-rigo-n Fessel, Fesseln.

ir. cuimrech N. Fessel, Fesseln. + bret. kevre „lien".

ríto-s Same s. *rei fliessen.

rind'? aus Rinde verfertigtes Gefäss.

ir.   ⸱⸱lzerner Eimer.
⸱ ⸱l⸱⸱   ⸱⸱⸱. ⸱⸱⸱⸱⸱⸱⸱. rind, nhd. Rinde.

rîmâ Zahl, **rîmiô** ich zähle.

ir. com-airem (gl. compatatio), do-rîmu „enumero“. + cymr. rhif
„numerus“, cyf-rif „compatus, computare“.

ags. rim Zahl, as. uorim Unzahl, ahd. rim Reihe, Reihenfolge, Zahl.
Vgl. gr. ἀριϑμός Zahl.

ital. rima, franz. rime entlehnt aus dem Germanischen.

        ad-rîmâ Zahl, **ad-rîmiô** ich zähle s. ad-, Präfix.

⟨p⟩rijo-s frei s. *⟨p⟩rî lieben.

ro-, Partikel, s. *⟨p⟩er hinüberbringen.

roino- Hügel.

bret. reûn, rûn „colline“.
ahd. mhd. rein begrenzende Bodenerhöhung, nhd. Rain, an. rein „a
strip of land“.
Hinsichtlich bret. eu aus oi s. loigo-s, oino-s.

1. *rou graben.

ir. ruam F. Spaten, Grabscheit (Grundform roumâ), ruamor „effossio“.
Vgl. lat. rutrum, asl. ryti graben, rylo „ὀρυκτήριον“, lit. ráuti raufen.

2. *rou stürzen.

ir. rúathar N. Ansturm — cymr. rhuthr „impetus, insultus“ (Grundform routro-). lat. ruo.

roudo-s roth.

ir. rúad roth. + cymr. rhúdd. corn. rud (gl. ruber). bret. ruz „rouge“.
skr. lohá rötlich. — lat. robus, rùfus; umbr. rofu „rufos“. — got.
rauþs, ahd. ròt, ags. reád, engl. red, an. rauđr, nhd. roth. — lit.
raudà rothe Farbe.
Vielleicht gehören ir. rucce Scham, Schande (Grundform rudkjâ) und
gall. Roudo-s, Ande-roudus hierher.

*roumen- Haar.

ir. ruainne einzelnes Haar (Grundform rounniâ < roumniâ), ruamnae
(gl. lodix) (Grundform roumaniâ).
skr. róman, lóman Haar.

rousmi- Erle.

ir. rúaim „betula alnus“ O’R., „alnus glutinosa“ O’Curry M. C. III.
119, 595.
Vgl. mhd. Rüster, ahd. ruzbaum „ulmus“?

*rog wählen.

ir. rogach auserlesen AU. 902 (Grundform rogâko-s), rogu Aus

Wb. 9ᵃ 22 (Grundform rogòn-), N. Pl. rogain in do tri rogain roisc
deine drei Wunsch-wahlen Tochmarc Emire, rogdae gewählt, rogmar
„fat, bulky, very fortunate", roigne Wahl.
Vgl. lit. ragáuti kosten, schmecken (B.).

roto-s Rad s. retô ich laufe.

rôno-s (ruono-s?) Seehund.

ir. rón, Gen. rôin „phoca", rúon Tripartite Life S. 74, L. 23. + cymr.
moel-ron.
Alte Entlehnung aus ags. hrân „balaena"; auch lit. rùinis Seehund,
lett. rônis dass. scheinen aus dem Germanischen und zwar aus einem
dem ags. hrân entsprechenden Worte zu stammen (B.)

*roves- Feld, Ebene.

ir. róe, rói F. ebenes Feld (Grundform rovesjâ), Dat. roi, Acc. roe
(zweisilbig).
zend. ravanh Weite (vgl. ravan Ebene). — lat. rûs.

⟨p⟩rosto- Vorgebirge, Wald s. ⟨s⟩tâ stehen.

*rostu- Ruhen.

ad-rostu- Wohnung.

ir. árus LL. 227ᵃ 7 (irrig ârus Windisch Wörterb.) Wohnsitz. + cymr. aros M., Pl. arosau.
got. rasta Rast, Meile, ahd. rasta Ruhe, Rast, ags. rest
Ruhe, Ruhelager, engl. rest, an. röst Weg, Wegstrecke.
Vgl. got. raz-n Haus, an. rann Haus.

1. rukto- Schwein.

ir. rucht .i. muc.
Vgl. gr. ὀ-ρύσσω grabe, lat. cor-rûgus Kanal, Stollen.

2. rukto- Gebrüll, Geheul.

ir. rucht .i. roiachtadh no ro éigheamh no gláodh O'Cl., rucht miled
LL. 60ᵇ 34, rucht claidib 100ᵃ 25, 176ᵇ 4.
Vgl. gr. ὠρῡγή das Heulen, lat. rŭgio, rŭgitus.

ruktu-s „tunica".

ir. rucht „tunica", Acc. Pl. ruchtu.
Vgl. ahd. roch Oberkleid, Rock, ags. roc, an. rokkr dass. und abd.
roccho Spinnrocken, an. rokkr dass.

Rugno-s, Eigenname.

ir. Rúan, Mael-ruain. + cymr. Rhun, welches Rhŷs (Lectures 210, 381)
mit einem inschriftlichen Rugnia :: o verbindet. abret. Run.

ruppo-s ein stössiges Thier (vorkelt. rup-nó-s).

ir. ropp M. „every animal that gores, ut sunt vaccae" Corm.

Vgl. an. rofna „to he broken, ruptured" und skr. lumpáti zerbrechen, lat. ru-m-po.

rûnâ Geheimniss.

ir. rún F. Geheimniss. + cymr. rhin F.

got. as. ahd. rûna, ags. rûn Geheimniss, an. rúnar Runen, vgl. gr. ἐρευνάω forsche, äol. ἐρεύω frage

rûsko- Rinde, Korb.

ir. rúsc Rinde, Korb. + cymr. rhisg, rhisgl „cortex". corn. rusc (gl. cortex). bret. rusg-enn „écorce, ruche".

Entlehnt, vielleicht aus dem Germanischen, s. mhd. rusche Binse, engl. rush.

Afranz. rouche, nfranz. ruche stammen wohl aus dem Keltischen.

Corn. und bret. u aus û kommt in heimischen Wörtern nicht vor, wohl aber in Lehnwörtern, s. bret. burzud, fun, mud, munud, plun (virtus-tûtis, fûnis, mûtus, minûtus, plûma).

L.

*⟨p⟩lâ ausbreiten.

ir. láthar „expositio, dispositio" (Grundform làtro-), lathair Ausdehnung (Grundform làtri-), látbrach Lage (Grundform làtràko-), lathrimmini „exponimus", lathardae (gl. expositus).

Vgl. lit. plóti breitschlagen, lett. plàt dünn aufstreichen und das folgende.

⟨p⟩**lâno-n** Fläche.

gall. lânon in Medio-lânum.

lat. plânus. — lit. plónas dünn, fein; lett. plâns Tenne, apreuss. plonis dass. Vgl. gr. πέλανος Opferkuchen.

⟨p⟩**lâro-** Flur, Boden.

ir. lár Flur, Boden. + cymr. llawr „solum, fundus, area". acorn. lor (gl. pavimentum, solum); mcorn. ler, lear. abret. laur (gl. solum), rac-laur, Pl. rac-loriou (gl. proscenia): mbret. leur „aire". mhd. vluor Flur, ags. flôr Hausflur, engl. floor, an. flôr Estrich.

laidiô (loidiô?) schmähe, ermahne s. *leid tadeln.

lâô ich sende, werfe, treibe s. *ela, *lâ in Bewegung setzen, treiben.

*⟨p⟩lâô ich falte, füge s. *⟨p⟩el falten, fügen.

*lau gewinnen, geniessen.

vo-lauto- Reichthum, Gut.

ir. fo-lad Reichthum. + cymr. go-lud „divitiae, opes“.

Vgl. skr. lóta, lótra Beute, gr. *ἀπο-λαύω* ich geniesse, habe zum Besten, lat. lû-crum, Lav-erna, got. laun, ags. leán, nhd. Lohn, asl. lovŭ Fang.

laveno-s fröhlich.

ir. láine Fröhlichkeit. + cymr. llawen fröhlich; acymr. leguenid, ncymr. llawenydd Freude (Grundform lavenjâ) corn. louen (gl. letus), Wur-lowen = bret. Uur-louuen. bret. Argant-louen, Cat-louuen, Gleu-louuen, Lowen-car; abret. Rann-louuinid; nbret. levenez. Mit diesen Wörtern verbindet Fick Personennamen LXXXVI die gallischen Namen auf -launos (Cata-launi etc.) und ir. Cat-luau. Statt der angenommenen Wurzelform *lau ist wegen ir. lóg, lúag, luach N. Lohn, Preis, Gen. lóge (Grundform lougos, Gen. lougesos) vielleicht richtiger *lou, *lau anzusetzen.

laudo- Gespräch, Gerede.

ir. luad Gespräch, Gerede.

lat. laus, laud-is.

Nahe verwandt ist vermuthlich ir. lóid Lied (aus lúdi-s, vgl. drúi-s, sú-vèro-s, sú-vis, in welchen auch accentuiertes u vor hellem Vocal diphthongiert ist). German. leuþa- Lied weicht von ihm wohl nur im Suffix ab. — Vgl. auch gr. λύρα Leier? (B.).

*⟨p⟩lak schlagen.

ir. lén Wehklage, Wehmuth, Gen. léoin (Grundform lakno-), Dat. léon LL. 95ᵃ 19, -lach . . . . in góith-lach, máthar-lach, ten-lach (Grundform lako-).

Vgl. gr. πλήσσω ich schlage, lit. plakù dass. und begrifflich lat. plango, got. flôkan beklagen, ahd. flec Schlag, Fleck, gr. πληγή Schlag.

lakato-, lokato- Auge.

cymr. llygat Auge. corn. lagat, Pl. legeit, lagas. bret. lagad.

Vgl. ahd. luogên schauen, lugen, sowie skr. lakṣate bemerken, betrachten.

laku- See.

ir. loch „lacus, stagnum“, Gen. locho (für *lacho). + corn. lagen (gl. stagnum). bret. laguenn.

lat. lacus. — as. lagu- See, Meer, ags. lagu Meer, Strom, an. lögr
Nass. Dazu asl. loky „imber"? oder gr. λάκκος Grube, Cisterne?

lakko-s (vorkelt. lag-nó-s) schlaff.

ir. lacc (jetzt lag) schlaff, schwach. + cymr. llacc „laxus, remissus".
gr. λαγγός wollüstig, vgl. λαγάσσαι· ἀφεῖναι Hes., λαγών Weichen, lat.
la-n-guidus, mhd. lücke locker. nhd. locker(?), lett. legéns schlaff.
In cymr. llacc und cnwcc (s. knokko-) ist urkelt. kk erhalten oder sie
sind aus dem Irischen entlehnt.

laknet- Hemd.

ir. léne Hemd, Dat. lénith.
Vgl. lat. lacerna [das sich zu laknet- ungefähr verhält, wie gr. χειμε-
ρινός zu χεῖμα, und apreuss. lagno Hosen (? B.)].

laksar- Flamme.

ir. lassar Flamme, Gen. lasrach. + cymr. llachar „coruscus, igneus".
laksar- vermuthlich aus lapsar und dann zu gr. λάμπω leuchte, glänze,
apreuss. lopis Flamme gehörig (s. lo⟨p⟩skô ich brenne). Oder mit lakato-
Auge (s. d.) zu vereinigen?
Hierzu ir. lassaim (Grundform laksaó) ich flamme.

lagînâ Lanze.

ir. laigen Lanze. + cymr. laïn „gladius, lamina".
Vgl. gr. λαχαίνειν hacken, umgraben, lat. ligo Hacke und vielleicht gr.
λόγχη Lanzenspitze, lit. laža Büchsenschaft — asl. loza „palmes".
Ir. laige Spaten (Grundform lagiâ) ist wurzelverwandt.

(*lat feucht sein.)

latâkâ, latjo- Schlamm.

ir. lathach F. Schlamm. + cymr. llaid „lutum, coenum, limus".
gr. λάταξ, -γος Tropfen, Neige des Weins. — lat. látex. — ahd.
letto Thon, Thonerde, an. leðja Schlamm, Pfütze.
Glück (KN. 115) verbindet hiermit gall. Lato-vici, dessen Bedeutung
aber unbekannt ist.

lati- Flüssigkeit.

ir. laith Bier. + corn. lad (gl. liquor).
Hierher vielleicht auch ir. laithirt „crapula".

låto- Brunst.

ir. láth Brunst der Thiere. + cymr. llawd „subatio" (Rhŷs Rc. II, 326),
llodig „porca καπρίζουσα".
Vgl. urslav. lêtі (klr. l'it' napała korovu die Kuh stiert) Miklosich Etym.
Wörterbuch s. v. (B.).

lâtro- Beinkleid.

cymr. llawdr „braccae". corn. loder (gl. caliga). bret. louzr „chausse, l. caliga".

ahd. ludara, lodera Windel, vgl. ahd. lodo, nhd. Loden (?) (B.).

ladgo- (ladgâ?) Schnee.

ir. ladg Schnee, ladbg .i. sneachda O'Cl.

Vgl. lit. lédas Eis, lett. ledus dass., apreuss. ladis dass., asl. ledŭ dass.

⟨p⟩labro- Sprechen.

ir. labrae Rede, Sprechen. + cymr. llafar „vocalis, sonorus, canorus", lleferydd „vox, dictio, vocabulum". corn. lauar (gl. sermo l. locutio). bret. lavar „parole", lavarez; abret. dar-leber(iat) (gl. pythonicus).

Vgl. ndd. flappen schlagen, klatschen, schwatzen, plaudern, engl. flap klappen (B.).

Hierher der gall. Flussname Labarus (Sil. Ital. IV, 232). Oder zu gr. λάβρος reissend, heftig?

> **am-⟨p⟩labro-** stumm s. an-, Negativpräfix.

> **su-⟨p⟩labri-s** beredt.
>
> ir. sulbair beredt. + cymr. hylafar. abret. helabar (gl. graecus).

⟨p⟩lâno-s voll, **⟨p⟩lânjâ** Vollheit s. *⟨p⟩el, *⟨p⟩lê, *⟨p⟩lâ füllen.

⟨p⟩lâno-n Fläche s. *⟨p⟩lâ ausbreiten.

lango- (langos-?) Schmach s. *leg, *leng springen, vorankommen.

landâ Fläche, freier Platz, Hof.

ir. land, lann F. freier Platz. + acymr. lann „area, ecclesia" in guin-lann „vinea", it-lann (s. ⟨p⟩itu-landâ). corn. lan. bret. lann „lande", lanna Pauli (jetzt Lampaul).

got. land Land, Gegend, ahd. lant, nhd. Land, vgl. schwed. linda Brache. — apreuss. lindan Thal, vgl. asl. lędina „terra inculta".

> **⟨p⟩itu-landâ** Tenne s. ⟨p⟩itô ich esse.

⟨p⟩landi-s hell, glänzend.

ir. lainn .i. solus, O'Cl.

Vgl. lat. splendor, splendeo, lit. splendžu ich leuchte.

Hierher auch ir. léss Licht (Grundform ⟨p⟩lentto-, plend-to-).

lannâ (landâ?) Bratrost.

ir. lann .i. gréidel no roistin O'Cl. + acorn. lann (gl. sartago).

⟨p⟩lâmâ Hand.

ir. lám Hand, erlam, aurlam bereit, fertig (eigtl. bei der Hand). + cymr. llaw. acorn. lof, lien dui-lof (gl. manutergium).
gr. παλάμη flache Hand. — lat. palma. — as. ags. folm, ahd. folma Hand. Vgl. skr. pâṇi Hand, nhd. fühlen.
Ir. ailm .i. crann giuis Föhre, zugleich Name des Buchstaben A, hat vielleicht auch anlautendes p verloren und gehört zu lat. palma Palmbaum.

su-⟨p⟩lâmos „εὔχειρ".
ir. solam schnell, bereit. + cymr. hylaw „expeditus, facilis".

lamiô-r ich wage, Perf. lama-r.
ir. ro-laimiur „audeo", laimetar Ml. 60b, Perf. ro-lamair „ausus est", létenach „audax" (aus lam-t-). + cymr. llafasu „audere". corn. lavasy. bret. lafuaez.
Vielleicht aus *tlam· vgl. gr. τόλμα Muth und ⟨t⟩leiko-s elend.

lamnâ Schuppe.
ir. lann (gl. scama).
lat. lâmina, lamna.

⟨p⟩lârek-s Stute.
ir. láir Stute, Gen. lárach, larécne (gl. equula) Sg. 49b.
Vgl. alban. pelé, pëlé Stute, pel'a'r Pferdehirt.

⟨p⟩lâro- Flur, Boden s. *⟨p⟩lâ ausbreiten.

largo-s freigebig, gütig, milde, sanft.
cymr. llara, llary „mitis, mansuetus, comis".
lat. largus.

laveno-s fröhlich s. *lau gewinnen, geniessen.

lavo- Wasser s. *levô ich spüle.

1. lasko-s, 2. lesko-s schlaff.
1. ir. lasc schlaff, träge.
2. ir. lesc (gl. piger). + cymr. llêsg „infirmus, languidus, debilis, vilis. Antiquis piger" Davies.
Vgl. an. löskr weich, träge und vielleicht ahd. lescan erlöschen.

⟨p⟩léiôs (⟨p⟩leis?), Comparativ von ⟨p⟩elu- viel s. *⟨p⟩el, *⟨p⟩lê, *⟨p⟩lâ füllen.

⟨t⟩leiko-s elend.

ir. líach elend, unglücklich.

Vgl. got. ga-þlaihan liebkosen, trösten, ahd. flêhan dringlich bitten,
flehen. S. lamiô-r ich wage (B.). Unsicher. líach kann auf *leiga-
beruhen und mit gr. λοιγός Verderben, lett. liga Krankheit verwandt sein.

*leigô, ligô ich lecke, Perf. leloga.

ir. ligim ich lecke, Act. redupl. Prät. lelaig, Pl. lelgatar, s-Fut. Pl. 3
lilsit (lingent) Ml. 89ᵈ 14. + cymr. llyaw. bret. leat „lécher“.
skr. léḍhi, lihati lecken. — gr. λείγω ich lecke. — lat. lingo, ligurio
— got. bi-laigôn belecken, ahd. leccôn, ags. liccian, engl. lick, nhd.
lecken. — asl. lizati lecken; lit. lêszti dass.
Ir. lelgatar .i. lomraiset LU. 57ᵇ 19 gehört möglicherweise nicht hierher, sondern zu lekô ich zerreisse, oder ahd. flahan schinden.

leigâ Löffel.

ir. liag F., Gen. léige Löffel. + cymr. llwy. corn. loe (gl. regula,
leg. ligula?). bret. loa „cuiller“, loa maczon „trulla fabri murarii“.
lat. ligula, lingula.

⟨p⟩leito-s grau.

ir. liath grau. + cymr. llwyd „canus“. corn. luit in les-luit (gl.
marrubium), lot in lot-les (gl. artemisia). abret. loit (tête) „chenue“;
mbret. loet.
Vgl. skr. palitá grau, gr. πελιτνός schwärzlich, πολιός grau, lat. pallidus, pullus, ahd. falo, ags. fealo, engl. fallow, nhd. fahl, asl. plavŭ
weiss, lit. pàlwas blassgelb. — Ganz unsicher.

*leid tadeln.

laidiô (loidiô?) ich schmähe, ermahne.

mir. láidhim ich ermahne, laoidhedh Ermahnung Four Masters
A.D. 1522, .i. greasacht O'Cl.
gr. λαιδρός dreist, λοιδορέω schelte, schmähe.
Schmähungen und Schimpfreden gehörten unter den alten Iren
zu den Mitteln die Kampflust der Helden zu erregen. S. z. B.
Book of Leinster S. 86ᵇ, Z. 18—27.

*lisso- Tadeln, lisso-anamen- Spottname.

ir. less (aus *lid-to-) in less-ainm Spottname = cymr. llys- in
llys-enw = bret. les-hano „sobriquet“.
Ableitung von léjô ich schimpfe?

1. leino-s gelind, mild s. *leja, *lî fliessen.

2. leino-s Gefilde.

ir. lian Wiese. + cymr. llwyn M. „lucus, arboretum, nemus, saltus“;
acymr. Pl. loinou (gl. frutices).

Gehört entweder zu gr. λει-μών Aue, lett. léija Thal, oder zu lett.
lēkns Niederung, lit. lēknas Hain, lēkna niedrige Wiese, so dass leino-s
auf leikno-s beruhte.

leinqiô ich lasse.

ir. léiccim ich lasse, verlasse, Sg. 3 -leicci.

skr. riṇákti frei-, überlassen. — lat. linquo. Vgl. gr. -λιμπάνω —
λείπω lasse, got. leihvan leihen, ahd. as. ags. liban, an. ljá, nhd. leihen,
lit. lēkù ich lasse.

⟨p⟩arei-leinqiô ich leihe s. ⟨p⟩arei unter
*⟨p⟩er hinüberbringen, vorwärts bringen,
übertreffen.

leimâ Linde, Ulme.

cymr. llwyf F. „In some places it is the same as gwag-lwyfen a linden
or teil tree“ Richards.

engl. lime-tree. Falls dies aus dem Keltischen entlehnt ist, könnte
leimâ als lei⟨p⟩mâ zu lit. lépa Linde, asl. lipa dass. gestellt werden (B.).

leiri-s ganz, gänzlich.

ir. léir in col-léir „prorsus“, woher ind-lerdaid (gl. toties). + cymr.
llwyr ganz.

leô Löwe.

ir. léu, léo Trp. 150. 256, leo LL. 99ᵇ 2, Gen. Pl. inna leon (gl. leonum)
Ml. 75ᵇ 2. + acymr. leu, lou in Lou-march, Cat-leu. acorn. Leu-march,
Lou-march, Lyw-ci. bret. Leu-gui.

Alle diese Wörter sind entlehnt aus lat. leo. Dagegen sind acymr.
Legui, Luigui, abret. Louui, Leu-hemel, welche auf eine Form wie levo
weisen, deutschen Ursprungs (ahd. lewo, mhd. lewe, löuwe).

Hierher auch ir. leom LL. 57ᵇ 41, pl. n. leomain Ml. 80ᵃ 10.

(*leukô ich leuchte.)

leuko-s weiss.

ir. luach (in luach-té weissglühend). + cymr. llúg „lux, lumen“,
llûg y dydd = ir. find na maitne.

skr. roká Licht, róka(s) Lichterscheinung. — gr. λευκός licht. —
lit. laúkas blässig.

Leuketio-s, Name.
·gall. Leucetius, Beiname des Mars (Brambach 925). S. *louko-,
lat. Leucesie, osk. Lucetius. Vgl. got. liuhaþ Licht, Schein.

(*leuks), *louks, *luks leuchten.
·ir. lon Amsel (Stamm luksno-). + cymr. lluched F. „fulgur,
·fulgetrum“. corn. lubet (gl. fulgur). bret. luc’hed. Stamm louksetâ.
Vgl. skr. rukṣá glänzend, zend. -raokbṇna glänzend, Glanz, gr.
λύχνος Leuchte, lat. in-lustris, lûna (lôsna), ahd. liehsen „lucidus“,
apreuss. lauxnos Gestirne, russ. lysúcha russfarbenes Wasserhuhn.
Mit ir. lon und russ. lysúcha vgl. begrifflich luko- schwarz (s. u.).

loukarnâ Leuchte.
ir. lócharn, luacharn F. Leuchte, Laterne, Lampe. + cymr. llugorn
„lucerna, lampass“. corn. lugarn.
lat. lûcerna. — got. lukarn Leuchte, Licht kann aus dem Keltischen
·stammen.

*louko- weiss.
·gall. Loucetio Marti (Orelli 5898), Λοιχοτιος (Rc. IX, 32); =
Leuketio-s?
ir. lóche Blitz, Gen. lóchet (Stamm loukiant-).
Vgl. ahd. lougazzan feurig sein, in Feuer brennen.

loukbro- (oder ähnlich) Licht.
·acymr. louber (G.C. 1059), mcymr. lleuver, ncymr. lleufer „lux,
lumen“, Pl. llefyr. bret. lufr „éclat, lustre, splendeur“.
lat. lûcubro arbeite bei Nacht.

loukno-s Licht, Mond.
ir. lón, lúan Licht, Mond.
asl. luna Mond? Oder ist statt loukno-s als Grundform louksno-s
— zend. raokhṇna, apreuss. lauxnos (s. *leuks leuchten) anzunehmen?

1. luko- hell, Licht.
·gall. Luccios, Lucios Rc. IX, 32.
·cymr. am-lwg „conspicuus“, cyf-lwg dass., eg-lwg dass., go-lwg
·Gesicht.
skr. rucá licht. — gr. ἀμφι-λύκη Zwieflicht, λυκό-φως dass. — an.
log Licht. Vgl. got. laúhatjan leuchten, ahd. lohazzan flammen,
mhd. lohe Flamme.

uko- schwarz.
z. + cymr. llwg schwarzgelb.
rm. blaka schwarz : gr. φλέγω, skr. bhrâj.

16*

lukot- Maus.

ir. luch Maus, Gen. lochat.   +   cymr. llŷg „mus araneus",
llygod-en „mus", Pl. llygod.   corn. logoden — logosan Cr. 408.
bret. logodenn „souris".

leugâ gallische Meile.

gall. leuga das Wegmaass in Gallien von Lyon ab Amm. Marcell.
15, 11, 17; 16, 12, 8 (λεύχη, leuca bei Hesych und Isidor sind fehlerhaft).
mbret. leau „lieu"; nbret. leo.
Vgl. lett. lûscha eine Träge, ndd. lug faul, träge, matt, müde (?). —
λεύγη· μέτρον τι γάλαχτος ist wohl mit M. Schmidt in . . . . . Γαλάται
zu ändern (B.).

(*lek, *lenk biegen).

leksovio- schräg.

gall. Lexovio-, Lixovio-, Lixoviatis (Rc. IX, 33).
cymr. llechwedd M. „clivus".
Vgl. gr. λέχρις, λέχριος schräg (B.).

lonko- (lanko-?) Höhle.

ir. log Höhle in einem Hügel, häufig in der irischen Topographie
vorkommendes Wort, englisiert lag, leg, lig, lug.
lit. lànkas Bügel, lankà Thal, lènkti biegen, lett. lôks etwas Ge-
bogenes, asl. ląkù krumm, Bogen, lęšti biegen, gr. ἠλαχάτη Spinnrocken.

losko-s lahm.

ir. losc .i. bacach, Acc. Pl. luscu.
gr. λοξός gebogen, schief, lat. luxus.

lekô ich zerreisse, vernichte.

ir. dí-legim vernichte, dílgend Vernichtung.
Vgl. gr. λαχίς Fetzen, λαχίζω ich zerreisse, ἀπέληχα· ἀπέρρωγα. Κίπριοι,
lat. lacer, lacero, lancino, asl. ląčiti trennen.
Ir. lén Wunde, Gen. leoin, Dat. leon, Acc. lén scheint auf lakno- zu
beruhen und auch hierher zu gehören. — S. leigó ich lecke.

1. lekto-s Bett s. 1. *legô ich liege.

2. lekto- Tod s. 2. legô ich schmelze, zergehe.

leksovio- schräg s. *lek, *lenk biegen.

(*leg), *leng springen, vorankommen.

ir. fu-lang sich unterziehen, „tolerare", fo-loing „sustinet", fo-coem-
allag-sa „pertuli", fo-coim-lactar (gl. pertullerunt), imme-fulngai „efficit",
loingtech „acceptus, gratus".

skr. lánghati springen, laugháyati überspringen, hinüberkommen über, beleidigen. — mhd. lingen vorwärts gehen. Vgl. ahd. langén verlangen, ags. langian sich sehnen und das folgende.

lango- (langos-?) Schmach.

ir. lang .i. mebul, Scham, .i. fell, Verrath.

gr. *ἔ-λεγχος* Vorwurf, Schimpf, vgl. *ἐλαχύς* klein, gering, schlecht, lit. lèngwas leicht.

legú-s klein, schlecht, Compar. legiôs.

ir. lau, lú klein, schlecht, Compar. lugu, laigiu. + cymr. llei, llai (Compar.), lleiaf (Superl.). bret. lau (gl. vilem). Compar. lei, nahu-lei (gl. nihilominus), Superl. leiham (salina leiham Ann. Bret. II, 399).

lat. levis, levior. — asl. llgükü „levis". Vgl. skr. ṛhánt schwach, klein.

Ir. lau, lú scheint aus dem Brittischen entlehnt zu sein.

lengmen- Sprung.

ir. léim (gl. saltus). + cymr. llemmain „saltare", Frequent. von llammu, Davies. abret. lammam (gl. salio), lemenic (gl. salax).

ati-lengmen- Rücksprung s. 2. ati- „re", wieder-.

longo-s lang.

gall. *Λογγο-σταλητων* Rc. I, 296; IX, 82.

ir. loňg- in der Glosse isind loňgthig (gl. in telonio), telón [*τηλοῦ?*] .i. longum Rc. VIII, 367.

lat. longus. — got. laggs, ags. lang, engl. long, an. langr, ahd. lang, nhd. lang.

1. (*legô ich liege.)

gall. legasit „posuit" Inschrift von Bourges.

ir. laige „concubitus", laigim ich lege mich.

Vgl. gr. *λέχεται · κοιμᾶται* Hes., got. ligan, ags. licgan liegen, asl. lešti dass., apr. lasinna er legte und das folgende.

lekto-s Bett.

ir. lecht Grab.

lat. lec-tus. Vgl. gr. *Λέκτον* Vorgebirge in Troas, vom Beilager des Zeus und der Hera benannt, und apreuss. lasto Bett.

legio- Lager, Grab.

ir. lige Lager, Grab, coblige (für *comlige) Beilager.

Vgl. poln. leża Lager, lit. pálėgis, paligys Bettlägerigkeit und as. liggian, ags. licgan liegen.

legos- Bett.

cymr. ly in gwe-ly Bett aus *vo-legos- — acorn. li in gue-li (gl. lectum l. lectulum), bret. le in gue-le.

gr. λέχος Lager.

Bret. lech „lieu" aus *leg-s-o-s beruht auf legos-.

logâ Grab.

gall. Acc. logan.

acymr. lo in der Llanfechan-Inschrift (Hübner No. 114): Trenacatus ic iacit filius Maglagni [Ogmisch] Trenaccat lo.

Vgl. gr. λόχος Hinterhalt, asl. sąlogŭ „consors tori".

2. legô ich schmelze, zergehe.

ir. legaim ich zerschmelze, löse mich auf. + cymr. llaith feucht, flüssig (Grundform lekto-), dad-laith „degelare", dad-leithio schmelzen, zergehen lassen. bret. leiz.

an. leka tröpfeln, lecken, lekr leck, vgl. mhd. lechezen 'austrocknen, licken durchseihen und das folgende.

Thurneysen KR. 56 verbindet hiermit span. des-leir, franz. dé-layer, a-layer, a-lier.

lekto- Tod.

ir. lecht Tod. + cymr. llaith „letum, caedes, nex".

logejô ich mache zergehen.

ir. do-luigim „remitto, ignosco".

ags. leccan bewässern, befeuchten, mhd. lecken benetzen.

legú-s klein, schlecht, Compar. legiôs s. *leg, *leng springen, vorankommen.

⟨p⟩letô ich erweitere, dehne aus.

ir. lethaim ich dehne aus, erweitere. + cymr. lledu „dilatare, (-i), extendere, extendi". bret. ledaff „étendre".

skr. práthate sich ausdehnen, verbreitern. — lit. plěsti ausbreiten, plàsti breiter werden.

letano-s breit, Compar. letôs.

gall. litanos in Κογχο-λιτανος, Smertu-litanus, Litano-briga, Litana silva, Litania.

ir. lethan breit, Compar. letha (gl. latiore) M█████ lethiu LU. 59ª 88. + acymr. litan (jetzt llydan), Compar.██████ret. ledan. gr. πλάθανος Kuchenbrett, πλάτανος Platane. ██████do, nhd. Fladen (?).

letanjâ Breite.

ir. leithne (gl. latitudo). + cymr. llydanedd.

⟨p⟩leto-s Breite.

ir. *leth Breite, less Breite aus let-to-, Dat. Sg. il-liuss Patr. h. +
cymr. llêd Breite, -lyt, jetzt -lyd, Adjectivendung, entsprechend
dem lat. -lentus G.C. 891.

skr. práthas Breite; zend. frathaṅh dass. — gr. πλάτος dass.

⟨p⟩letjâ Schulterblatt.

ir. leithe F. .i. slinnén O'Cl., Acc. Sg. to-n-indnaig ind ammait
leithi in chon dó assa laim chli „the crone gives him out of her
left hand the shoulderblade of the hound" LL. 120ᵃ 21.

nsl. pleště „humerus, dorsum", vgl. begriffl. lit. petýs Schulter :
gr. πετάννυμι breite aus.

Zu ⟨p⟩letô gehören auch ir. lethech Buttfisch, cymr. lleden dass.
und vermuthlich ir. lat .i. troigh, Fuss O'Cl. (aus ⟨p⟩lattâ < platnî,
vgl. lat. planta, jedoch auch asl. plesna „planta pedis").

⟨p⟩lsso-s ein mit einem ringsumlaufenden Erd-wall befestigter Wohnsitz.

ir. less „Lis", Gen. liss. + cymr. llŷs M. „aula, cura, palatium,
forum judiciale". bret. les „cour" (auch lis, leis, leys Rc. VII,
61, 62).

Vgl. ahd. flezzi Tenne, Hausflur, ags. flet Halle, an. flet Fussboden
im Hause.

Hierher vielleicht Λίσσος Strabo, Ptol., jetzt Lesch.

letos- Seite, halb.

ir. leth Seite, Hälfte, Gen. Sg. *leithe (neutr. s-Stamm), Dat. leith,
Acc. leth. + cymr. lled halb. abret. let in Let-tigran.
lat. latus.

lêto-s Fest, Festtag.

ir. lith M. Fest, Festtag, Acc. Pl. lithu Ml. 47ᵇ 2. + bret. lit, lid „fête".
gr. ληто- in λειτουργός öffentlicher Diener, λητῆρες · ἱεροὶ στεφανοφόροι
Hesych (B.).

Wahrscheinlich sind die Namen gall. Litu-mara, Litu-mareos, Lituccos
(Rc. VIII, 384, 892), Litugena, Litugenios, abrit. Lito-geni, Locu-liti,
abret. Litoc hierher zu ziehen.

lettrek- Anhöhe.

ir. leitir, Gen. letreg, lettrach, ein in der irischen Topographie häufig
vorkommendes Wort, englisiert Letter. + cymr. llethr F. „clivus, locus
acclivis, latus montis".

⟨p⟩letjâ Schulterblatt s. ⟨p⟩letô ich erweitere, dehne aus.

létro- Leder.

ir. lethar Leder. + cymr. lledr M. „corium“. bret. lezr „cuir“.
ahd. leder Leder, an. leðr, ags. leðer, engl. leather.

⟨p⟩lêdos- Pöbel.

acymr. liti (für liði G.C.³ 140) in litimaur (gl. frequens populis).
gr. πλῆθος Volksmenge. — lat. plébês.

⟨p⟩lênô ich fülle s. *⟨p⟩el, *⟨p⟩lê, *⟨p⟩lâ füllen.

lengmen- Sprung s. *leg, *leng springen, vorankommen.

lengro- Eingeweidewurm.

cymr. llyngyr „lumbrici“. bret. lencquernenn Eingeweidewurm.
lat. lumbricus.

lendu- Wasser, Pfuhl, See.

ir. lind, linn Wasser, Teich, See. + cymr. linn, jetzt llynn M. „lacus,
stagnum, piscina“, Pl. maru-linniou Tümpel Lib. Land. 183. corn.
lin. bret. lenn „étang“.
Zum folgenden?

⟨p⟩lendu- Flüssigkeit, Saft.

ir. lind, linn (gl. cervisia). + cymr. llynn „liquor, humor, succus,
potus“, llynna „potitare“.
Vgl. gr. πλαδαρός nass, feucht, πλάδος Nässe (B.).

le⟨p⟩mo- Stimme, Schall.

cymr. llêf M. „vox“. bret. leff „gemissement, pleurs, cri, douleur“.
Vgl. skr. lápati schwatzen, flüstern, rápati dass.

(*leja,) *lî fliessen.

cymr. lliant M. „fluctus, fluentum, mare“ (Grundform lianto-). bret.
lin „pus“, lina „se convertir en pus“ (Grundform?).
Vgl. skr. riyáti, riṇắti laufen lassen, Med. in Fluss gerathen, gr. λαῖτμα
das tiefe Meer(?), lit. lóti giessen, asl. lijati dass. und das folgende.
Das Etymon von cymr. llif M. Fluth ist zweifelhaft. Es kann auf
li-mi- beruhen und hierher gehören, oder auf *libo-, vgl. gr. λείβω
ich vergiesse. — Ueber ir. lia Wasserfluth s. *levô ich spüle.

leino-s gelind, mild.

ir. lían .i. ailgen sanft, líanchar fromm, friedlich.
mhd. lin lau, matt, linin weich, schwächlich, ahd. linr weich, nach-
giebig, lina besänftigen (B.).

litaviâ Küstenland, Armorica.

gall. *Litavia, Litaviccus.

ir. Letha 1. „Armorica", 2. „Latium". + acymr. di litau (gl. Latio), Llydaw, letewic jetzt lledewic.

lat. litus. — lit. Lētuwà Litauen.

gall. litavi-s, ein Epitheton des Mars (Rc. II, 299) und ein Bestandtheil des Namens Con-victo-litavis ist hiermit verbunden, aber seine Bedeutung ist unklar. Es kann für *atlitavis stehen und zu lat. (at)lis, (at)litis gehören.

liniô ich fliesse, lasse fliessen.

ir. do-linim (gl. mano, gl. polluceo). + acymr. linisant (gl. lauare, Prät. Pl. 3), immis-line (gl. allinebat). abret. linom (gl. litturam).

lînu- Lein.

air. lín, nir. lion Lein, Flachs. + cymr. llin M. „linum". corn. lin (gl. linum). bret. lin.

gr. λίνον Flachs, Leinpflanze. — lat. linum. — ahd. u. s. w. lîn, lit. linaí, asl. lĭnŭ sind Lehnwörter.

Die Leinpflanze führt vielleicht ihren Namen, weil sie gewässert wird.

lêjô ich schimpfe.

ir. lîim ich klage an, Präs. Ind. Act. Pl. 3 lîit Wb. 2a.

skr. rāyati bellen. — got. *laian schmähen. Vgl. gr. λαίειν· φθέγγεσθαι Hes., lat. lāmentum, la-trare, lit. lóti bellen, asl. lajati bellen, schimpfen.

lero-s Meer.

ir. ler M. Pl. Acc. liru (gl. pontias). + cymr. llŷr „mare, equor".

⟨p⟩lêro-s voll s. *⟨p⟩el, *⟨p⟩lê, *⟨p⟩lâ füllen.

lêvink- Stein.

ir. lia Stein, Gen. líac (zweisilbig), Dat. líic.

Vgl. gr. λᾶας Stein, λᾶιγξ (Gen. λάιγγος) Steinchen und as. leia Fels, nhd. leie Schiefer, Lore-lei. — Ital. lavagna Schiefer stammt aus dem Deutschen.

*levô ich spüle.

lavo- Wasser.

ir. ló .i. uisge, ló-chassair Regen. + cymr. gw-law Regen. corn. glau (gl. pluuia). bret. glao.

Vgl. gr. λούω ich wasche, lat. luo, lavo.

Ein anderes lavo- steckt in gall. Lavo-marus (Rc. IX, 33). Ob ir. lia Wasserfluth (.i. fleachadh .i. tuile O'Cl.) zu obigem *levô oder zu gr. πλέ(f)ω ab schiffe, skr. plávate schwimmen (s. u. *⟨p⟩lou, ⟨p⟩luô ich gel~ wege mich schnell), oder zu *leja, *li fliessen d.) gehört. Ist zu entscheiden.

louno- Schmutz, Unflath.

ir. (con-)luan Hundekoth. + bret. louan „(pieds) sales“.
Vgl. gr. λύμα Spülicht, Schmutz und das folgende.
Mit dem Ablaut ou gehört in diese Wortgruppe vielleicht auch
ir. lóth Schweiss, lóth ainm d' allus H. 3. 18 S. 585ª (Grundform
louto- oder loutâ), mit û ir. lunae (lúnae?) Waschen (Grundform
lûnaio-; s. jedoch *⟨p⟩lou, ⟨p⟩luô).

lovatro-, loutro- Bad.

gall. lautro (gl. balneo).
ir. lóathar (gl. pelvis), lóthur (gl. canalis), lothor (gl. alveal). +
bret. louazr „auge“.
gr. λοιτρόν Baden, Bad. Vgl. lat. lavatorium.

lutâ Schlamm, Lehm.

gall. Luteva.
ir. loth F. „palus, coenum“. + cymr. lludedic „coenosus“ (dessen
u mir dunkel ist).
lat. lûtum, vgl. lit. lutyna-s, lutynė Pfuhl, Lehmpfütze.

lesanjo- (oder ähnlich) Hemde.

cymr. lliain M. „linteum“. acorn. liein in gueli liein (gl. cubile .i. e.
lectus lintei). bret. lien „toile“, lienaf „ensevelir“. S. Rc. III, 241.
Verwandt mit ⟨p⟩linnâ Mantel (s. d.)? — Zu an. lesni Kopfputz?
schweiz. liszmen stricken, lismer gestricktes Oberkleid (? B.).

lesko-s schlaff s. 1. lasko-s, 2. lesko-s schlaff.

lestro- Gefäss, Fahrzeug.

ir. lestar Gefäss. + acymr. lestir (gl. rati) neben lestr in tus-lestr (gl.
acerra); ncymr. llestr. corn. lester (gl. nauis), Pl. listri. bret. lestr
„vaisseau“.
Vielleicht unkeltisch.

⟨p⟩lesso- Vortheil.

ir. les Vortheil, vgl. lossaim ich wachse (Grundform lossaó), lossaig (leg.
lossaid) wächst Rc. XIII, 222, lossas H. 2. 16, Col. 89. + cymr. llês
„commodum, utilitas“. corn. les (gl. commodum). bret. laz in pe laz
dimp ny „que nous importe?“
Zu slav. plodŭ Frucht (B.).

am-⟨p⟩lesso- Nachtheil, Schaden s. 2. an-Negativpräfix.

lesso-makvo-s (lisso-makvo-s?) Stiefsohn.

ir. les-mac (gl. privignus). + cymr. llysfab „privignus“, vgl. llys-ferch
„privigna“ = bret. les-verc'h „belle-fille“. bret. lesmap jetzt lesvab
„beau-fils“.

Zu *lisso- Tadeln? oder zu ags. lesve, lysve falsch, an. lasinn „half broken" (? B.).

Das corn. els „privignus", elses „privigna" ist bislang unerklärt. els lässt urkelt. *altjo-s vermuthen und kann dem cymr. aillt der Redensart mab aillt y beirdd entsprechen. — Vielleicht gehört es zu alô ich ernähre, kóm-altjo-s Pflegebruder, vgl. an. fóstr-sonr, fóstr-systir (B.).

(*lî, *li anhaften.)

linami ich hafte an etwas, Perf. lela.

ir. lenim ich hänge, hafte an etwas, Perf. Sg. 3 ro-lil, Pl. 3 ro-leltar.

+ cymr. can-lyn „sequi", do-lin (gl. appendat), dy-lyn „sequi, insequi".

skr. linắti, lĩyate sich anschmiegen, Perf. praty-â-lilye. — gr. ἀλίνω salbe. — lat. lIno.

Oder linami < li⟨p⟩nami, vgl. lit. lipti ankleben (? B.).

Wurzelverwandt sind die Substantiva cymr. llin M. „linea", abret. linom (gl. litturam) Rc. I, 364 (Grundform lino-).

lîvos- Farbe, Glanz.

ir. lí Farbe, Glanz. + cymr. lliw „color", Gwyn-liw. corn. liu (gl. color), un-liu (gl. unus color), dis-liu (gl. discolor). abret. liou (gl. nevum, i. e. naevus), liu in daliu (leg. du-liu) gl. fuscus; mbret. liu „couleur"; nbret. liou, liv, disliv.

lat. livor.

Glück KN. 106 vereinigt hiermit die gall. Namen Livo, Livius.

lîagi- Arzt.

ir. lĩaig Arzt, Gen. léga (aus *lîaga).

got. lêkeis, leikeis Arzt (Thurneysen KR. 84), ahd. lâchi, ags. læce, an. læknir dass.

Asl. lêkü „medicina", lêkarI Arzt sind german. Ursprungs.

lîagi- aus lêpagi- Besprecher, s. le⟨p⟩mo- Stimme, Schall? (B.).

liqqi-s ähnlich, angenehm, gefallend (vorkelt. lig-nĩ-s).

ir. lic in álic, ad-laic angenehm. + ncymr. lyb (acymr. *lip) in cyffelyb „consimilis".

Vgl. got. ga-leiks, ahd. galih, an. glikr, nhd. gleich, lit. lýgus gleich, eben und vielleicht skr. liñga Merkmal.

likkâ Band (vorkelt. lig-nâ´).

ir. lecc, „lesc an act or deed which binds the persons indissolubly" O'Don. Supp.

Vgl. lat. lIgare, lIgula.

likkố'n- Wange (vorkelt. liknố'n-).

ir. lecco Wange, Gen. leccon, Dat. leccoin LL. 288b, Dat. Pl. lecnib. apreuss. laygnan Wange. Vgl. asl. lico „facies".

likto- Lockspeise.

cymr. llith „illecebrae, esca“, llithio „illecebrare, allicere, pellicere“.
Vgl. lat. ad-, per-licio (-lectum), lacio, lax (B.).
Statt likto- würde wohl besser ḷkto- angesetzt.

ligô ich lecke s. *leigô dass.

litaviâ Küstenland, Armorica s. *leja, *lî fliessen.

littiôn- Brei.

ir. littiu F. Suppe, „pulmentum“, Gen. litten LB. 215ª, Dat. littin
LL. 169ª. + cymr. llith M. „farina aquâ macerata“.
littiôn- für ⟨p⟩ḷttiôn-? Vgl. gr. πόλτος Brei, lat. puls. Oder etwa zu
apreuss. laitian Wurst (? B.).

linami ich hafte an etwas s. *lî, *li anhaften.

liniô fliesse, lasse fliessen, lînu- Lein s. *leja, *lî fliessen.

⟨p⟩linnâ Mantel.

gall. linna oder lenna (Isid. Orig. XIX, C. 23 §§ 1, 2).
ir. lenn (gl. sagana vel saga). + acymr. lenn (gl. pallam, gl. pallae,
gl. cortina); ncymr. llen F. corn. len (gl. sagum); acorn. lenn (gl.
saga). bret. lenn.
Vgl. gr. ᾱ-πελος unverharscht, lat. pellis, got. -fill, ahd. as. ags. an.
fel, engl. fell, nhd. Fell, lit. plenė (?) Haut. — Oder zu lesanjo-
Mantel (s. d.).
Richtiger wird vielleicht ⟨p⟩ḷnnâ angesetzt.

lîvos- Farbe, Glanz s. *lî, *li anhaften.

*lisso- Tadeln, lisso-anəmen- Spottname s. *leid tadeln.

*lizdh gleiten.

cymr. llithro „labi“, llithrig „lubricus“.
gr. ὀ-λισθάνω gleite, ὀλισθηρός schlüpfrig.

*lo⟨p⟩ etwa „tappen“.

lo⟨p⟩ujo-, lo⟨p⟩ujâ Steuerruder.

ir. lúi Steuerruder, Acc. Sg. Corm. B. s. v. prull, lói LU. 68ᵇ, 11,
Gen. Pl. inna luæ (gl. gubernaculorum) Book of Armagh 189ª, 2.
+ cymr. llyw M., Pl. llywiau Steuerruder, llywio steuern. corn.
leu. bret. leuyaff „gouverner“, levia steuern.
Vgl. got. lôfa flache Hand, ags. lôf, an. lófi dass., ahd. laffa „pal-
mula“.

lu⟨p⟩et- Steuerruder.

ir. lue, Dat. Sg. iarsind lúith Corm. (Laud 610) s. v. prull.
Vgl. asl. lopata Schaufel, lett. lápsta Schaufel, Spaten, Schulterblatt, das breite Ende des Ruders, alb. l'opatε Schaufel, Grabscheit, Ruder.

loigo-s Kalb.

ir. lóig, loeg Kalb. + acymr. lo, jetzt llo „vitulus", Pl. lloi. corn.
loch, loch euhic (gl. hinnulus). bret. lue „veau".
Vgl. skr. réjati hüpfen, beben, gr. ἰλελίζω mache erzittern, schwingen,
got. laikan springen, hüpfen, frohlocken, lit. láigyti wild umherlaufen.

*⟨p⟩lou, ⟨p⟩luô ich gehe, bewege mich schnell.

ir. luas was rasch bewegt, as-luat „deserunt", as-lui „excedit", luathium
luis Goll a lama am schnellsten bewegte Goll seine Hände LL. 108b,
as-luiset, con-ru-fo-luassat (gl. convolasse), fo-llúur „volo"; lúath schnell
(Grundform plouto-s).
lat. plŭit es regnet. Vgl. skr. plávate schwimmen, fliegen, springen,
zend. fru gehen, gr. πλέω ich schiffe, reise, lit. pláuti spülen, asl. pluti
fliessen, schwimmen, schiffen und das folgende.
Eine Spur des ursprünglichen Anlauts findet sich in dem ll von ir.
fo-l-lúur.
An die Bildung gr. πλῦνω ich wasche erinnert ir. lunae Waschen, das
aber auch zu *levó ich spüle (s. louno- das.) gehören kann.

*⟨p⟩loug fliegen.

ir. luamain fliegend, int-én as luathiu luamain LU. 34a, ar luamain
ós a cennaib Rc. I, 39 (Grundform plougmani-).
Vgl. ahd. fliogan, anord. fljúga, ags. fleógan, engl. fly, nhd. fliegen.
— Oder ist an. flaumr Strömung, Fluth zu vergleichen? (B.).
Formell können mit diesem *⟨p⟩loug verbunden werden cymr.
llwch „lacus" (Pl. llychau), abret. Luh, Loch, nbret. louc'h F.
„mare, étang, lac" (Grundform luksu-), deren Verwandtschaft mit
gall. Luxovium, ir. luis .i. ól no ibhe, -luat .i. ibhsiod O'Cl. zweifelhaft ist. Der Bedeutung wegen werden sie aber besser auf lit.
plaúkti schwimmen, Präs. plaukiù, bezogen.

⟨p⟩loudiô ich treibe.

ir. im-luadi „exagitat", im-luad „agitatio".
lit. plaudżn ich wasche = lett. pláufchu, vgl. ahd. fliozan fliessen,
schwimmen, ags. fleótan, an. fljóta, engl. fleet dass. und lat. sp⟨p⟩lûda.
Ir. luid geh LB. 216a 65, con-ludimm ich gehe LB. 216a ·, ⬛
ich ging, dollotar sie gingen beruhen auf ⟨p⟩ludô.

loukarnâ Leuchte, *louko- weiss, loukbrn⬛⬛⬛⬛
Licht, Mond, *louks leuchten s. *leuk⬛

*⟨p⟩loug fliegen s. *⟨p⟩lou, ⟨p⟩luô ich gehe, bewege mich schnell.

loutro- Bad s. lovatro-, loutro- dass.

loutvi- Asche.
ir. luaith Asche. + cymr. lludw „cinis, lix". corn. lusu, lusow. bret. ludu „cendres".
Zu nhd. lodern, an. Lóđurr (? B.).

loudiâ Blei.
ir. luaide (gl. plumbum).
mhd. löt giessbares Metall, nhd. Loth, ags. leád Blei, Loth, engl. lead.

⟨p⟩loudiô ich treibe s. *⟨p⟩lou, ⟨p⟩luô ich gehe, bewege mich schnell.

louno- Schmutz, Unflath s. *levô ich spüle.

⟨p⟩louno-, ⟨p⟩luno- Talg, Speck.
ir. lóon (gl. adeps). + abret. lon (gl. adeps).
Zu asl. plŭti „caro", lit. plutà Kruste, lett. pluta weiche Haut, Eingeweide? — Oder zu nd. flôm rohes Bauch- oder Nierenfett, ahd. floum? (B.).
Ernault Rc. VIII, 504 verbindet lon (für *vlon?) mit blonec „graisse, saindoux".

lo⟨p⟩ujo-, lo⟨p⟩ujâ Steuerruder s. *lo⟨p⟩etwa „tappen".

louskô ich erschüttere.
ir. luascaim ich erschüttere. + abret. luscou (gl. oscilla); mbret. luskella „bercer", queu-lusq „mouvement".
Zu lett. plúskát an den Haaren zupfen, reissen, plŭkt pflücken, raufen (? B.).

*lok tadeln.
ir. locht „crimen".
Vgl. gr. λάσκω (λακεῖν) töne, schreie, spreche, ληκέω dass., as. ahd. laban schelten, tadeln, ags. leahan dass., ahd. lahster, lastar, as. lastar, nhd. Laster, vgl. ags. leahtor dass., an. last-mæli Tadel, löstr Fehler.

logâ Grab s. 1. *legô ich liege.

logejô ich mache zergehen s. 2. legô ich schmelze, zergehe.

logô ich erlange.
ir. logaim „impetro", conulogad (gl. impetraret) Ml. 39c, 5.

Vgl. gr. λάζομαι ich ergreife, λαμβάνω ich nehme, ὄ-λβο-ς Glück, ags.
läccan fassen, ergreifen, mhd. gelücke Glück (B.).

*lob vergehen, verwesen.

ir. lobaim „putresco", lobad „corruptio".
Zu lat. labi? oder zu got. þlaqus weich, zart? (B.).

lobro-s schwach, lobrajâ Schwäche.

ir. lobar, lobur „infirmus"; lobre F. „infirmitas", lubhra (gl. lepra).
+ acymr. lobur (gl. anhela, gl. debile); cymr. llwfr „vecors",
Fem. llofr; llyfredd „vecordia". mbret. loffr „lépreux"; loffrnez
„lèpre".

lono-s Elenthier.

ir. lon M., Gen. loin Elenthier.
Entlehnt, s. asl. lani Hirschkuh und vgl. urkelt. elinti-s, elani Reh.

lonko- Höhle s. *lek, *lenk biegen.

longâ Gefäss.

ir. long F. 1. Gefäss, 2. Schiff.
an. lung Schiff (B.). Vgl. lat. lagêna.

longô ich esse.

ir. longaim ich esse. + cymr. llewa „edere, manducare".

longo-s lang s. *leg, *leng springen, vorankommen.

⟨p⟩lontâ (aus plotnâ) Leinwand.

ir. Nom. Dual. dia loit find form scince .i. da bhrat find ar mo leaba
zwei weisse Mäntel auf meinem Bett Corm. B. s. v. cermnas (Mac F.).
asl. platíno Leinwand, russ. polotnó dass. (verhält sich zu ⟨p⟩lontâ wie
russ. voloknó zu ags. vlôh).

lomanâ Seil.

ir. loman F. Strick. + cymr. llyfan F. Schnur, Strick. corn. louan
(gl. funis l. funiculus). bret. louffan „courroie à lier les bœufs".
Zu lit. lett. làmata Mausefalle? (B.)

lombro-s bloss, kahl, lombrâjô ich schäle.

ir. lommar bloss, kahl, lommraim ich schäle.
lat. lamberat „scindit ac laniat" Paul. Fest. 118.

lommen- Schluck, Woge.

ir. loimm Schluck, Woge. + cymr. llymmaid „sorbillus". bret. lom
„goutte". corn. lommen ein Fleischgericht (unbelegt).
Zu gr. λάπτω ich lecke, schlürfe, lit. läkti leckend fressen? (B.).

1. lorgo-s Stock.

ir. lorg (gl. claua). + corn. lorch (gl. baculus). bret. lorc'hen Deichsel.
an. lurkr Knüttel (B.).

2. lorgo-s Spur.

ir. lorg, lorc (gl. trames), lorgarecht (gl. indago). + cymr. llyr. corn.
lerch, lyrch, tru[it]-lerch (gl. semita). bret. lerch, larch in adi-lerch,
oar-lerch „après", adi-larch „après, par derrière".
Vgl. nd. lurken mit den Beinen ziehen oder schleppen, schleichen (B.).

lovatro-, loutro- Bad s. *levô ich spüle.

loves- Laus.

acymr. leu-eseticc von Läusen zerfressen, wurmstichig; ncymr. lleuen
„pediculus", Pl. llau. corn. lowen, lewen-ki (gl. cinomia, κινόμυια).
bret. louen „pou".
ahd. ags. lûs, engl. louse, an. lús, nhd. Laus (Stamm lûsi-).
Das Irische braucht statt dieses Wortes den Ausdruck míl étaig
„Kleiderthier".

lo⟨p⟩skô ich brenne.

ir. loscaim, loscud, for-loiscthe (gl. igne exanimatus), loscán Kröte. +
cymr. llôsg „incendium", llosgi „urere". corn. losc (gl. arsura l. ustu-
latio). bret. lesquiff „brûler".
Vgl. gr. λάμπω ich leuchte, glänze, apreuss. lopis Flamme, lett. lâpa
Kienfackel. — S. laksar- Flamme.
Eng verwandt sind cymr. go-leu „lux, lucidus" = bret. go-lou (Grund-
form vo-lovo-) „lumen, lux" und vielleicht lovo- in Lovo-catus bei
Greg. Tur.

losko-s lahm s. *lek, *lenk biegen.

losto-, lostâ Schwanz.

ir. los Schwanz. + cymr. llost F., bret. lost „cauda".

lu⟨p⟩et- Steuerruder s. *lo⟨p⟩ etwa „tappen".

lu⟨p⟩erno- Fuchs.

gall. Λουέρνος Posidonius (Fragm. H.G. III, 260). abrit. Lovernii
(Hübner 147), Lovernaci (Rhŷs 888).
ir. Loarn (englisiert Lorne). + cymr. Cruc leuyrn, cruc louern, Crucou
leuirn, jetzt llywern(og). corn. louuern (gl. uulpes). abret. louuern in
Ker-loern, Bot-louuernoc; mbret. louarn „renard".
Vgl. skr. lopâçá Schakal, Fuchs, zend. raopi eine Art Hund, urupi
dass., armen. aλuēs Fuchs, lat. lûpus.

⟨p⟩luô ich gehe, bewege mich schnell s. *⟨p⟩lou ⟨p⟩luô dass.

luko- 1. hell, Licht, 2. schwarz s. *leukô ich leuchte.

lukot- Maus s. 2. luko- schwarz.

lukterio-s Ringer.

gall. LVXTIIPIOS i. e. luchterios (Rc. I, 472).

ir. luchtaire (gl. lanista).

Vgl. lat. lucta, luctor, luctator.

lukto- Ladung, Bürde.

ir. lucht Bürde. + cymr. llwyth M. acymr. vielleicht tluith in or maur-dluithruim (gl. multo vecte).

Zu lat. tollo?

lugio-n Eid.

ir. luge N. Eid, Schwur. + cymr. llw M. „iusiurandum, iuramentum".

bret. le „serment".

Vgl. got. liugan heirathen, liuga Ehe.

*lugô ich verberge, trüge.

ir. logaissi .i. brégi (mendacii) Book of Lismore 28b.

got. liugan, ahd. as. liogan, ags. leógan, an. ljúga, nhd. lügen. — asl. lŭgati lügen.

Vielleicht ist ir. lu(g)-chorpán Zwerg hierher zu ziehen.

vo-lugô ich verberge s. vo unter.

Lugu-s.

gall. Lugu-s, Gottesname, in Lugu-dunum, Lugu-selva, Lugu-vallium, N. Pl. Lugoves (Rc. VI, 398); Lugduno „desiderato monte" Endlichers Gloss.

ir. Lug in den Namen Lugu-aedon (Gen. Sg.) und Lugu-qrit(i-s), später Luicrith, Luicrid (Rc. VI, 398).

Vgl. lett. lúgt bitten, lit. lugoti bitten, an. lokka, ahd. lochôn locken.

lutâ Schlamm, Lehm s. *levô ich spüle.

lûto- Wuth.

cymr. llid M. „ira, iracundia".

Vgl. gr. λύσσα Wuth, arkad. λευτόν unbändig, lit. lutis Sturm, Unwetter, asl. ljutŭ „saevus".

luttâ Hure.

ir. lott Hure Corm.

Vgl. mhd. loter, lotter leichtfertiger Mensch, ags. loddere Lumpenkerl an. loddari Gaukler.

luttâ aus ludnā?

ludetâ (loudetâ?) Müdigkeit, Mattigkeit.

cymr. lludded F. „lassitudo, taedium, defatigatio“.
ahd. luzeda „infirmatio“. Vgl. an. lúta sich neigen, niederbeugen, ahd.
lûzen „latere“, ags. lytegian heucheln, got. liuts heuchlerisch, as. luttic,
luttil, ahd. luzig, luzil klein, lit. liudĕti trauern, sich ängstigen, asl.
luditi täuschen (B.).
Ir. lott Zerstörung (Grundform lutto- aus ludnó-) und lútu kleiner
Finger, Gen. lútan (Grundform lûttón- aus lûdn-) können nahe verwandt sein.

lubi- Kraut.

ir. luib Kraut, Strauch, Pflanze, Gen. lube, Dat. luib. S. das folgende.
Vgl. got. lubja-(leis) Gift-(kundig), ahd. luppi Gift, Zauberei, ags. lyb
„fascinum, venenum“, an. lyf Heilkraut.

lubi-gortos Krautgarten.

ir. lubgort Garten. + cymr. lluarth (bid las lluarth lass
einen Garten grünen); acymr. Pl. luird. corn. luvorth
[Ms. luvorch] guit (gl. virgultum). bret. liorz „courtil,
jardin“ (mit Uebergang von vortonigem u in i).

lussu- Kraut.

ir. luss Kraut, Pflanze, Strauch. + cymr. llŷs, Pl. llysiau. corn.
les (gl. herba), Pl. losow O. 26, 77. bret. lousouenn „herbe“, Pl.
lousou, losou.
lussu- aus lubsu-. — Oder aus ludtu-, vgl. ahd. lota Schössling(? B.).

⟨p⟩luno- Talg, Speck s. ⟨p⟩louno-, ⟨p⟩luno- dass.

lûno-s Hammel, Schöps.

ir. *lún Hammel, Schöps, Acc. (für Dat.) Pl. co lunu fnessi .i. muilt
bruithi LB. 219a, 31.
skr. lúna, Part. Perf. von lunáti schneiden. Vgl. gr. λúω ich löse, lat.
re-luo, so-lvo.
Die urkelt. Form ist zweifelhaft, da die Länge des u in *lún nicht
sicher ist und der Acc. Pl. lunu von einem Stamm auf -aio- her-
kommen kann.

lummo-s bloss.

ir. lomm bloss. + cymr. lwmm „nudus, glaber“.
gr. λυμνός · γυμνός Hes.? oder lummo-s aus lupmo-s (oder lupsmo-s,
vgl. urkelt. âmmén-), vgl. asl. lupiti „detrahere“, lit. lùpti schälen,
abhäuten, ahd. louft Baumrinde.

lussu- Kraut s. lubi- Kraut.

V.

*vâ, *ven verletzen, verwunden.

ir. co fothea-sa „ut mordeam", futhu „stigmata". + cymr. t-Prät. guant „percussit", ym-wan „pugnare", gwân „punctio". corn. yth ym-wanas „percussit", gwane „perforare".

Vgl. skr. á-váta ungeschädigt, gr. ἄτη Unheil, got. vunds, ags. vund, ahd. wunt, nhd. wund, lit. wotis Geschwür und das folgende.

Hierzu ir. fennaim ich häute (Grundform venvô) und cymr. gwenyn, Sing. gwenynen Biene, corn. guenenen (gl. apis), bret. guenanenn „abeille" (Grundform venenâ)?

vanno-s schwach.

ir. fann schwach. + cymr. bret. gwan „faible". acorn. guan (gl. debilis). bret. goanaff.

Vgl. got. vinnan leiden, ahd. winnan sich abmüben, ags. vinnan kämpfen, arbeiten, leiden, got. vunns Schmerz, Leiden, vinna „labor, opus"? oder zu got. vans mangelhaft, feblend, weniger (B.).

vai weh.

ir. fé (amae) „vae". + cymr. gwae (fi). corn. go-vy, go-ef, go-y webe mir, ibm, ibnen. bret. goa.

lat. vae, vê-cors, -jovis, -pallidus, -sanus. — got. vai, ahd. as. wê ags. vâ, engl. woe, nhd. web. Vgl. zend. voya krank, got. vaja-mêrjan lästern, lett. wájsch schwach, krank, schlecht.

vaidos- Ruf, Schrei.

ir. faed, fóid Schrei, Ton, Acc. Pl. dorat a tri fóide ferggacha esti sie äusserte seine drei zornigen Schreie. + cymr. gwaedd F. „clamor, ejulatus".

gr. ἀ-οιδή Gesang, vgl. ἀείδω singe.

vaili-s niedrig.

cymr. gwael „vilis", gwaelod „fundus", „cimbum", „faex", gwaelodion „sedimentum". bret. goelet „fond".

lat. vîlis.

vailo-s Wolf.

ir. fael, fael-chú Wolf, Fael-druim, Faelán. + cymr. gweil-gi F. die See = ir. faelchú.

arm. gail, Gen. gailoy Wolf (?).

Hierher gehören vielleicht die gallischen Namen Vaelo und Vailico

(Rc. III, 310). — Bei der Bedeutung von cymr. gweil-gi ist das Verhältniss von got. saivs See zu lat. saevus zu beachten.

*vak : *uk müssig, leer sein.

ir. uain (Grundform ukni-) Musse, Gelegenheit, lase bas n-úain do (gl. cum ei uacuum fuerit) Wb. 14ª. + cymr. gwâg „vacuus, inanis, vanus“, gwagedd „vacuitas“, gwaghau „vacuare“. bret. goac „mou“, „de manière subtile“.

Vgl. lat. vacuus, vacâre, vacîvus,

vakô ich sage, Perf. Sg. 3 vevoke, t-Prät. vakto.

ir. faig „dixit“ LU. 10ᵇ 36, iar-faigim ich frage, ro-iarfac[t]-sa „quaesivi“, r-iarfacht „quaesivit“, iarmifoacht (-fo-facht) LU. 61ª, immafoacht LU. 24ª.

skr. vac, vívakti sagen, sprechen; zend. aokhta (für *a-vakhta) = ir. -facht. — gr. ἔειπε sagte, ἔπος Rede, Wort. — lat. vocare, vox. — ahd. gi-wahan bemerken, erwähnen. — apreuss. en-wacke sie rufen an. Hierher gehören auch ir. déach (aus dê-fach) Zweisilbner und il-ach (aus il-fach) Siegeslied.

vokmen- Lärm, Laut.

ir. fúaimm Lärm, Laut.

ags. wôm „sonitus, fragor“ aus *vôhma < vôkmen-.

Zweifelhaft; fúaimm kann auf vogmen beruhen und mit ir. fogur verwandt sein.

vakto-s übel.

cymr. gwaeth „pejor, deterior“, gwaethaf (aus vaktamo-s) „pessimus“, gwaethu „peiorare“, ysy-waeth. corn. gweth, gwetha, gwethe. abret. guohethe (d. i. guoethe) (gl. prob[r]um); mbret. goaz „peior“ Buh. 118, 6, sy-ouaz „hélas“.

Vgl. skr. vakrá krumm, gebogen, lat. văcillo, got. un-vâhs tadellos, as. wâh Uebel, ags. wôh krumm, schlecht.

vakskô ich drücke, presse.

ir. faiscim ich quetsche, presse zusammen, as-to-asci „exprimit“, as-tó-ascther „exprimitur“, estosc „expressio“. + cymr. gwasgu „premere, comprimere“, gwâsg F. (Grundform vakskâ) „compressio“. abret. guescim, mbret. goascaff „étreindre“.

Vgl. skr. pra-vâhate drängen, drücken, ahd. weggi, wekki Keil, lit. wágis Pflock, lett. wadfis Keil (B.).

Auf cymr. gwâsg („usitatur pro loco cinguli, quia ibi vestes comprimuntur“) bezieht Davies engl. waist.

*vag biegen.

ir. fän (Grundform vagno-) schräg, abschüssig, Abhang. + cymr. gwaen, Pl. gweunydd Feld, Wiese.

Vgl. gr. ῥάγνυμι zerbreche, lat. vagâri, mhd. wakhart Wackler. Oder sl. vêga Schiefe, vêżen schief?

vaginâ Scheide.

ir. faigin Scheide, Dat. Pl. faignib Laws II, 146, l. 17. + cymr. gwain „vagina, theca". corn. guein (gl. vagina). bret. gouhin, gouin. lat. vâgina. Vgl. lit. wószti einen Deckel überstülpen, lett. wâst dass. Dass die obigen kelt. Wörter aus lat. vâgina entlehnt seien, ist wegen der verschiedenen Quantität des Wurzelvocals zweifelhaft.

vâto- Gedicht, vâti-s Dichter, Prophet.

gall. Nom. Pl. ὀυάτεις.

ir. fáith Dichter. + cymr. gwawd „carmen, poema encomiasticum".

lat. vâtês (aus dem Keltischen entlehnt?), vâticinâri. — ags. wôđ Stimme, Gesang, an. óđr Sinn, Gesang, Poesie, vgl. ahd. wuot Wuth, got. vôds besessen.

Ir. súi (saoi) „vir doctus" aus *su-vet-, dúi (daoi) „insipiens" aus *du-vet- und faath, fath .i. foglaim Corm., welche mit fáith, gwawd gewiss zu verbinden sind, empfehlen die Vereinigung aller dieser Wörter mit skr. api-vatati verstehen, begreifen, zend. vaṭ kennen, verstehen (Wurzel *veto-). Aus formellen Gründen dagegen würde man besser von einer Wurzel *vê ausgehen, zu der sich -vet- etwa verhalten würde, wie skr. -kṛt- zu kar (B.).

vadujâ Schwiegertochter s. 2. vedô ich bringe, führe, heirathe.

vankiâ (-io-?) Balken.

ir. féice „ridgepole, rooftree", Oberschwelle.

skr. vámçya Querbalken, vgl. vamçá Rohr, a-vamçá das Balkenlose. Dazu auch lat. văcerra?

vandâ Thräne, Zähre s. *vêd feucht sein.

vannello-, (vennâlo-) Schwalbe.

ir. fannall Schwalbe, fainleoc (gl. birundo); nir. fáinleog. + cymr. gwennawl. corn. guennol. bret. guennel „hirondelle".

Franz. vanneau Kiebitz beruht auf einem mlat. vannellus, wofür wir bei Ducange vanellus finden, welcher Fridericus II Imp. Lib. de venatione Cap. II, 11 citiert.

vanno-s schwach   *vâ, *ve- verletzen, verwunden.

vanso- Haar.

ir. fés ichtarach S   II   . . ch LL. 370₆,
Dimin. fésóc Bart.

apreuss. wanso der erste Bart; aslav. vą̈sü Bart.
Ir. fes-léne, fess-léni steht vermuthlich für féss-léne.

vambâ, vambilâ Schooss.

bret. gwamm „terme de mépris pour dire femme“.   acymr. gumbelauc
„uterus“ (Rc. II, 141).
got. vamba F. Bauch, Leib, ags. vamb, engl. womb, ahd. wamba,
wampa dass., mhd. wempel Schamtheil.

varan euer.

ir. bar-n, far-n euer.
got. (iz)vara, Gen. Plur. des Pronom. II. Pers. (?).

vâro-s Held, varto- Bedeckung, Kleid s. *verə umschliessen, wahren.

varso-s Säule, Pfeiler s. *vers sich erheben.

*vala : *vla mächtig sein.

acymr. gualart (Grundform valatro-s) in Cat-gualart — cymr. gwaladr
Oberherr — abret. walatr(us), walart in Cat-uualart, Hael-uualart.
Vgl. osk. valaemom „bonum“, lat. valêre, got. valdan, ahd. waltan,
ags. vealdan, nhd. walten, apreuss. waldnika- König, asl. vlastI Macht.

valo-s mächtig, gewaltig.

abrit. Clot-uali (Phillack).
cymr. Bud-gual, Gur-guol.

Katu-valo-s s. *kat kämpfen.

Kuno-valo-s s. *keva, *kû stark, gross sein.

Touto-valo-s s. *teve, tû mächtig sein.

vlati-s Herrschaft.

ir. flaith, flaithem Herrscher (Grundform vlatimon-). + cymr. gulat,
gwlåd „regio, patria, provincia, rus“, guletic „rex“ (Grundform
vlatiko-s). corn. gulat (gl. patria), gwlas. bret. gloat „royaume“,
glat, uuoletic.

vlato-s Herr.

gall. vlatos in der Münzinschrift Ateula-vlatos (Rc. IX, 29).
Vgl. asl. vlatŭ „gigas“.

vâleti-s froh, vâletiâ Licht, Freude.

gall. *valetia (vâlétia?) in dem Namen Valetiacus (Caesar B. G. VII, 32).
ir. fáilid froh, fáilte F. Freude, Willkommen. + cymr. gwawl „lumen,
lux“, daher der Pl. gwoleu (Davies), jetzt goleu.

Vgl. skr. úlmuka Feuerbrand, gr. *ἀλέα* Sonnenwärme, got. vulandans (abmin) „ferventes (spiritu)“ (B.).
vâletiâ aus vâlêtiâ?

vali- Umgebung, Bedeckung, vâlo- Wand, Mauer s. *vel drehen, umgeben.

valto-s Haupthaar.
ir. folt M. Haar, Nom. Pl. fuilt. + cymr. gwallt M. „capilli“. corn. gols (gl. caesaries). abret. guolt, guoliat; vielleicht auch in Dri-nualt, Guin-gualtuc.
Vgl. russ. volotI Faden, Faser, lit. walti-s Garn, Fischernetz, gr. (*ϝ*)*λάσιος* dichtbehaart, zottig.

valni- (valsi-?) Nachlässigkeit s. *vel trügen, schädigen.

vâsto-s wüst.
ir. fás leer, woher fásach Wüste (Grundform vâstako-).
lat. vâstus, vâstâre, vgl. ahd. wuosti, ags. vêste, nhd. wüst.

vâsri- der anbrechende Tag s. 2. *ves aufleuchten.

vasso-s Untergebner s. 1. *ves sein, weilen.

(*vê, *ven wehen.)
ir. feth Luft (Grundform vetó-), hi-feth (gl. in auram), tinfeth (to-ind-v°) „aspiratio“, do-in-fethim ich blase ein, Aor. Sg. 3 mani thinib Wb. 4a 27 (aus to-eni-vetst).
Vgl. skr. vãta Wind, gr. *ἀητέομαι* fliege und skr. vãti wehen, gr. *ἀϝῆναι* dass., got. vaian dass., asl. vêjati dass., lit. wêjas Wind.

vento- Wind.
cymr. gwynt M. Wind. corn. gwyns. bret. guent.
lat. ventu-s. — got. vinds, ahd. wint, ags. vind, engl. wind, an. vindr Wind. Vgl. apreuss. wins Luft, Wetter.

veios- Zorn.
ir. fe Zorn, Aerger.
skr. váyas Kraft. — gr. *ϝῖ-ϥι* kräftig, gewaltig. — lat. vis.

veiko-s Rabe.
ir. fiach M. Rabe.
Vgl. ahd. wijo, wiho, ˹˺ W˹˺ ˹˺ (B.)

veiti- Sehne, ˹˺ ˹˺ ˹˺-umgebogen, schief, quer s. *vejo ˹˺

*veid, *vid sehen, wissen.

ir. ro-fetar (aus *vid-àar) „scio", ro-fessur „sciam", fissi „sciendus" =
gr. ϝιστίος, fiss das Wissen aus vid-tu-, cubus „conscientia" (aus
kon-vid-tu-), ro-fess „scitum est" (-fess = gr. (ἄ)ιστος, skr. vitta). +
cymr. guibit (aus guid-bit) „sciet", gwypwn (aus guid-bwn) „scirem"
u. s. w. G.C. 573—575. corn. goth-vyth „scies" u. s. w. G.C. 576. abret.
uuid in Uuit-cant; bret. gouzout „savoir" u. s. w. G.C. 578.
skr. vetti erkennen, wissen. — gr. ϝεἶδον ich sah, Inf. ϝιδεῖν, ϝοἶδα
ich weiss. — lat. vīdêre. — got. vitan beobachten, vait ich weiss. —
lit. weizdéti hinblicken, isz-wýsti gewahr werden; asl. vidéti sehen,
vêdêti wissen.

veido- Gesicht.

ir. fiad vor, „coram", Präpos. mit Dat. + cymr. gŵydd „praesentia",
yn-gwydd „coram". bret. a goez „ouvertement".
gr. ϝεἶδος Ansehen, Gestalt. — lit. wéida-s Angesicht; asl. vidŭ
„visus".

veidô ich erzähle.

ir. ad-fiadaim ich erzähle, in-fiadim, ad-fét „narrat", ad-fiadat
„narrant", ad-féded „narrabat".
ahd. wizan, as. witan, ags. vitan vorwerfen, verweisen.

veidôn- Zeuge, veidenissio-n Zeugniss.

ir. fiadu Zeuge, Acc. Sg. fiadain (gl. testem) Ml. 38d 11, fiadnisse
N. Zeugniss.
ags. vita Zeuge, ge-vitenis Zeugenschaft, got. -vita Wisser, ahd.
wizo Kundiger.

vidâ Anblick, Ansehen, Form.

ir. -fed, im Nachton -bad, -fad (z. B. fidbad Wald, findfad Haar).
+ cymr. gwedd F. „species, forma, modus". corn. gweth in
fyn-weth „finis". bret. goez „forme", guez in finuez, bloazvez,
dézuez.
skr. vidắ Keuntniss.
In abret. clut-gued (gl. strues) und acymr. rin-guedaul geheim-
nissvoll ist dies Wort beinahe als Suffix gebraucht.

*vidion- Zeichen.

⟨p⟩arei-vidion- Zeichen s. ⟨p⟩arei- bei, vor, Ost- unter *⟨p⟩er hinüberbringen.

vindô ich finde.

ir. finnaim ich finde, mache ausfindig. + cymr. gwnn, gwn, go-gwn
(Ro. VI, 21. 22). corn. gon, (g)won. bret. goun.

skr. vindâmi ich finde. Vgl. gr. ἰνδάλλομαι ich erscheine, zeige mich.

vindo-s weiss.

gall. Vindus, Vinda, Vindo-bona, Πεννο-ουινδος Weisshaupt. abrit. Vindo-bala, Vindo-cladia, vendo- in Vendo-sêtli (cymr. gwennoedyl), Vendu-barri = Barri-vendi, Vendu-magli (cymr. Gwenfael, mbret. Guenuael).

ir. find weiss. + cymr. gwynn „candidus, albus". corn. guyn (gl. albus). bret. guenn „blanc".

Hierzu die gallischen Kurznamen Vindilla, Vindillius, Vindo, Vindona, Vindonia, Vinderius.

Vindo-magos- Weissfeld.

gall. Vindomagos.

ir. Findmag. + cymr. Gwynfa.

veido-s wild.

ir. fiad F. Wild, fiadach Jagd (Grundform veidâko-). + cymr. gwydd „ferus, silvester". corn. guith in luvorth guit (gl. virgultum). bret. guez, goez „sauvage", goezet „bêtes sauvages", „gibier".

Vgl. ahd. weida Weide, Jagd, ags. vâðu das Herumschweifen, Jagen, an. veiðr Jagd, Fischfang und urkelt. vidu- Holz.

veido-mêlo-n Wild, Wildpret.

ir. fiadmil, Pl. fiadmila wilde Thiere, Corm. s. v. fiadmuin. + cymr. gwyddfil „fera". corn. guitfil (gl. fera).

*vein streben, sich mühen.

ir. fian Held (Grundform veino-s), Fêne Name der alten Bevölkerung Irlands (Grundform veinjo-s), fíann F. stehendes Kriegercorps (aus veinnâ), fénnid Mitglied der Fiann (aus veinniti-).

Vgl. skr. vênati verlangen, streben, neidisch sein, lat. vênâri.

Zweifelhaft. fían kann auch zu an. sveinn Knabe, Junge, ags. svân „subulcus", engl. swain gehören (B.).

Hierzu vielleicht bret. gouenn „race, semence, extraction".

veilo- keusch.

ir. fial keusch. + cymr. gwyl „verecundus, modestus".

Aus vei⟨p⟩lo-, vgl. germ. viba- Weib? (B.)

*veis fliessen.

cymr. gwy M. (Grundform veiso-) Flüssigkeit, Fluss, gwyach „avis quaedam marina", gwyar „cruor, sanguis".

Vgl. skr. viṣ (aveṣan, veṣiṣas, veṣantis) sich ergiessen, an. veisa „palus putrida", ags. vis welk, ahd. wesanên, nhd. verwesen und das folgende.

vîso-s Gift.

ir. fi.

gr. ῖός Gift. — lat. vîru-s. Vgl. skr. viṣá Gift, Wasser.

vekkâ Spaten (vorkelt. vegh-nâ').

ir. fecc Spaten.

Vgl. gr. ὀφνίς· ὕννις, ἄροτρον, lat. vanga, apreuss. wagnis Pflugmesser, ahd. waganso Pflugschar, an. vangsni dass.

1. *veg fahren, reisen.

vektâ Gang, Reise.

ir. fecht Gang, Reise, Mal, oen-fecht einmal. + cymr. gwaith „vicem, vice", un-waith „semel". corn. gweth, gwyth. bret. guez „g. foix, l. vicis".

Vgl. skr. váhati fahren, führen, zend. vazaiti führen, ziehen, kypr. ἐϝεξε brachte dar, gr. ὄχος Wagen, lat. veho, vehi, vectáre, got. ga-vigan bewegen, lit. wèszti fahren, asl. vesti „vehere" (B.). Begrifflich vgl. z. B. mhd. reise 1. Aufbruch zum Feldzug, 2. Mal. Gall. Vecturius ist vielleicht von diesem vektâ abgeleitet. Auf ein mit ihm möglicherweise zu verbindendes vekto- weisen cymr. gwaith M. „opus, opera, opificium", Pl. gweithiodd, corn. gueithur (gl. opifex).

vegno- (vigno-) Wagen.

gall. covînus, co-vinnus, „covinnos vocant, quorum falcatis axibus utuntur" Pomp. Mela III, 6. 60 (Grundform ko-vigno-), covinnarius Tac. Agr. 35.

ir. fén eine Art Wagen. + cymr. am-wain „circumducere", ar-wain „ducere", cy-wain „vehere" (aus ko-veg°).

ahd. wagan, ags. vägn, engl. wain, an. vagn, nhd. Wagen.

2. *veg (: *ug) netzen.

vegro- Gras.

ir. fér, Gen. feiuír Gras. + cymr. gwair „foenum". corn. gwyr.

voglo- Harn.

ir. fúal, Gen. fuail „urina". + abret. di-di-oulam (gl. micturio). Vgl. lat. ûvesco, ûvidus, an. vôkr feucht und das folgende. Ist statt *veg : *ug besser *veb : ug anzusetzen?

uksen- Stier.

cymr. ych, Pl. ychen. corn. ohan „boves". abret. penn ohen (gl. caput boum, Rc. V, 418); mbret. ouhen, nouhen „bœufs".

skr. ukṣán Stier, Bulle (vgl. ukṣ besprengen). — got. aúhsa, an.
uxi, ags. oxa, engl. ox, ahd. ohso Ochse.
Ir. oss (aus *ukso-s), Gen. oiss „cervus" ist wohl verwandt.

ugro-s kalt.

ir. úar kalt, mar uar dom „multum frigus mihi" Sg. 114. + cymr.
oer „frigidus, gelidus, algidus". corn. oir (gl. frigidam).
gr. ὑγρός nass, feucht. — Oder ist ogro- als Grundform anzunehmen
und dies zu gr. πάγος Reif, Frost zu stellen?
Zu derselben Wurzel gehört ir. úarán Quelle.

(3. *veg :) *oug rege, stark sein (werden), wachen.

vegli- Nachtwache.

ir. féil der heilige Abend, félire Kalender. + cymr. gŵyl „festum,
feriae". mbret. gouel, Pl. gouelyou; nbret. goel, gwel „fête".
lat. vIgil, vIgilia, vgl. ahd. wachal „vigil", got. vakan, ahd. wachên
wachen, ags. vacan erwachen, geboren werden, an. vaka wach sein.
Vielleicht sind die keltischen Wörter entlehnt.

ouktero-s höher.

ir. óchtar, uachtar „pars superior". + cymr. uthr „admirandus",
ar-uthr „mirus".
Vgl. lat. augeo, got. aukan mehren, lit. áugti wachsen.
ouktero- für sich könnte auch mit got. aúhuma erhaben, apreuss.
uka-, Superlativpartikel, verbunden werden (B.).
*oug- steht für o-ug, o-vəg- d. h. vəg mit Vocalvorschlag.

oukso- oben, über.

ir. ós, uas oben, über. + cymr. uch. bret. a us.
Vgl. skr. úkṣati heranwachsen, gr. αὔξω vermehre, lat. auxilium,
lit. áukstas hoch (? B.).
Griech. ὕψι, ὑψηλός hoch, asl. vysokŭ dass. sind fernzuhalten.

oukselo-s hoch, erhaben, Compar. ouksôs, Superl. ouksamo-s.

gall. Uxello-s, Superl. Οὔξαμα Βάρχα (Ptol.) uud Οὐξισάμη
(Strabo).
ir. uasal hoch, erhaben, edel (daneben uall Hochmuth, Grundform oukslā). + cymr. uchel, Compar. uoh, Superl. uchaf.
bret. uhel.
Uxellus begegnet auf einem Bronzetäfelchen und in einer Inschrift von Hyères als Name eines gallischen Gottes. Uxellimus
(Revue critique, 6. Août 1888, p. 116), Name eines gallischen

Gottes in einer Inschrift von Noricum, sieht wie eine späte
Form des Superlativs aus.

Οὐξισάμη ist gebildet wie Belisama und Trigisamo.

vegiô ich webe.

ir. figim ich webe, fige Weben. + acymr. gueig (gl. textrix),
gueetic „textilis“ in or cueeticc cors (gl. ex papyro textili); ncymr.
gwe „tela, tegmen“, gweu „texere“. corn. guiat (gl. tela). mbret.
gweaff.

Vgl. ahd. wicchili Wickel, oder ahd. wioh „lucubrum“, mhd. wiht
Docht, ags. wecca, engl. wick Docht.

vegno- (vigno-) Wagen s. 1. *veg fahren, reisen.

vegro- Gras s. 2. *veg : *ug netzen.

vegli- Nachtwache s. 3. *veg : *oug rege, stark sein, wachen.

(*vet-, *vetos- Jahr.)

⟨p⟩eruti im vorigen Jahre s. ⟨p⟩er- unter
*⟨p⟩er hinüberbringen, vorwärts bringen,
übertreffen.

vessi-s (einjährige) Sau.

ir. feis Sau, Schwein, Gen. feise. + corn. guis (gl. scroffa). mbret.
gues „truie“; bret. gwiz, gwêz „truie“.

Vgl. skr. vatsá (Jährling), Kalb, lat. vĭtulus, got. viþrus Lamm und
gr. ϝέτος Jahr.

vessi-s aus vetsi-s.

vetô ich sage, Perf. vâta.

ir. feth, fed in aisndedat sie sprechen (= *as-ind-fethat), aisndís Be-
schreibung, in-fesmais (gl. consuevimus indicare). + acymr. guetid,
Perf. gwaut, ydywawt er sagte.

lat. vĕtāre.

(*vêd feucht sein.)

vandâ Thräne, Zähre.

ir. fand Thräne, „ainm na dére“.

lit. wandů′ Wasser, vgl. lat. unda
gr. ὕδωρ Wasser, got. vatô Wasser, a
feucht u. s. w., asl. voda Wasser.

Ausser dem folgenden gehört hierzu vielleicht ir. fuit Kälte (reimt auf düit; unrichtig ist fúit LL. 208a 41, 51) aus vodní-.

utso- Wasser.

ir. os Wasser in os-bretha wörtl. Wasserurtheilsprüche, .i. im corus lin, im cain n-inbir „as to what is proper respecting nets, as to the law respecting a river-mouth" Ancient Laws I, 182.

skr. útsa Quelle, Brunnen, vgl. gr. ὕδος Wasser (Stamm udes-, woraus utso- d. i. uds-o- gebildet ist).

Vielleicht ist hiervon ir. usce Wasser (Stamm uskio-) abgeleitet. Es kann aber auch zu ags. vascan, ahd. waskan waschen gehören.

1. *vedô ich binde, joche.

ir. fedan F. Gespann, Geschirr (Grundform vednâ), cobeden „conjugatio" (aus kon-vednâ), cobodlas „conjunctio, societas". + cymr. gwêdd „jugum".

got. ga-vidan verbinden, ahd. wêtan binden, anjochen, vgl. skr. vi-vadhá, vî-vadhá Schulterjoch.

dê-vedo-n Ende s. dê, Privativpartikel.

2. vedô ich bringe, führe, heirathe, Perf. (ve)voda.

ir. fedim ich führe, bringe, do-fedim, Perf. Sg. 3 dofaid Fiacc. h. + cymr. ar-wedd „gerere", ym-ar-wedd „se gerere", dyweddio heirathen. corn. dom-ethy B. M. 327 (aus to-embi-v°) = bret. dimiziff „g. soy marier, l. nubere".

zend. vâdhayêiti führen, heimführen. — lit. wedù ich leite, führe, heirathe; asl. vedą „duco".

Vielleicht gehören hierzu ausser dem folgenden auch cymr. gwaddol „dos" (ἕδνον, ἕεδνον Brautgabe) und ir. uide Reise s. ⟨p⟩odio- Reise unter 1. *⟨p⟩ed gehen.

to-vessâko-s, (tovessiko-s) Anführer.

abrit. Aimili[a]ni tovisaci (Hübner 159).

ir. tóisech Führer. + cymr. tywysog „dux, princeps".

to-vessu-s Führen, Führung.

ir. túus „principium". + cymr. tywys Leitung, Führung (Pughe).

Vgl. lit. westų. Supinum.

(vadû), vadujâ Schwiegertochter.

gwaudd „nurus". corn. voc. guhit (gl. nurus). bret. gouhez

·⸶ Braut, junge Frau, Schwiegertochter.

mus der britischen Wörter ist mir dunkel.

*vod- heimführen, heirathen.

ir. in-botha „nuptiaa", in-bodugud „nubere", in-bothigetar „nubunt".
Vgl. lit. wádas Führer, wadźóti umherführen, asl. voditi „ducere",
voźdï „dux" (B.).

1. *ven verletzen, verwunden s. *vâ, *ven dass.

2. *ven sich freuen, lieben.

cymr. gwên, F. „risus, subrisio, arrisio" — abret. uuen in Ho-uuen
(Grundform Su-venâ).
Vgl. skr. vanóti lieben, erlangen, vánas Verlangen, Lieblichkeit, lat.
Vênus, got. un-vunands betrübt, ahd. wunnja Erquickung, Freude, Lust,
Wonne und das folgende.

venjâ Verwandtschaft.

ir. fine Verwandtschaft, Familie, Stamm, fin-galach „parricidalis",
coi-bnes (aus *con-venestu-) „affinitas". + cymr. Gwynedd Nordwales.
abret. co-guenou (gl. indegena; Grundform ko-venvo-).
Vgl. ahd. wini, ags. vino Freund, Geliebter, Gatte, an. vinr Freund.

vento- Wind s. *vê, *ven wehen.

vennâlo- Schwalbe s. vannello- dass.

vemmâni- (vembâni-?) Meergras.

ir. femmuin, femmnach Meergras. + cymr. gwymon M.
Hiervon franz. goemon.

(*vejə winden, weben.)

veiti- Sehne.

ir. féith (gl. fibra), féthaide, Beiwort des Wagens LU. 105b. +
cymr. gwden „vinculum, ligamen, virga contorta". corn. guiden
(gl. cutulus, d. i. circulus).
zend. vaêti Weide. — gr. ἰτέα dass., Εἰτέα, Name eines attischen
Demos. — ahd. wida (Stamm viþjâ) dass. Vgl. lat. vītis, ahd. wid
Reiserstrick, lit. výtis Weidenruthe, asl. vitï „res torta", sowie
skr. váyati weben, flechten, Part. uta, lat. vieo, lit. wejù ich drehe,
winde, Infin. wýti, asl. viti winden.

veiman- Kette.

ir. fiamh .i. slabrad, Kette.
lat. vimen.

veiro- umgebogen, schief, quer.

ir. fiar schief. + cymr. gŵyr „recurvus, limus", gŵyro „curvare".
bret. goar, gwar „courbe, doux, humble".

ahd. wiara Gold- oder Silberdraht, ags. vîr Metalldraht, an. vírr
dass. (entlehnt?).
Mit den obigen neukelt. Wörtern verbindet Diefenbach Gall. viria
(oder viriola) „armilla".

vejâ Zweig.

ir. fé Ruthe (von Espenholz?), welche zum Abmessen eines Grabes
dient, .i. flesc Corm. Gl., s. auch O'Cl. s. v.
skr. vayã Zweig, Ast.

vittâ Ader.

corn. guid- leg. guith- (gl. vena). acymr. guithennou (gl. venae);
ncymr. gwythen, gwythïen.
lat. vitta.

vejô ich zäune ein, hege ein.

ir. imm-a-feithe (gl. sepiri) Ml. 110ª 7 d. h. „quod saepiri consuerat",
imbithe (gl. circumseptus) Ml. 128ª 9 = *imb-fithe.
Vgl. got. -vaddjus Wall, Mauer, ags. vag Wand, an. veggr dass. (B.)
und skr. vyâ sich bergen, hüllen in.

vér, vero-, Präposition und Präfix, über s. vo, Präpo-
sition und Präfix, unter.

veraô ich regne.

ir. feraim ich giesse, gebe, ni fera, ferais, ferath (Grundform verâto-)
„humor". + cymr. gweren „liquamen".
Vgl. lat. ûrîna, ûrînâri untertauchen, ags. vär Meer, an. úr Feuchtigkeit, feiner Regen, skr. vâr, väri Wasser, zend. vâra Regen, vârefiti
es regnet, gr. οὖρον Harn.
Hierher ir. broen Tropfen, Regen (aus *vroen-, *veróenâ?) und cymr.
gwirod „potus", corn. gwiras (aus vêrât-).

*verə umschliessen, wahren.

ir. ferann (Grundform veranno-) Land (gl. ager) (= cymr. grwnn M.
„porca, lira, striga terrae aratae", Pl. gryniau?), ferenn Strumpfband
(Grundform verenno-). fern Schild (Grundform verno-), fert (Grundform
verto-) Grabhügel, fertae (Grundform vertaiâ) dass.
Vgl. skr. varaṇâ Wall, Damm = zend. varena Bedeckung, skr. vṛṇoti
verhüllen, umschliessen, wehren, gr. ἐρυσθαι bewahren, retten, schirmen,
ỏrti auf- oder zuthun, asl. vrěti „claudere" und das folgende.
Schild ist vielleicht = gr. ῥινός Haut, Schild.
r.

â. Schutzwehr.

skr. vártra N. Deich.
Abrit. Verterae in Westmoreland ist vielleicht der latinisierte
Plural dieses Wortes.

vâro-s Held.

cymr. gwawr „heros".
skr. vâra-ka Zurückhalter, Abwehrer, vgl. gr. ἤρανος Beschützer,
Beherrscher.

varto- Bedeckung, Kleid.

acymr. guard (gl. flammeo), eiecentem guard (d. h. guarth).
zend. varatha Schutzwehr, vgl. ahd. warta, nhd. Warte.

vorênâ, vorinni- Menge.

ir. foirenn, fairenn F., foirinn Abtheilung, Schaar. + acymr.
guorin (gl. factio); ucymr. gwerin F. „viri, virorum multitudo,
plebs". abret. guerin (gl. duas factiones); mbret. gueryn.
Vgl. ags. vorn N. „numerus, multitudo, caterva, grex", skr. vṝ
Schaar, Trupp, vráta dass., zend. ûra Schaar, lit. worà lange Reihe
von Gegenständen hintereinander.

vêro-s wahr.

gall. vêros in Dumno-co-vêros (Rç. I, 295, VI, 377).
ir. fír wahr. + acymr. guir; ncymr. gwir „verus". bret. guir.
lat. vêrus. — as. ahd. wâr, nhd. wahr, vgl. ahd. wâri dass., got. tuz-
vêrjan zweifeln und asl. vêra Glaube, zend. verenvaitê er glaubt.
Zu *verə umschliessen, wahren?

ko-vêro-s treu, gerecht s. ko-, Präfix.

vêrjâ Wahrheit.

ir. fíre Wahrheit. + cymr. gwiredd „veritas".

vêriâno-s wahrhaft, gerecht.

ir. fírian gerecht. + cymr. gwirion „innocens, Antiquis
justus". corn. guirion (gl. verax). bret. gwirion.

vêriânjâ Wahrheit, Gerechtigkeit.

ir. firinne Gerechtigkeit r. gwirionedd „

veru- weit.

gall. Veru-cloetius (vgl. gr. Εὐρυ-κλε abrit. Ver
Verubium ἄκρον.
skr. urú weit, Compar. váriyas; zend — gr. εὐ
Zweifelhaft, da die neueren kelt. Spr vergleichba-
halten.

*verg wirken.

gall. vergo-bretos, verco-bretos höchste Behörde der Aeduer.
ir. do(f)airci „efficit, parat“, fairged „faciebat“ Book of Leinster
S. 207ᵃ. + abret. guerg (gl. efficax), guirhter „énergie“.
zend. verezyêiti thun, wirken. — gr. ῥέζειν thun, machen, ϝέργον Werk.
— got. vaúrkjan „ἐργάζεσθαι“, ahd. wirkan, ags. veorcian, an. yrkja
wirken, ahd. werah. ags. veorc, an. verk Werk.
„Le vergo-bretos . . . veut dire: celui dont le jugement (breta) est
efficace . . . C'est un magistrat qui a la force pour faire exécuter ses
jugements, tandis que les Druides de Gaules, comme les brithemain
d'Irlande ne faisaient usage que de moyens moraux“ (d'Arbois de
Jubainville Études sur le droit celtique S. 108 N.).
Hierzu vermuthlich die gallischen Namen Vergilios (latinisiert Vergilius),
Vergentum, Vergilia, Οὐεργιλία, Stadt in Spanien, und lat. Vergiliae
die Pleiaden, sowie cymr. cy-warch Hanf, Flachs — abret. co-arcb,
vgl. ahd. werih in der Bedeutung „stuppa“, Werg.

vergâ Zorn.

ir. ferg Zorn.
Vgl. skr. ûrjă Kraftfülle, gr. ὀργή Leidenschaft, Zorn, lat. urgeo.
Wahrscheinlich gehören hierzu gall. Οὐεργιούιος (d. i. vergivio-s)
ὠκεανός Ptol. „das stürmische Meer“ und ir. fairge, foirge Meer (Grundform vorgiâ).

*vert drehen, wenden.

ir. ad-bartaigiur, ad-bartaigim „adversor“ (wo b nur graphisch für v
steht), foirsed eggen (aus *vorssito- < vorttito-), fersaid Keule (aus
*verssati- < verttati-). + cymr. gwerthyd „fusus“ — corn. gurthit
= abret. guirtitou (gl. fusis), mbret. Sg. guerzit (Grundform vertito-),
cymr. gwarthaf M. „vertex, fastigium, summitas“ (Grundform vartamo-).
skr. vártate sich drehen, rollen, vartulâ Spinnwirtel. — gr. βρατάναν ·
τορύνην. Ἠλεῖοι Hes. — lat. vertere, vortere, vertex; osk. vorsum
„plethron“. — got. vaírþan, ahd. werdan, ags. veorđan werden, mhd.
wirtel Spinnwirtel. — lit. wèrsti wenden, kehren, wàrstas Pfluggewende
(Grundform vort-to-); asl. vrŭtéti drehen, wenden, vréteno „fusus“,
vrŭsta „stadium“ (aus *vort-tâ).

vŗti- gegen.

ir. frith, freore (aus *vreti-gario-) „responsum“. + cymr. gurth,
heut gwrth, wrth „per, contra, retro, re-“. corn. orth. bret. ouz.
Vgl. lat. versus, an. -verđr (-urđr), engl. -wards, nhd. -wärts.
Im Irischen entspricht frith als vortonige Form friss aus vŗt+tu-.

· Werth.

⸗erth M. „pretium“, gwerthawr „pretiosus“. acorn. gwerth in

Wur-wærtb-lon; mcorn. gwerthe „vendere", gorthye. abret. enep-uuert
= cymr. gwyncb-warth (ir. lóg einig); mbret. guerzaff „vendre".
got. vaírþa, ahd. wërd, ags. veorð, an. verðr werth. Vgl. mhd. war
Wahre.
Lit. wèrtas, lett. wèrts, apreuss. werts werth scheinen aus dem Deutschen
zu stammen (B.).

vertrâ Schutzwehr s. *verə umschliessen, wahren.

verdô ich sage.

ir. for, ol „inquit", Pl. fordat, ordat „inquiunt" Ll'. 85b, 89b, oldat
LU. 110a.
Vgl. lat. verbum, umbr. verfale „formula" (Bréal), got. vaúrd, ahd. wort,
ags. vord, engl. word, an. orð Wort, lit. wàrdas Name und gr. εἴρω,
ϝερέω ich sage, ϝρητός gesprochen.

verbâ Bläschen.

ir. ferb F. Hitzblatter, Finne. + abret. guerp „stigmate"; mbret.
guerbl F. „bubon".
Vgl. lat. värus? (B.)

1. verno-s gut s. vér, vero- über.

2. verno- die Erle.

gall. Verno-dubrum „Erlenwasser" (jetzt Verdouble), Verno-sole, vgl.
franz. verno Erle.
ir. fern Erle, fernog (gl. alnus). + cymr. gwern „alnus". corn. gwern-en
(gl. alnus). abret. uuern in Pul-uuerno, Pen-uuernet; mbret. guernenn.
gr. ἔρνια wilde Feigen(? B.).

verno-magos- Erlenfeld.

gall. Verno-magus.
ir. Fern-mag.

3. verno- Mast.

ir. fern siuil Mast. + corn. guern (gl. malus). bret. guern „mât".
verno- aus ver⟨p⟩no-, vgl. gr. ῥαπίς Ruthe, ῥόπαλον Keule? (B.).

vermo-s dunkel.

cymr. gwrm „niger, nigricans, infuscus". abret. uurm dass.
Vgl. apreuss. wormyan, urminan roth (B.).

*vers sich erheben.

ir. ferr besser, ursprünglich „das Obere" (Grundform versos-).
Vgl. skr. vŕṣan männlich, gewaltig, gross, várṣiyas, várṣiṣṭha hö..
höchst, várṣman Höhe, gr. ϝέρσον Bergspitze, Vorgebirge, lat. verrı
as. wrisilik riesig, ahd. riso, an. risi Riese, lit. wirszùs das Obere, ᴧ
vrŭchŭ „cacumen".

Vielleicht ist auch der gall. Mannsname Verso-s in Ουερσικνος mit skr. vṛṣan u. s. w. verwandt.

varsos- Säule, Pfeiler.

ir. furr Säule, Pfeiler, .i. colbha leptha O'Don. Supp., N. Pl. fairre Fís Maic Conglinne 87. 22. + cymr. gwarr „cervix, occipitium". Begrifflich vgl. lat. columna : celsus.

1. *vel trügen, schädigen.

ir. feal .i. olc O'Cl. (Grundform velo-), fell (Grundform velno-) Falsch-heit, Betrüglichkeit, foil (Grundform voli-s) listig S.R. 1179, 3345, foile (Grundform voliâ) Listigkeit, ro fellus fair BB. 481b 5. + cymr. gwall „defectus, indigentia" (Grundform vallo-). corn. gal (für gwâl?) 1. „malus", 2. „malum", drc wal D. 1180. bret. gwall 1. „mauvais", 2. „mal".

Man kann daran denken *vel aus u⟨p⟩cl zu erklären, vgl. got. ubils übel, schlecht, ags. yfel, engl. evil, aber richtiger erscheint doch der Vergleich mit lit. ap-wilti täuschen, lett. wilát betrügerisch locken, verführen, apreuss. pro-wela sie verriethen, an. vél Betrug, List, gr. οὖλος verderblich, skr. vṛthâ zufällig, vergebens, unwahr, zend. vareta Irre.

Aus vello-, velno- (> ir. fell) stammen vielleicht it. fello, afranz. fel, franz. félon, félonie.

valni- (valsi-?) Nachlässigkeit.

ir. faill Nachlässigkeit, Mangel. + cymr. gwall, bret. goall.

2. *vel drehen, umgeben.

velvô ich drehe, wende.

ir. fillim „flecto", in-ru-fill (gl. implicuit), folumain (Grundform volumani-) „volubilis". + cymr. olwyn „rota".

gr. εἰλύω wälze, umhülle, εἴλυμα Einhüllung, Bedeckung. — lat. volvo, volûmen. — got. -valvjan, wälzen, valvisôn sich wälzen.

vali- oder voli- Umgebung, Bedeckung.

ir. foil .i. tech, mucc-foil „hara", trét-foil (tredoil) Viehhürde. + cymr. gwâl „stratum, recubitorium, lectus".

skr. váli- (ringsum laufende) Hautfalte, vgl. válate sich wenden, verbergen, valá Höhle, Decke, váṭa Einzäunung.

Im Irischen ist vali- (> fnil) vielleicht vertreten in dem Ausdruck i fail nahe ' -

vâlo ' ' Mauer.

Zaur pictisch Gen. Sg. fabel „in loco qui ser-

mone Pictorum pean-fahel („caput valli") dicitur" Beda Hist. Eccl.
I, 12. cymr. guaul, gwawl „murus, vallum" Davies (der auch gwàl
„murus" anführt). bret. gwal (Rc. III, 283).
Eine abrit. Form mit ll scheint in Lugu-vallio, heut Carlisle, Caer-
luel enthalten zu sein.
lat. vallum (aus *vàlo-m).
Andere Sprösslinge von *vel drehen, umgeben sind vermuthlich
ir. fail (Grundform valek-s, fast = gr. ἕλιξ Windung) Ring, Gen.
falach, foil .i. tech, Haus (Grundform volek-), Gen. folach, felmae
„saepes", corn. gwel Feld und mbret. goalenn „g. verge, l. virga"
(Grundform valennâ).

vlanâ, vlano- Wolle.

ir. olann Wolle (Grundform vlanâ > ulanâ). + acymr. gulan, jetzt
gwlàn M. corn. gluan (gl. lana). bret. gloan „laine".
skr. ûrnâ Wolle. — gr. λᾶνος, λῆνος dass. — lat. lâna. — got.
vulla, an. ull, ags. vul, engl. wool, ahd. wolla Wolle. — lit. wilna;
asl. vlûna dass.
Ir. lainner Schuhband stammt wie franz. lanière aus lat. lânaria.

3. *vel wählen, wünschen.

vello- besser.

cymr. guell besser. corn. guell, Superl. guella. brot. guell, Superl.
guellaf.
Vgl. skr. vṛnâti erwählen, wünschen, lieber wollen, gr. ἑλέσθαι ·
ϑέλειν Hesych., lat. volo, vel, got. vaila wohl, gut, ahd. wela, wola,
ags. an. vel, engl. well, got. viljan, ahd. wellan, ags. villan, engl.
will, an. vilja, nhd. wollen, asl. veléti „jubere, velle", lit. wélyti
wünschen, gönnen.
vello- aus veljo-, welches vielleicht in gall. Velio-casses steckt.
Ebenso gall. allo- aus aljo-.

*vellavo-.

gall. Vellauno-dunum, Cassi-vellaunus, Ver-cassi-vellaunus, Sego-
vellauni, Vellavi. abrit. Vallaunius.
abret. uuallon in Cat-uuallon, Dre-uuallon u. s. w.

vḷdâ Gastmahl, Fest.

ir. fled F. Gastmahl, Fest. + acymr. guled (gl. pompae); cymr.
gwlêdd „epulae, convivium".
Vgl. gr. ἐλδομαι ich verlange und begrifflich ἐλλαπίνη Fest-
schmaus: ἐλπομαι ich hoffe (lat. voluptas), ahd. welo u. a. Wohl-
leben, md. welede Wohlbehagen.

velô ich sehe.
ir. filis .i. scallais „vidit".
Vgl. an. völva „a prophetess, sibyl, wise woman" (B.) und das folgende.

velet- Seher, Dichter.

ir. fili Dichter, Weiser, Gen. filed. + mcymr. gwelet (Grundform veleto-) „videre, intueri, cernere, aspicere". bret. guelet „la vue". Vgl. Veleda Tac. Germ. VIII, Name einer brukterischen Wahrsagerin (B.).

Eine Ableitung von velô ich sehe ist auch das britische (abret.?) guelch (gl. aspectum) Harl. 2719, fo. 13a 2.

velti- Gras.

cymr. gwellt Gras. corn. gwels. abret. guelt „herbe, paille", i gueltiocion (gl. in fenosa).

Vgl. lit. waltis Haferrispe, apreuss. wolti Aehre, nsl. vlat Aehre, Rispe (B.).

velto-s wild.

cymr. gwyllt „ferus indomitus, syluestris, agrestis". corn. gwyls. abret. gueld in gueld-enes (gl. insula indomita) Rc. XII, 411.

Vgl. got. vilþeis, ahd. wildi, an. villr, ags. vilde, engl. nbd. wild.

*vell drücken, kneifen.

cymr. guellaif „forceps, forfex". acorn. guillihim (gl. forceps). Vgl. gr. εἴλλω dränge, oder lat. vello.

velvô ich drehe, wende s. 2. *vel drehen, umgeben.

1. *ves sein, weilen.

vesu-, vêsu- gut.

gall. Bello-vesus (Liv. V, 34, 35), Sigo-vesus, Vesunna (Schutzgottheit der Petrucorii), Vesunnici, Vesubiani (Glück K.N. 5), Vesuavus, Vesumus C.I.L. V, 7854, 5002 und vielleicht Visu-rix, Visucios, Visurio Rc. III, 311.

ir. fiu würdig, gleich. + cymr. gwiw „dignus", nid-gwiw „non prodest". acorn. guiu in Guen-guiu. abret. uuiu in Aer-uuiu, Arth-uuiu, Gal-uuiu u. s. w., Uuiu-cant, Uuiu-homarch, Uuiu-tigern (vgl. Visu-rix).

skr. vásu gut, trefflich. — aillyr. Ves-clevesis. Vgl. gr. ἐΰς gut, wacker, edel, got. iusiza besser.

vesti- Aufenthalt.

ir. feiss Bleiben, Rasten.

lat. vesti-bulum(?). — got. vists Wesen, Natur, ahd. wist Aufenthalt, Wesen, an. vist Aufenthalt.

vosso- Bleiben, Ruhen.

ir. foss Bleiben, Ruhe, Dat. Sg. fuss, ar-a-ossa (gl. manet) Ml. 134d 7, tas (aus to-vass-) .i. combnaidhe O'Cl. + cymr. ar-os bleiben, warten.

Vgl. skr. vástu Stätte, gr. *ráσrυ Stadt. (Lautlich lässt sich auch skr. upá-stha Schooss vergleichen [B.]).

vasso-s Untergebner.

gall. vassos Bursche, Dago-vassus, Vasso-rix, Vasso, Vassio.
ir. foss Diener. + cymr. corn. guas, Guassauc, Con-guas, Drut-guas.
abret. uuas in Uuas-bidoe, Cun-uuas, Pen-uuas u. s. w.; mbret.
goas „serf", Lan-vas, Vassec, Vasoc (Ro. VIII, 74), Pen-gwas, gwaz,
goaz der Mann im Gegensatz zum Weibe.
gr. *ραστός Bürger, Mitbürger.

(2. *ves aufleuchten.)

vâsri- der anbrechende Tag.

ir. fáir Sonnenaufgang. + cymr. gwawr „aurora" (Davies).
skr. vâsará, Fem. vâsarî früh erscheinend, morgendlich. Vgl. zend.
vaṅri Frühling, gr. *έαρ dass., lat. vêr, lit. wasarà Sommer, skr.
usrá morgendlich, lit. auszrà Morgenröthe, skr. uṣás dass., gr. *έως
dass., lat. aurôra, skr. ucchâti hell werden und das folgende.

*vesanto- Frühling.

acymr. guiannuin (gl. vere); ncymr. y gwanẅyn. corn. guaintoin
(gl. ver). Grundform vesanteino-.
skr. vasantá Frühling, vgl. asl. vesna dass.

*vesô ich esse, Perf. Sg. 1 vevosa.

ir. dofeotar (= to-vevosontor) sie assen LL. 291ᵇ.
ved. vas essen (K. Zs. XXVII, 216. 260) essen; zend. vâçtra Futter,
Weide. Vgl. lat. vescor.

vesti- Essen.

ir. feis Essen, Acc. Sg. fri feis Saltair na Rann 1563, 1571. + cymr.
gwêst Schmaus, dir-west Fasten; acymr. diruestiat (gl. ieiunam).
as. wist (Gen. wisses) Speise, an. vist dass.

vesqero- Abend.

ir. fescor Abend. + cymr. ucher (aus *uksero-, *usqero-). corn. gurth-
uher (gl. vesperum).
gr. *ἑσπέρος Abend. — lat. vesper. Zusammenhang mit lit. wákara-s,
asl. večerŭ Abend ist sehr zweifelhaft.
Ir. espar-tain aus lat. vespertinus, corn. gwesper, bret. gousper aus lat.
vesperae entlehnt.

1. vesti- Aufenthalt s. 1. *ves sein, weilen.

2. vesti- Essen s. *vesô ich esse.

vessi-s (einjährige) Sau s. *vet-, *vetos- Jahr.

vikô ich kämpfe.

ir. fichim ich kämpfe, Perf. Sg. 3 fich LU. 133ᵃ, Pl. 1 fichimmir LU. 133ᵇ, do-feich kämpft Wb. 6ᵇ.

lat. vinco; umbr. vincter „vincitur". — got. veihan kämpfen, streiten, ahd. wiban, ags. vigian kämpfen. — lit. weikti machen, thun, apweikiù ich bezwinge; asl. vêkŭ Kraft, Lebensalter.

Hierzu gehören vermuthlich auch die gallischen Namen auf -vix, Pl. -vices (s. viko-s, viku-s Dorf), ir. fich Kampf, Fehde und der Mannsname Fiachra, sowie acymr. guichr „effera", guichir „effrenus", jetzt gwychr, und cymr. gwych „fortis, strenuus" (aus vikko-s, vik-nó-s).

viktâ Kampf.

ir. fecht Kriegszug. + acymr. guith in or-guith-laun tal (gl. fronte duelli). abret. uueith, uueth in Uucitnoc, Uuethenoc, Uuethien, Gueth Ronan.

viko-s, viku-s Dorf.

gall. und abrit. viko-s in Borco-vicus, Lato-vici, Cambo-vicenses.

ir. fich „vicus", Gen. ficha (u-Stamm). + acorn. wich (Domesday); ncorn. Gweek, Gweeg. bret. guik.

lat. vicus. Vgl. got. veihs, Gen. veihsis, Flecken, lit. wêsz-pats Herr, asl. vïsï „praedium", skr. veçá Haus, viç Niederlassung, Gemeinde, gr. ϝοῖκος Haus, τριχά-ϝικες (Δωριέες).

Die obigen kelt. Wörter sind ebenso wie ahd. wich, as. wic, ags. vic Wohnstätte wahrscheinlich aus lat. vicus entlehnt. Cymr. gwig, gwig-fa „lucus, nemus" (Davies) ist unklar.

Dem skr. viç, gr. (τριχά-)ϝιx pflegt man die gall. Namen Ἐλκεσο-ουιξ (Rc. IX, 31), Branno-vices, Eburo-vices, Lemo-vices, Ordo-vices, Viridovix zur Seite zu stellen, aber z. B. Ἐλκεσο-ουιξ und Virido-vix machen dies zweifelhaft und empfehlen die Verbindung dieser Namen mit vikô ich kämpfe.

vikņs, Gen. vikņtos, zwanzig.

ir. fiche, Gen. fichet. + cymr. uceint, ugain. corn. ugens, ugans, ugons. bret. ugent.

skr. viçatí zwanzig. — gr. ϝείκοσι, ϝίκατι, εἰκάς. — lat. viginti.

vittâ Ader s. *vejə winden, weben.

vidâ Anblick, Ansehen, Form, *vidion- Zeichen s. *veid, *vid sehen, wissen.

olz.

C. 63, Vidu-casses, Viducus. Vielleicht abrit. Vedo-mavi

ir. fid, Gen. feda, Baum, Holz, Wald und vielleicht der Flussname
Οὐίδουα Ptol. + cymr. guid, gwydd „arbusta, arbores, caules", Sg.
gwydden, syb-wydd Föhre = corn. sib-uit (Grundform soqo-vidu, s.
*soqo- Harz). corn. guiden, col-viden Haselbaum. bret. gwezenn „arbre",
Pl. guez.
ahd. witu Holz, an. viðr Holz, Baum, Wald, ags. vudu dass., engl. wood.
Hängt vielleicht mit veido-s wild zusammen, wie lit. medìnis wild,
mediû̂klê Jagd mit médis Baum (B.).

vidu-qeislâ(?) Brettkunst, Brettspiel.

ir. fidchell F. Schachspiel, clár fithchilli (Corca-laide 72).
+ cymr. gwyddbwyll „scruporum lusus", clawr y wyddbwyll
„tabula latruncularia", gwerin y wyddbwyll „latrunculi".

vidu-bio-n Heckenmesser.

gall. (latinisiert) vidubium, woher prov. vezoig, franz.
vouge Hippe.
ir. fidhbhae „falcastrum". + cymr. gwyddif Hippe, „a
hedging-bill" Spurrell. acorn. uiidimm (gl. lignismus).
abret. guedom (gl. bidubio).
Die Grundform der britischen Wörter ist unklar.

vidvâ Wittwe, vidvo-s Wittwer.

ir. fedb Wittwe. + cymr. gweddw Wittwer. corn. gueden (gl. vidua).
skr. vidhávâ Wittwe. — gr. ἠΐθεος Junggesell. — lat. vĭduus, vĭdua.
— got. viduvô, ahd. wituwâ, ags. vuduve, engl. widow, nhd. Wittwe.
— asl. vĭdova dass.

vindô ich finde, vindo-s weiss, Vindo-magos- Weissfeld
s. *veid, *vid sehen, wissen.

viro-s Mann.

ir. fer Mann. + acymr. gur; ncymr. gwr. corn. gur. bret. gour.
skr. virá Mann, Held, virâ-ṣáh Männer aufnehmend; zend. vîra dass.
— lat. vĭr. — got. vair, ahd. as. wêr, ags. ver, an. verr Mann (Mensch,
Ehemann). — lit. wy´ras, lett. wîrs Mann.

katu-viro-s Kriegsmann s. *kat kämpfen.

dego-viro-s tapfer s. dago-s gut.

su-viro-s edel, frei.

ir. sóir, sóer frei, edel.
skr. súvira männlich, heldenhaft.

virjó-s grün.

acymr. guird (gl. herbida), guird-glas (gl. salo, gl. sali resplendentis); ncymr. gwyrdd. corn. guirt (gl. viridis). bret. guezr.
Vgl. lat. vīreo, vīridis, vīror.

vivo-s verwelkt.

ir. feugud (gl. marcor; Grundform vivagatu-). + cymr. gwyw verwelkt.
Vgl. lat. vietus, viesco, lit. wýsti welken.

vîso-s Gift s. *veis fliessen.

vo, Präposition und Präfix, unter.

gall. vo in Vo-bargensis, Vo-glanni (Rc. III, 312), Vo-retovirius, Vo-solvis, *vo-reidos (woher lat. veredus, paraveredus).
ir. fo, fu, faitsi Süd (aus vo-deksivo-), mit dè (w. m. s.) zu dú geworden. + cymr. guo-, go-, go-leu „lux, lucidus" (go-leuod „lumen", go-leuo „lucere") = corn. bret. gou-lou (Grundform vo-louk-s). corn. go- in go-zevell, gu-bennid (s. qenno-s Haupt), gueli Bett = cymr. gwe-ly, bret. guele 1. „lit", 2. „famille, tribu" (wie in Guele-Konmarho) (Grundform vo-legos-). abret. uuo-, guo, Wo-con (s. kuno-s hoch).
ved. úpa herzu, hinzu, über. — gr. ὑπο, ὑπό unter, von. — lat. sub. — got. uf (ub-uh) unter, vgl. ahd. oba oben.

vo-ouno- Leibrock.

ir. fúan N. (gl. lacerna). + cymr. gŵn M. (contrahiert aus *gwun), gynell.
Vgl. lat. sub-ûcula, ind-uo, ex-uo, lit. aunù ich bekleide die Füsse, asl. ob-uti „calceos induere", zend. aothra Schub.
Engl. gown beruht auf dem cymr. Wort, mlat. gonna (ital. gonna, afranz. gone) auf gallisch *vonna.

vo-kelô ich sorge mich, **vo-kelo-s** sorgfältig s. 1. kelô heben, sich regen, treiben, gehen.

vo-klijâ' Nord s. klijó-s „laevus" unter *klei lehnen, neigen.

vo-gaiso-n Wurfspiess.

ir. fogae. + abret. guugoiuou (gl. spiculis .i. telis).

⤳gediâ Bitte, Gebet s. *ged:god bitten.

⤳onkatu- Baden.

Bad. + mbret. gouzroncquet „baigner" '

vo-damjô ich dulde, leide.

ir. fo-daimim ich ertrage. + acymr. guo-deimisauch
(gl. passae i. o. sustulistis). bret. gouzaff „souffrir“.
Vgl. gr. ὑποδαμάω ich unterwerfe, lat. sub-domâre.

*vo-dê zu Boden setzen.

cymr. gwaddod „sedimentum liquorum“ (Grundform
vo-dâte-) — corn. Voc. guthot (gl. fer, leg. faex).
Vgl. skr. upa-dhâtu u. a. ein untergeordneter Bestandtheil des Körpers, eine Secretion, gr. ὑπο-τιθέται
untersetzen, zu Grunde legen.

(*vo-berô ich trage hinab.)

ir. fo-bar Quelle. +   cymr. go-fer M. „rivus e fonte
manans“ (Grundform vo-bero-s) — corn. guuer, Pl.
goverov Mer. 1971, bret. gouer „ruisseau“.
gr. ὑπο-φέρειν stromabwärts tragen, χωρία ὑποφέροντα
schlüpfrige, abschüssige Gegenden, vgl. skr. upa-bhar
herbeitragen, zend. upa-bar dass. (B.).

vo-nesô ich gehe unter s. *nes wohnen, sich gesellen.

*vo-men gedenken.

ir. foimtiu Merken, Bemerken (aus vo-mentiôn-). +
cymr. go-fynag „votum, spes, fiducia“ (Grundform vo-
menako-) = corn. go-venek Verlangen Mer. 2900,
bret. goanac „espérance“.
Vgl. skr. upa-mîmâmsâ das Bedenken, Besinnen, gr.
ὑπο-μιμνήσκειν erinnern (B.).

vo-retô ich laufe heran, Perf. vo-rerâta.

ir. foi-rithim „succurro“. + cymr. Perf. gwa-rawt.
Hierzu voreto- in dem gallischen Namen Voreto-virios
= abret. woret in Uuoret-cant, -car, -hael u. s. w.,
Cat-woret, Glen-uuoret u. s. w. und vielleicht ir. Acc.
Pl. foirthiu „vada“, cymr. go-red M. „a fishing weir“.

vo-lauto- Reichthum, Gut s. *lau gewinnen, geniessen.

*vo-levô ich wasche über.

cymr. glaw, gwlaw M. „pluvia, imber“ (Grundform
vo-lavi-) = corn. glau (gl. pluuia), bret. glao.
lat. sub-lavo.

vo-lugô ich verberge.

ir. follugaim ich verberge. + bret. gueleiff „couvrir".

vo-skâto-, -tâ Schatten.

ir. foscad Schatten. + cymr. gwasgod F. „umbra, umbraculum". abret. Pl. guascoton (gl. umbras).

vo-stato-s fest.

ir. fossad fest, co-bsud „stabilis", an-bsud „mutabilis". + cymr. gwastad „planus, constans, aequus". bret. goustadio „mesuré, peu violent". skr. upa-sthita herangetreten. — gr. ὑπό-στατος untergestellt.

vo-sternô ich breite aus.

ir. fo-sernaim ich breite aus, vgl. fo-sair Strohdecke (Grundform vo-steri-). lat. sub-sternere unterbreiten, vgl. skr. upa-stárana Decke — zend. upa-çtarena.

to-vo-, Präfixverbindung, s. tó, Präposition u. s. w.

voino-s auf dem Rücken liegend, rückwärts gestreckt s. u⟨p⟩oino-s dass.

votajo-, votno- Grundlage, Boden.

ir. fotha M. Grund, Grundlage. + cymr. gwadn M. „basis, fundamentum, solea, planta pedis". corn. goden truit (gl. planta).

vér, vero- Präposition und Präfix, über.

gall. ver- in ver-tragus „ποδῶχυς", ver-nemetis und in mehreren Personennamen (Glück KN. 175): Ver-agri, Ver-cassi-vellaunus, Ver-cingetorix, Ver-cobius, Ver-com-bogius, Ver-iugo-dumnos. ir. for, for-. + acymr. guar, guor, gur in Gur-cant, Guor-tigirn; jetzt gor-. acorn. gur, wur, our in Gur-cant, Gurient = Wurient, Guruaret, Our-duythal, Our-ðylyc; mcorn. war. abret. guor, uor, uuor, jetzt voar, oar. skr. upári oben, nach oben, über. — gr. ὑπέρ (ὑπείρ) über. — lat. s-uper. — got. ufar, ahd. ubar, ags. ofer, engl. over, an. yfir über. Ir. for-, wenn tonlos, aspiriert einen folgenden Consonanten (betont lässt es ihn unverändert) — z. B. for-chún „doceo" — und hat also einen auslautenden Vocal verloren. Da aus u⟨p⟩eri- ir. foir entstanden wäre, so ist das tonlose for- wohl in gall. vero-, viro- (Vero-mandui, Viro-dunum [jetzt Verdun], Viro-magus, Viro-conium) oder in gr. ὑπερά(-ϙανος) wiederzuerkennen.

Das ir. Verbalpräfix fort (foirt-be, fort-gillim) scheint aus ver und to zusammengesetzt zu sein. Dieselbe Verbindung ist vielleicht in Gildas' Vor-ti-pori (Voc. Sg.), Name des Königs der Demetae, anzunehmen.

ver-qenno-s Ende s. qenno-s Haupt.

Ver-gustus, Eigenname.

ir. Fergus, Gen. Fergosso. + cymr. Gurgust, Gwrwst, Grwst in Llan-rwst. abret. Uuorgost, Uurgost.

ver-tekton- Hülfe, Unterstützung.

ir. fortacht Hülfe, Helfen, Acc. fortachtain. + cymr. gwrtaith (für *gwr-thaith um die Lautfolge th—th zu vermeiden) „stercoratio, cultus, et quicquid agros facit feraces".

ver-dvorestu- Oberthür.

ir. fordorus Thür der äusseren Umwallung eines Hügels. + cymr. gwar-ddrws, aber gor-ddor „πρόϑυρον, ostiolum".
Vgl. gr. ὑπερϑύριον Thürbalken, ahd. ubarturi „superliminare".

ver-mento- Neid.

ir. format „invidia", foirmtech (gl. invidus). + cymr. gorfynt M. Neid, gorfynnawg „invidus".

ver-mestâ (vor-mesti-) Bedrückung.

ir. forbas Bedrückung, Belagerung, Pl. forbasa Laws I, 46, forbais, Pl. Acc. forbaisi Cogad Goedel 34, forfess fer Falga Rawl. B. 512, S. 117ᵇ 2. + cymr. gormes „oppressio, vis, lues, plaga". abret. (w)ormest(a) Rc. V, 468. 459.

to-ver-, Präfixverbindung s. to-u⟨p⟩ermagiô unter *magiô ich fördere.

verôvo-s vortrefflich.

cymr. goreu „optimus".
gr. ὑπερῷος (aus ὑπερώριος) oben befindlich.

verno-s gut.

ir. fern gut Corm.
lat. supernus.
Hierher der gall. Mannsname Vernus, Seruni filius III, 311)?

voino-s auf dem Rückend liegend u. s. w. s. vo unter.

voilenno- Mŏwc.

ir. foilenn „alcedo“. + cymr. gŵylan „fulica, gania cinerea, larus“.
corn. guilan (gl. alcedo). bret. goelann „ulula“ (woher franz. goeland,
engl. gull).
Verwandt mit bret. goelaff „pleurer“ und engl. wail jammern, klagen?

vokmen- Lärm, Laut s. vakô ich sage.

*vog- tönen.

ir. fogur Ton, Laut, Gen. foguir (Stamm voguro-).
Vgl. skr. vagnú Ton, Ruf, Zuruf, vagvaná schwatzhaft, gr. περι-ράγνυται
schallt ringsum, got. vôpjan laut rufen, schreien, ahd. wuoffan wehklagen, jammern, engl. whoop für *woop.

voglo- Harn s. 2. *veg (: *ug) netzen.

votajo-, votno- Grundlage, Boden s. vo unter.

*vod heimführen, heirathen s. 2. vedô ich bringe, führe, heirathe.

vorênâ, vorinni- Menge s. *verə umschliessen, wahren.

voles- (oder ähnlich) Wunde.

cymr. gweli M. „vulnus, plaga“. corn. goly, Pl. golyow, goleow. bret.
gouly „plaie“.
Vgl. skr. vraṇá Wunde, gr. οὐλή Narbe, lat. vul-nus.

voli- Umgebung, Bedeckung s. vali- dass.

volkô, volkiô ich befeuchte, wasche.

ir. folcaim ich wasche, bade, etir-folcai „interluit“. + cymr. golchi,
golchuryes „lotrix“. bret. guelchi „lavare“, golchet „lotus“.
Vgl. lett. wa'lks feucht, wa'lka ein fliessendes Wässerchen, ein niedrig
gelegner feuchter Ort (B.).
Lett. we'lgt waschen, asl. vlaga „humor“ sind im Wurzelauslaut verschieden.

vĺkvu-s feucht.

ir. fliuch (gl. madidus), fliuchaigim (gl. lippio). + acymr. gulip
(gl. liquidis, gl. liquefacta); ncymr. gwlyb „humidus, madidus,.
liquidus“. corn. glibor (gl. humor). abret. ro-gulipias (gl. olivavit);
mbret. gloeb „humide“.
Man kann auch als Grundform vliqu-s annehmen und lat. liquidus,
liquor vergleichen.

Volko-s, Volkâ, Volksname.

galk (Catu-)volci, Volcae „ethnique general des Gaulois méditerranéens"
(Rc. III, 312), Volcatius, Volcius.
Ir. folg geschäftig, flink, lebhaft, womit Glück und Fick Volcae ver-
glichen haben, findet sich in den Wörterbüchern von O'Connell und
O'Reilly, ist aber nicht belegt.
Zu lit. wilkti, asl. vlěšti ziehen? Dann wären die Gallier als unruhiges
Wandervolk so benannt.

volgo- Vielheit, Mehrheit, Menge, Fülle.

ir. folc (aus *folg): folc mór isind [ſ]ogomur „great abundance in the
autumn" Annals of Ulster, 878. + cymr. gwala M. „satietas, saturitas".
bret. gwalc'h „abondance" (lc'h aus lg ist regelmässig).
skr. várga Abtheilung, Gruppe(?). — lat. volgus.

vo⟨p⟩ses- (oder vos⟨p⟩es-) Wespe.

corn. guhi·en (gl. vespa). bret. guohi (gl. fucos).
lat. vespa. — ahd. wafsa, wefsa, ags. väps, väsp, engl. wasp (mundartl.
waps). — lit. wapsà Bremse, apreuss. wobse Wespe; asl. osa Wespe.
Zu ahd. weban weben, gr. ὑφή das Weben?
Ir. foich (gl. vespa) KZ. 33, 275 ist entlehnt aus dem britischen.

vosso- Bleiben, Ruhn s. 1. *ves sein, weilen.

vṛti- gegen s. *vert drehen, wenden.

vṛdjo-, vṛdmu- Wurzel.

ir. frém Wurzel, mir. Nom. Pl. fréma, frémach .i. bunaiteach, zur
Wurzel gehörig, ursprünglich O'Cl., sc. freumb, Gen. freumha. + cymr.
gwreiddyn, Pl. gwraidd „radix, stirps". corn. grueiten (gl. radix).
bret. gruizyenn „racine".
Vgl. gr. ῥίζα Wurzel, ῥάδαμνος junger Zweig, lat. rādix, got. vaúrts
Wurzel, ahd. wurz Kraut, ags. vyrt „herba, olus, radix".

vṛskâ Ast.

cymr. gwrysg, Sg. gwrysgen F. Ast.
skr. vṛkṣá Baum, vgl. got. ga-vrisqan Frucht bringen, an. roskinn er-
wachsen.

vḷkvu-s feucht s. volkô, volkiô ich befeuchte, wasche.

vḷdâ Gastmahl, Schmaus s. 3. *vel wählen, wünschen

vrakkâ Frau.

ir. fracc .i. ben O'Dav. + cymr. gwrâch „anus", Pl. gwrachod.
groach „une vieille".

Cymr. gwraig, corn. gurehic „foemina" aus vrakī? Verwandt mit lat. virgo?

vrakkâ (vrakki-) Nadel (vorkelt. vragh-nấ, vragh-nî).
ir. fracc .i. snatbat O'Dav., fraig Sondo Laws II, 118.
Vgl. gr. ῥάχις Rückgrat, ῥῆχος (ῥάχος) dornige Ruthe (B.).

vragi- Hürde.
ir. fraig Wand; gäl. fraigh Wand aus Flechtwerk, Dach.
Vgl. skr. vrajá Hürde, Stall, vṛṇákti wenden, drehen, gr. εῖργω ich schliesse ein.

vrastâ Regenschauer.
ir. frass F. Regen.
Vgl. skr. varṣá Regen, gr. ϝέρση Thau.

vrekâ Gurt.
cymr. gwreg-ys Gürtel. corn. grugus (gl. cingulum l. zona l. cinctorium).
bret. gouris „ceinture".
Vgl. gr. ῥάκος (äol. βράκος) Fetzen, Stück (B.).
Das Verhältnis von ir. braiccin (gl. redimiculum) zu den obigen kelt. Wörtern ist unklar.

vrengô ich schreite, gehe, Perf. vevranga.
ir. d-rebraing (aus *to-vre-vrange?) er schritt, ging.
skr. vrájati schreiten, gehen.

vroiko-s Heidekraut, Heide.
ir. froech (gl. brucus, Ir. Gl. 565), Gen. froich. + cymr. grûg M. „erice". corn. grig. nbret. (tréc.) groegon = ir. fraechán (Ro. VII, 316). gr. ἐρείκη Heidekraut (woher lat. ērîce). Vgl. nsl. vrês (aus *versŭ) dass.
Spätlat. brucus und brugaria (Schuchardt) stammen aus dem Keltischen.

vlati-s Herrschaft, vlato-s Herr s. *vala: *vla mächtig sein.

vlanâ, vlano- Wolle s. 2. *vel drehen, umgeben.

vleskâ Ruthe, Gerte.
ir. flesc F. Ruthe, Gerte.
vleskâ (vlskâ?) aus vledskâ, vgl. mhd. walt Wald, buschiger Ast, ags. veald Wald, Laubwerk, schweiz. wald die laubigen Aeste und Zweige eines Baumes und asl. vladr Haar.
Aus dem Keltischen franz. flèche (mit fl für vl wie in flanelle, Thurneysen KR. 601).

S.

*sa- s. se-, so-, ***sa-**, demonstrativer Pronominalstamm.

*sai mühen, versehren.

ir. sáith, sóeth, Gen. soetha Leid, Mühe, Krankheit (Stamm saitu-). sáithar, sáethar N. Mühe, Arbeit, Leid (Grundform saitro-n). Vgl. lat. saevus, lett. sēws, sîws scharf, barsch, beissend, grausam, got. sáir, ahd. as. sêr Schmerz, ags. sâr Schmerz, Wunde, engl. sore.

saitlo- Menschenalter s. *sê säen.

sa⟨p⟩iro-s erfahren, geschickt.

ir. sáir, sáer „artifex". + cymr. saer „architectus, artifex", saer coed „faber lignarius", saer maen „latomus" (vielleicht entlehnt aus dem Irischen).
Vgl. lat. sapio, sapiens und ags. sefa Sinn, Gemüth, ahd. int-sebjan bemerken, as. af-sebbian dass., falls diese german. Wörter nicht vielmehr zu ir. (Net-)semon (Mochuaroc ind ecna .i. Cronan mac Net-semon Anmerk. zu Félire 9. Febr., Mo-cuoroc maccu min [leg. Net-]semon, quem Romani doctorem totius mundi nominabant Würzburg. Codex Mp. th. f. 61) gehören, das auf urkelt. sebô, Gen. semnos beruhen kann (s. Semo).
In ni tat sóir huili oc saigid for sunu Wb. 12b „non omnes sunt periti disputandi de vocibus" zeigt sich das irische Wort in seiner ursprünglichen Bedeutung.

s⟨p⟩aki- Tropfen, Schweiss.

ir. sachilli (gl. saudaria i. e. sudaria).
Vgl. lit. spaka-s Tropfen, Pünktchen? gr. ψακάς feiner Staubregen, Tropfen, Krümchen?

s⟨p⟩akto-s überwältigt.

bret. faez „vainou", faezaff „vaincre" = corn. fethe.
Vgl. lett. spéks Kraft, Stärke, skr. pîva(s)-sphâká von Fett strotzend?(B.).

1. sagô ich suche.

ir. saigim ich suche auf, s-Fut. Sg. 2 ni sáis.
lat. sâgio, vgl. sâgus und got. as. sôkjan suchen, ahd. suochan, ags. sêkan, engl. to seek, to be-seech, an. sœkja.
Mir dunkel sind segait Ml. 66b 5 und segar Wb. 11 d.

2. sagô ich sage, spreche.

ir. saigim ich sage, spreche, ni saig „non affirmat" ML 131a 4.

abd. for-sahhan entsagen, verläugnen — engl. for-sake, got. sakan streiten, zanken, abd. sachan streiten, zurechtweisen (B.).

sago-s, sago-n, sagulo-n Kriegsgewand.

gall. σάγος Diod. Sic. V, 33 (latinisiert), sagum Isid. Orig. XIX, 24, sagulum Caesar BG. V, 42.

Vgl. lat. sĕgestre, lit. sagis Reisekleid der Litauerinnen, lett. sagfcha Hülle, Decke der Frauen, sega leinene Decke, segene Decke, grosses Tuch, alter Mantel, segs Decke, segt decken, hüllen, bedecken, apreuss. saxtis Rinde (B.).

Ir. sái (gl. lacerna, tunica), cymr. sae, bret. sae sind sämmtlich aus dem spätlat. saia, seia (tunihba, Gloss. Cass.) entlehnt, auf dem auch franz. saie, engl. say, ital. saja u. s. w. beruhen.

sagro-s stark, gewaltig s. 2. *seg halten, Stand halten.

satâ Same s. 2. *sê säen.

sâti- Sättigung.

ir. sáith „satietas".

lit. sótis Sättigung, Sattheit, vgl. gr. ἄμεναι sich sättigen, ἄστος unersättlich, ἄδην genug, ἄση Uebersättigung, lat. sat, satis, satias, got. sôþ Sättigung, saþs, ahd. sat, nhd. satt, lit. sotùs sättigend. Von sâti- abgeleitet ist *satāko-s (*satiko-s) satt > ir. satbach, sathech „satur". Ir. sássaim ich sättige (Präs. Ind. Act. Sg. 3 -sása) erinnert an gr. ἀσάω ich übersättige, beruht aber wohl auf sássaô < sât-tâô.

satjâ Schwarm.

ir. saithe Schwarm. + cymr. haid F. „examen". bret. het guenan „essaim d'abeilles".

Zu gr. ἑταῖρος Gefährte, Genosse, wie ahd. truht Schaar, Trupp zu asl. drugŭ „amicus" (B.).

sâtlâ Ferse.

ir. sál F. Ferse. + cymr. sawdl M. „talus, calx". bret. seuzl „talon".

Sabrinâ Flussname.

abrit. Sabrina, englisiert Severn.
ir. Sabrann. + acymr. Habren; ncymr. Hafren.
Vorkelt. sam-rinâ? s. samani-.

san, N. des bestimmten Artikels, s. sendo-s, sendâ, san, bestimmter Artikel.

sani-, sen- besonders.

ir. sain verschieden, besonders, besonders gut. + acymr. han (gl. alium), enbid (l. henbid; gl. residit); mcymr. han-wyf, hen-wyf „sum", han-wyt,

hen-wyt „es" (G.C.² 573), o-han-afi, o-hon-afi „a me". mcorn. hem-bronk „deducct", hom-bronkyas „deduxit". mbret. ham-brouc „g. conduire, l. conducere".
Vgl. ved. sani-tús (-túr?) neben, ausser, gr. ἄνι-ς ohne und ved. sanutár weg, abseits, gr. ἄνευ ohne, zend. hanare ohne, lat. sine, gr. ἄτερ ausser. ohne, abgesondert, anfränk. sundir sonder, ohne, ahd. suntar abgesondert, got. sundrô abgesondert.
In cymr. he-brwng „deducere", he-bryngiad „deductor", acorn. hebrenchiat Leiter, Führer erscheint ein Präfix von gleicher Bedeutung wie sen-, das wie die Nicht-Infection des folgenden Consonanten lehrt, einen auslautenden Consonanten, aber natürlich nicht n, verloren hat. Vielleicht steht es für *sed- und ist mit lat. sêd, sêd-itio, umbr. seizu verbinden.

samani- Versammlung, samali- gleich s. se-, so-, *sa-, demonstrativer Pronominalstamm.

samaski-s Färse.

ir. samaisc Färse. + bret. hanvesk „(vache) qui passe une année sans faire de veau, ou qui avorte", Pel. haũvesqener „vache sans lait et sans veau" Gr.

samo- Sommer.

ir. sam Sommer, sam-rad dass. + cymr. hâf M. „aestas". corn. haf (gl. estas). mbret. haff, jetzt hanv.
skr. sámà F. Jahr, susáma gutes Jahr, zend. ham, hama Sómmer, arm. am Jahr. Vgl. gr. ἡμέρα Tag, ahd. sumar Sommer.

sâmo- (sâmiâ) Ruhe.

ir. sám, sáme Ruhe, sáim (Grundform sámi-s) ruhig, mild.
Vielleicht mit der Grundbedeutung „Gleichmässigkeit" zu zend. hâma gleich, vollständig, asl. samü „ipse, solus, unus", as. sômi = an. sœmr ziemlich, passend (s. somo-s derselbe). Oder zu gr. ἥμερος zahm, ἡμέρως mild? (B.)

samtero- halb.

cymr. hanter in anter-metetic (gl. semiputata), jetzt hanner. corn. hanter halb D. 1401. bret. hanter; abret. hanter-toetic (gl. semigelatis i. e. semicelatis).
Vgl. skr. sámi unvollständig, halb, gr. ἡμι- halb, lat. sémi- dass., ahd. sâmi-, as. sâm- dass.

s⟨p⟩âro-n Gewaltthätigkeit, Beleidigung s. 1. *s⟨p⟩er mit dem Fusse stossen.

sarno-s eilend (?).

gall. Sarnus, Flussname, jetzt Sarno.

skr. saráṇa laufend, vgl. sárati rasch laufen, fliessen, gr. ὀρός Molken, lat. sěrum.

1. *sal beschmutzen.

ir. sail (gl. labe; Nom. sal? N. Pl. inna sale Wb. 30d 14, Grundform salos-), salach (gl. sordidus, gl. libidinosus; Grundform saláko-s). + cymr. sâl „vilis“, halawg „corruptus, contaminatus, pollutus, profanus“. abret. haloc (gl. lugubri); nbret. saotr „ordure“ (Grundform saltro-). Cymr. sâl aus dem franz. sale?

salivâ Speichel.

ir. saile „saliva“. + cymr. haliw M.
Scheint aus lat. saliva entlehnt.

salvo- schmutzig, Schmutz.

cymr. salw „vilis“, salwedd (Grundform salvjâ) „vilitas“. acorn. halou (gl. stercora).

ahd. salo dunkelfarbig, schmutzig, an. sôlr gelb, ags. salovig schmutzfarbig, engl. sallow.

Franz. sale stammt aus dem Deutschen, cymr. salw, salwedd vielleicht aus dem Ags.

2. *sal- Salz.

salanno-s Salz.

ir. salann M. Salz. + cymr. halan.

Vgl. zunächst asl. slanŭ (aus *solnŭ) salzig, gr. ἅλασιν (aus saln̥-), weiter gr. ἅλς Salz, Meer, lat. sâl (Gen. sális), asl. solĭ Salz und das folgende.

Corn. haloin (haloinor [gl. salinator]), bret. holen „sel“ beruhen auf salên-, cymr. heli Meer auf sales-, bret. c'hoalen auf sval- (s. svalos- Meer).

Eine kürzere irische Form ist sal in sail-chithen (gl. salinarum) Ml. 77c 4.

saldi- Speck.

ir. saill (gesalzener) Speck.

Vgl. got. as. an. salt, ags. sealt, engl. salt, ahd. salz, nhd. Salz, lit. saldùs süss, asl. sladŭkŭ dass. (eigentl. gewürzig) und apreuss. saltan Speck.

Auf die ursprünglichere Bedeutung von saldi- weist das von ihm abgeleitete ir. saillim (gl. sallio).

saliô ich springe.

ir. dofuislim (= to-fo-ess-salim) „labo, elabor“, tarm-cho-sal Ueber-

tretung. Dazu ir. salt .i. léim Corm., soalt [.i. so-salt] .i. soileim .i.
léim maitb O'Cl. (Grundform salto-).

gr. *ἄλλομαι* ich springe. — lat. sălio. Vgl. lit. selĕti schleichen.
Hierzu vielleicht gallo-lat. salmo Lachs und air. selige (gl. testudo), nir.
seilche Schnecke (Grundform selikiâ), vgl. apreuss. slayx Regenwurm,
lit. slĕkas dass. (B.).

salik-s Weide, Gen. saliko-s.

ir. sail, Gen. sailech, salach, Laws I, 174 Weide. **+** acymr. helic-guid
GC. 128; ·ncymr. helygen „salix", Pl. helyg. corn. heligen (gl. salix).
bret. haleguenn „saule".

arkad. *ἐλίκη* Weide. — lat. salix. — ahd. salabâ, ags. sealh, engl.
sallow, an. selja, nhd. Sal-weide.
Hierzu wahrscheinlich das gall. Dimin. Salicilla (Rc. 305), Vergil's
saliunca (Ecl. V, 17) „valeriana celtica L." und abrit. Salici-duni
(Rhŷs Lectures 282).

salivâ Speichel s. 1. *sal beschmutzen.

saldi- Speck s. 2. *sal- Salz.

salvo- schmutzig, Schmutz s. 1. *sal beschmutzen.

sâvali-s, sûli-s Sonne.

ir. súil F. Auge („le soleil est un oeil qui voit tout: *ὃς πάντ᾽ ἐφορᾷ*"
Rc. III, 324, Anm. 3). **+** cymr. haul M., heul „sol". corn. heuul,
houl. bret. heaul „soleil".

skr. sŭrya Sonne(?), súrí der Glänzende(?). — gr. *ἥλιος* (*ἅλιος*, *ἀβέλιος*)
Sonne. — lat. sôl. — got. sauil, ags. sôl, an. sól Sonne. — lit. sáulè
dass.

sasjo- (-â) eine Feldfrucht.

gall. Acc. (s)asiam Roggen, „secale Taurini sub Alpibus asiam vocant"
Plin. H. N. XVIII, 40.
cymr. haidd M. „hordeum". bret. heiz „orge".
skr. sasyá Feldfrucht; zend. hahya Getreide.

se-, so-, (*sa-), demonstrativer Pronominalstamm.

ir. s (= se) er, selbst, infigiert: ni-s-gaibed „non eam capiebat", no-s-
bered „eam portabat", ro-s-dánigestar dun co do-s-gnémi „dedit ea
nobis ut faciamus ea, bona opera"; suffigiert in fri-ss, le-ss, tarai-s. —
ir. si, Nom. Sg. F., „ea" (urkelt. sê). **+** mcymr. s **=** ir. s in ny-s-gweleis
„non vidi eum", a-s-kafo „eam deprehenderit", ny-s dylyy „id non
meruisti", a-s-desko „eas didicerit"; cymr. hi F. (**=** ir. sí). corn. a-s-
clewas „eas audivit", re-s-bolhas „eos lavit", Fem. by. bret. hi F. —
ir. sía-t, Nom. Pl. „ei, cae" **=** cymr. hwy-nt (sía-, hwy- aus urkelt. sei).
— ir. su, Acc. Pl. M., „eos" in impu (für imb-su) „circum eos", etarro
(für etar-su) „inter eos" (urkelt. enter sôs).

se = as. ags. se der, sê, sei verhalten sich zu so-, gr. ὁ, οἱ wie got. þê, hvê (= lit. tû′, kû′) zu to-, qo-, got. (dag)ê (neben z. B. gr. [ϑι]ῶν) zu daga-. Solche Vocalverschiedenheiten beruhen auf den Accentverhältnissen der indogerm. Ursprache (B.).
Das nt (bez. t) von sía-t, hwy-nt scheint verbalen Ursprungs zu sein.

se-divos heute.

cymr. heddyw „hodie“. corn. he-þeu (gl. hodie). bret. hi-ziu.
skr. sadívas (sadyás) sogleich.

sendo-s M., sendâ F., san N., der bestimmte Artikel.

ir. (s)in, (s)ind, (s)a-n. + corn. an. bret. enn, en (Rc. III, 409), pagus en Fou; abret. ann-aor (gl. quandoquidem) = ir. inn-uair.
Erinnert an ἄνδα· αὕτη. Κύπριοι Hesych., s. anda da, dort unter 1. an (B.).

*sou-, demonstrativer Pronominalstamm.

ir. són „hoc“ (Grundform souno-).
Vgl. skr. a-saú jener, zend. hâu dieser, gr. οὗ-τος dieser, Fem. αὕ-τη.

somo-s derselbe.

ir. som selbst.
skr. samá eben, gleich; zend. hama derselbe, der gleiche. — gr. ὁμός gleich, gemeinsam. — got. sama derselbe, ahd. sama ebenso. Vgl. aslav. samŭ „ipse, solus, unus“ und urkelt. sâmo- Ruhe.

samani- Versammlung, Zusammenhang.

ir. samain die Zeit des Festes von Tara, 1. November, cét-amain, cét-samain (der erste Samain) der 1. Mai, lánamain (= lán-samain) Paar, lánamnas „coniugium, copulatio“.
Vgl. skr. sámana Zusammentreffen, Festversammlung, Umarmung, asamaná sich trennend, uneben, got. samana zusammen, gemeinschaftlich, ahd. as. saman zusammen und gr. ἅμα zugleich, ἅμυ-ϑις zusammen, lat. simu-l, sowie das folgende.
Das eng verwandte ir. samud „congregatio“(Grundform samatu-) erinnert an ved. sumát zusammen, zugleich, got. samaþ zusammen.

ir. sam-il-dánach „συμπολύτεχνος“ Rc. XII, 123, sabhronna sam-ronna) Ereann, F.M. A.D. 123 und in Σαβρινα Ptol., afren, aus *Samrina (= skr. *sam-rina zusammensteckt vielleicht das Präfix skr. sam, gr. ἅ-, asl. sᾳ-, sammen.

gleich.

l, „simile“, samlith „simul“, amail und, wie is“. + cymr. hafal „similis, par“; acymr. amal

(gl. ut). corn. haval, avel, bret. haual „semblable“; abret.
hemel in Leu-hemel „Löwengleich“.
Vgl. gr. ὁμαλός gleich, gleichmässig, lat. similis.
Mit lat. sīmitu deckt sich beinahe ir. sét „instar“ Félire, Juni 15,
aus smta.

1. *sê zu Ende führen.

seti- beendigt, lang.

ir. sith lang, gebraucht als Intensivpräfix, Compar. sithider, sithe-
thir. + cymr. hyd „longitudo, usque ad“. corn. hês. bret. het.
Vgl. skr. áva-sita abgeschlossen, beendigt (Wurzel sâ, Präs. syati),
lat. sêtius, an. síðr „long, hanging, less“.
Der ir. Dat. Sg. sius (is-sius „in longitudine“ Patr. h.) beruht auf
einem Stamm sesso-, der aus setto- entstanden und mit obigem zu
verbinden sein wird.

sêro-s lang, Compar. sêiôs, Superl. sêamo-s.

ir. sír lang, ewig, Compar. sía, Superl. síam [1]). + cymr. hir
„longus, prolixus, Compar. hwy, Superl. hwyaf. corn. hir. bret.
hir „long“.
lat. sêrus, sêro. Vgl. skr. sâyá Abend.

(2. *sê säen, Präs. sêjô, Part. Perf. săto-.)

saitlo- Menschenalter.

cymr. hoedl „aetas, vita, aevum, tempus, vitae“, Gwynhoedl (s. u.).
abret. hoetl, hoedl in Hoedl-monoc; mbret. hoazl; nbret. hoal.
lat. saeculum, vgl. got. mana-sêþs Welt.
Hierher vielleicht abrit. Vende-sêtli, Venni-setli = cymr. Gwynhoedl (Rhŷs Lectures 48, 366).
Ir. saegul ist aus dem Lat. entlehnt.

satâ Same.

cymr. hâd „semen“, Sg. haden F., hadu „sementare“. corn. hâs.
bret. hat „semence“, hadaff „semer“.
Vgl. lat. sătum sowie sero (sêvi), got. saian säen, ahd. sâjan, ags.
sâvan, engl. sow, an. sá, lit. sêti = asl. sêti dass. und gr. ἵημι
ich werfe.

*seg säen.

ir. séimedh Same, Abkömmlinge (Grundform segmeto-). + cymr.
hau „serere“, heuodd „sevit“.
Vgl. lat. sĕges.

---

1) is ed laithe as siam lium, Edinburgher Ms. XL, S. 40a = iss
ed laithe as s[í]am limm LL. 249b.

sêlo-n Same.

ir. síl N. (gl. semen), Gen. síl (co saeraib síl Gáidil gairg). + cymr. híl F. „suboles, proles“.

lit. pa-sêlýs Aus-, Beissat (B.).

s⟨p⟩êâno-, ein Blumenname.

ir. sion „digitale“. + acymr. fionou (gl. rosarum); ncymr. gruddiau ffion Rosenwangen. bret. foeonnenn „ligustrum“.

sei⟨p⟩ato-s ein Sumpfvogel, Ente.

cymr. hwyad M. „anas“. corn. hoet (gl. aneta). mbret. houat „canard“; nbret. ouad.

Zu md. sife sumpfige Bodenstelle? Sehr zweifelhaft (B.).

*seiq hinreichen.

ir. ro-siacht (t-Prät.) erreichte, kam an, contrahiert ríacht, componiert do-ríacht „vênit, peruênit“.

Vgl. gr. ἵχω, ἵχω ich komme, ἱχανύς hinreichend, lit. sêkti wonach die Hand ausstrecken.

Seiqanâ, Sêqano-s, Flussname.

gall. Séquana, Sequani (Rc. II, 275).

skr. secana Giessen, Ausgiessen, vgl. siñcáti ausgiessen, gr. ἰχμάς Feuchtigkeit.

Zweifelhaft. Die Erhaltung des q in dem gallischen Worte ist noch nicht erklärt.

seigi-s Milch.

ir. séig Milch, ségamail milchreich.

Vgl. gr. ἰχώρ Götterblut, Lymphe, Molken.

Bugge verbindet arm. ēg (Gen. igi, ēgi) Weib, ēg zavak Tochter, „παῖς ϑηλυτέρη“.

(*seid ans Ziel bringen.)

cymr. haeddu „porrigere, assequi“.

skr. sidhyati zum Ziel kommen. — gr. ἰϑύς Angriff, ἰϑύω dringe vor.

s⟨p⟩eimi-s dünn.

ir. séim „exilis, macer“, séime Dünne, séimigud (aus s⟨p⟩eimigatu-) verdürren.

Vgl. gr. σπινός mager, skr. vi-spitá Bedrängniss (B.).

Thurneysen (KR. 78) verbindet spätlat. simare.

1. seqô, seqo-r ich folge, t-Prät. sekto.

ir. sechim, sechur „sequor“, do-seich „persequitur“, do-m-roi-sechtatar „mihi succurrerunt“.

skr. sácate folgen. — gr. ἔπομαι ich folge. — lat. sequor. — lit. sèkti folgen.

Das ir. Verbalnomen sechem (aus *seqemâ) F. Folgen, Befolgen ist fast = lit. sekmê Erfolg.

seqos, scqeso (folgend,) dazu, ausserdem.

ir. sech „praeter, ultra, supra, extra", sceo und. + acymr. hep (gl. sine), heibio „praeter", myned heibio „praeterire, transire". corn. heb. bret. hep „sans".

lat. sĕcus, Compar. sequius, sequester, vgl. skr. sácâ zusammen, mit — zend. haca weg von, aus, wegen.

ir. saich übel aus saqi-?

2. seqô ich sage, t-Prät. sekto.

ir. in-cho-sig (gl. significat), in-choisecht „significavit". + acymr. hepp „inquit".

gr. ἐννέπω ich erzähle, ἔνι-σπε er sagte, Fut. ἐνι-σπήσω. — lat. inseque = ἔννεπε, insexit „dixerit". — ahd. sagên, ags. secgan, engl. say, an. segja sagen. — lit. sakýti sagen.

(*ati-seqô ich antworte.)

ati-sqâ Antwort s. 2. ati- „re-", wieder-.

*eni-seqô ich rede.

ir. insce F. Rede (Grundform eni-sqiâ).
S. o. gr. ἔνι-σπε, lat. in-seque und ahd. in-sagên, lit. į-sakýti.

kon-seqô ich weise zurecht s. ko-, Präfix.

kon-sqo- Zurechtweisen, Strafe.

ir. cosc, Gen. coisc Zurechtweisen. + cymr. cosp F. „poena, punitio, supplicium".

sqetlo-n Erzählung, Nachricht.

ir. scél Erzählung, Geschichte, Nachricht. + cymr. chwedl, chweddl „fabula, rumor". corn. whethl. bret. quehezl (aus ko-sqetlo-n) „fama, narratio".

1. *seg säen s. 2. *sê dass.

2. *seg halten, Stand halten.

sagedlâ Handhabe, Griff.

cymr. haeddel F. „ativa". mbret. haezl „manche de charrue". gr. ἐχέτλη Pflugsterz.

sagro-s stark, gewaltig.

ogm. Netta-sagru, Sagarettos, Sagramni.

ir. sár, Intensivpräfix (sár-lúag sehr hoher Preis, sár-tol „libido"), Sáraid, Frauenname. + cymr. Haer, Frauenname, haer-llug „importunus", haeru „affirmare, asserere". bret. Haer-uuiu.

gr. ἐχυρός, ὀχυρός fest, vgl. skr. sáhuri gewaltig, überlegen, siegreich, sáhati bewältigen, vermögen, gr. ἔχω ich habe, halte, ὀχεύς Riegel und das folgende sowie cymr. hoel F. „clavus" (Grundform soglâ).

sego- Gewalt, Sieg.

gall. Sego-bodium, Σεγο-βριγα, Σεγο-δουνον, Sego-mâros, Sego-vax, Sego-vellauni, Sigo-vesus.

ahd. siga-lôs sieglos, an. sig Sieg, vgl. got. sigis, ahd. sigu, as. sigi-, ags. sige, an. sigr, nhd. Sieg, skr. sáhas Macht, Sieg, zend. hazaüh Gewalt.

Hierzu vielleicht auch gall. σεγοῦσιαι (κύνες) Arr. Cyneg. C. 111, wenn diese Lesart richtig ist.

Ob dies Wort in den neukeltischen Sprachen vorkommt, ist zweifelhaft. — sedh Stärke Four Masters AD. 1568 kann Schreibfehler für segh sein. Ir. sab (aus *sagvat?) gewaltig, Pl. sabaid, und semmann Niete (Grundform segsmen-) sind vielleicht wurzelhaft verwandt.

segno-, *sogno- Schnur.

ir. sén Sprenkel, súanem (Grundform sognemon-) Seil, Tau. + cymr. hwynyn, hoenyn „pilus ex cauda equina vel bovina etc., pilus maiusculus, seta".

Vgl. lit. segù ich hefte, sagà Schleife o. dgl. zum Festlegen der Leinwand (B.).

seti- beendigt, lang s. 1. *sê zu Ende führen.

setro-s stark, kühn.

ir. sethar, seathar .i. láidir O'Cl., „nomen do Dia" (Name für Gott) Corm. + cymr. hydr „audax, strenuus, fortis, magnanimus". abret. hitr, hedr, hidr, hird, herd „audacieux, vaillant"; mbret. hezr „hardi". Zu asl. chotéti „velle"? (B.).

*sed sitzen.

ir. seiss er ── ƒ.i. 1ṛ▪22 ●▪20, 109ª b, 42. + cymr. sedd F. (Grundform ─ ▪▪, ●▪▪●──s, sedile" (= ir. for⟨s⟩ud), seddu sitzen, hed▪▪ ▪▪▪ ▪▪▪▪ ● ●da▪). lu●▪ sich „siége" (ch ═ I); mbret. ●▪ ▪▪▪▪▪ ▪▪ ── ●. — gr. ἕ,ομαι ▪▪dati, ▪▪ ▪▪▪▪ m▪▪ ▪ ▪▪ ─ got. sitan,

ahd. sizzan, an. sitja, engl. sit, nhd. sitzen. — lit. sèdĕti sitzen: asl
sèsti (Praes. sędą) „considere".
Hierzu mit dem Ablaute o ir. suide (Grundform sodio-n) Sitz, Sitzen,
suidim (Grundform sodeiô) ich sitze und suide F. „fuligo" (s. u.), mit
a (aus Schwä?) ir. do-saidi „sedes", remi-said „praesidet", mit â (aus
ô? vgl. u. lit. sûʹdžei) ir. saidim ich setze, sitze, in-sádaim „jacio",
con-sádu „compono", mit è ir. sid Friede (Grundform sêdos-).

> (*en-sed darin sitzen) s. en-sedo-n Kriegs-
> wagen unter en in.
>
> (*dé-sed müssig sitzen) s. dé-sedi-s
> „segnis, deses" unter dè, Privativpartikel.

sedo-n Sitz.

cymr. sedd, s. en-sedo-n Kriegswagen.
an. set N. Sitz.

sedlo-n Sessel.

gall. caneco-sedlon.
lakon. ἑλλά · καϑέδρα Hesych. — lat. sella. — got. sitls, ahd. sezal,
nhd. Sessel.

> (*sesto- Sitz.)
>
> ⟨p⟩arei-sosto- Hintertheil des Schiffes
> s. ⟨p⟩arei- bei, vor, Ost-.
>
> Wegen des lautlichen Verhältnisses von ⟨p⟩arei-
> sosto- zu *sesto- s. *én-ŏtoro- Eingeweide unter en
> in. Vielleicht ist statt *sesto- (-sosto-) sesso-
> (-sosso-) anzusetzen, s. an. sess M. Sitz (B.).

sodjâ (sodjeklo-) Russ.

ir. suide F., Dat. Sg. o suidi (gl. fuligine). + cymr. buddygl m.
„fuligo". bret. huzel „suie".
asl. sažda Russ, lit. sûʹdžūi, lett. sûdri dass. — ags. an. sót, engl.
soot dass.
„Eine Glosse suia 'fuligo' hat Graff in das deutsche Wörterbuch
aufgenommen" Diez ⁴, 682, s. v. suie.

se-divos heute s. se-, so-, *sa-, demonstrativer Pronominalstamm.

septn sieben.

ir. secht-n. + cymr. seith. corn. seyth. bret. seiz.
skr. saptán. — gr. ἑπτά. — lat. septem. — got. ahd. sibun. — lit.
septyni; asl. sedmI.
Anlautendes s (für h) in den brit. Sprachen ist bemerkenswerth; es

begegnet auch in cymr. sedd, sych. Vielleicht hielt es sich um die
Lautfolge h-th, h-đ, h-ch zu vermeiden.

(*septəmo-s der siebente.)

septəmakont- siebenzig.

ir. sechtmoga, Gen. sechtmogat.
gr. ἑβδομήκοντα. — lat. septuáginta.

septəmato-s der siebente.

ir. sechtmad. + cymr. seithvet. corn. seithves. bret. seizved.
Vgl. skr. saptamá, gr. ἕβδομος, lat. septimus.
Wegen der Bildung vgl. ir. dechmad u. s. w., s. dékn̥ zehn.

sen- besonders s. sani-, sen- dass.

*s⟨p⟩en spinnen.

cymr. cy-ffiniden Spinne, Spinnengewebe (-ffin- aus -s⟨p⟩in- < -s⟨p⟩én-).
bret. que-ffny, que-ffniden „araignée".
got. ahd. ags. spinnan, an. spinna, nhd. spinnen vgl. gr. σπάω ich ziehe.

sênâ Wetter.

ir. sin F. Wetter, Gen. síne, doinenn Unwetter (do-sinenn), soinenn
schönes Wetter (so-sinenn). + cymr. hin „tempestas, caelum triste vel
clarum", hinon „sudum, serenum". mbret. hynon „clair".

s⟨p⟩enio- Zitze.

ir. sine Zäpfchen, Zitze, Gen. síne, bó trí sine LL. 75b — bó tri-phne
LU. 77a.
lit. spénỹs Zäpfchen im Halse, Saugwarze, apreuss. spenis Zitze, vgl.
ags. spana „ubera", mhd. span-varc Spanferkel, an. speni Brustwarze,
ahd. spunne Mutterbrust und vielleicht *s⟨p⟩en spinnen.
Mit -phne neben sine vgl. pherid neben seir, s. s⟨p⟩eret-.

seno-s alt.

gall. Seno-condus, Seno-donna, Seno-gnatus, Seno-vir (Rc. III, 307).
abrit. Seno-magli, Sene-magli (= cymr. Henfael).
ir. sen alt, Compar. siniu, Superl. sinem, sinser der älteste (Grundform
senistero-s). + cymr. corn. hên. bret. hen. acorn. hinhám (gl. patricius;
Superl.) = cymr. hynaf, bret. henaff „aîné".
skr. sána alt. — gr. ἕνο-ς jährig, ἕνη der letzte Tag des Monats. —
lat. senior, senex. — got. sinista der älteste, sineigs alt, ahd. siniscalh
„famulorum senior", engl. seneschal, urnord. singôstêr der älteste. —
lit. sénas alt.
Gall. Senones, Senonius, Senicco, Seneca scheinen auch hierher zu gehören. Seneca ist vielleicht mit skr. sanaká ehemalig, lat. senex, nord.
singôstêr zu vereinigen.

seno-kastu- „historia" s. *kans, *kas
sprechen, rühmen.

senâko-s, Eigenname.
abrit. Senacus Rhŷs Lectures 211.
ir. Senach. + abret. (H)enoc.

sénto-s Weg.
ir. sét Weg, Nom. Pl. seúit, seuit. + cymr. hynt. abret. hint in
doguohintiliat (gl. inceduus), Hin-cant, Hin-hoiarn, Hin-uuallon; mbret.
hent „voie, chemin". acorn. hent in Iud-hent, Hin(t)-combal; mcorn.
hins in cam-hinsic „injustus", eun-hinsic „justus".
got. sinþs Gang, Mal, ahd. sind Weg, Richtung, ags. síđ Reise, Kriegszug, an. sinn Gang, vgl. got. sandjan, nhd. senden.
Als Ableitungen gehören hierher ir. sétig (Grundform sentiki) Genossin,
Gattin, Gen. sétche, Dat. sétchi, und bret. hentez „prochain" (aus
sentijo-).

sendo-s, sendâ, san, bestimmter Artikel s. se-, so-, *sa-,
demonstrativer Pronominalstamm.

semîno- (oder ähnlich) Röhre.
ir. seimin (gl. festula).
Vgl. ahd. semida Binse, Schilfrohr.

Semô, Gen. Semonos.
gall. Σεμόνη· ἡρωῖς Plutarch Amator. C. 25 (die Lesart ist zweifelhaft).
air. Maccu-min Semon Würzburger MS., citiert Academy, 1. Sept. 1888,
und KZ. 31, 205, Cronanus filius Neth-semonis Mart. Gorm. 9. Feb.,
Colgan Acta SS. = Cronan mac Neth seman Calendar of Donegal 9. Feb.
lat. Semo Sancus (Preller Röm. Myth.² I, 91 u. s.)?
Zweifelhaft. Grundform vielleicht Sebô, Gen. Semnos; s. sa⟨p⟩iro-s.

1. *s⟨p⟩er mit dem Fusse stossen.
ir. sírim ich suche (aus spèriô).
Vgl. ahd. spurjan, nhd. spüren, Denomin. von ahd. spor Spur, lat. sperno
und skr. sphuráti schnellen, treten, zucken, lit. spìrti mit dem Fuss
stossen.

s⟨p⟩âro-n Gewaltthätigkeit, Beleidigung.
ir. sár N. Beleidigung, Verletzung, sáraigim ich beleidige, verletze,
beschimpfe, verachte, sárugud Beleidigung. + cymr. sarháu „contumelia afficere vel injuria", sarháad „contumelia, offensa, opprobrium, ignominia".
In sarháu (aus dem Irischen entlehnt?) ist vortoniges a verkürzt.

s⟨p⟩eret- Knöchel am Fusse.

ir. seir Ferse, Acc. Dual. di pherid LU. 69ᵃ 29. + cymr. ffêr „talus, malleolus". mbret. fer in Fer-gant.

Vgl. gr. σφυρόν Knöchel, Ferse, apreuss. spertlan „Zehballen".

2. *s⟨p⟩er : *s⟨p⟩rei ausbreiten, s⟨p⟩reijô, *s⟨p⟩revô ich breite aus.

ir. sernim ich breite aus (Grundform s⟨p⟩ernô, wenn nicht sternô), Praet. Pass. Sg. 3 ro-sreth, Part. Fut. Pass. srethi.

Vgl. gr. σπείρω ich säe, verbreite, σπαρνός selten.

ir. sréim ich werfe (Grundform s⟨p⟩reijô), srédim dass. (Grundform s⟨p⟩reidô).

Vgl. mhd. spræjen spritzen, stieben, sprât Spritzen, Sprühen und auch ahd. spreitan spreiten.

cymr. ffrau „fluor, fluxus, profluvium" (Grundform s⟨p⟩revo-), ffreuo „fluere, effluere, profluere", ffrwst M. Hast (Grundform sprusto- < sprudto-).

Vgl. ahd. spriu Spreu, lett. sprautls emporkommen, ahd. spriozan spriessen, got. sprautô schnell, lett. spráustls prôjam sich davon machen.

sêro-s lang s. 1. *sê zu Ende führen.

serkâ, serko- Liebe.

ir. serc F. Liebe, an-seirc unlieblich LL. 111ᵃ 6, de-serc, dearc „amor"; nir. déirc Almosen. + cymr. serch M. „amor, dilectio", serchog „amans", serchu „diligere". mbret. serch „concubinaire", Serchan. Wegen des anlautenden s im Cymrischen und Bretonischen s. septṇ sieben und serto-s unzüchtig.

*serg krank sein.

ir. serg Krankheit (Grundform sorgo-), serg-lige Krankenlager (Grundform sergo-legio-).

lit. sergù ich bin krank, vgl. got. saúrga, ahd. as. sorga, ags. sorh, nhd. Sorge.

serto-s unzüchtig.

cymr. serth „obscoenus", serthedd (Grundform sertijâ) „obscoenitas, obscoena locutio".

Vgl. an. ser⟨…⟩ „stuprare", ags. serdan, mhd. serten geschlechtl. Umgang h⟨…⟩

Wegen ⟨…⟩ ⟨…⟩enden s s.

⟨…⟩l nrl⟨…⟩

⟨…⟩ selais assa intig er zog sein Schwert
⟨…⟩ 176ᵇ ⟨…⟩im (Sg. 2 do-sella do-chotach,
⟨…⟩ ⟨…⟩n ⟨…⟩ ⟨…⟩ (Grundform to-selnaô).

gr. *ἑλεῖν* nehmen. — got. **saljan** darbringen, ahd. **sellan**, as. **sellian**,
ags. **sellan**, engl. to **sell**, an. **selja** übergeben.
Hierher cymr. **hail** F. Freigebigkeit, Dienst (Grundform **saljâ**, vgl. ahd.
fur-seli „proditio"), heilyn M. „promus" (Grundform **seljeno-**).

selvâ Besitz.

gall. (Julia) Lugu-selva „propriété, possession de Lugu-s, celle qui
appartient a Lugus", vgl. *Θεό-δουλος* und Anse-deus (Rc. IX, 267).
ir. **selb** F. Besitz (wo b nur graphische Bezeichnung des v ist). +
cymr. **helw** M. Besitz.

sêlo-n Same s. 2. *sê säen.

selgâ Jagd.

ir. **selg** F. Jagd. + acymr. in-belcha (gl. in uenaudo), helghati (gl.
uenare); ncymr. **hel**, **heiy**, **helu** „uenari, aucupari, vestigare". corn.
helhia jagen, helhvar „uenator". bret. em-olch (aus em-holch) „chasser".
Hierzu wahrscheinlich der Stammname Selgovae, heut Solway.

s⟨p⟩elgâ Milz.

ir. **selg** F. (gl. splen). + mbret. felch (g. rate, l. splen).
skr. plihán Milz; zend. çpereza dass. — gr. *σπλήν* dass., vgl. *σπλάγχνα*
Eingeweide. — lat. lien. — asl. slêzena Milz.

selvâ Besitz s. *sel nehmen.

*s⟨p⟩es hauchen.

Vielleicht cymr. ffûn (Grundform s⟨p⟩osuâ?) „halitus, anhelitus, spiritus".
Vgl. gr. *σπήλαιον* Höhle, *σπέος* dass., lat. spirâre.
Da sich der Anlaut sp (bez. sph) im Irischen bisweilen erhalten zu
haben scheint (speil „pecus, grex" vgl. lat. spolium; speal, Gen. speile
[Stamm spelâ] Sense, vgl. gr. *ψαλίς* Scheere; coin-speach Hornisse,
wörtl. Hunde-Wespe, schott. speach F. Wespe [Stamm spekâ] vgl. gr.
σφήξ Wespe), so kann vielleicht ir. paisd .i. spirad II. 3. 18, S. 666ᵇ,
peist Corm. s. v. prull (aus pesti- < spesti-) mit ffûn verbunden
werden. Dagegen hat cymr. ffiaidd Widerwille weder hiermit, noch
mit got. speivan speien etwas zu thun, sondern ist abgeleitet von der
Interjection ffi, ffei, welche selbst von engl. fie, nhd. pfui, franz. fi
kaum getrennt werden kann.
Auch ir. paadh .i. tart, Durst II. 3. 18, S. 51ᵇ (aus pasâtu- < spasâtu-?)
gehört vielleicht hierher.

seskâ Binsen, Riedgras.

ir. *sesc, heut seisg Binsen. + cymr. hèsg, Sg. hesgen F. „carex";
acymr. sescann (gl. canna) Corm. (fehlerhaft für sescenn?). corn. heschen
(gl. canna l. arundo). bret. hesq „lesche, l. carex".
seskâ aus sekskâ? Vgl. ags. secg Rohr, Schilf, Ried, engl. sedge und
lat. secâre, asl. sêką ich schneide u. s. w.

*sesto- Sitz s. *sed sitzen.

sîno-s, (sînu-) Kette, Halsband.

ir. sín Corm., sion .i. idh no slabhradh O'Cl.

Vgl. skr. sétu Band, Fessel, gr. *ἱμάς* Riemen, *ἱμονιά* Brunnenseil, as. simo Strick, ahd. seil Seil, asl. silo „laqueus“, sêtI „tendicula“, lett. sînu ich binde, knüpfe u. s. w.

Verbindet man hiermit skr. simán Scheitel, Grenze und lit. sóna Grenze, so lässt sich sîno-s mit letzterem unmittelbar vereinigen.

sindâ Fluss.

ir. sinnac Gen. Sg., der Shannon, Book of Armagh 11ᵇ 1.

Vgl. skr. síndhu F. Fluss, zend. hiñdu Indien.

sisqo-s trocken, dürr, unfruchtbar.

ir. sesc trocken, unfruchtbar, seisc, Pl. sesci unfruchtbare Kühe. +
cymr. hysp, Fem. hesp „sterilis, lac non habens“, hespin „ovis juven-cula“. bret. hesk „stérile“, „quelques-uns prononcent hesp“ Legonidec.

Vgl. zend. hisku trocken, lat. siccus und skr. sikatâ Gries, Sand, zend. highnu trocken, gr. *ἰσχνός* dürr.

Zimmer (KZ. 24, 212) verbindet mit ir. sesc ir. sescen „palus“ ent-sprechend dem begrifflichen Verhältniss von an. saurr Moor zu ags. seár trocken.

Wurzelhaft verwandt ist wohl ir. sic, jetzt sioc Frost (Grundform sikku-).
Es erinnert an lit. sûkis December (sonst saúsis oder grudis) (B.).

so- s. se-, so-, *sa-, demonstrativer Pronominalstamm.

soito-s Magie.

mcymr. hut, ncymr. bùd M., Pl. hudion „praestigiae, illusio“. acorn.
*hut, hudol (gl. magus); mcorn. hus D. 2695, M. 3376. bret. hud M. „sorcellerie, enchantement“.

an. seiðr eine besondere Art der Zauberei, vgl. síða Zauberei treiben.
— lit. saitas Zeichendeuterei, saisti prophezeien.

soimeno- Rahm.

cymr. hufen „cremor lactis“.

gr. *αἷμα* Blut. — ahd. seim Honigseim, an. seimr Honigscheibe.

*sou-, demonstrativer Pronominalstamm, s. se-, so-, *sa-
... ss.

... qo-
...

corn. sib-uit (gl. abies). Grundform soqo-vidu
... as, swekis dass.; asl. sokû „sucus“. Auch
... pin), mlat. sapus, sappus (woher mbret.

sap „sapin") aus einem gall. *sapo-s (vorkelt. *saqo-s) entlehnt? Nbret. saprenu, Pl. sapr, volksetymologisch aus *sap-prenn. Ncorn. zaban aus franz. sapin.

*sogno- Schnur s. segno- dass.

sodjá (sodjeklo-) Russ s. *sed sitzen.

somo-s derselbe s. se-, so-, *sa-, demonstrativer Pronominalstamm.

sollos vollständig.

cymr. holl „omnis, totus, omnes". corn. hol. bret. holl „tout, toutes choses".

lat. sollus, osk. sulub „omnino", vgl. lat. salvus, skr. sárva jeder, ganz, zend. haurva all, ganz, gr. ὅλος unversehrt, ganz, got. sêls „ἀγαϑός, χρηστός", ahd. as. sâlig. ags. saelic seelig.

Nahe verwandt ist ir. slán (gl. salvus) aus salâno-s und vielleicht gall. soldúrii Caes. B.G. III, 22 („soldurios, quorum haec est condicio, ut omnibus in uita commodis una cum his fruantur, quorum se amicitiae dederint"; aus sol(i)do-virioi? vgl. lat. sŏlidus, sŏldus\. — Cymr. swllt, abret. solt „fiscus" Rc. IX, 272 scheinen aus lat. soldum entlehnt zu sein.

1. su- wohl, gut, Präfix.

gall. su- in Su-anetes, Su-ausia, Su-carios (-caria), Su-essiones, Su-obnedo u. s. w. (Glück KN. 45), Cata-su-alis. abrit. S[u]belino (Rhŷs Lectures 273). ir. su-, iso-, z. B. in ·súi (sói, sái) Gelehrter (aus su-vet-, s. vâto-Gedicht). suthe Gelehrsamkeit (Grundform su-vetiâ), sochraid .i. socharaid O'Don. Supp. (aus su-karajantes). + cymr. hy-, z. B. hy-wel „conspicuus" (Grundform su-velo-s), hy-gar = bret. he-gar „aimable". bret. ho-, z. B. Ho-uuel, Eu-ho-car, he-dro „mobile, changeant" (Grundform su-trogo-s, s. drogo-n Rad).
skr. su- = zend. hu- gut, wohl.

su-qrutu-s schön.

ir. so-chruth „honestus, venustus". + cymr. hy-bryd „formosus".

su-kati-s „εὔμαχος".

ir. su-cait „deus belli", Patrick's erster Name, aus einem britischen Dialect entlehnt. + ncymr. hygad kriegerisch.

su-nerti-s fest, stark.

ir. so-nirt tapfer, stark. + cymr. hy-nerth mit Stärke begabt.

su-reti- beweglich.

ir. soi-rthiu (gl. expeditior). + cymr. hy-red geschickt im Laufen, leicht laufend.

su-⟨p⟩labri-s beredt s. ⟨p⟩labro- Sprechen:

su-⟨p⟩lâmo-s „εὔχειρ" s. ⟨p⟩lâmâ Hand.

su-viro-s edel, frei s. viro-s Mann.

2. *su drehen, kehren.

ir. sóim ich drehe, kehre (Grundform soviö), impóim (aus imb-sóim) ich drehe um, kehre um.
Vgl. lat. sûcula Winde, Haspel? - Oder -soim aus sou⟨p⟩ò = lit. supù ich wiege, schaukele? (B.).

3. *su auspressen.

ir. suth (Grundform sutu-) Milch, suth .i. lacht, on tsuth .i. on loimm Corm. s. v. uth.
skr. sunóti pressen. — gr. ὕει es regnet. Vgl. ahd. sou Saft.

suknô (oder ähnlich) ich schöpfe, sauge.

acymr. dis-suncnetic (gl. exanclata); ncymr. sugn-dynu pumpen, sygnedydd, sugnar Pumpe, sugn „suctus, linctus", sugno „lactere, sugere", sugnfor (= sugn+mor), syrtes. bret. sunaff „sucer".
Vgl. lat. sûcus, ahd. ags. sûgan, an. súga (sjúgn) saugen, lit. sùnkti abfliessen lassen, lett. súkt saugen, durchseihen. — Auch umbr. per-suntro? (B.)

sûgô ich sauge.

ir. súgim ich sauge.
lat. sûgere. — ags. sûcan saugen, engl. suck und ags. sûpan trinken, aufsaugen, ahd. sûfan trinken, saugen, schlürfen, an. súpa schlürfen, trinken.

sûgo- Saft.

ir. súg „sucus".
ahd. sûf Brühe, Suppe.

su⟨p⟩ino-s rücklings.

ir. fóen „declinans, debilis, humilis", al-láma fóens ihre Hände schräge LU. 17a 38. + bret. c'houen „à la renverse".
lat. sŭpĭnus (?).

sukku- Sau.

ir. socc-sáil (gl. loligo); nir. suig (air. Acc. Sg. *suicc?) F. „a pig" O'Reilly. + cymr. hwch F. „sus, porcus". corn. hoch (gl. porcus),

mor-hoch (gl. delphinus) Meerschwein. bret. houc'h „porc", houch gwez
(gl. aper).
Vgl. ags. sugu, holländ. zeug, nd. sôge Sau und ferner skr. sû-kará
Schwein, Eber, gr. ῦς Schwein, lat. sûs, ahd. sû, an. sýr Sau.
Engl. hog ist aus cymr. hwch oder corn. hoch entlehnt.
Ob ir. socc Schnauze, Pflugschar, cymr. swch dass., bret. souch „soc"
mit den obigen keltischen Wörtern zu verbinden seien, ist zweifelhaft.
Vielleicht sind sie aus lat. soccus (s. 2. soccus bei Ducange) entlehnt,
oder mit ahd. seh Pflugschar, lat. secáre (s. o. seská) verwandt.

suknó ich schöpfe, sauge s. 3. su auspressen.

sûgo- Saft, sûgô ich sauge s. daselbst.

sutu- Geburt, Frucht.
ir. suth Geburt, Frucht.
skr. sûtu Schwangerschaft, Tracht, vgl. skr. sûte zeugen, gebären, zend.
hunâmi ich gebäre, skr. sûnu Sohn, gr. υἱός, got. sunus, asl. synŭ dass.

su⟨p⟩no-s Schlaf s. svo⟨p⟩ô ich schlafe.

s⟨p⟩undo-s Pfahl.
ir. sonn Pfahl, Baum. + acymr. fonn, Pl. finn (gl. pila), fonnaul difrit
(gl. fustuarium) MC.; ncymr. ffon F. „baculus, hasta".
Vgl. ahd. spioz Spiess, anord. spjót dass., vgl. spýta Holzpflock, Riegel.

*sunno- leuchtend.
ir. fursunnud M. Erleuchten (= fór-od-sunnud, sunnud aus sunnatu-s),
forosnaim ich erleuchte (= for-ód-sunnaim, sunnaim aus sunnaô).
Vgl. got. sunna, sunnô, ahd. sunno, sunná, ags. sunne, engl. sun Sonne
und zend. qéñg dass., gr. ἤτοψ glänzend, funkelnd, welchem letzteren
hinsichtlich der Wurzelsilbe vielleicht ir. fin in dem Namen Fin-snechta
gleichsteht.

surdo-s glänzend, hell.
ir. sord .i. glan, Bezeichnung einer Quelle.
Vgl. lat. sĕrênus.

surbo- 1. schmutzig, trübe, 2. Laster.
ir. sorb Corm., .i. locht no salach O'Cl., sorbaim ich beflecke.
Vgl. as. swerkan finster, traurig werden, ags. sveorcan dunkel werden,
dunkel sein, nhd. Schwark plötzlich aufsteigende, finstere Wolke (B.).
— Oder für s⟨p⟩urbo- und von lat. spurcus nur im Suffix verschieden?

sûli-s Sonne s. sâvali-s dass.

sṛtâ Reihe.
ir. sreth F. Reihe, Pl. sretha. + acymr. frit iu fonnaul di-frit (gl.
fustuarium). abret. frit in di-co-frit „sans participation, sans partage".

Vgl. lat. séries, sowie sero, gr. *εΐρω* ich reihe an einander, skr. sarat Schnur, an. sörvi Halsschmuck.

slgâ Speer.

ir. sleg F , Dat. sleig Speer.

Vgl. skr. srjáti schleudern. — Oder für s⟨p⟩lgâ, vgl. gr. σφάλαξ Stechdorn, σφαλάσσω (aus σφαλαχjω) ich steche, ritze (? B.).

sqalbâ Lücke, Kluft, Spalte s. *sqel spalten.

sqeti- Erbrechen.

ir. sceith Erbrechen. + cymr. chwyd „vomitus", chwydu „vomere" bret. huedaff „vomir".

Vgl. gr. σπατίλη dünner Stuhlgang, οἰσπώτη Schmutz der Schaafwolle (B.).

Hierzu cymr. chwydalenn Blase und abret. huital (gl. pabule, leg. papulae). Vgl. begrifflich lat. vomica : vomo.

sqetlo-n Erzählung, Nachricht s. 2. seqô ich sage.

sqendô ich springe, Perf. sesqonda.

ir. scendim ich springe, Perf. Sg. 3 sescaind, vgl. sceinm Sprung, sceinmnech hurtig. + cymr. cy-chwyn aufspringen, cychwyn haul „ortus solis".

skr. skándati schnellen, springen, Perf. caskanda. — lat. scando, descendo.

Zweifelhaft. Die cymr. Wörter weisen auf eine Grundform sqenô.

sqerto- (qerto-, qarto-) Theil.

ir. scert, (s)cert in tuai-scert Norden, des-cert der südliche Theil, cerdd Cuinn Amra Choluimb chille 130 = Leth Cuind, die nördliche Hälfte Irlands, Dat. Sg. hi ceirdd Chuind das. + cymr. parth M. „pars", o barth, do-sparth M. Classe, Abtheilung. corn. a-bard, a-barth bei Seite. bret. gu-parth „remotus", a-barz „dedans".

Zu gr. σπαράσσω zerreisse, zupfe, σπάραγμα abgebrochenes Stück? (B.)

*sqel spalten.

sqalbâ Lücke, Kluft, Spalte.

ir. scalp, Dat. Sg. scailp, Dat. Pl. scalpaibh Book of Lismore 159ᵃ 2. Vgl. asl. sklabiti sę den Mund aufmachen, lächeln, čech. šklеb Zähnefletschen und das folgende.

sqoltô ich spalte.

ir. scoiltim ich spalte. + corn. felja (i. e. felg'a). bret. faut „fissura", fauta „fendre" (aus spolt-).

Zu gr. σκάλλω ich behacke, ahd. scellan zerschmettern, zerschlagen, an. skilja trennen, schneiden, lit. skélti spalten? Oder zu ahd. spaltan spalten (mit p < q).

In cymr. höllt „fissura, rima", hollti und holli „findere" ist das anlautende h mir dunkel.

sqîttu-, sqittu- link.

nir. ciotan, ciotog die Linke, ciotach linkhändig. + cymr. chwith „sinister, laevus".

sqoltô ich spalte s. *sqel spalten.

*skâ beschatten.

skâto-s Schatten.

ir. scáth Schatten. + cymr. cy-sgod M. „umbra". corn. scod (gl. umbra). bret. squeut „ombre", goascotou „ombre", goasquet „abri".

Vgl. gr. σχότος Finsterniss, Dunkel, got. skadus, ahd. scato, ags. sceadu, engl. shadow, nhd. Schatten und gr. σχιά Schatten, skr. châyā dass. Die älteste Form der Wurzel ist skéi.

vo-skâto-, -tâ Schatten s. vo- unter.

skâlî, (skali) Schatten.

ir. scáil Gespenst, Vorhang. + abret. e-sceilenn (gl. cortina) Vorhang.

skak springen, eilen.

ir. der-scaigim ich unterscheide mich, zeichne mich aus (wörtl. ich springe hervor, scaigim aus skakiò), scén (aus skakno-) Schrecken, scuchaid dim weicht von mir (Praes. *skukò), Perf. Sg. 3 scáich (scáig) „praeteriit", cum-scugud GC. 872, Pl. cum-scaigthi (gl. motus) Ml. 19a, s-Prät. ro-scuchsat LU. 25b.

Vgl. zend. ⟨s⟩χac vorübergehen, an. skaga hervorragen, ahd. scehan eilen. lit. szókti springen, asl. skokŭ Sprung.

skatô ich lähme, verstümmele.

ir. scathaim F.M. 1504 ich lähme, verstümmele, scathad Verstümmelung A.I.C. 1435, 1450, 1461, 1503.

Vgl. gr. ά-σχηθής unverletzt, got. skaþjan schaden, ahd. scadôn dass., scado Schaden, ags. sceaða Feind, an. skaði Schaden, Verlust.

skâto-s Schatten s. *skâ beschatten.

skabno- Terrasse.

ir. scamun „Latine scamnum O'Molloy 16, for-scamon H. 2. 16, Col. 372. + cymr. ysgafn „strues, acervus". abret. scamon in „Salina scamn(n)ouid", jetzt skaon, skanv „banc".

lat. scamnum, vgl. zend. fra-çciñbana Balken, Steg, çkemba Säule = skr. skambhá Stütze, Strebepfeiler, skabhnóti stützen, stemmen.

skamno- leicht.

ir. scaman „levis". + acymr. scammhegint (gl. levant); ncymr. ysgafn „levis". bret. skanv „léger".

Unmittelbar hierzu gehören die Wörter für „Lunge" (vgl. engl. the lights): ir. scaman, cymr. ysgyfaint „pulmones", corn. sceuens, bret. squeuent.
Zu an. skammr kurz, nicht weit, nicht lang, ahd. scam kurz? (B.).

skaraô ich trenne s. *sker absondern, trennen.

skartô ich sondere ab, skarto-s Absonderung s. *sker absondern, trennen.

skâlî (skalî) Schatten s. *skâ beschatten.

skeito-, skeidâ Schulterblatt.

ir. sciath Schulterblatt (tre sciath n-éte LU. 44a), Schwinge Ml. 39c, 21, 23 (Grundform skeito-). + cymr. ysgwydd F. „humerus". corn. scuid (gl. scapula), scuid-lien (gl. superhumerale). bret. scoaz „épaule". (Brit. Grundform skeidâ).
skeidâ verhält sich zu skeito-, wie skr. chinátti abschneiden, abhauen, gr. σχίζω ich spalte, lat. scindo, lit. skédžu ich schneide zu and. scêthan scheiden, womit skeidâ und skeito- vielleicht zusammenhangen.

skeito-s Schild.

ir. sciath M. Schild. + cymr. ysgwyd F.; acymr. scuit in Con-scuit Lib. Land. 189. abret. scoit „bouclier", scoet (in Hoiarn-scoet); mbret. scoet „écu".
Vgl. asl. štitü „scutum", apr. scaytan dass. — Lat. scûtum aus skoito-n? (B.).

skeimâ, skeimi-s Schönheit.

ir. sciam F., scéim F. Schönheit.
Vgl. got. skeima Leuchte, as. ahd. scîmo, ags. scima, an. skími Glanz.

skêô ich schneide, skêeno- Messer.

ir. scían Messer (Grundform skêeno-). + cymr. ysgïen „culter, gladius". bret. squeiaff „couper".
skr. châ, Präs. chyati abschneiden; zend. vi-skâ entscheiden. — gr. σχάω (σχάζω) ich ritze, öffne.

*sker absondern, trennen.

skaraô ich trenne.

ir. scaraim, a-scaraim, ta-scraim ich trenne, co-scaraim ich zerstöre, coscrad, coscar Zerstörung, Sieg. + cymr. ysgar „separare, dissociare".
Vgl. lit. skìrti trennen, scheiden, ahd. ags. sceran, an. skera, nhd. scheren und das folgende.
Ir. scorim, scuirim ich spanne aus (urkelt. skoriô) bedeutete ur-

sprünglich vielleicht „ich mache auseinander" und liegt dann von
scaraim nicht weit ab.

skartô ich sondere ab.

ir. diu-scartaim ich entferne.   + cymr. ysgarthu „purgare",
dyscarthu reinigen.   bret. skarza „vider, nettoyer, ramoner".

skarto-s Absonderung.

ir. a-scartach „stuppa".   + cymr. ysgarth Spülicht, Kehricht,
ysgarthion „expurgamina", carth, Pl. carthion, „stupa, linistupa",
carthen „purgatoria".   bret. skarz „vide, net, nettoyé".
Vgl. skr. apa-skara Excremente(?), gr. σκώρ Koth, lat. mûs-(s)cerda,
ags. scearn, an. skarn Mist, Dreck.

eks-skarto- Werg s. eks, Präposition und Präfix.

skoro- Gehäge.

ir. scor Gehäge für abgespannte Thiere. + cymr. y-sgor F. Brust-
wehr, Bollwerk (Spurrell).
Vgl. ahd. scara Heeresabtheilung, an. skaraÐ skjöldum „a row of
shields (formed like a wall of shields)".

skîto-s müde.

ir. scith müde, träge, e[s]-scith „impiger". + cymr. esgud „inpiger".
mbret. escuyt „léger, alerte".
Vgl. russ. ščiryj klein, dürftig (B.).
Mcorn. squyth, sqwyth, squeyth, squeth, bret. skouiz, skuiz, welche
Strachan (BB. XVII, 300) hiermit verbinden will, beruhen auf urkelt.
skvitto-s.

(skôto-s), skotto-s Herrscher, Besitzer.

gall. Scottos, Scottios Rc. III, 306.
ir. Scott, N. Pl. Scuit Irländer.
Vielleicht verwandt mit asl. skotŭ Vieh, Besitz. Got. skatts Geldstück,
ahd. scaz, nhd. Schatz kann hieraus oder aus dem Keltischen entlehnt sein.
Wegen der Vertretung von ôt durch ott s. bénâ.

skoro- Gehäge s. *sker absondern, trennen.

skṇto- Schuppe.

abret. *scant Schuppe in anscantocion (gl. insquamossos).
Vgl. ahd. scintan, nhd. schinden, Denominativ zu einem verlorenen ahd.
*scint, s. an. skinn Fell, Haut, ags. scinn Haut, engl. skin, mnd. schin,
nhd. Schinnen. Vgl. lit. skinti pflücken.

*skver stechen.

gall. Sparno-magus, Sparnacum (Glück R.M.M. 19).

corn. bret. spern M. (Grundform sperno- ⌣ skverno-) „spinae“, Sg. spernenn.

Vgl. lat. sparus eine kleine, gekrümmte Schleuderwaffe, ahd. sper Speer und ferner gr. σκ(ϝ)ορπίος Skorpion, lit. skwėrbti mit einem spitzen Werkzeug bohrend stechen (B.).

skviját- Hagedorn.

ir. scé Hagedorn, Gen. Pl. sciad. + cymr. ysbyddaden „sentis. leucacantho“ (Davies). corn. spedhes. mbret. spezad-enn, jetzt spezad, trécsperat „groseilles“ (Rc. VI, 390).

(*stâ stehen.)

sestâmi ich stehe.

ir. air[ė]issim, -air[ė]issiur, t-airissim ich stehe, bleibe stehen. skr. tiṣṭhati stehen, stehen bleiben; zend. histaiti. — gr. ἵστημι ich stelle. — lat. sisto; umbr. sestu „sisto“. Vgl. got. standan, ahd. stân und das folgende.

*sestâ Stehen in ⟨p⟩arei-sestâ Glaube s. ⟨p⟩arei-bei, vor, Ost- unter *⟨p⟩er hinüberbringen u. s. w.

Andere auf dem Präsensstamm beruhende Nomina sind ir. sessam Stehen (Grundform sestamo-), comp. foessam Schutz (Grundform u⟨p⟩o-sestamo-, vgl. gr. ἐγ-ίστημι), sessed Stehen (Grundform sesteto-).

⟨s⟩tâô ich stehe.

ir. táu, tó „sum“.

lat. sto. + lit. stoju ich trete; asl. stajǫ „consisto“, vgl. stojǫ ich stehe.

*stato-s stehend in vo-stato-s fest s. vo unter.

⟨s⟩tano- (⟨s⟩tanâ?) Standort, Zustand.

ir. tan in fín-tan (gl. vinetum), ros-tan (gl. rosetum).

Vgl. skr. sthāna das Stehen, der Standort, zend. çtāna Ort, Stall, npers. stān in gulistān u. aa., gr. δύ(s)-στηνος unglücklich, lit. stona-s Stand, asl. stanŭ Herberge, Lager.

*stanaô ich stehe.

ir. con-ó-snaim (aus con-od-snaim) „desisto, desino“, ni cúmsanfa (gl. non desistet), cúmsanad „quies“.

lat. de-stino, ob-stino, prae-stino. Vgl. gr. ἱστάνω ich stelle.

*stam stehen.

ir. samaigim „pono". + cymr. sefyll „stare" = corn. sevell, sef
„stabit". bret. saff, sevell.
Vgl. skr. sthāman Standort, gr. στήμεναι stehen, στίμων Aufzug
auf dem Webstuhl, lat. stāmen, got. stōma Stoff, lit. stomú' Statur (B.).

(*-sto- stehend.)

Vgl. skr. duḥ-stha wankend, lat. caelestis u. s. w.

⟨p⟩ro-sto-s Vorgebirge, Wald.

ir. ross Wald, Vorgebirge. + cymr. rhos Moor, auch
„planities irrigua". bret. ros „tertre couvert de fougère ou
de bruyère, terrain au pente particulièrement lorsqu'il
regarde la mer".
skr. prastha Bergebene, Plateau.

stagno- Zinn.

cymr. ystaen „stannum". bret. sten „étain".
lat. stannum (aus dem Keltischen entlehnt?).

stagro- Wasser, Fluss.

abret. staer, nbret. ster „rivière, fleuve".
Vgl. lat. stagnum, gr. στάζω ich träufle, fliesse.

*stato-s stehend, ⟨s⟩tano- Standort, *stanaô ich stehe s. *stâ stehen.

staman- Mund, Maul.

cymr. safn „os, oris", safnig „gurgulio, oesophagus, trachea, gula".
corn. stefenic (gl. palatum). bret. staffn „palais de la bouche".
zend. çtaman Maul. — gr. στόμα Mund. — ahd. stimna, stimma, ags.
stefen, stemn, got. stibna, nhd. Stimme.
Cymr. ystefaig Gaumen und abret. istomid (gl. trifocalium Ann. Bret.
II, 397 Anm. 5) gehören wohl hierher, aber ihre Grundform ist unklar.

starno- Fläche s. *sternô ich breite aus.

stalto- Harn.

mbret. staut „urine"; nbret. staot dass., staotigel „urinoir".
Vgl. gr. σταλάσσω ich tröpfle (B.).

*sten tönen.

cymr. seinio „sonare", sain F. „sonus".
skr. stánati donnern, brüllen. — gr. στένω ich stöhne. — an. stynja,
ags. stunian, nhd. stöhnen. — lit. stenéti stöhnen; asl. stenati dass.

stono- Ton, Laut.

ir. son M. Ton, Laut.
gr. στόνος das Stöhnen, vgl. skr. abhi-ṣṭana das Tosen, Brüllen.

*ster starren.

cymr. serth „praeceps, acclivis" (Grundform sterto-). bret. serz „abrupt, escarpe" (H. de la Y.).

Vgl. skr. sthirá fest, gr. στερεός starr, hart, fest, ahd. star starr, starzen steif aufwärts richten. Oder zu ahd. sturz (Grundform stortho-?). Vielleicht ist abrit. stero- in Segu-stero-, Epo-stero-vidus verwandt. Hierzu ir. seirt Kraft (Grundform sterti-) und cymr. serth steif, starr, corn. serth (an epikys serth), bret. serz „ferme, droit, roide".

(*sternô ich breite aus) s. vo-sternô dass. unter vo unter.

Vgl. skr. strṇấti, strṇóti streuen, gr. στόρνυμι ich breite (ἔστρωτο), lat. sterno, asl. pro-stréti ausbreiten und das folgende.

Ausser dem nachstehenden gehören aus dem Keltischen hierher ir. cossair Bett (aus kon-stari-), fossair Strohdecke (aus u⟨p⟩o-stari-) und abret. astortou (gl. conflictis; l. conflictibus). Vielleicht auch ir. sernim s. 2. s⟨p⟩er.

sterâ Stern.

gall. Ðirona, Sirona „Sterngöttin", Name einer Gottheit, welche mit Apollo Grannus zusammen verehrt wurde.

cymr. seren F. corn. steyr „stellae", steren (gl. stella). bret. ster-enn, Pl. steret.

skr. stár Stern. — gr. ἀστήρ Stern, ἄστρον Gestirn. — lat. stella. — got. staírnô, ahd. stern, sterno, an. stjarna, nhd. Stern. Ir. stell (Gen. steill) in Notlaic Steill „Natalicium Stellae" (Epiphanias) ist entlehnt (s. cymr. yr ystwyll, bret. gouel ar steren). Aber ir. srab, srob (für *strab-, *strob-) in srab-tine Blitz, Pl. srop-tinid LB. 203ª scheint echt zu sein und seiner Bildung nach von gr. στέροψ blitzend nicht weit abzuliegen

starno- Fläche.

cymr. sarn „stratum, pavimentum".

skr. stirṇá gestreut, hingeworfen. — gr. στέρνον Brust. — ahd. stirna Stirn. — asl. strana Seite, Gegend.

stratu-s Fläche.

ir. srath Strand, Gen. sratha, Dat. i srath (gl. in gramine), Acc. Pl. srathu. + cymr. ystrad F. „strata".

Vgl. lat. strátum und gr. στρωτός gebreitet.

stronô ich streue.

abret. strouis „stravi": mbret. strehet „voie pavée, lat. strata". lat. strǔo. — got. straujan, ahd. strawjan, ags. streovian, engl. strew, an. strá streuen.

stilnâ Auge, stilnaô (oder stilniô) ich sehe.

ir. sell Auge, sellaim ich sehe an. + cymr. syllu „aspicere, inspicere".

r

corn. syll das Sehen, sylly besehen. bret. sellet „regarder“, chede
„vois“ (= sell-te), chetu „voici“ = sellet-hu.
Vgl. gr. στιλπνός glänzend?

*-sto- stehend s. *stâ stehen.

stoukki- Vorsprung.

ir. stuaic Spitze, Zinne, hervorragende Felsspitze Joyce 371. + bret.
stuchyaff „empenner“, stuchyen saez „pennon“, stuhenn an heol „rayon
de soleil“.
Vermuthlich für stougki- (stougni-?) mit Verwandlung von g nach u
in g, vgl. lit. stúgti in die Höhe stehen, ags. steáp hoch, hervorragend,
ahd. stouf Felsen (B.). Das ir. st ist mir dunkel.

stono- Ton, Laut s. *sten tönen.

stratu-s Fläche s. *sternô ich breite aus.

*⟨p⟩streu- niesen.

ir. sreod das Niesen. + cymr. ystrewi „sternutare“, trew „sternutatio“,
trewi „sternutare“. bret. streuyaff „éternuer“.

⟨p⟩strenvô (⟨p⟩strṇvô?) ich schnarche.

ir. srennim (gl. sterto).
gr. πτάρνυμαι ich niese, lat. sternuo, vgl. sterto.

*streng drehen.

ir. srincne Nabelschnur.
Vgl. gr. στραγγάλη Strang, Strick, lat. stringo, ahd. as. stric Strick.
srincne aus sring-cne? Unsicher.

strouô ich streue s. *sternô ich breite aus.

struti-s, strutivo-s alt.

ir. sruith alt, ehrwürdig. + acymr. strutiu (gl. antiquam gentem).
alat. stritauos (Festus ed. Müller S. 314, Varro RR. 332), tritauus. —
Vgl. asl. stryj „patruus“, strynja „amita“, lit. strujus Greis (B.).
Ir. an(s)roth „nomen secundi gradus poetarum“ Corm. und ncymr.
anrhwydedd „honos, reverentia“ sind vielleicht verwandt.

stlatto- Raub.

ir. slat Rauben.
Vgl. lat. stlâta ein Art Raubschiff und got. stilan, ahd. ags. stelan,
engl. steal, an. stela stehlen.
stlatto- aus stelâto- wie Skotto-s aus Skôto-s (s. d.).

stlisti- Seite.

ir. sliss Seite. + cymr. ystlys F. „latus“.

stlondo- Name, stlondiô ich spreche.

ir. slond „significatio“ (Grundform stlondo-), sluindim ich nenne, be-

zeichne. + acymr. istlinnit (gl. profatur), glan-stlinnim (gl. famine
sancto); mcymr. cy-stlwn „le nom commun à la gens et la famille
elle-même" Rc. VII, 406, ym-gy-stlynnaf.
Loth verbindet abret. Stlinan.

snâ∂ ich schwimme.

ir. snáim ich schwimme.
skr. snāti sich baden. — gr. *ναειν* fliessen, vgl. *νήχω* ich schwimme.
— lat. nâre.
Ausser dem folgenden gehören hierzu auch ir. snob (gl. suber), snámach
(gl. suber).

snâmu- Schwimmen.

ir. snám Schwimmen. + cymr. nawf „natatio". bret. neuff „nager".

snâtanto- (snâteijâ) Nadel, snâtio- (snâtâ) Faden s. *snê : *snâ verknüpfen, spinnen, nähen.

*snad binden.

ir. snaidm (nicht snáidm) Knoten (Stamm snadesmen-).
nhd. (hess.) Schnatz „das geflochtene und um die Haarnadel gewickelte
Haar der Frauenspersonen" (B).

snad∂ ich schnitze.

ir. snaidim ich schnitze, snass Schnitt, Hieb. + cymr. naddu „asciare,
dolare", neddyf F. Deichsel, Krummaxt = acorn. nedim. mbret. ezeff
„bisagüe, l. bipennis, bisacuta"; nbret. neze „doloire", eze.
Vgl. mhd. snate, snatte Strieme, Wundmal, schwäb. schnatte Einschnitt
in Holz oder Fleisch, schweiz. schnätzen schnitzen, nhd. Schnat Grenze,
Schnate junges Reis (B.).

snâd∂ ich schütze.

ir. snádim ich schütze, snádud Schützen. + cymr. nawdd M. „protectio,
refugium, asylum". abret. nod „protection, refuge", Nod-hail, Nod-
hoiarn, -uinet, -uuovet, Nodent.
Vgl. ags. sund, ge-sund, ahd. gi-sunt wohlbehalten, gesund (? B.).

(*snê : *snâ verknüpfen, spinnen, nähen.)

snêjô ich flechte, snejô ich spinne.

ir. sniim ich flechte, sniit LL. 265ª 34, ro-sniastar LL. 58ª 40,
snithe gl. tortuosae Ml. 24 b 7. + cymr. nyddu „nere". corn.
nethe. bret. nezaff „filer".
Vgl. skr. snâyati umwinden, bekleiden, snāyu Band, zend. çnâvare
Sehne, gr. *εὐ-ννητος* schön gesponnen, gewebt, ahd. snuor Schnur,
lett. snât locker zusammendrehen.

snêmâ Spinnerei.

ir. snim Spinnerei, snímaire Spindel.

gr. νῆμα das Gesponnene, Faden, Garn. Unsicher, da νῆμα auch
zu νέω ich spinne, got. nêþla Nadel, nhd. nähen gehören kann.

snâtanto- (snâteijâ) Nadel.

ir. snáthat Nadel. + cymr. nodwydd „acus, acicula". acorn.
notuid. bret. nadoez „aiguille".

snâtio- (snâtâ) Faden.

ir. snáthe (gl. filum), Dat. snathiu. + cymr. y-snoden F. „taeniola,
fascia", noden F. corn. snod (gl. vitta). bret. neut, neudenn.
Vgl. lett. snâte leinene Decke (B.)
Die gallische Form dieses Wortes scheint nâto-s gewesen zu sein,
s. nate fili in Endlicher's Glossar (für nâto filo Rc. VIII, 183).

snigô ich tropfe, Perf. sesnaga.

ir. snigim ich tropfe, regne, Perf. Sg. 3 ro-sensich aus sesnaig, s-Prät.
snigis, snigestar. + cymr. di-nêu „effundere". bret. di-nou „fondre".
skr. snéhati feucht werden.

s⟨k⟩nidâ Niss.

ir. sned „lens". + cymr. nedden, Pl. nedd. corn. nedhan, Pl. nedh.
bret. nezenn „lente".
gr. κόνιδες Nisse. — ags. hnitu, ahd. niz, nhd. Niss.

s⟨k⟩nidâko-s lausig.

ir. snedach „lendosus". + cymr. neddog

*snib schneien.

ir. snechta (Grundform sniqtaio- oder sniptaio-) Schnee. Beruht vielleicht auf snigheto- — gr. νιφετός Schneegestöber.
Vgl. zend. çnaêzhenti es schneit, gr. νείφει es schneit, ahd. sniwit dass.
und das folgende.

snibi- Schnee.

cymr. nŷf Schnee.
lat. nîvi-bus, nîvi-fer, vgl. got. snáivs, ahd. as. snêo, ags. snâv,
engl. snow, an. snœr, nhd. Schnee, lit. snégas dass., asl. snêgŭ
dass. und gr. νίφα den Schnee.

snoudo- triefend, herabfliessend.

ir. snuadh .i. sruth, Fluss, snuad „caesaries". + cymr. nudd Nebel.
Vgl. zend. çnud fliessen lassen, weinen, mhd. snuz Nasenschleim, engl.
snot, ahd. snûzan schneuzen und ferner skr. snaúti Flüssigkeit entlassen,
gr. νέω ich schwimme, got. snivan eilen, ags. sneóvan dass., an. snúa
wenden, snyðja eilen (B.), sowie lat. nûbes.

smalo- Staub, Schmutz.

ir. smal Staub, Makel.

Vgl. lit. smėlynas Sandfeld, smelalis Sand, lett. smelis Wassersand im Felde (B.).

smekâ Kinn.

ir. smech F. Kinn.

skr. çmaçŭ erhöhter Rand, vgl. çmáçru Schnurrbart, lit. smakrà Kinn, smakróně Kinnbart, lett. smakrs Gaumen, Kinn.

*smer schimmern.

cymr. marwydos „cinis fervidus, pruna".

In den Wörterbüchern begegnet ein ir. smer .i. tine, Feuer, vgl. Pl. inna smera 'sind fulliuch LU. 117ᵇ. — Vielleicht sind gall. Rosmerta, Name einer Göttin, Σμερτο-μαρα, Smertu-litanus, abrit. Smertae, Volksname, hierher zu stellen.

smeru- Fett, Mark.

ir. smir „medulla", Gen. smera, smerthain schmieren LU. 69ᵇ, 74ᵇ. + cymr. mêr M. „medulla".

ahd. smero, ags. smeoru, engl. smear, nhd. Schmeer. an. smjör Butter, vgl. got. smairþr Fett, smarna Mist, Koth, gr. μύρον Salbe, σμύρις Schmirgel, lit. smarsas Fett.

smudniô (smoudniô?) ich denke.

ir. smúninim ich denke.

Vgl. got. ga-maudjan erinnern, asl. myslĭ Gedanke?

sjo, Fem. sjâ, Pronomen demonstrativum.

ir. se „hoc" G.C. 347, co-se ad hoc, adhuc, re-siu vorher. + cymr. he-ddyw heute, (h)e-leni in diesem Jahr = bret. he-vleni.

skr. sya. syâ der, die, sim ihn, sie, es; zend. hyaṭ was, his jener, Fem. hî. — gr. Ἰα eine. — got. si sie.

*s⟨p⟩rag schwatzen, sprechen.

cymr. ffrec F. „garrulitas" (Grundform s⟨p⟩reg-nă), ffregod Geschwätz, ffraeth (Grundform s⟨p⟩rakto-s) „eloquens, disertus" = bret. ffraez, jetzt freaz „clair".

Vgl. skr. sphûrjati dröhnen, gr. σφαραγέω prassle, zische, as. sprēkan, ags. sprecan, ahd. sprehhan sprechen, lit. spragėti prasseln, platzen, lett. spurgt schwirren.

s⟨p⟩ravâ Name eines Vogels.

corn. frau Krähe. bret. frau „chouette".

got. sparva, ahd. sparo, an. spörr, ags. spearva, engl. sparrow, nhd. Sperling und ferner gr. πέργουλος · ὀρνιθάριον ἄγριον Hes., apreuss spergla-, spurglis Sperling.

*s⟨p⟩rei ausbreiten, s⟨p⟩reijô ich breite aus s. *s⟨p⟩er :
*s⟨p⟩rei ausbreiten.

sreibâ (streibâ?) Streif.

ir. sríab F. Streifen, Acc. Sg. cen sreibh n-uidhir ann Bk. of Lismore.
mhd. strîfe Streif, mnd. stripe „striga, Streifen“, norw. stripa „stribe,
streg“.

(*sreu fliessen.)

    sreusmén-, srousmén- Strom.
    ir. sruaim Strom, N. Pl. sruamann. + bret. strum.
    Vgl. gr. ῥεῦμα Strom, vgl. ahd. stroum, ags. streám, an. straumr
    Strom, sowie skr. srávati fliessen, gr. ῥέω ich fliesse, lit. sravěti
    sickern, asl. struja „flumen“.

    srutu- Fluss.
    ir. sruth Fluss. + cymr. ffrwd. corn. frot (gl. alueus). abret.
    frut, frot „monasterium kam-fruth“ Boll. Jul. 3, S. 614; bret. froud
    „torrent“, froudenn „caprice“.
    Vgl. ai. sruta fliessend, gr. ῥύσις das Fliessen, lit. sruta Jauche.

sredo- (-â?) Strom, Guss.

acorn. stret[h] (gl. latex); mcorn. streyth (d. i. strêð).
Vgl. gr. ῥόθος Gebrause, ahd. strêdan strudeln, asl. strada „τὸ ὑγρόν“,
strŭdŭ Honig.

*s⟨p⟩revô ich breite aus s. *s⟨p⟩er :*s⟨p⟩rei ausbreiten.

srousmén- Fluss s. *sreu fliessen.

sroknâ Nase.

ir. srón F. Nase. + cymr. ffroen „naris“, bret. froan „narine“.
Vgl. gr. ῥέγχω ich schnarche, ῥύγχος Schnauze?

srutu- Fluss s. *sreu fliessen.

srubu- Schnauze, Rüssel.

ir. srub Schnauze.
Vgl. lit. sriaubiu ich schlürfe, srióbti, srěbti, surbti, lett. surbt, asl.
srŭbati, nsl. srébati schlürfen, gr. ῥοφέω ich schlürfe, lat. sorbeo.

slagsmâ Flocke.

ir. slámm F. Flocke.
Vgl. gr. λάχνη krauses Haar, λάχνος Wolle (B.).

slangio- Aal.

cymr. y-slywen, slowen Aal, Rc. II. 193.   bret. stlaonenn „petite anguille".
Vgl. ags. slincan kriechen (B.).
Aus dem Irischen kann der Mannsname Slainge hierher gehören.

slattâ Ruthe, Latte, Stange.

ir. slat F. „virga", Gen. slaite. + cymr. llâth F. „virga, pertica", yslath
bret. laz, gou-lazenn „latte"; abret. vielleicht in den Namen Lat-hoiarn,
Lat-moet.
Vielleicht zum folgenden. — engl. lath ist aus dem Cymr. entlehnt.

s⟨p⟩ladô ich schlage.

ir. slaidim ich schlage, zerhaue. + cymr. lladd „interficere, necare,
mactare, occidere", ym-ladd „occidere se", gwrth-ym-ladd „oppugnatio".
abret. ladam (gl. caedo); mbret. lazaff „tuer".
Vgl. as. spildian durch schneidende Waffen töten, ags. spildan (spillan)
verstümmeln, an. spilla vernichten, verderben (B.).

*sleid : *slid (*slind) gleiten.

ir. slind-gér glatt-scharf LL. 236ᵇ, ra-slind-glanait a slega ihre Lanzen
sind glatt-glänzend gemacht, sláet Schleifbahn LL. 301ª 7 (Grundform
slaitto-). + bret. stleja, stlenja „ramper".
Vgl. ags. slidan, engl. slide, mhd. sliten gleiten, lit. slidùs glatt, slýstu
ich gleite.
Für das angebliche corn. stlyntya gleiten steht in den Handschriften
slynckya und slyntya. Es ist slynkya zu lesen und dies ist vom engl.
to slink gebildet. — Mir. slaot (d. i. slaet) .i. slemain glatt, woher
das moderne slaod (slaodach u. s. w.), scheint gleich dem abret. stloit
in stloitprenou (gl. lapsus) aus dem Ags. oder An. entlehnt zu sein. —
Cymr. ysled Karren, Rollwagen beruht auf engl. sled.

*sleib gleiten.

ir. sliab N. (s-Stamm), Gen. slébe Berg, Gebirge.
Vgl. ahd. slipb „lapsus", gr. λίψ· πέτρα, ἀφ' ἧς ὕδωρ στάζει, ἄλιψ·
πέτρα Hesych.. ἠλίβατος jäh, schroff, λείβω ich träufle, giesse, lat. dê-
lîbuere benetzen, libâre, ahd. slifan gleiten, ags. to-slipan „dissolvi",
engl. slip, an. sleipr schlüpfrig.
   Cymr. llwyf F. Boden, Söller kann sliab entsprechen.

slibno-s (slibni-) glatt.

ir. slemun, slemain (gl. lubricus). + cymr. llyfn „laevis, aequus",
Fem. llefn. abret. limn in limn-collin (gl. tilia), gur-limun (gl.
deliniti), di-leffn „(enclume) dure".
Abgeleitet hiervon ist acymr. limnint (gl. tondent i. e. levigant)
Juv. S. 44 (Grundform slibniô).

slibro- Schleifen.

cymr. llyfr câr der Theil eines Karrens, welcher auf dem Boden
schleift. abret. liberiou (gl. rotarum . . . lapsus).
gr. λιβρός triefend, ὀλιβρός schlüpfrig, glatt. — lat. lûbri-cus. —
ahd. sleffar schlüpfrig.

slekô ich schlage, Perf. sesloka.

ir. sligim ich schlage, Perf. Sg. 1 ro-se(s)lach, Pl. 3 ro-selgatar, Perf.
Pass. ro-slechta, slechtaim ich schlage, vgl. airlech (für airslech) Blutbad, slige Strasse (Stamm sleket-).
zend. harec schleudern (vgl. skr. srká Geschoss). — got. as. ahd. slahan,
ags. sleá, engl. slay, an. slá, nhd. schlagen.

slektu- M. Geschlecht.

ir. slicht, jetzt sliochd Geschlecht. + cymr. llwyth M., Pl. llwythau
Geschlecht, Stamm, ty-lwyth Haushalt, Familie. corn. leid (gl.
progenies l. tribus) für leith.
Vgl. ahd. slaht Geschlecht, gi-slahti, mhd. geslchte, nhd. Geschlecht.
Cymr. llwyth ist vielleicht = ir. lucht Abtheilung, Schaar, Leute.
Auch ir. slige (gl. pecten) scheint zu sligim zu gehören.

slegô ich schmiere, Perf. sesloga.

ir. sligim ich schmiere, fo-sligim „delino", Perf. Pl. 3 fo-selgatar, Part.
fuillechte (aus *vo-slektio-).
Vgl. skr. sárga Guss, Schuss, upa-srjáti begiessen, zend. harezâna Aus-
giessung (? B.).

slenqô ich krieche, schleiche, Perf. seslaqa.

ir. slecaim ich schleiche, Perf. Sg. 3 ro-se(s)laig [für ro-seslaich]
Cúchulainn chuci C. schlich zu ihm LU. 104a 18.
ahd. slingan schlingen, schleichen (slango Schlange), ags. slingan
schleudern, engl. sling, an. slyngva werfen, schleudern. — lit. slenkù
ich schleiche.

*slid (*slind) gleiten s. *sleid dass.

*s⟨p⟩lid, *s⟨p⟩lind spalten.

ir. slind (gl. imbrex, gl. pecten) Gen. slinned (Grundform s⟨p⟩lindet-), slind
criad (gl. linter, i. e. later), sliss Schnitzel (Grundform s⟨p⟩lissi-), slissiu
dass., Latte (Grundform s⟨p⟩lission-).
Vgl. md. splizen sich spalten, afries. splita spalten, engl. split sich
spalten, splint Splitter, Span, nhd. spleissen, Splitter.

slibno-s (slibni-) glatt, slibro- Schleifen s. *sleib gleiten.

slougo-s Heer.

gall. Pl. Catu-slôgi.

ir. slúag (gl. agmen), Gen. slóig, slúaig. + cymr. llu M. „exercitus".
corn. llu (gl. exorcitus), luu listri (gl. classis). bret. lu in dem Eigennamen Ker-lu? (Loth).
Zu slav. sluga Diener, lit. slauginti jmd. (bei der Arbeit) vertreten (? B.).

katu-slougo-s Kriegsheer s. *kat kämpfen.

tego-slougo-s Haushalt.

ir. teglach Hausgenossenschaft. + acymr. telu Haushalt,
Familie Juv. S. 48; ncymr. teulu. corn. teilu (gl. familia).

slukkô ich schlucke (vorkelt. slug-nô').

ir. sluccim ich schlucke ein, verschlucke.
Vgl. gr. λύζω ich schlucke, schluchze, λυγγάνω habe den Schlucken,
mhd. slucken schlucken, verschlucken.
Der Nasal in den entsprechenden britischen Verben cymr. llyngcu
„deglutire, gurgitare", abret. ro-luncas (gl. guturicauit) scheint auf
Contamination des regelrechten luch- mit der urbrit. Entsprechung
von ir. longud essen (cymr. llewa) zu beruhen. — Das Wurzelhafte g
ist in ir. ro-slogeth „absorpta est" erhalten.

(*svad verlangen.)

svadu- süss.

gall. svadu in Svadu-genus (Rc. III, 307) und Svadu-rîx.
ir. Sadb, Sadhbh, Frauenname.
skr. svâdú süss. — gr. ἡδύς dass. — lat. suâvis. — got. suts, ahd.
suozi, ags. svête u. s. w., nhd. süss.

svandətâ- Begierde.

ir. sant F., Gen. sainte Wb. 12 d 32. + cymr. chwant M. „desi-
derium, concupiscentia". corn. whans Begierde. bret. hoant „désir".
Vgl. gr. (σϝ)ανδάνω ich gefalle und skr. svádate schmackhaft sein,
Gefallen finden.

svandətâko-s begierig.

ir. santach gierig. + cymr. chwannog „cupidus". corn. whansek.

svaron euer.

ir. bar-n, far-n (vor dem Accent).
got. i-zvara, an. yðvar euer (?).

svâlos- Meer.

ir. sál Meer, Gen. sáile.
lat. sâlum, vgl. ahd. as. swellan, ags. svellan, an. svella schwellen.
Hierzu bret. c'hoalen Salz und vielleicht ir. sult (Grundform sultu-)
1. Fett 2. Fröhlichkeit.

sveko-s süss.

cymr. chwêg „dulcis, suavis", vgl. chwaith „gustus, sapor" (aus svekto-).
corn. whek. bret. c'houek.
Vgl. as. swek Geruch, ags. svāc Geruch und Geschmack, ahd. suuekhe
„odores", swehhan riechen (B.).

svekru-s Schwieger.

cymr. chwegr „socrus" = corn. hweger (gl. socrus), cymr. chwegrwn
(Grundform svekruno-s) „socer" = corn. hvigeren (gl. socer).
skr. çvaçrū Schwieger (çváçura Schwäher). — gr. *ἑκυρά* Schwiegermutter
(*ἑκυρός* Schwiegervater). — lat. socrus (socer). — ahd. swigar, ags.
sveger, got. svaíhrô Schwiegermutter (ahd. swehur, got. svaíhra, nhd.
Schwäher). — asl. svekry „socrus" (svekrŭ „socer", lit. szesziůras dass.).

sveks sechs.

ir. sé sechs, ses, fes in mórsesur, mórfesur gross-sechs (d. h. sieben)
Personen und seser, feser „seviratus". + cymr. chwech. corn. wheh,
whe. bret. c'houec'h.
skr. șaș; zend. khșvas. — arm. veç. — gr. *ϝέξ*. — lat. sex. — got.
saíbs, nhd. sechs. — lit. szeszì, vgl. uszės Kindbett.

svekseto-s der sechste.

ir. sessed der sechste, móiśesed der gross-sechste d. h. der siebente.
+ cymr. chuechet der sechste.
Vgl. skr. șașțhá, gr. *ἑκτός*, lat. sextus, got. saíbsta, nhd. sechste,
asl. šestŭ, lit. szésztas, apreuss. uschts. Diesen Formen würde
urkelt. svekto-s entsprechen, aus welchem im Ir. fast dasselbe
entstanden wäre, wie aus septn sieben.
Corn. wheffes, bret. c'houechved der sechste weisen auf sveksomato-s.

svettâ Röhre, Pfeifen.

ir. ind fet „sibilus" Sg. 3a 7. + cymr. chwyth M. („hinc angl. whiffe"
Davies), chwythad „halitus, anhelitus, flatus", chwythu „flare, anhelare".
corn. whythe blasen, hothfy sich blähen Mer. 4458. bret. huez „soufflement",
huezaff „s'enfler", co-ezff „enflure", vann. foaûv „enflure" Rc. VII, 314.
svettâ vermuthlich aus svezdhâ oder svizdhâ, vgl. asl. svistati „sibi-
lare" und lat. sibilus (aus svizdho?) (B.).
Ir. fetan „fistula", cymr. chwythell Pfeife und vielleicht ir. nir-fitiud
spielen sind nahe verwandt.

*sven tönen.

ir. sennaim ich spiele auf der Harfe, musiciere (Grundform svenvô),
Perf. sephainn cruit er spielte die Harfe, ronsefnait stuicc Trompeten
sind geblasen LB. 206a 61 (Grundform scsvanva), senim (seinm) Spielen
(Stamm svenesmen-), sanas Zischen (Stamm svpnastu-).
skr. svánati schallen, tuvi-șvaņás mächtig rauschend; zend. qanaț-

klirrend. — lat. sŏnare, sŏnor. — ags. svin Gesang, svinsian singen,
tönen.

svengo-s schlank.

ir. seng schlank, sengán Ameise.
Vgl. mhd. swanc biegsam, schlank, an. svangr schlank, hungrig, ahd.
swingan schwingen, got. -svaggvjan schwankend machen.

sventô ich kann.

ir. fétaim, sétaim ich kann, Präs. Ind. Sg. 3 in sétar „potestne?" Corm.
s. v. prull, Harl. 5280, seitir „potest" LU. 68ᵇ 3, féta (Grundform
svontaio-s) mächtig.
Vgl. got. svinþs, as. swídi, ags. svíd, mhd. swinde stark, nhd. geschwind,
an. svinnr lebhaft, weise.

*svend vergehen.

ir. a-sennad, Adv., „denique, postremo" (Ascoli Gloss. pal.-hib. XXXI),
asennad LU. 133ª.
ags. svindan, ahd. swintan, nhd. schwinden.

*svem bewegen.

cymr. chwyf „motus", chwyfio „movere", cy-chwyf Bewegung. bret.
fifual „bouger", jetzt fiñval, gwiñval, co-chuy „réunion tumultueuse"
(woher franz. cohue).
Vgl. ahd. ags. swimman, an. svimma (svima), nhd. schwimmen und das
folgende.
Vielleicht steckt die obige Wurzel auch in ir. siubhal (für *siumhal-,
*semul-?) gehend, sich bewegend.

svendô ich treibe, jage, Perf. svesvanda.

ir. *sennaim ich treibe, Perf. Sg. 3 sephaind, dosennaim ich jage,
treibe, Perf. Sg. 3 do-sephain „pepulit eum", Pl. 3 do-sephnatar
„persecuti sunt eum".
Vgl. lit. sùmdyti (sundyti) hetzen (B.).

sverô ich singe.

nir. sibrase (gl. modulabor) aus *si-sverâm (wie arbeittet sie spielen
aus *are-sveizdionti), sirecht Melodie (aus svêrektä), sirechtach melodisch.
skr. svárati tönen, besingen, vgl. got. svaran, ahd. ags. swerjan schwören,
ags. and-sverigan antworten, engl. answer, an. svara antworten, sverja
schwören, lat. sûsurrus.
Vielleicht sind hiermit auch verwandt ir. fuircc Schmaus, fuirech .i.
cuirm O'Dav., cymr. chwarae, chwarau „ludere, lusus, ludus", chwyrnu
schnarchen, bret. choari „jeu" (Grundform svar°, während acymr.
guarai [gl. scona], Pl. guaroiou [gl. theatra], guaroi-maou [gl. theatris],
corn. guare, gwary Schauspiel auf var° weisen) und cymr. chwardaff,

21*

chwerthin „ridere" = corn. hwerthin (gl. risus), mbret. huerzin (Rc.
VII, 158), Grundform svardô (neben vardô, worauf acymr. guardam ich
lache beruht).
Zu den Bedeutungen dieser Wörter vgl. nbd. Schwarm, schwirren u. s. w.

svervo-s bitter, svervjâ Bitterkeit.

ir. serb bitter, serbe Bitterkeit. + cymr. chwerw „amarus, acerbus",
chwerwedd Bitterkeit. corn. wherow bitter. bret. hueru „amer";
mbret. c'houzrventez.
Vgl. zend. qara Wunde, ahd. sweran Schmerz verursachen, wehe thun
und vielleicht ahd. sûr sauer u. s. w.

*svel drehen.

ir. sel, bel (= vel) in des-sel Drehung nach rechts, tuath-bil Drehung
nach links. + cymr. chwel, chwyl F. „versio". bret. hoel „dans le
vannetais a-hoel 'du moins'" Ernault 91.
Vgl. lett. swalstít hin und her bewegen, swalstîtis sich schaukeln,
taumeln (B.).

svelnestu- klar.

ir. sollus, follus glänzend, hell, klar, soilse (Grundform svelnestiâ) „lux,
lumen".
Vgl. ved. súar Glanz, Sonne, zend. qarenáñh Glanz, gr. ἑλάνη Fackel,
ags. svelan glühen, nhd. schwelen, an. svæla Rauch, lit. swilti sengen,
lett. swe'lt dass.

svês ihr, Pluralis des Pronomens der zweiten Person.

ir. si, sisi, sissi ihr, sib (= svi-svi) dass. + acymr. hui; ncymr. chwi,
chwichwi. corn. why. bret. choui.
ir. sár aus *sáthar, svâtar (wie nár aus náthar) ist Gen. dualis dieses
Pronomens. Bieid cellach bi cill ind-ala-sár co bráth immer wird in
der Kirche der Eifer eines von euch zwei sein Trip. Life 158.
Vgl. gr. σφῶΐ, σφῶϊν, σφωΐτερος.

svésôr Schwester, Gen. svestrós.

ir. siur, fiur Schwester, Gen. sethar, fethar, sethar-oirenid (gl. sororicida).
+ cymr. chwaer, Pl. chwiorydd. corn. huir. bret. hoar.
skr. svásar Schwester; zend. qañhar dass. — lat. soror. — got. svistar,
ahd. swester, ags. sveostor, engl. sister, an. systir, nbd. Schwester. —
lit. sesû'; asl. sestra dass.
Gael. piuthair weist auf einen air. Gen. Sg. *pethar, welcher in mac
Dechtere do phethar-su LU. 59ᵇ 6 vorzukommen scheint. Aber das ph soll
wohl nur andeuten, dass das anlautende f von fethar unaspiriert war.

svesve wie.

ir. feib wie.
got. svasvê wie, vgl. sva so, svê wie.

svitso- Schweiss.

cymr. chwŷɴ M. „sudor“. corn. whys. bret. c'houes.

gr. *Ἰδος* Schweiss vgl. skr. svidyati schwitzen, ahd. swizzen dass. und
gr. *Ἰδίειν* dass., lett. swist dass., lat. sûdor.

svitso- aus svidəs-o-.

svoidjô ich entsende.

ir. fóidim ich entsende, fóidiam Bote.

lett. swifchu ich werfe, schmeisse (B.).

svo⟨p⟩ô ich schlafe, Perf. svesvo⟨p⟩a.

ir. foaid er schläft, no-foad „sopiebat“, Perf. Sg. 3 fiu, Pl. 3 feotar.

skr. svápiti schlafen, Perf. suṣvapa. — ags. svefan einschlafen, an. sofa
(Perf svaf) schlafen.

su⟨p⟩no-s Schlaf.

ir. súan Schlaf. + cymr. hûn, an-hunedd „insomnia“. bret. hun
„sommeil“.

skr. svápna Schlaf, Traum; zend. qafna Schlaf. — gr. *ὕπνος* Schlaf.
— lat. somnus. — an. svefn Schlaf, as. sweban Traum, ags. svefn
dass., engl. sweven. — lit. sápnas Traum; asl. sŭnŭ Schlaf.

Vermuthlich sind hiermit ir. socht Schweigen (aus sokto- < sopto-),
sochtaim ich schweige zu verbinden. Der Zusammenstellung dieser
Wörter mit *σίπτα · σιώπα. Μεσάπιοι* Hesych. und ahd. gi-swiftôn
„conticescere“, nhd. beschwichtigen steht ahd. swigôn schweigen
entgegen.

Nachträge und Berichtigungen.

S. 3 unter *aili-* vor Dat. Pl. óilib einzuschieben: Nom. Pl. ó[i]li LL. 104ᵃ 2.

S. 4 Z. 2 v. o. l. Gl. für Lex. — Zwischen *á⟨p⟩o-gno-s* und *a⟨p⟩o-⟨p⟩rektá* fehlt *a⟨p⟩o-maro- Sorge, Weh* s. *maro- Besorgniss, Acht, Zweifel.*

S. 5 vor *aqá* einzuschieben:

*aq dunkel sein.

ir. adaig (aus ad-aqî), aidche (aus ad-aqiâ) Nacht.

Vgl. gr. ἄχαρον · τυφλόν Hes., lat. aquilus, op-ácus, lit. áklas blind.

Das daselbst Z. 13 v. u. erwähnte AXPOTALVS bedeutet „hochstirnig".

S. 6 Z. 5 v. o. wegen ir. ochar, cymr. ochyr neben *okro-* auch *okəro-* als Grundform anzusetzen. — Z. 6 v. u. für *agit* zu lesen: acymr. agit, hegit Rc. XI, 205. — Z. 3 v. u. nach gehört einzuschieben: ir. áin Treiben LU. 60ᵇ 5, imm-áin Herumtreiben, t-áin Forttreiben, Raub (Grundform agni-) und.

S. 7 zwischen *kóm-akto-* und *agio-* fehlt *to-agó* s. *tó,* zwischen *águ-* und *agro-n, agrá:*

agmen- Bande, Rotte.

mir. ámm Bande in O'R.'s go ám „sea-faring people", ámna, Nom. Pl., ámna huathmara na n-Eutrusccda Togail Troi² 625.

skr. ájman Bahn, Zug. — lat. agmen.

S. 8 nach *aglí-* einzuschieben:

⟨p⟩aglo- Brut.

ir. ál Brut. + cymr. ael Brut, Wurf. bret. eal Füllen.

Vgl. lat. pro-págo.

Das. Z. 16 v. o. zuzufügen: Wurzelhaft sind vielleicht mit ⟨p⟩atér verwandt ir. áss Wuchs (aus ⟨p⟩ásto-), ássaim ich wachse (aus ⟨p⟩ástaô), vgl. gr. πατέομαι ich nähre mich, got. fôdjan ernähren, aufziehen. — Z. 4 v. u. *at-eksregó* zu ändern in *at(i)-eksregó.*

S. 9 Z. 9 v. o. l. *ati-lengmen-* für *ati-lengmen.*

S. 10 nach *ad-kasti-s* einzufügen:

ad-koilo-s mager.

ir. accael mager. + cymr. achul „macilentus".

Das. Z. 13 v. o. l. *ad-menserd* für *ad-messerd*, Z. 24 v. o. *ad-rostu-* für *ad-rosto-.*

S. 12 Z. 8 v. o. fehlt ein Komma nach an-krabudo-s. — Z. 14 v. o. l. *an-tovilongi-s* für *an-tovilongo-s*, Z. 15 étualaing für étualang. — Z. 18 v. o. l. *an-dunjo-s* für *an-dvanio-s.* — Z. 21 v. o. l. *am-⟨p⟩labro-s* für *am-labro-s*, Z. 24 *am-⟨p⟩lesso-* für *am-lesso-.*

S. 14 Z. 12 v. o. l. no für uo. — Nach *aneqo-* sind die Artikel ankato-Haken, ankená Nothwendigkeit, Zwang und anku-s, ankabi-, ankevo- Tod (s. u. zu S. 32) einzuschieben. — Z. 11 v. u. l. ahd. für nhd.

S. 15 vor *okto-s* gehört der Artikel *okko, okküsti nahe (vorkelt.* oghnó, oghnústi), s. u. zu S. 31. — Z. 13 v. u. l. *ande-gni-s, ande-bni-s* für *ande-bnis.* — Z. 12 v. u. l. indéin für indeóin. — Unter *ando-s (ondo-s?) blind* fehlt ein Hinweis auf ir. uinne .i. caech, blind O'Cl. s. v. cúa (Grundform ondjo-s).

S. 16 Z. 1 v. o. l. *dnid* f. *akniđ*; Z. 4 skr. (â-, sam-)akna- gebogen und (für acnus) zu streichen. — Nach Z. 5 v. o. einzuschieben: *anemén-, anven- Name s. envo- dass.* — Z. 16 v. o. ist *ambu-* zwischen *ambo-* und *Strom*, Z. 18 am Anfang gall. Ambusia, Ambusina einzuschieben. — Z. 9 v. u. l. *dmmín-* für *dmmén* und **dp-men-* für **ap-men.* — Z. 5 v. u. zu streichen.

S. 17 Z. 2 zu lesen: ir. iarraim ich suche (aus iar-⟨p⟩arnim). — Z. 4 zuzufügen: — got. fêrja Nachsteller, ahd. fâra Nachstellung, nhd. Gefahr.

S. 19 nach Z. 4 v. o. fehlt: gall. in Artula „Ursula" Rc. XIII, 410; Z. 5 nach ir. art einzuschieben: M. in t-art amnas LL. 99ᵇ.

S. 20 Z. 4 v. o. l. ⟨p⟩alsos- für ⟨p⟩allos. — Z. 26 v. o. zuzusetzen: Die Grundform von áil kann ⟨p⟩agli- gewesen sein, vgl. gr. πήγνυμι ich mache fest, skr. pajrá gedrungen. — Z. 7 v. u. l. kóm-altjo-s für kóm-altio-s.

S. 21 Z. 2 v. o. ist und zu streichen, Z. 3 Ir. für ir. zu lesen und Z. 4 nach **altjo-s* hinzuzufügen: sind kaum hierherzuziehen, sondern mit skr. paṭála Dach, Hülle zu verbinden. — Z. 15 v. o. vor cymr. einzuschieben: ir. altru Pflegevater. + — Z. 6 v. u. l. Gen. für gen.

S. 22 Z. 7 v. o. nach cymr. alltud als dessen Bedeutung ausländisch einzufügen. — Z. 20 v. o. l. asl. für ksl.

S. 23 Z. 11 v. u. zuzusetzen: — an. óss Flussmündung. — Nach der untersten Zeile fehlt: Wegen der Bildung askurno- vgl. cymr. migwrn Knöchel.

S. 24 Z. 13 v. o. l. *azdu-* für *azdo-*; Z. 14 zuzusetzen: Gen. Sg.
in atta LB. 142ᵇ. — Z. 19 v. o. l. e⟨p⟩ero-s und e⟨p⟩ero-n für
e⟨p⟩ero-s ..... e⟨p⟩eron; Z. 20 zu streichen: (aus ér-, aer-);
Z. 23 zuzusetzen: Vgl. gr. ἠπεροπεύς Betrüger, Be-
schwatzer(?). — In der letzten Zeile vor ir. -i einzuschieben:
ir. ia in ia-daim ich schliesse, aus e⟨p⟩i-dâmi (vgl.
das homerische ἐπέϑηκε ϑύρας, skr. api-dhâ).

S. 25 Z. 1 v. o. und, als erstes Element, vermuthlich auch
zu streichen. — Z. 2 v. o. zu streichen.

S. 26 Z. 11 v. u. l. bret. für br.

S. 27 Z. 3 v. o. l. *eks-karto-* für *eks-karto.* — Z. 6 v. o. l. *ekstero-*,
eksterno- für *ekstero, eksterno.* — Z. 16 v. o. zuzufügen: ek kann
auch in ir. ecal Furcht (aus ek-galo-) und cymr.
eglwg „conspicuus" (aus ek-luko-) enthalten sein.

S. 28 Z. 2 v. o. l. Gen. für gen.; Z. 4 nach ethyn einzufügen: vgl.
ydnc (gl. auceps), ydnic „pullus". — Z. 22/23 v. o. zu
streichen: fu-in „mors", fu-ined „occasus".

S. 29 Z. 2 v. o. nach eidenn einzufügen: , idu LL. 108ᵇ, 46. — Z. 9
—11 v. o. zu streichen. — Unter Z. 12 v. o. einzuschieben:
Von *⟨p⟩ed fassen kommt auch her ir. essem Seil,
Riemen (Grundform ⟨p⟩essimo- < pedtimo-). — Das.
Z. 15 v. o. l. ad-ava-ôde? für *ad-óde. — Z. 8 v. u. zuzu-
setzen: Vgl. *sesto- Sitz.

S. 30 Z. 3 v. o. zuzusetzen: Mandu-essedum GC.³ 789. — Z. 10
v. o. l. *eni in* für *eni, in.* — Nach *eni-bero-s* einzuschieben: *eni-
seqô* ich rede s. *seqô* ich sage.

S. 31 vor *eneqo-, aneqo-* gehört der Artikel *⟨p⟩en kleiden S. 32. —
ónko, onkástu sind in *okko, okkústi* zu ändern, von *enkô* zu trennen
und gehören zu *angô* S. 14. Für Z. 20/24 v. o. ist zu setzen:
Ir. ocus, acus und die obigen britischen Formen ohne
n (ac, agos u. s. w.) sind Beispiele der Assimilation
eines vortonigen n an danebenstehenden Consonanten
(ocus aus aghnústi u. s. w.), Indog. Forsch. II, 169. Diese
Auffassung trägt dem Umstand Rechnung, dass in
echtbrit. Wörtern n vor c nicht schwindet.

S. 32 l. *ankato-* für *enkato-*; *anku-s, ankabi-, ankevo-* für *enku-s, enkabi-*,
enkavo-; *ankend* für *enknd.* — Z. 11 v. o. nach écaib dass.
einzuschieben: , isin écaib atá si LL. 125ᵃ, 51. — Unterste
Zeile nach étaim einzuschieben „obtineo", nach étadaim
„adsequor".

S. 33 Z. 4 v. o. l. *indo-n* für *endi-.* — Z. 7 v. o. got. andeis aus
*andhjo? zu streichen. — Z. 13 und 17 ff. v. o. is und ísel
sind doch wohl auf insô, inslo- (aus ens-) zurückzuführen.
— Z. 24 v. o. l. *anemén-, ancen-* für *anemén, ancen* und Z. 31

kóm-anəmen- für *kóm-anəmen.* Nach *kom-enco-*, *kóm-anəmen-*
fehlt: *lisso-anəmen- s. *leid tadeln.*

S. 34 Z. 10 v. o. l. u. für n. — Vor *embid* fehlt: *tembi-*, *Präfixverbindung s. tó.*

S. 36 Z. 16 v. o. l. ⟨*p*⟩*arei-mori-* für ⟨*p*⟩*arei-mori*

S. 38 vor ⟨*p*⟩*ro* einzuschieben: (**⟨p⟩rei vor*) und das hiervon abgeleitete
⟨*p*⟩*reimo-* auf S. 229; ebenso vor ⟨*p*⟩*rtu-*: ⟨*p*⟩*ro-sto-s Vorgebirge,
Wald s. *std stehen.* — Z. 14 v. u. l. dê-ro- für de-ro-
und dê, Privativpartikel für de di.

S. 41 Z. 16 v. o. fehlt Komma zwischen falten und fügen. — Z. 18
v. o. zuzusetzen: + cymr. cyf-all „iunctus". corn. chef-
als (gl. artus). — Vor ⟨*p*⟩*lénó* einzufügen der Artikel ⟨*p*⟩*lédos-
Pöbel* S. 248.

S. 42 zu streichen die Zeilen 3—5 v. o. — Nach Z. 12 v. o. einzuschieben: Hierzu ir. com-alne (gl. intercus) Wasser-
sucht?

S. 43 Z. 24 v. o ist bret. (trécorois) éal „poulain" zu streichen
und weisen in weist zu ändern. — Z. 12—14 v. u. zu streichen
(s. o. zu S. 8).

S. 44 nach Z. 4 v. o. einzufügen: Villeicht sind ir. aided ge-
waltiger Tod und od- in ir. od-brann Knöchel am
Fuss hiermit [sc. ir. ess u. s. w.] wurzelverwandt. — Z. 11
v. o. ist l. amm zu streichen.

S. 46 vor *imbeto-* gehört der Artikel *indo-n* Ende, Spitze S. 83. —
Nach *ivo-* zuzusetzen:

iso-s Nadel.

ir. eo Busennadel.
skr. işu Pfeil; zend. işu dass. — gr. ἰός dass.

iskâ Wasser.

abrit. *Ἰσκα.*

ir. esc Wasser, to-esc Guss, toescach Giessen, Ausströmen.
Möglicherweise verwandt mit gr. πιδύω lasse aufquellen,
πῖδαξ Quelle, an. feitr fett und dann auf ⟨*p*⟩idskâ zurückzuführen.

S. 47 vor *ouktero-s oberer* u. s. w. einzuschieben: (**ou anziehen*) s. vo-
ouno- Leibrock unter vo unter.

S. 50 Z. 6 v. o. l. mezgâ für međgâ. — Z. 9 v. o. nach *odro-s* einzuschieben: (*udro-s*). Die Möglichkeit dieser Grundform macht
die für ir. odar vorgeschlagenen Etymologien vollends zweifelhaft.

S. 52 Z. 22 v. o. zuzusetzen: abret. tri-olinoc (gl. triquadrum).

S. 53 Z. 24 v. o. l. ⟨*p*⟩*outato-n* für *outato-n.* — Z. 32 v. o. zuzufügen:
Oder aber zu an. jóđ „a baby". — Vor *ui-s* einzufügen:
u⟨p⟩ér, u⟨p⟩ero-, *Präposition und Präfix, über s. vér, vero- dass.*

S. 54 einzuschieben vor *u⟨p⟩oino-s*: *u⟨p⟩o, Präposition und Präfix, unter*

s. vo dass.; vor *uk:* *uk *müssig, leer sein s.* *vak : *uk *dass.;*
Z. 22 v. o. nach uigib: 7. — Z. 20 v. o. l. 2 für 1.

S. 55 Z. 11 v. u. l. Μαϰροπώγωνες für Μαϰροπωγωνες.

S. 56 Z. 5 v. o. l. Ṛ für R. — Vor ⟨p⟩rtu- einzuschieben: *rto-n *Rad s. retó ich laufe.* — Z. 5 v. u. einzuschieben nach ⟨p⟩lkkā: ⟨⟨p⟩lekkā?⟩; nach ⟨p⟩lknd', wofür plknd' zu lesen ist: (pleknd'?). — Z. 3 v. u. ist für saxra zu lesen saxra und zuzusetzen: bret. lech. — Letzte Zeile zuzusetzen: ahd. fluoh Felswand.

S. 57 Z. 1 v. o. nach ⟨p⟩ltto- einzufügen: (vorkelt. plitnó-). — Unter Z. 6 v. o. fehlt: ⟨p⟩lsso-s *ein mit einem ringsumlaufenden Erdwall befestigter Wohnsitz s.* ⟨p⟩letó *ich erweitere, dehne aus.*

S. 58 fehlt nach *kon-qeisld: vidu-qeisld Brettkunst, Brettspiel s. vidu-Holz.* — Z. 19/21 v. o. Für cecht ist cécht zu lesen, was auf die Grundform qenqto- hinweist, wovon skr. çákti weit abliegt.

S. 59 Z. 10 v. o. zuzusetzen: + acymr. *peteir; mcymr. pedoir. corn. pedyr. mbret. peder.

S. 60 Z. 5 v. o. l. *dé-qennó* für *di-qennó* und *dé, Privativpartikel* für *de, di.* — Z. 10 v. u. ist zu lesen: *su-qrutu-s schön s. 1. su-wohl, gut.* — Z. 2 v. u. l. qrnami für qrnémi.

S. 61 Z. 3 v. o. zuzusetzen: abret. dis-priner (gl. depretiatur), guu-prineticion (gl. ademptatis d. h. ademptis). — Z. 10 v. o. l. *to-ati-qrnami* für *to-ati-qrnémi.* — Vor *qan* einzuschieben: *ne-qo- irgend jemand s.* *né *nicht.*

S. 63 Z. 9 v. u. ist *Qrtaniá, qrtaniko-s* für *Qritoniá, qritaniko-s,* Z. 8 v. u. Πρεταρία, Πρετανίϰη für Πρεττανία, Πρεττανιϰή zu lesen und der betr. Artikel vor *qrmi-* zu stellen.

S. 64 Z. 21 v. o. zuzusetzen: cor steht vielleicht für cordd und ist aus lat. chordus entlehnt.

S. 66 Z. 5 v. u. fehlt nach „εὔμαχος": *unter 1. su- wohl, gut.*

S. 67 ist *Katu-régio-s, -régid* für *katu-rígio-s, -rígid* zu lesen und vorher einzuschieben: *Katu-máro-s, Eigenname s. máro-s gross.*

S. 68 fehlt:

kappo- Kasten (vorkelt. kapnó-).

ir. capp Fuhrwerk, Bahre.

gr. ϰαπάνη Krippe, thessal. der Wagen, vgl. ϰάπη Krippe, lat. capulus Sarg, lit. kapóti hacken.

S. 70 Z. 6 v. u. l. *trougo-karo-s,* Z. 5 v. u. *su-karo-s* für *trougo-karos* bez. *su-karos.*

S. 71 nach Z. 15 v. o. einzuschieben: Eine speciell gall. Ableitung von karo-s lieb ist carisa (carisa μαυλιστής, πορνοβοσϰός Corp. gloss. lat. II, 97, 43, carisa lena est dupla das. IV, 28, 3). — Z. 18 v. o. l. Ptol. für Phol. — Z. 2 v. u. zuzusetzen: Dat. Pl. cuirib LI. 109ᵇ.

S. 73 nach Z. 7 v. o. einzuschieben: Cymr. clwch Klippe, Felsen beruht auf klukko- aus kluknó-.

S. 74 Z. 19 v. o. l. engl. für Eng.

S. 75 Z. 7 v. o. zuzusetzen: cia dom chartib sithchaire sa LU. 78ª. — Z. 5 v. u. l. caoinim für caonim.

S. 76 Z. 32 v. o. lat. campus zu streichen. — Z. 6 v. u. vorzusetzen: acymr. cemn Liber Landav. ed. Evans S. 156.

S. 78 Z. 7 v. o. zu streichen. Das betr. ir. Wort lautet nicht cét, sondern cet und ist wohl unter der Voraussetzung, dass es auf kezdo- beruhe, mit Thurneysen zu lat. cêdo zu stellen. — Z. 19 v. o. zu streichen (s. *skṇto- Schuppe*).

S. 80 Z. 27 v. o. nach poeta" einzuschieben: Gen. Sg. do choin na cerdda LL. 154ḅ. 12. — Z. 31 v. o. zuzusetzen: ; abrot. guor-cerdorion (gl. circumcillionum).

S. 81 Z. 2 v. o. ist + zu streichen. — Nach Z. 5 einzuschieben: Vgl. krâsano- Schädel. — Z. 4 v. u. l. 24ₐ 18 für 24.

S. 82 Z. 8 v. u. zuzusetzen: Oder coll u. s. w. aus korlo- (s. kṛnô zertrenne, zerbreche) wie vielleicht ir. gall Schwan aus garlo-? — Z. 6 v. u. nach blind einzuschieben: , coilleadh .i. caochadh, Blenden.

S. 83 Z. 4 v. o. skr. cárati etw. behandeln gehört in Z. 5. — Z. 15 v. o. für Säule l. das Seitenbrett eines Bettes. — Z. 17 v. o. nach kelf einzuschieben: Stock, Säule.

S. 87 Z. 12 v. u. zuzusetzen: corn. cymmysc „commixtio". — — Z. 8 v. u. l. *rigô ich binde* für *rig binden*.

S. 88 nach *koilos* einzuschieben: ad-koilo-s mager (s. o. zu S. 10).

S. 89 Z. 15 v. o. zuzusetzen: und cymr. cwthr „anus, intestinum rectum" (Grundform kuzdro-), vgl. gr. κύσθος „cunnus", got. huzd Schatz. — Z. 5 v. u. zuzusetzen: und ir. cocho (gl. clunis; Grundform kokeso-).

S. 90 vor *kṇ(s)ḳu-s* einzuschieben: Der Ablaut kṇd ist ausser in kṇsto-s auch in ir. scenn .i. tene Feuer Rawl. B. 502, Fo. 61ª 1 (Grundform ad-kṇdo- Feuer) enthalten.

S. 92 ist Z. 7 v. u. zu streichen.

S. 93 vor *kuno-s* einzuschieben:

⟨s⟩kutu- Haupt.

ir. cuth .i. ceann.

dor. σκύτα.

S. 94 nach der untersten Zeile zuzufügen: Vgl. septemakont-siebzig.

S. 95 Z. 19 v. o. nach „interitus" hinzuzufügen: und vielleicht ir. coll Verderben u. s. w. (s. o. zu S. 82). — Vor *knabl* einzuschieben:

kl „calere".

ir. clithe (gl. apricis). + cymr. clyd „calens, calorificus". skr. çar, çṛắti sieden, kochen. — lat. caleo. — lit. szilti warm werden.

S. 96 Z. 6 v. o. zuzusetzen: S. lakko-s schlaff. — Z. 8 v. o. nach
knovd einzufügen: , *knovos*-. — Z. 9 v. o. l. N. Pl. cnoe Ll.
200ª 15 für Acc. Sg. cnoi; das. nach cnoib einzufügen: Ll.
195ª 50. — Vor *kjdcak-s* einzuschieben:

*knu⟨p⟩ zusammendrücken, drängen.

ir. cnuas Sammeln (aus knoupso-), cnuasach sammeln,
cnuasigim ich sammle.
Vgl. lit. knupsyti drängen, belästigen, lett. knûpu ge-
drängt, in grossen Schaaren (B.).

S. 97 nach Z. 14 v. o. einzuschieben: cymr. rhidyll, corn. ridar,
bret. ridell sind entlehnt aus dem Ags.

S. 98 unten zuzusetzen:

krikso-s (aus kripso-s) gekräuselt, lockig.

cymr. crych „crispus".
lat. crispus, vgl. ahd. hrespan rupfen, raffen.
Hierher gall. Crixus (dux Boiorum)?

S. 99 nach Z. 14 einzuschieben: Hierzu ir. fo-chridigedar (gl.
accingat) Ml. 35ª 32.

S. 104 fehlt *vo-gaiso-n Wurfspiess s. vo* unter nach der untersten Zeile.

S. 106 Z. 20 v. o. ist fo-gur Ton, Laut zu streichen.

S. 107 Z. 13 v. u. zuzusetzen: falls dies nicht für garlo- steht
(vgl. coll [s. koldo- Verlust], mall [s. marô ich bleibe]
und toll hohl [s. tukslo-s hohl]) und zu garô ich
spreche gehört.

S. 109 Z. 5 v. o. vor bret. einzuschieben: abret. guuistl (gl.
obses); — Z. 19 v. o. vor *Gans* einzuschieben: , *gegdo*-.

S. 110 Z. 3 v. o. für ro-gád l. Sg. 1 rogád, Sg. 3 rogáid, Pl. 1
rogádammar, Pl. 3 ro-gádatar. — Z. 15 v. o. ist ir.
genaide lächerlicher Mensch nachzutragen.

S. 111 Z. 2 v. u. nach fassto einzuschieben: , ὔγγεμος · συλλαβή Hes.

S. 112 Z. 14 v. u. vor cymr. zuzusetzen: ir. gelt Gras (in golt-
both (gl. pabulum). + bret. geot „herbe". —
Nach Z. 12 v. u. einzuschieben: Vgl. glouro-s, glouri-s
klar, rein. — Z. 5 v. u. l. sanguisuga für vanguisuga;
jalûkâ für julûkâ. — Z. 2 v. u. zuzusetzen: vgl. ir. gel-
caim (Grundform gelskô) ich mache weiss, s-Prät.
Sg. 2 rogelcais Ll.

S. 114 Z. 11 v. o. l. *goni*- für *goni*.

S. 116 Z. 2 v. o. l. *vér, vero*- für *veri, ver*.

S. 117 Z. 6 v. o. nach *gragi*- einzuschieben: , *gregi*-.

S. 119 vor *glano-s* einzuschieben:

*glâd reden.

ir. ad-gládur ich rede an.

skr. hrădate tönen, vgl. zend. zrădha Kettenpanzer (auch gr. γλῶσσα Zunge, Sprache?).

Das. Z. 23 v. o. nach cymr. glan einzuschieben: „mundus, nitidus". corn. glan; nach „pur" zuzusetzen: ; abret. glanet (gl. palliditate).

S. 120 vor *glomaro-* einzuschieben:

glouro-s, glouri-s klar, rein.

ir. gluar, gluair klar, rein. + cymr. e-glur „clarus". bret. drih-glur.

phryg. γλουρός Gold, vgl. gr. χλοερός grüngelb, χλωρός dass. und urkelt. *gel grünen.

S. 121 Z. 9 v. o. l. ⟨s⟩tdd für tdd. — Vor *tdkslo-* gehört der Artikel *taksis* S. 122. — Z. 22 v. o. vor und einzufügen: , Togi-marus Rc. XII, 405. — Z. 24 zuzusetzen: Vielleicht entspricht acymr. to, das Heiligennamen in Wales, Irland und der Bretagne hypokoristisch vorgesetzt wird.

S. 122 Z. 1 v. o. für *taxi-s* l. *taksi-s* (s. o. zu S. 121). — Z. 14 v. u. l. ⟨s⟩tano- für tano-. — Z. 6 v. u. l. *tamonab* für *tamnb*. — Z. 3 v. u. zuzusetzen: Oder zu ahd. stam Stamm, as. stamn Steven, ags. stäfn Baumstamm und gr. στάμνος Krug?

S. 123 Z. 2 v. o. ff. Vielleicht gehört zu *tara, *trā auch ir. toll, cymr. twll hoch, s. u. die Bemerkung zu *tukslo-s* S. 134.

S. 124 Z. 11 v. o. nach *talko-* einzuschieben: *(oder tulkko- aus talknb-?)*. — Vor *tavi-* einzuschieben:

tal⟨p⟩nb ich finde Raum, fasse.

ir. tallaim ich finde Raum, fasse. lit. talpinù ich mache Platz, vgl. tilpti Raum, Platz haben.

S. 125 nach Z. 13 v. o. einzuschalten: Hierzu ir. foithne (gl. fomes; Grundform vo-te⟨p⟩nesio- oder vo-te⟨p⟩nio-). — Z. 24 v. o. zuzusetzen: *Pl. 3 tetākonto.*

S. 126 nach Z. 2 v. o. einzuschieben: Hierzu tekto-n in ver-tekto-n Hülfe, Unterstützung (s. d.).

S. 128 Z. 28 v. o. vor bret. einzuschieben: corn. tan (in tan ow feth). abret. dan (gl. sub). Nach didan zuzusetzen: , en-dan, dindan (= di-en-tan).

S. 131 Z. 4 v. o. nach und einzuschieben: ir. láith Wage aus tlāti-, vgl. skr. tulā Wage, . — Z. 6 v. u. l. *Toutio-rëx, Touto-rëx* für *Toutio-rix, Touto-rix*.

S. 132 Z. 8 v. u. l. to-ati-qrnami für to-ati-qrnémi. — Vor *to-vo-* ein-zuschieben: *to-u⟨p⟩er-mugib ich vermehre, füge hinzu s. *magib ich fördere.*

S. 134 fehlt nach Z. 13 v. o.: *tovilongi-s würdig s. an-tovilongi-s un-würdig unter 2. an-, Negativpräfix.* — Zur letzten Zeile zuzu-setzen: Zweifelhaft, da toll, twll u. s. w. auch auf torlo-beruhen und zu *tara, *trā bohren gehören können.

S. 136 Z. 16 v. o. für „vous trayez" l. gl. demulgitis. —
Z. 19 v. o. nach Windhund einzuschieben: (woher veltraga
in den Tironischen Noten, mlat. veltraus, veltris,
veltrix, veltra, velter, ital. veltro, veltra, provenç.
veltre, afranz. viautro Glück N. Jahrb. 1864 S. 597).

S. 137 Z. 13 v. u. l. *trebos-* für *trebo-*. — Z. 12 v. u. vorzusetzen:
ir. treb Wohnung, Gen. Sg. trebe, Gen. Pl. trebe-n
(s-Stamm). + — Z. 9 v. u. zuzusetzen: ystrin „pugna,
contentio" (das y scheint prothetisch zu sein).

S. 138 Z. 4 v. o. zuzusetzen: Unsicher. Windisch Indog. Forsch.
III, 81 vergleicht gr. στρατός (aus στρρτός) Lager,
Heer.

S. 139 fehlt vor *trozdi, trozdeiá: vo-tronkatu- Baden s. vo unter.* —
Nach Z. 8 v. o. zuzusetzen: Da zd in den britischen
Sprachen th wird, sind cymr. drudwy, corn. troet,
bret. tret wahrscheinlich entlehnt.

S. 140 Z. 9 v. o. zu streichen: , *ddkrá.* — Z. 10 v. o. nach air. einzuschieben: Dat. Sg. deór LL. 171ₐ 21, .

S. 141 vor *damato-s* fehlt: *damjó ich dulde in vo-damjó ich dulde, leide*
s. vo unter.

S. 143 Z. 15 v. o. zuzusetzen: abret. desi (gl. accrvos). — Nach
Z. 23 v. o. einzufügen: Hierzu vielleicht ir. ia-daim ich
schliesse = gr. ἐπιτίθημι s. o. — Vor *dé, Privativpartikel*
u. s. w. fehlt: *vo-dé zu Boden setzen s. vo unter.* — Z. 4 v. u.
mit Z. 5 zu vereinigen.

S. 144 Z. 6 v. o. vor dir-fawr einzuschieben: dir-uestiat (gl.
jejunam), .

S. 145 Z. 3 v. o. l. duiu für diu und dyw für dieu. — Z. 15 v. o. für
he-diw l. he-ddyw; nach hodie) zuzusetzen bret. hi-ziu.
— Vor *deivd, dérd* einzuschieben:

(*divos Tag) s. se-divos heute.

Vgl. skr. divasa Tag, gr. εὐδιεινός heiter (aus -διειανός).

deiassâ Aehre.

ir. días „apica". + cymr. tywys, Sg. tywyseu „spicu,
arista".

Das. Z. 9 v. u. l. *dekemo-* für *dekomo-*.

S. 146 Z. 6 v. o. für r. l. ir.

S. 148 Z. 15 v. o. l. ar-zourn für ar-zourw. Nach „poignet"
zuzusetzen: ; abret. adorn (gl. triturantis); mbret. dor-
nat „manipulus". — Z. 2 v. u. l. *drk-nó-* für *drkno-*.

S. 150 nach Z. 10 v. u. einzufügen: Anders Windisch Indog.
Forsch. III, 75 Anm.

S. 151 Z. 7 v. o. nach *desos-* einzuschieben: *(dvssos-?)*. — Z. 14 v. o.
zuzusetzen: Oder lit. dwásê Athem u. s. w. (s. dusio-s)?

· Z. 7 v. u. nach Höhe zuzusetzen: , a ṅdind (gl. oppidum) Sg. 63ᵃ 13 (wo a ṅ der neutr. Artikel ist). — Z. 4/5 v. u. zu streichen.

S. 152 vor *doklo-* einzuschieben:

*dousen- Arm.

ir. doe, Gen. Sg. doat Arm (Stamm dousent-), rop doe rig .i. robbe for laim rig Rawl. B. 502, Fo. 62ᵇ 2, vgl. duais Hand (Stamm dousti-).

skr. doṣán (dos, doṣā) Vorderarm; zend. daoṣa Schulter.

S. 154 Z. 10 v. o. l. *dúno-n, dúnos-* für *dúno-n, s-*. — Z. 6 v. u. zuzusetzen: S. deaos- (dveaos-?) Gott.

S. 155 Z. 13 v. o. l. LU. für LR.

S. 156 nach der letzten Zeile fehlt: *ver-dvorestu- Oberthür s. vér, vero-über*.

S. 160 Z. 12 v. o. nach ir. einzuschieben: forfiun (gl. auclo; Grundform u⟨p⟩o-⟨p⟩ro-benô, vgl. lat. sub-venio). — Vor *bít* einzuschieben:

2. bâgô ich rede.

ir. bágaim .i. geallaim, bágais LU. 75ₐ 25.

gr. βάζω rede, βάξις Rede. — skr. gájati brüllen.

S. 164 nach der letzten Zeile fehlt (als Sprossform von *bei, *bi schlagen): *bio-n Messer in vidu-bio-n Heckenmesser s. vidu-Holz.

S. 166 Z. 22 v. o. l. Oder zu für Auch.

S. 167 Z. 13 v. u. l. ni for-bai für nifor-bai. — Z. 2 v. u. vor *ande-bni-s* einzuschieben: *ande-gni-s*, .

S. 169 fehlt vor *bero-: *vo-berd ich trage hinab s. vo unter.

S. 170 Z. 1 v. o. l. *berto-n* für *berto-s*. — Z. 2 v. o. nach Bündel einzuschieben: , N. Pl. (il-)berta LL. 107ᵇ 22. — Z. 13 zu streichen: ; vgl. bis dass.

S. 172 Z. 17 v. o. zuzusetzen: du-brúinn dinaib slebib Ml. 81ᵇ 14. — Nach Z. 15 v. u. einzufügen: Ir. breo Flamme, Gen. briad (gl. pyrae), Stamm brevot-, beruht wohl auf derselben Wurzelform wie brevant-. — Z. 8 v. u. l. bruti- für broti-. — Z. 6 v. u. l. brutjo-) für brotjo-). Hiernach ist zuzusetzen: , bruin .i. coire Kochtopf O'Cl. (Grundform bruni-).

S. 174 Z. 24 v. o. zuzusetzen: Anders Windisch Indog. Forsch. III, 77. Mir ist der Diphthong in moes und boaz unklar.

S. 175 Z. 5 v. o. zu streichen: , gwefl F. „labium, labrum". bret. gue-fl „gueule". — Z. 8 v. o. l. bili-? für bili?

S. 181 Z. 4 v. o. l. *ve-bussu- für *vel-bussu-.

S. 182 Z. 5 v. u. s. vranos zu streichen. — Z. 3 v. u. fehlt Fragezeichen nach Gänsesägetaucher.

S. 186 Z. 16 v. o. für
Z. 19 v. o. nach Wi
in den Tironisc
veltrix, veltra,
veltre, afranz. v

S. 187 Z. 13 v. u. l. *trebo*
ir. treb Wohnun
(s-Stamm). + —
contentio" (das y

S. 138 Z. 4 v. o. zuzusetzen:
III, 81 vergieicht
Heer.

S. 139 fehlt vor *trozdi*, tro
Nach Z. 8 v. o. zu
Sprachen th wirc
bret. tret wahrsc

S. 140 Z. 9 v. o. zu streiche
zuschieben: Dat. Sg.

S. 141 vor *damato-s* fehlt: *d
s. vo unter.

S. 143 Z. 16 v. o. zuzusetzen
Z. 23 v. o. einzufüger
schliesse = gr. *l* 7
u. s. w. fehlt: *vo-d*
mit Z. 5 zu vereinige

S. 144 Z. 6 v. o. vor dir-
jejunam), .

S. 145 Z. 3 v. o. l. duiu für d
he-diw l. he-ddyw
— Vor *deivd, dérd* ei

(*divos Tag)
Vgl. skr. divasa

deiassâ Aehr
ir. días „spica"
arista".

Das. Z. 9 v. u. l. *de

S. 146 Z. 6 v. o. für r. l. ir.

S. 148 Z. 15 v. o. l. ar-zou
zuzusetzen: ; abret.
nat „manipulus". —

S. 150 nach Z. 10 v. u. ein
Forsch. III, 75 Anm.

S. 151 Z. 7 v. o. nach *desos-*
zuzusetzen: Oder lit.

S. 229 Der Artikel ⟨p⟩reimo- gehört auf S. 38 (s. o. die Bemerkungen zu derselben).

S. 231 Z. 21 v. o. l. 7, 8 für 718.

S. 232 Z. 2/3 v. o. l. der die Sonne zu wandeln (ihren Weg) veranlasst für dass er veranlasse u. s. w. — Z. 3 v. o. nach rotiô) zuzusetzen: , rothetar (gl. inpelli) Ml. 92ª 16. — Vor roto-s einzuschieben: vo-retô ich laufe heran, Perf. vo-rerâta s. vo unter und sodann:

*reti- geläufig s. su-reti- beweglich unter 1. su- wohl, gut.

S. 234 ist aus Z. 18 v. u. lat. ruo. als neue Zeile auszuscheiden.

S. 235 Z. 16 v. o. l. ⟨p⟩ro-sto- für ⟨p⟩rosto-.

S. 237 Z. 6 v. o. l. fo-lud für fo-lad; daselbst zuzusetzen: corn. wuludoc (gl. dives).

S. 238 Z. 6 v. u. zuzusetzen: und bret. lat gl. crupula (d. h. crapula).

S. 240 Z. 9 v. o. l. su-⟨p⟩lâmo-s für su-⟨p⟩lâmos. — Z. 18 v. o. zuzu- setzen: + mbret. laffn, jetzt laon „lame".

S. 242 Z. 7 v. o. l. leiqiô, lingô für leinqiô. — Z. 8 v. o. zuzusetzen: Contamination von leiq- und linq-. — Z. 12 v. o. l. ⟨p⟩arei-linqiô für ⟨p⟩arei-leinqiô.

S. 243 Z. 6 v. u. zu streichen: , eg-lwg dass. — Z. 2 v. u. zuzu- setzen: eg-lwg „conspicuus".

S. 246 unter Z. 23 v. o. einzuschalten: In engem Zusammenhang hiermit stehen corn. lowse, louz, abret. loed (gl. sordida) (Grundform logedo-s verfault) und ir. logaim ich faule (Grundform logô).

S. 248. Der Artikel ⟨p⟩lêdos- gehört auf S. 41 (s. o.).

S. 249 fehlt vor lavo-: *vo-levô ich wasche über s. vo unter.

S. 260 letzte Zeile zuzusetzen: cymr. gwaun „planities montana". mcorn. guen (leg. guon?) (gl. campus); ncorn. gwon.

S. 261 nach Z. 2 einzuschieben: Hierzu ir. fagh .i. ferann O'Dav. 91?

S. 262 Z. 13 v. o. l. varsos- für varso-s.

S. 270 Z. 15 v. o. vorzusetzen: Vgl.

S. 271 Z. 14 v. o. zuzusetzen: feth .i. ime Gehäge O'Dav. 84.

S. 287 Z. 3 v. o. l. vragh-ni- für vragh-ni.

S. 288 Z. 19 v. o. l. Semô für Semo. — Vor 1. sagô fehlt: sagedlâ Handhabe, Griff s. 2. *seg halten, Stand halten.

S. 301 Z. 2 v. u. vor do-tellaim einzuschieben: fochoslim „sub- duco" (Grundform vo-kon-selô), .

S. 303 oben fehlt: *sestâ Stehen s. *stâ stehen.

S. 311 Z. 10 v. o. l. tréc. für tréc